—增订版—

秦 晖 —著

傳統十論

本土社会的制度、文化及其变革

山西出版传媒集团　山西人民出版社

增订版序

《传统十论》一书原本是复旦大学出版社 2003 年出版的"十论"系列之一，多年来连续重印了 14 次，应该是这批书中发行较多的了。2014 年东方出版社出过第二版，现在据说也已售缺。现已去世的法国汉学家杜瑞乐（Joel Thoraval）先生曾告知，这本书曾有若干年被列为法国国家汉语水平考试的参考书，我也很惊讶，不知为什么法国人考汉语要看这本书。

当时编这本书并不是很经意，只是"十论"书系向我约稿，我就把那时自认为还算重要的文章选了十篇，成此一集。但现在看来，这本书可以算是我治学经历中对"传统社会"（近代以前的社会）研究第三阶段的产物。

第一阶段是 20 世纪 80 年代，我以"农民战争"和土地制度为内容的"封建社会"研究。最近把旧文结集的《鼎革之际》一书应该算是这一阶段的代表。后来人们说"封建社会"这个词用错了，我现在也不再用它来指称近代以前的中国社会。但其实，那时的问题不在于用错了一个名词——实际上那时人们都知道"封建社会"这个概念在现代中国学界主要强调租佃关系（地主—佃农关系）的重要，与古汉语"封建"的原意本来就是两回事，这方面并不存在混淆。真正的问题并不是改革前的学者认为秦以后的中国还会以"封邦建国"为基本制度（可以说几乎没人这样认为），而是租佃关系是否真有那么重要？传统社会向近代转型的关键就在于废除租佃制（当时理解的"反封建"）吗？后来一些学者大力否定"封建社会"这个用词，却主张改用"地主制"或"地主—官僚制"以代之，我觉得这岂不是换汤不换药？因为改革前的学界本来在"封建"一词之下强调的就是地主制，即便在政治上看到"专制主义中央集权"，也要指出它的"经济基础"是地主制。我自己在20世纪80年代的研究大体也是沿着这一思路的。但是，研究一进入实证就发现问题多多。尽管这一时期的不少实证考据我仍然认为有价值，但总体上在20世纪90年代后我就放弃了这一思路。

第二阶段应该以20世纪90年代的《田园诗与狂想曲》一书为标志。在对关中农村的考察中，我看到了一个相当大的社会经济区域，那里地权非常分散、近乎"无地主"，但却具有意识形态所称的"封建社会"一切弊病。这使我不再相信"专制压迫"必须以地权集中租佃发达为基础的成说。受到研究生时代导师赵俪生教授讲述马克思"亚细亚生产方式"理论的影响，我根据马克思关于"我们越往前追溯历史，个人，从而也是进行生产的个人，就越表现为不独立，从属于一个较大的整体"的说法和梅因"从身份到契约"的主张，联系史实，形成了这样的观点：前近代传统社会的本质在于个人受到身份性共同体的束缚，而在中国则表现为家国一体的"宗法共同体"。而近代化或现代化的本质就是从共同体中解放个人，使人们能够以契约方式，自由发展出充分的社会联系。

当然"共同体"一词非常多义，而且与西语中不同名词的对译关系也很混乱。我所指的当然不是"欧洲共同体（欧共体）""想象的共同体""人类命运共同体"这类概念，而是指社会史意义上的那些不自由的依附关系。例如，一个农奴制庄园可以视为这种意义上的共同体，但自由雇佣制的企业则不是；身份性的采邑、部落或村社是这样的共同体，自由迁徙者的社区则不是；能够惩罚异端的教团是这样的共同体，信仰自由的教会则不是；"贼船好上不好下"的会党是这种共同体，而自由公民的政党则不是。

但是，那时我对共同体的类型，以及摆脱它们的路径并无深入的考虑。国外思想界也没有什么现成理论可用。在缺少"秦制"传统的孔子时代，尤其是孔子怀念的"三代"，乃至西方中世纪，人们提到共同体常披着"温情脉脉的家庭面纱"，谈到它的"束缚"与"保护"双重功能，我在《田园诗与狂想曲》一书中也把它当作"宗法共同体"的一般状态和共同特征。

然而在后来的经济史、社会史和思想史的综合研究中，我发现其实那只是交往半径较小的熟人社会、血缘亲族社会中的共同体特征，而在大范围的陌生人社会中要维持一种不自由的"共同体"存在，温情脉脉的伦理原则就很少管用，而更多地需要一种冷酷的、非契约性的制度化约束。西方人在走出"封建"时很少讨论这些，他们更多地关心"温情脉脉的家庭面纱"如何被自由契约关系取代。但是对于要走出"秦制"的中国人而言，只考虑这些显然容易陷入误区，甚至导致这样的悲剧：在广泛的自由契约关系不存在的情况下，过早地撕掉"温情脉脉的家庭面纱"的结果，只会使人们暴露在强大而"冷酷的、非契约性的制度化约束"之下，并且因为一盘散沙的原子化状态而毫无摆脱这种约束的能力。

于是在跨国比较研究的基础上，我提出了"大共同体本位"和"小共同体本位"的概念。前者指的就是"在大范围的陌生人社会中维持一种不自由的'共同体'存在"，而后者指的是"交往半径较小的熟人社会、血缘亲族社会中的共同体特征"。为此而写的一系列文章就结成了《传统十论》这本集子。这可以说是我研究传统社会的第三个阶段。

在本书初版以来的十多年里，笔者已经看到了不少批评意见。这是完全正常而且有益的。事实上我自己也觉得，"通过'市民与王权的联盟'首先摆脱小共同体本位"的说法可以解释西欧中世纪向近代社会的转型，但是我对走出"秦制"的设想只是一种逻辑上的可能性，并不是一种已然的结果。人们对此的质疑只有让未来来回答。但是，最近因为一个偶然的机会我得以对瑞士的"森林州"地区进行了一次考察，觉得它可以对我所说的逻辑上的可能性提供一个有趣的案例。因此在这次再版时，我把这篇《瑞士之路》札记作为附录增补了进来。这似乎就不是"传统十论"，而是"十一论"了。不过这篇考察札记的文体不同于其他各篇，并不是正儿八经的学院派"论文"，所以《传统十论》的书名就不改了，算是一个新的增补版吧。

2019 年 8 月

目　录

序

　　"传统社会"过去被叫作"封建社会"，近年来许多人指出古汉语中"封建"一词另有所指，而西欧的 feudalism 更大异于中国。其实应该说这本是常识了。实际上过去的"封建社会论者"也没人认为唐宋明清还像西周那样"封邦建国"，更不认为那时的中国存在欧洲中古式的 feud（采邑、封地）制度。相反，那时的"封建"被定义为地主租佃制，"反封建"则被等同于废除租佃制，而欧洲"反封建"时强调的反对人身依附、伸张公民权利、自由与财产不可侵犯等现代原则却被粗暴践踏。

　　可见问题远不在于"封建"一词是否误用。实际上作为符号的语词"能指"在历史进程中增添、转换新的"所指"，并不是什么奇怪的事。"经济"一词古汉语中指"经国济世"，就是今天所谓搞政治；"权利"古汉语指的是"因权势以求利"，即今所谓以权谋私是也。但今天谁会指"经济学"应当理解为政治权术之学、"保护公民权利"应当理解为保护以权谋私者？反之，即使我们不用"封建"一词，而改用"传统社会""农业社会""前近代"之类的语词指称我们的过去，不是也仍然有如何理解、认识过去的问题吗？"传统"就是租佃制，废除租佃制乃至进一步废除那可能滋生租佃制的地权私有，以至任何"私有尾巴"，就算完成了"与传统决裂"？抑或"传统"就是宗族伦理，于是六亲不认的残酷斗争被一些人看成"反传统的壮举"，被另一些人看成"现代性的罪恶"，总之都与"传统"无关？

本书收入的系列文章就是笔者对这类问题的一些思考。其中有对于"反封建""平等"这类"关键词"在历史文化进程中演变过程的分析，但更主要的是对传统社会与文化本身的结构性研究。笔者不满于过去流行的"租佃神话"和"宗族神话"，主张在社会—经济分析与思想—文化分析的综合与融会中把握传统时代真正具有规定性的那些规则，跳出"反儒"与"尊儒"对峙的传统观之争，在社会结构上摆脱大共同体本位的传统桎梏而走向公民社会，在文化—象征符号体系中主张"西儒会融，解构法道互补"，以"穷则兼济天下，达则独善其身"的人格资源与民主宪政—人权保障的现代制度安排来消除那种专制制度下强权—犬儒互补的人格弊病。千虑一得，或有可取焉。

2003 年 7 月

传统中华帝国的乡村基层控制：
汉唐间的乡村组织

一、问题的提出

传统中国由一个宽仁无为的朝廷来统治，社会秩序主要靠伦理道德来维持，而这些伦理基建于血缘家庭—家族的亲情友爱和长幼尊卑——这本是古代儒家经典描绘的一种理想秩序。有趣的是，古代儒家知识分子注目现实时常常并不那么乐观，从汉儒以至清绅，乃至被称为民国时期新儒家典型的梁漱溟等人面对现实所发的议论通常都以"人心不古""世风日下""民风浇薄""有司贪虐"为主调。传统已失，盛世难再，圣道不行，乘槎浮海——自孔子以来的这种愤懑有人赞其为知识分子的批判精神，有人讥之为今不如昔的倒退哲学。但无论别人如何褒贬，"伦理社会"并非现实则是不言自明的。

然而晚清"东西文化碰撞"以来，作为现实的"伦理社会"却首先在以发现（新奇可爱的或怪异可恶的）"东方文化"为职责的西方汉学那里得到了证明。这当然不仅由于文化决定论的先见，也的确有大量的经验支持：当时已是个人本位市民社会中的西方人来到中国，尤其来到明清以来宗族最为活跃而西方人又最易到达的东南沿海时，"伦理社会"的经验感知的确是俯拾皆是。然而这种近代东南型的"伦理社会"是怎样形成的,它在"中国传统"的更大空间与更久远时段上是否以及如何存在,人们并没有想清楚。而在西方人心目中,"民族国家建构"(state-making 或 state-building)又的确是现代化过程的一个重要内容,传统政治的"非国家性"与近代化过程中"国家权力向传统社会渗透"因而成了一个重要的话语范式——尽管从中世纪领主林立的"非国家状态"下走向现代民族国家的西方经验是否适用于中国,并没有得到认真的论证。最后,近几十年来社会科学的深入发展,尤其是注重田野调查的社会学—民族学—文化人类学的发展把人们的视线更多地引向作为田野调查对象的微观社会,"小共同体""地方性知识""小传统""地方性崇拜与祭祀圈"这类概念成为讨论的中心。这对于厌恶了"宏大叙事"的空疏学风、注重人文研究的社会科学化的当代学界来讲实有重要的正面价值。但是毋庸讳言,这种专注于"非国家的"微观社会的视角本身就是以社区、村落、家族等等的内在凝聚力为不言自明的前提的,而如果要对这种前提本身进行审视,这种微观视角就有一定的局限性。因为所谓凝聚力的有无本是个相对的概念,如果没有更大范围的视野提供的横向(不同文化间)与纵向(不同时代间)的比较,所谓国家权力的作用也好,宗族村落的自治也罢,都只能是说有即有、说无亦无了。

这样就形成了一种关于传统乡村的认识范式(paradigm)。温铁军先生把它概括为五个字:"国权不下县"。其实完整的概括是:国权不下县,县下唯宗族,宗族皆自治,自治靠伦理,伦理造乡绅。早在 20 世纪初,马克斯·韦伯就提出了关于传统中国"有限官僚制"的看法:"事实上,正式的皇权统辖只施行于都市地区和次都市地区……出了城墙之外,统辖权威的有效性便大大地减弱,乃至消失。"[1] 有中国学者把这个观点归结为:"在中国,三代之始虽无地方

---

〔1〕 参见(德)马克斯·韦伯:《儒教与道教》,江苏人民出版社,1993 年,110 页。

自治之名，然确实有地方自治之实，自隋朝中叶以降，直到清代，国家实行郡县制，政权只延于州县，乡绅阶层成为乡村社会的主导性力量。"[1] 而"乡绅自治"又被理解为宗族—伦理自治，如著名家庭史专家 W. 古德所说："在帝国统治下，行政机构的管理还没有渗透到乡村一级，而宗族特有的势力却维护着乡村的安定和秩序。"[2]

有人更进一步总结说：在传统中国社会，事实上存在着两种秩序和力量：一种是"官制"秩序或国家力量；另一种是乡土秩序或民间力量。前者以皇权为中心，自上而下形成等级分明的梯形结构（trapezoid-structure）；后者以家族（宗族）为中心，聚族而居形成大大小小的自然村落。每个家族（宗族）和村落是一个天然的"自治体"，这些"自治体"结成为"蜂窝状结构"（honeycomb-structure）[3]。因此，传统乡村社会是散漫、和谐的自然社会。皇权政治"在人民实际生活上看，是松弛和微弱的，是挂名的，是无为的"[4]。连接两种秩序和力量的，是乡绅阶层。但是，乡绅往往会偏重乡村一方，因为他们的利益主要在地方上。于是乡绅—宗族几乎成了传统乡村社会的代名词，"国家—社会"二元对立的西方政治社会学视角在这里落实为"国家—宗族"或"皇权—绅权"的二元模式。正如 G. 罗兹曼所说："在光谱的一端是血亲基础关系，另一端是中央政府，在这二者之间我们看不到有什么中介组织具有重要的政治输入功能。"[5] 正因为如此，国家不能有效地整合、动员乡村

〔1〕 吴理财：《民主化与中国乡村社会转型》，《天津社会科学》1999 年第 4 期。
〔2〕 W. 古德：《家庭》，社会科学文献出版社，1986 年，166 页。
〔3〕 Vivienne Shue，*The Reach of the State*：*Sketches of the Chinese Body Politic*，Standford University Press，1998.
〔4〕 费孝通：《乡土中国、生育制度》，北京大学出版社，1998 年，63 页。
〔5〕 G. 罗兹曼主编：《中国的现代化》，国家社会科学基金"比较现代化"课题组译，江苏人民出版社，1995 年，272 页。

社会资源，致使整个社会处于一种停滞状态之中。

以这样一种眼光看历史，晚清至民国的乱世国家对乡村基层的缺乏有效控制便被看作"传统"的常态，而国家强化这种控制的努力则被视为由"传统"向"现代化"迈进的"民族国家建构"进程。然而这个进程与我国历史上多次重演的"乱世—治世"进程究竟有何异同？晚清—民国政府对乡村基层的控制有限，但在那样一个乱世，中央对省、县各种军阀与地方势力的控制不也很有限么，难道那就可以证明"传统"的国家权力达不到省、县一级？而历代王朝在恢复大一统治世的过程中强化对地方以至基层的控制，是否也具有"现代化"的"民族国家建构"意义呢？的确，从"国家—宗族"二元模式中容易导出两个推论：或者以强调文化特殊论的"宗族自治"来排斥"西方的"法治与公民权观念，或者以强调"国家压倒宗族"的"现代化"性质来论证任何形式的中央集权都是"进步的""民族国家建构"。——在最近一次讨论会中一位学者甚至认为：商鞅—秦始皇的制度设计是非常"现代化"的，只可惜当时这种设计过于"超前"了，得不到现代技术手段的支持。

当然，这种排斥"西方"法治却固守同样来自"西方"的"民族国家建构"论的态度在逻辑上的矛盾一望可知，而同样来自西方汉学的"国家—宗族"二元模式本属一种对传统乡村社会的学理性分析，它本身并不包括上述现实取向。但这也说明在我们这样一个社会转型时代，对传统乡村社会的再认识与对现实中乡村改革的认识是相关的。

二、走马楼吴简所见的极端"非宗族化"社会

从历史学角度看，仅以晚清论"传统"的局限性是明显的。但

明清以前社会留下的微观实证资料有限，仅从文献史料中讨论乡村社会，往往难免差池。因此从王国维以来，以甲骨、简牍、文书、档案等实物史料证史的"史料革命"成为新史学的重要内容，尤其对于非精英层的社会、经济史更是如此。而于20世纪末发现、1999—2000年起开始陆续公布的长沙走马楼吴简尤其引人注目。

走马楼吴简之所以重要，一是因其数量大，其总量约10万枚，超过全国此前发现的历代简牍之总和（9万余枚）[1]。二是其内容最多的是赋税、户籍类简牍，而这对分析当时乡村社会状况十分有用。仅就如今已公布的"嘉禾吏民田家莂"和即将公布的第二批赋税户籍简共12700余枚简牍而论，就涉及东汉末年至孙吴初长沙郡一带约二十个乡、三四十个里、近二百个丘（自然村）、数千户上万居民的区域，已经不是一两个自然村的田野调查案例可比，而是至少可以反映一个地区的面貌。

而对于本文的论题而言，走马楼吴简的特殊意义还在于：在时间上，这批简牍形成的魏晋时期过去被公认为我国历史上世家大族最盛的时代，聚族而居、举族迁移、宗族宾客、谱牒郡望、百室合户、千丁共籍、宗主督护等现象史不绝书。如果这个时期的乡村社会实况都不那么"宗族化"，那么其他时代文献上所讲的宗族意义究竟如何就更可疑了。同时在地域上，我们知道晚清至民国的长沙地区宗族活动虽远不如广东、福建那么盛，却比多数北方地区更活跃。而就两湖地区而论，长沙府属各县与汉阳府属各县又是这个地区宗族活动相对最发达之处[2]。如果这个地区历史上曾经如此"非宗族化"，那么清代以来的宗族在什么意义上可以视为"传统"就是个问题了。

---

〔1〕 走马楼简牍整理组编：《长沙走马楼三国吴简·嘉禾吏民田家莂》（上），文物出版社，1999年，42页。

〔2〕 柳镛泰：《国民革命时期公产、公堂问题与两湖地区农民协会运动：与广东的比较》，南京大学博士后论文，1998年，2—6页。

由于可以理解的原因，本文只能对这批简牍已发表的部分，主要是《嘉禾吏民田家莂》进行分析。"嘉禾吏民田家莂"为孙吴嘉禾四、五两年长沙地区编户齐民向政府交纳的赋税（米、布、钱等）的年度结算单据存根。它们出土于走马楼22号古井遗址，已发表的共有2141枚大木牍，基本上每户一牍，除去四、五两年二度重复出现者，共涉及吏民1532户。这些吏民隶属16个乡、24个里的143个"丘"。按目前吴简研究者多数同意的看法，乡、里是当时国家划定的基层行政建置，而"丘"则是自然聚落。另一方面，这1532户户主属于113个姓氏。从聚落的角度看，这些人户呈现出极端的多姓杂居状态，其杂居的程度已经达到显得不自然的程度，令人怀疑是否有人为地"不许族居"政策的结果。（如下所述，秦汉时是有这种政策的。）

当然，这1500多户远不是这143个自然村居民的全部。由于简牍散乱和毁失，大部分丘的居民显然比田家莂中保留的户数为多。但由简单的概率推理可知，就族姓的散居程度而言，如果我们以"聚落中第一大姓占聚落总户数的比率"作为统计指标的话，则户数越不全，越有可能夸大聚居程度，也就是使计算出的散居状况比真实情形更小的几率，要比出现相反误差的几率大得多，换句话说即这种误差是单向性的[1]。因此如果现存样本显示出族姓聚居，则实际上可能并非如此，而现存样本如果显示出散居状态，则实际上散居的程度可能更甚。

那么这些样本是如何分布的呢？先来看143个聚落的姓氏分布状况：

---

〔1〕 例如在极端状态下当残留户数为1时，"第一大姓占总户数的比率"将恒为100%，而实际情况通常不可能达到这个比率。而当残留户数为2时，计算出的这个比率或为100%（两户同姓）或为50%（两户不同姓），而实际上这个比率的定义域（可能取值范围）为0—100%，当计算值为100%时，实际值一般达不到这个数；而当计算值为50%时，实际值可能趋近于零，余此类推。

表1 143丘、1532户的姓氏分布

丘名	户数	已知姓户数	姓氏数	最大姓及户数	最大姓占总户数%	丘名	户数	已知姓户数	姓氏数	最大姓及户数	最大姓占总户数%
三州丘	10	10	7	邓潘谢各2	20	桐山丘	5	5	4		
下伍丘	33	31	17	胡5	15	桐佃丘	1	1	1		
下和丘	7	7	3	邓5	71	桐唐丘	8	8	5	李3	3.8
下俗丘	11	11	4	五6	54.5	栗丘	11	10	7	燕3	27
大田丘	1	1	1			莫丘	4	3	2		
上伍丘	1	0				租下丘	9	9	7		
上利丘	3	3	3			仓丘	5	5	3		
上平丘	2	2	2			逢唐丘	8	8	5		
上和丘	10	10	3	谢7	70	郭渚丘	32	32	16	逢5	15.6
上夫夫丘	9	9	6	李4	44	旁丘	1	1	1		
上汝丘	24	24	16	黄5	20.8	唐中丘	2	2	2		
上俗丘	32	32	18	张7	21.9	浸丘	1	1	1		
上口丘	1	1	1			浸顷丘	4	4	4		
己西丘	11	10	10			专丘	5	5	4		
小赤丘	25	24	13			顷丘	10	10	6	燕潘各3	30
夫丘	25	23	9	燕谢各5	20	区丘	35	29	16	黄谷各6	17
五唐丘	20	20	12	周8	40	常略丘	11	10	3	燕5	45
中唅丘	20	18	9	吴6	30	略丘	17	17	9	燕5	29.4
公田丘	9	9	9			唅丘	10	10	4	吴6	60
巴丘	1	1	1			梨下丘	13	13	10	廖3	23
芳丘	3	3	3			进渚丘	2	2	2		
平丘	1	1	1			淦丘	14	14	13		

小赤丘 最大姓及户数 五5，最大姓占总户数% 20

丘名	户数	已知姓户数	姓氏数	最大姓及户数	最大姓占总户数%	丘名	户数	已知姓户数	姓氏数	最大姓及户数	最大姓占总户数%
平支丘	33	31	15	燊 7	21	寇丘	10	10	5	周 5	50
平畛丘	29	29	17	唐 4	13.8	楮丘	1	1	1		
平渔丘	2	2	2			楮下丘	9	9	6	胡 3	33
平阳丘	10	10	5	吕 4	40	淇丘	1	1	1		
平乐丘	43	43	19	谷燊盐邓各 4	9.3	湛上丘	7	7	5	郑 3	42.9
石下丘	76	73	26	燊 19	25	湛龙丘	10	10	8	郑 3	30
石羊丘	1	1	1			湖田丘	11	11	10		
伍社丘	11	11	8	李 3	27	温丘	20	19	10	黄 4	20
合丘	2	2	2			贺丘	1	1	1		
李渔丘	1	1	1			杨丘	1	1	1		
杁丘	2	2	2			杨渔丘	26	23	13	区潘各 4	15
杁伻丘	13	12	10	高 3	23	梦丘	31	31	12	吴 9	29
杁倚丘	1	1	1			新成丘	7	7	5	陈燊各 2	
旱丘	17	17	8	张谢各 4	23.5	新畛丘	2	2	2		
旱中丘	3	3	3			新唐丘	7	7	6		
里中丘	11	11	8	朱 3	27	廉丘	14	14	10	文朱黄区各 2	14
吴丘	1	1	1			廉下丘	1	1	1		
利丘	53	51	11	燊 16	30	资丘	2	2	1		
何丘	20	19	15	五谢殷燊各 2	10	苛丘	13	13	7	郑 5	38
伻丘	32	30	17	张 4	17	厌下丘	1	1	1		
伻上丘	5	5	5			盐丘	1	0			
伻下丘	1	1	1			盐沱丘	3	2	1		

丘名	户数	已知姓户数	姓氏数	最大姓及户数	最大姓占总户数%	丘名	户数	已知姓户数	姓氏数	最大姓及户数	最大姓占总户数%
伯丘	3	3	3			仆丘	23	22	13	廖9	39
阿田丘	1	1	1			语丘	5	5	5		
武龙丘	7	7	7			尽丘	10	10	5	巨4	40
林渔丘	27	27	14	何宗各4	14.8	绪丘	2	2	2		
英丘	1	1	1			绪下丘	3	3	3		
松田丘	26	25	12	鲁7	26.9	绪中丘	28	27	14	张邓各4	14
杷丘	12	12	6	石4	33	横渔丘	3	3	3		
东丘	3	3	2			横溪丘	1	1	1		
东夫夫丘	15	15	8	邓4	26.7	谷丘	1	1	1		
东溪丘	4	4	4			捞丘	10	10	6	陈炁蒳邓各2	20
东薄丘	4	4	4			虑丘	6	6	5		
和丘	1	1	1			暹丘	6	6	5		
周陵丘	1	1	1			刘里丘	57	53	9	殷16	28
於丘	1	1	1			溃丘	8	8	5	谢3	37.5
於上丘	7	7	7			乔丘	4	4	3		
泊丘	2	2	2			弹丘	1	1	1		
波丘	1	1	1			弹渔丘	38	38	14	邓7	18
函丘	9	9	7	番3	33	朴丘	7	5	4		
弦丘	44	43	17	潘10	22.7	霖丘	4	4	3		
胡苌丘	5	5	4			龙丘	13	13	10	炁3	23
南疆丘	11	11	10			锡丘	2	2	2		
汝丘	14	14	11	黄杨谢各2		漂寸丘	14	14	8	番5	35.7

丘名	户数	已知姓户数	姓氏数	最大姓及户数	最大姓占总户数%	丘名	户数	已知姓户数	姓氏数	最大姓及户数	最大姓占总户数%
昭　丘	5	4	4			高鸟丘	12	10	10		
侠　丘	9	9	8			让何丘	3	3	3		
度　丘	26	24	19	吴唐烝黄潘各2		断口丘	2	2	2		
前龙丘	1	1	1			香中丘	1	1	1		
桐　丘	10	9	5	番3		手中丘	1	1	1		
桐下丘	1	0									

从上表中我们看到：几乎所有的丘人户姓氏都很分散。随便举例：伻丘，32户17姓，最大姓张，只有4户；武龙丘，7户7姓；林渔丘，27户14姓，最大姓何、宗各4姓；弦丘，44户17姓，最大姓潘10户；弹渔丘，38户14姓，最大姓邓7户；汝丘，14户11姓，无最大姓，黄杨谢各2户，余皆每姓一户；南疆丘，11户10姓；龙丘，13户10姓；栗丘，11户，一户佚其姓，余10户7姓；侠丘，9户8姓；桐山丘、胡芅丘，都是5户4姓；暹丘、虑丘，都是6户5姓；朴丘，7户，2户佚其姓，余5户4姓；高鸟丘，12户，2户佚其姓，其余10户，10姓；於上丘，7户7姓；其余如东溪丘、东薄丘都是4户，让何丘3户，锡丘、泊丘都是2户，这些丘都是每姓一户，昭丘5户，1户佚其姓，其余4户也是4个姓。总体而言，以下特点十分明显：

第一，所有各丘中户数与姓氏之比平均不到2，亦即如果一村有40户则姓氏将在20个以上。在143丘中已知姓氏户数与姓氏之比超过2的只有15个丘。

第二，大多数丘无法明显地分辨出第一大姓：它们或者是每姓一户（如己酉丘、高鸟丘等），或者户数比姓氏数只多一两户（如淦丘14户有13姓，湖田丘11户有10姓等），或者有若干姓氏的户数完全相等（如度丘26户，2户佚其姓，余24户分19姓，吴、唐、燕、黄、潘五姓各有2户，余皆每姓一户。何丘20户，1户佚其姓，余19户分属15姓，五、谢、殷、燕四姓各有2户，余亦每姓一户。类似的还有三州丘、平乐丘、廉丘、汝丘、捞丘等）。相反地，能分辨出明显的第一大姓的仅有46丘，即三分之一多一点。

第三，现存户数在30户以上的13个大丘中，第一大姓占全丘户数比例平均不过20.7%，即五分之一强，其中最高的是利丘，为30%，连它在内只有3丘超过25%。另一方面，第一大姓占全村户数不到20%的则占这类大丘的将近半数（6个）。

第四，现存已知姓氏户数很少的那些丘中，绝大多数都是每姓一户，而很少多户同姓的。例如残存2户的丘共12个，只有一个丘2户同姓，余皆2户异姓；3户丘共9个，其中7个是3户3姓，而没有一丘是3户共姓的。4—7户的丘有22个，其中18个都是每姓一户，或户数仅比姓氏多一。

另一方面，与多姓杂居于一丘相应的是一姓散居于许多丘，村无主姓，姓亦无主村。在田家荡涉及的113个姓中，有多达70个姓完全分散，即或者每村只有1户（已知居所户数与分布村数相同或只比后者多一两户），或者完全平均分布于若干村而且每村户数都极少。还有43姓相对分散，即可以分辨出该姓户数较多的村（见表2）。其中除了念姓3户聚居1村、几个极小姓（杜、逢、米佳、林、鲁、宗、勇）半数以上户数居于一村外，户数稍多的姓居住都很分散。10户以上的姓中，只有殷氏一姓居住相对集中，在殷姓27户中5户佚其居所，其余22户分居6丘，其中16户居住在刘里丘，为该丘第一大姓，虽然只占该丘已知户的四分之一强，但已使殷氏成为这些姓中唯一相对聚居的。其余所有各姓的居住则非常分散：已知户数最多的燕氏共 143 户，其中 10 户佚其居所，其余 133 户分居 53 丘，最多的石下丘也不过 19 户。黄姓 117 户，13 户佚其居所，其余 104 户分居 48 丘，最多的利丘不过 13 户。这几姓算是聚居程度高的，在大多数情况下，一姓最大聚居地户数都不足田家莂中出现的该姓总户数的十分之一。如陈姓 62 户，其中 13 户佚其居所，其余 49 户分居 38 丘，最多的平乐丘仅 3 户；李姓 79 户，10 户佚其居所，其余 69 户分居 39 丘，最多的刘里丘仅 5 户。邓姓 83 户，其中 6 户佚其居所，其余 77 户分居 49 丘，最多的弹渔丘仅 7 户。唐姓 59 户，4 户佚其居所，其余 55 户分居 30 丘，最多的平畛、弹渔、石下 3 丘仅各有 4 户。

表2　113姓之居所分布

姓氏	户数	已知居所户数	分布丘数	最多之丘及户数	姓氏	户数	已知居所户数	分布丘数	最多之丘及户数
敖	2	2	2		聂	10	9	7	伻　丘 3
毕	1	1	1		区	51	46	28	梦　丘 7
蔡	34	31	17	弦　丘 5	番	37	29	17	漂寸丘 5
曹	2？	1	1		潘	78	65	38	弦　丘 10
昌	1	1	1		棋	1	1	1	
陈	62	49	38	平乐丘 3	启	1	1	1	
呈	1	1	1		钱	1	1	1	
程	1	1	1		秦	1	1	1	
�	3	3	1	平乐丘 3	仇	2	2	2	
草惴	3	3	2		屈	1	1	1	
戴	1	1	1		壬	5	5	5	
邓	83	77	49	弹渔丘 7	任	1	1	1	
丁	2	2	2		石	13	13	10	杷　丘 4
董	1	0			史	1	1	1	
杜	6	5	3	小赤丘 3	舒	1	1	1	
顿	1	1	1		蒴	4	4	3	
樊	3	2	2		松	2	2	2	
范	1	1	1		宋	2	1	1	

姓氏	户数	已知居所户数	分布丘数	最多之丘及户数	姓氏	户数	已知居所户数	分布丘数	最多之丘及户数
逢	14	11	6	郭渚丘5	诵	2	2	1	
冯	3	3	2		孙	6	6	6	
高	11	7	4	怦 丘3	潭	2	2	2	
龚	1	1	1		唐	59	55	30	弹渔等三丘各4
宫	1	1	1		田	5	4	4	
谷	14	12	5	区 丘6	涂	4	4	4	
光	4	4	4		王	7	7	6	
郭	8	8	7		卫	6	4	4	
昊	1	0			文	34	32	25	上汝丘3
何	23	22	14	林渔丘4	吴	54	46	24	梦 丘9
侯	1	1	1		五	28	28	13	下俗丘6
胡	30	28	20	下伍丘5	伍	1	1	1	
桓	1	0			武	2	1	1	
镮	1	1	1		先	1	1	1	
黄	117	104	48	利 丘13	向	2	1	1	
纪	1	1	1		谢	108	90	41	石下丘11
靳	1	1	1		徐	2	2	2	
米隹	4	4	2	小赤丘3	许	4	4	4	
巨	8	8	2	略丘\尽丘各4	焉	4	4	2	
雷	11	10	9		严	1	1	1	
李	79	69	39	刘里丘5	于	1	1	1	
礼	1	1	1		原	1	1	1	
利	2	2	2		杨	6	6	5	
廖	30	29	15	仆 丘9	殷	27	22	6	刘里丘16
林	6	6	3	上俗丘4	尹	3	2	2	
刘	40	36	20	刘里丘12	应	3	3	3	
龙	2	2	2		勇	6	6	3	下伍丘3
娄	10	10	6	刘里丘\顷丘各3	由	7	6	4	郭渚丘3
卢	13	11	8	区丘\夫丘\仓丘各2	张	62	58	34	上俗丘7

姓氏	户数	已知居所户数	分布丘数	最多之丘及户数	姓氏	户数	已知居所户数	分布丘数	最多之丘及户数
庐	5	4	4		赵	3	3	3	
鲁	11	10	4	松田丘7	这	3	3	3	
吕	13	10	6	平阳丘4	烝	143	133	53	石下丘19
罗	1	1	1		郑	41	34	18	刘里丘6
马	6	5	4		周	53	43	26	五唐丘8
毛	7	4	4		朱	39	37	28	里中丘3
梅	18	17	10	弹渔丘6	宗	7	6	3	林渔丘4
米	4	2	2		左	1	1	1	
苗	7	6	5		盐	7	6	2	平乐丘5
彭	5	5	5						

　　这样的姓氏杂居状况是十分惊人的。我们知道民国年间与一姓聚居或大姓居优的聚落模式较为盛行的东南沿海相比，华北、关中许多地方是以多姓杂居、宗族不兴为特色的。以20世纪20—30年代之交李景汉先生调查的河北定县为例，该县当时调查区内62村中最大姓占全村总户数50%以下的与占50%以上的基本上是一半对一半（32：30），最大姓占70%以上的村有12个，即将近五分之一，还有一个最大姓占100%（即独姓村）。而最大姓占总户数比例最小的两个村此比例也在10%—19%之间。同时62村中，姓氏最多的一村有26姓，最少的一村是独姓村（相比之下，吴简中除残存一户者外实际上没有独姓村，而姓氏最多的村亦有26姓，但该村只有73户，而定县的那个村户数多达362户），3—11姓的村落49个，即占村落总数的五分之四。而62村平均每村规模为169户，加权平均有姓8.5个。平均户/姓比例达到近20[1]。相比之下，上述吴简显示的每丘现存规模平均为10.36户，平均有姓5.73个，平均户/姓比仅1.8。显然，民国

---

[1] 李景汉编：《定县社会概况调查》，中国人民大学出版社，1986年，168—171页。

时期定县农村的姓氏散居程度远远没有走马楼吴简反映的汉晋间长沙一带那么突出。即使如此，当时定县乡村的宗族活动已是十分微弱：62 村 110 姓至少 162 个宗族中，仅有 19 个宗祠，而且其中 11 个还是晚清以来所新设。所有族产共计仅区区 147 亩，占 62 村耕地总数近 24 万亩的万分之六，几近于无[1]。相比之下可以想见，在吴简所反映的条件下，哪怕最简单的宗族组织都是难以存在的。

我们还可以拿完全没有宗法因素的现代群体做个比较。笔者从某大学随机抽取大小不等的几个系教职工名册：系 A 有 110 人，53 姓，最大姓王，11 人，占 10%；系 B 有 19 人，14 姓，最大的李、王二姓各 3 人；系 C 有 38 人，28 姓，最大的刘、孙、王三姓各 3 人；院机关 17 人，12 姓，最大姓张 5 人。该校为全国最著名学府，人员来自五湖四海，姓氏分布可以说完全是随机的。这一分布与上述定县的情况差异很大，但与吴简中的情况相比，在群体规模相仿的条件下最大姓比重、户（人）/ 姓比等指标都很类似。这是很有意思的。

三、"吏民"社会中的乡吏

而另一方面，吴简反映的"国家政权"在县以下的活动与控制却十分突出。当时当地不仅有发达的乡、里、丘组织，而且常设职、科层式对上负责制与因此形成的种种公文程式都在简牍中有所反映。如走马楼吴简 1—38 残简有某乡里"□农吏启田事"。已发表的走马楼简中还有如下几条关于乡吏的资料：

> 东乡劝农掾殷连被书条列州吏父兄人名年纪为簿。辄

---

〔1〕 李景汉编：《定县社会概况调查》，中国人民大学出版社，1986 年，171—172 页。

科核乡界，州吏三人，父兄二人，刑踵叛走，以下户民自代，谨列年纪以（已）审实，无有遗脱。若有他官所觉，连自坐。嘉（禾）四年八月二十六日，破荊保据。[1]

广成乡劝农掾区光言：被书条列州吏父兄子弟伙处人名年纪为簿。辄隐核乡界，州吏七人，父兄子弟合廿三人。其四人刑踵聋颐病，一人夜病物故，四人真身已逸及随本主在官，十二人细小，一人限田，一人先出给县吏。隐核人名年纪相应，无有遗脱，若后为他官所觉，光自坐。嘉禾四年八月二十六日，破荊保据。[2]

东乡劝农掾番琬叩头死罪白：被曹敕，发遣吏陈晶所举私学番倚诣廷言。案文书：倚一名文。文父广奏辞：本乡正户民，不为遗脱，辄操黄簿审实，不应为私学。乞曹列言府。琬诚惶诚恐，叩头死罪死罪。诣功曹。十二月十五日庚午白。[3]

按所谓"劝农掾"，正史载："诸曹略如郡员，五官为廷掾，监乡五部，春夏为劝农掾，秋冬为制度掾"。[4] 可见汉代此职本属"诸曹掾史"，即县衙正式文吏，但其主要职责在于"监乡五部"[5]。正如我国历史上上级巡行之官不久就会演变成下面常设职（如刺史、

〔1〕　走马楼简牍整理组编：《长沙走马楼三国吴简·嘉禾吏民田家莂》（上），文物出版社，1999年，32页。

〔2〕　同上。

〔3〕　同上，33页。

〔4〕　《后汉书·百官志》五，《县乡》。

〔5〕　居延汉简中有若干关于劝农掾的材料。见《居延新简》1003：E.P.T20：4A；3945：E.P.T52：490；8215：E.P.F22：693；《居延汉简甲乙编》318：16.10；其职责包括主办"春祠社稷""谨修治社稷"；"官县承书从事下□"；"官县写移书到如莫府书律令"；"书到宜考察有毋四时言如守府治所书律令"；等等。

行省、巡抚原来都是中央派下的巡查官，后来都变成常设的政区首长）一样，"劝农掾"也由县里下派的驻村干部演变为常设的乡官了，以至于在另一简中那位东乡劝农掾殷连便被径称为"乡吏殷连"[1]。

上文中的殷、区、番都是当地中等姓（即不像烝、谢、黄、李、邓那样的大姓，又不是只有几户的畸零小姓），应当是本地人。但现存田家莂中没有看到此三人的受田资料，户籍赋税简中区、番二人无记载，殷连之名则出现十次之多，其中三次分别为"□仿丘男子""伍社丘"人与无头衔人名[2]，当与此殷连并非一人。另外七处全部都有"司赏曹史"[3]"库吏"[4]"督（都）督库吏"[5]"县库吏"[6]"主库吏"[7]"乡吏"[8]头衔，可能是同一人。则此人属于上级衙署下派于乡无疑。

走马楼吴简中又有多处关于"何黑钱"的记载，如：

5-1433　入西乡吏　何黑钱

5-1434　入［　　］乡吏殷连　［何］黑钱三千［嘉］

5-1557　入何黑钱一千　嘉禾二年二月廿一日付库吏殷

5-1672　入中乡吏许［迪］所备何黑钱二千　嘉禾二年二月十日付库

5-1679　入西乡吏何旀侑何黑钱三千　嘉禾元年二月十［日］

5-1708　入中乡吏李诋所备何黑钱三千　嘉禾二年二月十日　付［库］

这些"何黑钱"都与"乡吏"有关，且其金额只有一两三千，作为

〔1〕　走马楼吴简，简号 5-1434。

〔2〕　同上，12-6933A；13-8087；12-6954。

〔3〕　同上，3-974。

〔4〕　同上，9-3733；11-4353。

〔5〕　同上，8-2826。

〔6〕　同上，9-3732。

〔7〕　同上，11-4664。

〔8〕　同上，5-1434。

其他经费均不可解。估计是乡吏的津贴或俸钱，即下文所引的"吏俸"。而另一方面，吴简中的"吏民"中包括相当比重的"吏"，如郡吏、州吏、县吏、乡吏等，其中不少属于职役负担，所以会有下文提到的避役逃亡而令他民代替之事。但不管乡吏是有酬的美差还是强加的重役，总之都不是"乡村自治"的体现者，而是国家权力下延于乡村的产物。

从上引各简看，乡吏的职责颇广：春夏为"劝农"，秋冬落实"制度"。除了课征租税役调外，还对上负责本地吏民户籍的管理，保证"人名年纪相应"，"审实"，"无有遗脱"，如果有误"为他官所觉"，则本吏要承担罪责（"自坐"）。当地应役者缺员，要找人替补（"以下民自代"）。

在上引 J22-2695 号简中，乡吏要处理被举报为"私学"的"本乡正户民"番倚，被审者之父申辩称冤，乡吏遂以"不应为私学"上报。可见乡吏还要负维护官方文化统治杜绝异端"私学"之责[1]。这本是典型的秦代法家传统：以"私学乃相与非法教之制"而严禁

---

〔1〕 侯旭东先生《长沙三国吴简所见"私学"考》（《简帛研究》2001 年卷，广西师范大学出版社，2001 年，514—522 页）一文考订"私学"贡献甚多。但他把"发遣吏陈晶所举私学番倚诣廷言"解释为文吏举荐番倚成为拥有特权的门生故吏式人物，似不可通。按简文义，"私学"属于"遗脱"，而"遗脱"在简文中是作为违法恶行的，即史籍所谓"逋逃"。所以简文用的是传讯疑犯的口气，而不是接见被举荐人才的口气。而被传讯者所言被称为"辞"（简文中特指疑犯口供），并以"本乡正户民，不为遗脱"来自辩，显然也并非求荐，而是自诉无辜。另外简文中"吏陈晶所举私学"之"举"也显非举荐之意，东汉以来的举主乃至其后的"中正"多是儒者官僚士大夫身份，未见以书吏、吏民为举主者。此"举"盖为检举、举报之意，当时如此用法甚多。如《周礼·地官·司门》："凡财物犯禁者举之。"《史记》卷88《蒙恬传》："求其罪过举劾之。"《汉书》卷45《江充传》："贵戚近臣多奢僭，充皆举劾。"《后汉书》卷31《廉范传》："（邓）融为州所举案"，注曰："举其罪案验之。"《三国志·吴志·顾雍传》："雍等皆见举白，用被谴让。"曹操《步战令》（见《通典》卷149）："兵曹举白，不如令者斩。"等等。"私学"自秦以后的确有从异端分子到投身权贵享受荫庇的特权依附者的所指变迁。吴简中正处于这种过渡阶段，两种含意都可能出现。他简关于"私学限米"的记载可能有后一含意的因素（但既有"限米"之纳，显然荫庇尚不完全，仍有过渡痕迹）。然而番倚一简就仍把"私学"当罪过，这不难理解。

之[1]。到了东汉三国时代，尽管"官学"已由尊法一变而为尊儒，但"私学"之禁如故，而且在吴简中它一直禁到了乡村基层并以乡吏治之。这哪有什么乡村自治可言？

乡吏既执官府之职，对上级而非对乡土负责，则乡吏之过失也属官府所治，而不是什么乡绅耆老草根势力可以"自治"的。上引5-1672简提到的"中乡吏"许迪，不久就犯了事，引起一场严厉的处置：

> 录事掾番琬叩头死罪白：过四年十一月七日，被督邮敕，考实吏许迪。辄与核事吏赵谭、部典掾烝若、主者史李珠，前后穷核考问。迪辞：卖官余盐四百廿六斛一斗九升八合四勺，偪米二千五百六十一斛六斗九升已。二千四百四十九斛一升，付仓吏邓隆、谷荣等，余米一百一十二斛六斗八升，迪割用饮食不见。为廖直事所觉后，迪以四年六月一日，偷入所割用米毕。付仓吏黄瑛。口口录见都尉，知罪深重，诣言：不割用米。重复实核，迪故下辞，服割用米。审前后榜押，凡口不加五毒。据以迪口口服辞结罪，不枉考迪。乞曹重列言府，傅前解，谨下启。琬诚惶诚恐，叩头死罪死罪。二月十九日戊戌［白］。[2]

据"录事掾"潘琬的这份报告，中乡乡吏许迪在当时的官盐专卖制度下似乎有向基层配售之责，并借以在配售之后的"余盐"

---

〔1〕《史记·李斯列传》。
〔2〕《长沙走马楼三国吴简·嘉禾吏民田家莂》(上),34页。文中"割用"原作"雕用"，据罗新先生意见改。谨致谢。

上做了某些手脚。他又征得公粮 2561 斛有余，但只有 2449 斛入仓，余米 112 斛被他"割用饮食不见"。此事"为廖直事所觉"后举报，许迪赶紧弄来粮食"偷入"于仓，以图填补挪用的窟窿。然而已经东窗事发。录事掾奉督邮的公函，会同"核事吏赵谭、部典掾忩若、主者史李珠"对许迪进行"穷核考问"，清仓查账，审出他私卖官盐、挪用公粮大吃大喝等事，最后许迪"服辞结罪"上报官厅。这一乡吏经济案件的审理前后经直事、核事吏、部典掾、主者史（另简作主记史）、录事掾、督邮等许多吏员之手。这些吏职除督邮外，当时的正史均未记载。其他史料偶有所见，如汉《曹全碑》题名有"录事掾王毕"[1]。谢承《后汉书》遗文有：黄巾之乱汝南，"主记史丁子嗣、记室史张仲然、议生袁祕等七人擢刃突陈，与战并死"[2]。又"正史"中的后世诸史亦有提及，如《宋书》卷四十《百官下》："部县有都邮、门亭长，又有主记史，催督期会，汉制也。"汉碑中之《桐柏淮源庙碑》《潘乾碑》之诸曹掾史题名中亦有"主记史"之名[3]。

从史传与碑铭的列衔体例看，这些吏员与"乡里少吏"中的亭长、三老、啬夫等职一样，不是"给事县"就是"郡所署"[4]，亦即他们都属于郡或县的吏员编制，因此被称为"郡吏"或"县吏"，但他们实际任职都是在乡里的，所以也可以称为"乡吏"。这些吏职的沿革现在我们已无法详考。但显而易见的是：当时的基层权力机构比我们所知的复杂得多，远不像"县下为宗族"的想象那么简单。

在这方面，尹湾汉墓出土简牍有一份"东海郡属县乡吏员定簿"

〔1〕《汉代石刻集成·本文篇》之一二六。
〔2〕周天游：《八家后汉书辑注》上册，上海古籍出版社，1986 年，66 页。
〔3〕《汉代石刻集成·本文篇》之八二、一二一。
〔4〕《后汉书》卷八十三《逢萌传》；《后汉书》卷二十八《百官五·县乡》。

可供分析。这份档案记载了汉代两个"乡政府"的人员编制:

> 山乡吏员卅七人:相一人,秩三百石。丞一人,秩
> 二百石。令史三人,狱史二人,乡啬夫一人,游徼一人,
> 牢监一人,尉史一人,官佐四人,亭长四人,侯家丞一人,
> 秩比三百石。仆行人、门大夫三人,先马、中庶子十四人。
> 凡卅七人。

> 〔建〕乡吏员□人:相一人,秩三百石。丞一人,秩
> 二百石。令史三人,狱史二人,乡啬夫一人,游徼一人,
> 牢监一人,尉史二人,官佐五人,乡佐一人,亭长四人,
> 侯家丞一人,秩比三百石。仆行人、门大夫三人,先马、
> 中庶子十四人。凡□人。[1]

这个编制应当说是相当可观了。而且其中所列主要乡吏的待
遇,比正史所载的"乡置有秩三老、游徼。本注曰:有秩,郡所
署,秩百石"[2]要高出许多。即使实际情况与"定员"有距离,农
民的负担也可以想见。更何况这些乡吏的"吏治"是大成问题的。
正如东汉安帝在诏书中也看到的:"武吏以威暴下,文吏妄行苛刻,
乡吏因公生奸,为百姓所患苦。"[3]这里把乡吏的腐败("因公生
奸")与文吏之"苛刻"、武吏之"威暴"并列,可见当时乡村吏
治问题之严重。

---

[1] 《尹湾汉墓简牍释文》61:13; 65:17。参见高敏:《试论尹湾汉墓出土〈东海郡
属县乡吏员定簿〉的史料价值——读尹湾汉简札记之一》,《郑州大学学报》,
1997年第2期,53—57页。

[2] 《后汉书》卷二十八《百官五·县乡》。

[3] 《后汉书》卷五《孝安帝纪》。

四、编户齐民，还是血缘社群？

综上所述，走马楼吴简为我们描绘的是一个极端"非宗族化"的"吏民"社会。当然，尽管吴简数量之大、涉及乡村之多非一村个案可比，但它仍不能代表吴地、更不能代表三国乃至古代中国"传统乡村社会"在时间上与空间上的无限多样性。就是在汉末三国的湖湘地区，也可能存在着其他的乡村类型。史籍给人的魏晋多世家大族的印象并不会被吴简描绘的图景所否定。合乎逻辑的解释是：吴简所反映的是中央集权国家（三国时代"中国"虽不统一，但分立诸国本身仍然是中央集权的官僚制帝国，而不是领主土司社会）控制下的乡村社会即所谓"编户齐民"社会，而世家大族及其部曲、宗族宾客则是朝廷控制不了或只能实行间接的"羁縻"式统治的地方。走马楼吴简那样的官府文书档案自然更少反映那里的事情。东汉至隋（尤以汉末以后北魏孝文帝改革以前为典型）的确是我国历史上一个大族势力较盛的时代，因而也是中央集权大一统势力较弱的时期。但即使在这个时期，只要处在帝国官府的控制下，那里的乡村仍然是编户齐民的乡村，而不是宗族的乡村。换句话说，走马楼吴简不能证明非宗族化的吏民社会或编户齐民社会的普遍性，但可以证明这种社会（而绝不是所谓自治的宗族社会）才是帝制下"传统国家"存在的逻辑基础。

而这个时期之外，秦汉唐宋尤其是这些王朝稳定的时代"传统国家"势力更大，世家大族势力更小，所以毫不奇怪，吴简所反映的那种非宗族的吏民社会也在其他时代的存世档案文物之类"生活形成的史料"中得到了充分的反映——尽管伦理化的儒家典籍所描绘的根本是另一回事。

湖北江陵凤凰山十号汉墓出土的"郑里廪簿"经考证为西汉初物，它反映的是一个里25户的人口、劳力和土地记录。按制度当时一里恰为 25 户，虽然实际上里有大小并不拘于此数，但人们一般认为"郑里廪簿"的确是关于该里的完整统计[1]。该簿所列的 25 户有 3 户其名已不可辨，其余 22 户户主分别是"圣、得、击牛、野、厌治、立、越人、不章、胜、房、禾贵、小奴、陀、定民、青肩、□奴、□奴、公士田、骈、朱市人、□奴、公士市人"。这里除朱市人与公士田（公士乃爵，田疑是姓）外，其余户主皆不书姓（或根本无姓）。熟悉这段历史的人都知道，当时下层民众姓氏意识极其淡漠，秦至西汉前期的下层贫民墓志乃至契券中有名（往往是俚名）无姓并不奇怪。"郑里廪簿"就是这种情况。既然绝大多数人连姓都没有，唯有的两个书姓户又是异姓，当然是不可能有什么宗族组织乃至宗族观念的。

河西汉简中有大量的里贯名籍资料，除了作为流动人口或寄籍人口的内地籍戍卒、燧长之类不作为当地民间社会考虑外，本地里民的聚落形态也可考知大概。下面是几个里的散见名籍资料之汇总：[2]

表 3　西汉河西若干里之传世名籍

县	里	户　主	出　处
居延县	广都里	陈安国	《新简》2587：E.P.T51:4
		屈地	《甲乙编》1817：75，23
		李宗	《甲乙编》2119：88，5
		虞世	《甲乙编》5071：220，10
		钱万年	《甲乙编》5193：227：8
		屈并	《释文合校》1817：合 75，23

---

[1]　裘锡圭：《湖北江陵凤凰山十号汉墓出土简牍考释》，《文物》1974 年第 7 期。

[2]　出处引书全名：《新简》=《居延新简》，甘肃省文物考古所、甘肃博物馆、文化部古文献研究室、中国社科院历史所编，文物出版社，1990 年。《甲乙编》=《居延汉简甲乙编》上下册，中国社科院考古研究所编，上海：中华书局，1980 年。《释文合校》=《居延汉简释文合校》，谢桂华、李均明、朱国炤编，文物出版社，1987 年。

县	里	户 主	出 处
骊靬县	成汉里	淳于炎	《新简》6402：E.P.T59：838
		司马成中	《甲乙编》251：13，7
		徐偃	《甲乙编》636：33，12
		毙建德	《甲乙编》762：37，32
		王炎	《甲乙编》3589：194，54
		尹□	《甲乙编》7184：306，19
		朱千秋	《甲乙编》7878：387，4
		王步光	《甲乙编》7964：403，6
		王□世	《甲乙编》9239：520，12
骊靬县	敬老里	赵同	《新简》6898：E.P.T65：322
		许明	《新简》8909：E.P.T12：136
		王严	《甲乙编》1465：62，43
		粪土	《甲乙编》7885：387·12，562·17
		成功	《甲乙编》9649：564，6
		彭祖	《甲乙编》9649：564，6
		张德	《甲乙编》9653：564，9
骊靬县	定安里	杨□	《甲乙编》3474：146，78
		方子惠	《甲乙编》6961：287·13
		杨霸	《甲乙编》9554：560·8
		王捆	《甲乙编》9658：564·16
		王敞	《释文合校》9656：合564·16
居延县	市阳里	原宪	《新简》7168：E.P.T68：24
		张侯	《甲乙编》1476：62·54
骊靬县	市阳里	杨禹	《甲乙编》606：32·11
		宁始成	《甲乙编》2676：117·30
		王常贤	《甲乙编》9616：562·21

县	里	户　主	出　　处
?	市阳里	吕敞	《新简》7221：E.P.T5：7
		齐当	《新简》1967：E.P.T48：21
		王福	《甲乙编》267：14·13
		董之襄	《甲乙编》6277：261·42
		马游君	《甲乙编》6277：261·42
		张宫	《甲乙编》8136：438·3
		王莫当	《甲乙编》9548：560·3
		张延年	《释文合校》191：合10·22
居延县	西道里	史承禄	《新简》4430：E.P.T53：109A
		徐宗	《甲乙编》442：24·1A
		许宗	《甲乙编》750：37·23
		张图	《甲乙编》1889：77·33
觻得县	延寿里	赵猛	《新简》1962：E.P.T48：17
		杨猛	《新简》4834：E.P.T56：96
		上官霸	《甲乙编》4860：214·125

这些名籍简纪年可考的最早（广都里李宗）为汉昭帝元凤四年（公元前 77 年），最晚（市阳里齐当）为新莽始建国元年（公元 8 年），即都属于西汉后期档案，从大背景上可视为同时代的。如前所述，汉初制度为一里 25 户，实际西汉前期一里也就在此规模左右，以后里渐大，东汉时常有百户之里。而在这些名籍的时代里都不会很大，以上名籍虽不全，仍可看出当时这种基层社区的状况。它反映汉代河西民户的姓氏杂居状况不下于吴简反映的三国湘地，而比今日农村似乎犹甚。所以各里中均未发现族姓聚居的任何迹象，当然也就谈不上"宗族自治"。

20 世纪 70 年代四川郫县犀浦出土的"訾簿"残碑是东汉时物。

笔者曾有专文分析[1]，指出残文涉及一个社区的 18 户，其中能辨出姓名的 11 个户主中至少有六七个姓，"彼此间看不出什么宗法上的联系"。后来台湾杜正胜先生表示同意这一看法，他认为从这个残碑看，对当时社会中的血缘联系"不能估计过高"[2]。

河南偃师县出土的《侍廷里单约束石券》[3]是又一块东汉乡村社区的记名石碑。该碑后署侍廷里 25 个"父老"之名，一般认为也是该里的主要户主。25 人共有 8 个姓，其中于姓 9 人，占总数的 36%，算是第一大姓，显然这也是一个"非宗族化"的村庄。

东汉以后，吴简的情况可见一斑。魏晋再下来，敦煌文书是又一类实证资料。存世敦煌文书反映了 5—10 世纪河西乡村的情况。那时的敦煌几乎是个纯粹实物经济地区，文书中极少见到货币，有所交易时基本上都是用谷帛等实物作媒介，乃至以物易物。其自然经济化的程度不仅超过大致同时的吐鲁番地区，也超过大致同一地区的河西走廊汉简所反映的汉代情况。但在这样的"经济基础"上，那里的聚落形态却出奇地"现代化"（如果说非宗族化就是"现代"的话）。对此著有专书的杨际平等先生指出：当时的河西家庭绝大多数是核心家庭与单身家庭等"小家庭"，父母在而子孙别籍异财者并不罕见，家庭联系只限 5 世以内"小宗宗法"，宗子、家庙制度都没有或罕有[4]。其实杨际平等先生的这种说法只是为了反驳那种所谓传统乡村必然盛行大宗宗法的成说。由于某

〔1〕 秦晖：《郫县汉代残碑与汉代蜀地农村社会》，《陕西师范大学学报》1987 年第 2 期。
〔2〕 杜正胜：《编户齐民：传统政治社会结构之形成》，台北联经出版公司，1990 年。
〔3〕 原通称《侍廷里父老僤约束石券》，后俞伟超先生考证"父老"非僤名，"里父老"乃立碑者也，里僤同名，皆曰"侍廷"。见俞伟超：《中国古代公社组织的考察》，文物出版社，1988 年。
〔4〕 杨际平、郭锋、张和平：《五—十世纪敦煌的家庭与家族关系》，岳麓书社，1998 年，130—143 页。

种思维模式的影响，似乎没有"大宗"，就必有"小宗"，否则不是太现代了吗？实际上从他们所引的资料看，"大宗宗法"固然毫无踪影，"小宗宗法"都未必存在。文书中所见的唐宋间河西乡村其实也是"非宗族"乡村，在那里小型聚落内多姓杂居的情形既普遍又持久。

如唐天宝六年龙勒乡都乡里文书所见居民122户，就有41个姓，其中仅有3姓超过10户，第一大姓程也不过15户，仅占这个村子人户的12%。

大历四年悬泉乡宜禾里所见84户，有23姓，最大的索姓19户，占到总户数的23%，这已属全部敦煌文书中最突出的"族居"倾向了。

归义军时期某里共126户，有33姓，第一大姓张占30户，上元元年悬泉乡某村差科簿列80人（户主），共19姓，最大姓索11户，占13%。

天宝年间慈惠乡某村所见122户，分属32姓，最大姓张，17户，占14%。

开元十年悬泉乡宜禾里（？）籍所见29户，15姓，最大姓曹，6户，占20%[1]。

如此等等，这样的家庭、聚落景观要说有Lineage（宗族）色彩的话，恐怕比当代发达国家的情况也浓不了多少。与此相应的是：敦煌文书中几乎没有同姓同宗之人存在公共事务或共同组织的痕迹，却出现了不少完全没有族姓色彩的公益社团，即所谓的"社邑"。它们是围绕佛事、春秋社席尤其是丧葬互助而建立的。《敦煌社邑文书辑校》一书所收文书中有完整全社名单的社条、转帖、纳赠历

---

〔1〕 杨际平、郭锋、张和平：《五—十世纪敦煌的家庭与家族关系》，岳麓书社，1998年，130—143页。

与社人题名共 60 例，其中最大的一例 97 人[1]，最小的仅 4 人[2]，平均每社仅 27 人。一个明显的现象是社员的组合完全没有宗族的痕迹。如唐大中年间的儒风坊西巷社有社人 34 户，内有 12 个俗姓，3 僧户；景福年间某社社人 13 户，就有 9 个姓；后周显德六年女人社社人 15 名，除 9 名尼姑外 6 个俗人竟分 6 姓；最大的一社 97 人中，也有 23 个姓。而且最大的姓氏所占比例也小，如西巷社 34 人中最大姓张也不过 13 人。前述最大的社 97 人中第一大姓李氏只有 18 人。景福年间某社 13 人中梁姓 4 人，也算最多的。同时，社司三官无例外地皆不同姓，也很少为社中第一大姓之人，有的如前述 97 人之社社长刘奴子所属的刘姓在社中只他一人。更有甚者，一份社条文样中还明言："社子并是异姓宗枝……结义以后，须存义让，大者如兄，小者如弟。"[3] 可见那时的私社是十分典型的非族缘共同体，但它们也不是地缘性的村社。尽管古人受地缘条件所限，结社者都不会相距太远，有的社名（如"儒风坊西巷社"）本身就与地名重合（但这种情况少见），然而私社本身并不与某一地域上的居民群（如乡里之制所示的）相混同，它只是围绕具体的事务而形成的"事缘"结合[4]。

总之，北朝至唐宋间的敦煌文书反映的乡村景观，一方面是多姓杂居的编户齐民，另一方面是公共交往空间的非族姓化。有人认为当时的河西情况特殊，战乱多，族姓流散。但这种说法缺少解释力。因为从简牍文书看，从五凉至唐宋除了增加一些胡姓外，当地

---

[1] 宁可、郝春文辑：《敦煌社邑文书辑校》，江苏古籍出版社，1997 年，168—170 页，此件后缺，可能还不止 97 人。

[2] 同上，33 页。

[3] 同上，47 页。

[4] 参见秦晖：《政府与企业以外的现代化——中西公益事业史比较研究》，浙江人民出版社 1999 年版。

的主要姓氏结构是延续下来的，张、索、王、李、氾、阴等大姓甚至在汉晋时就已形成[1]。应当说，这种非宗族化的景观之主要原因恐怕不能归之于敦煌的特殊性。

综上所述，我们看到上至秦汉之际，下迄唐宋之间，今天所见的存世"生活史料"涉及的几百个实际存在过的村庄，包括湖南（长沙一带）、湖北（江陵一带）、四川（成都平原）、中原（洛阳一带）、河西走廊（张掖—敦煌一线）等诸代表性区域类型——从内地到边疆，黄河流域到长江流域，全是非宗族化的乡村，其非宗族化的程度不仅高于清代农村，甚至高于当代乡间一般自然村落，而与完全无宗法因素的随机群体相仿。在这许多案例中没有任何一例聚族而居或大姓居优的。当然，没有发现并不意味着不存在，也许今后人们会找到典籍中那种族居乡村的生活实例，但在编户齐民的乡村中几乎可以断言其比率不会高，尤其在王朝稳定的年代。

这个时期的确存在家族组织与大族政治，而且可以相信汉隋间正是其在历史上登峰造极之时。但与所谓国权不下县、县下唯宗族的说法相反，这种大族活动恰恰是"县以上"的高层政治现象，而与"县以下"的平民社会几乎无关。如河西五凉北朝时代流行大族政治，敦煌李氏西凉政权的几个最高职位州牧、太守、州长史、州司马几乎全被李、张、索、令狐几大家族控制，大族间的结盟与争斗成为河西政治的主要内容。但是，这个时期的基层户籍残卷，如西凉建初十二年敦煌县高昌里残籍、西魏大统十三年效谷乡（？）残籍，仍然是诸姓杂居的模式。国权归大族，宗族不下县，县下唯编户，户失则国危，才是真实的传统。

---

〔1〕 参见土肥义和·《归义军时期的敦煌》，中译载《敦煌研究》1986 年第 1 期。

五、从地名学看村落与宗族的关系

我们还可以从地名学的角度来探讨这个问题。

春秋以前中国是个族群社会，以封地为族姓、又以族姓为地名是常见的现象。但自秦以下，族群社会被官僚制帝国的编户齐民社会或曰"吏民社会"所取代，乡村聚落的命名也就十分彻底地非族姓化了。秦汉时代的闾里、吴简中所见的丘，三国以下的村坞屯聚，其名几乎都与族姓无关。秦汉的里名或取自"吉语"（如长乐、富贵、成汉、汉兴等等），或取自地理方位（如都里、西道、市阳、亭南、中治等等）及其他。由于取材有限，重名率极高（但在一个县的范围内似乎不允许重名）。例如汉简中所见，居延、觻得、昭武、故道、江陵等县都有"市阳里"，而"万岁里"之类的里名更似乎多数县都有。东汉、三国的里、丘命名渐趋多样化，尤其吴简中所见之丘名多俚俗，大概是取自民间而非官府所起。但是以族姓命名的似乎还没有。

那时偶有"郑里""刘里丘""吴丘""何丘"之名，有人认为这就是以居民姓氏命名之聚落。但细考之，这些地名也不像是取自姓氏。因为这类里、丘的人户很少——大多数情况下完全没有——以里丘所名为姓者。如前所引：江陵出土的"郑里廪簿"被认为是全里的完整登记，其中并无姓郑者。走马楼吴简中有66个单名里、丘，其中11个单名可用为姓，但却与当地实际居民姓氏无关。如"何丘"已知姓氏共有19户，分属15姓，其中恰无姓何者。其他如莫丘、吴丘、寇丘、区丘、温丘、贺丘、杨丘、龙丘等，也完全没有莫吴寇区温贺杨龙等姓。只有"刘里丘"有刘姓，但也不是第一大姓。当然，后世以姓名村者也有原居姓氏流散、现居民全无村名所指姓的现象，但那时其他村落的居民姓氏同于村名者至少不罕见。如果完全没有后一种情况，就很难以姓氏流散来解释前一种现象。因此吴简所见的何丘等等，大概与其他绝大多数单字丘名（捞丘、略丘之类）一样另有所本，不是以姓名村。

三国以降，里制渐坏，屯、聚、村、坞以及更晚的庄、寨（砦）、堡等聚落类型兴起。但在很长时间内这些聚落类型也未发现有以姓氏命名的。

以"村"为例，日本汉学界曾有过关于"村"起源的讨论。宫崎市定说"村（邨）"起源于屯田之"屯"，而堀敏一认为"屯"与屯田无关，它起源于"屯聚"，因而村与"聚"有缘。[1]但屯、聚也好，村、坞也罢，宋以前都极少与姓氏相联系。笔者以电脑检索"二十五史"，得"村"之记载共 1738 处。其中最早是《三国志》卷十六《郑浑传》中"村落齐整如一"之说。《三国志》《晋书》都只有这类"村落""村坞"的一般提法，正式以村为地名，则始于南北朝，主要是南朝。如《宋书》中有康亭村（卷二十九）、牛门村（卷八十三）、虎槛村（卷八十四）等 30 处；《魏书》有高柳村（卷二十四）、商王村（卷七十七）等 26 处。总计南五史（宋齐梁陈四书及《南史》）出现 117 处，北四史（魏齐周三书及《北史》）出现 84 处（含重复），但没有一处是以姓名村的。

隋唐两代仍然如此。《隋书》《旧唐书》《新唐书》各出现村名17、46、12 处，基本都与姓氏无涉。如隋之宋谷村（卷二十三）、白土村（卷六十四）、孝敬村（卷七十二），唐之白石村（旧卷十一）、襄王村（旧卷十九）、水门村（新卷四十三）等。但这时已出现了个别例外（《隋书》《新唐书》各有一例）。如《隋书》卷二十三："大兴城西南四里有袁村。"这是检索出正史中以姓名村的首例。但其起源可能仍然与上层有关，正如大兴（隋都，即后

---

〔1〕 堀敏一：《中国古代の家と集落》，东京：汲古书院，1996 年，289—310 页。

之长安）附近[1]当时已有的韦曲、杜曲、樊川等地名一样，不是以当地居民姓氏而是以与当地有关的某显贵得名。

五代时，以姓名村开始多见。《旧五代史》有任村（卷七）、杨村（卷九）、王村（卷十）、罗村（卷十三）、杨村寨（卷九）、杨村渡（卷五十六）;《新五代史》有赵村（卷十一）、王村（卷四十五）等。到了《宋史》中，以姓名村之例就多达37处，占该史记载239处"村"名的15%。《辽史》《金史》各有以姓名村2例与15例，分别占总村名的28.5%与16%。《元史》有34例，占总村名的41%。《明史》77例，占36%。《清史稿》则多至377处，占56%。可见，以姓名村之风，是宋代兴起，到明清才大盛的。

除了"村"以外，其他以族姓得名的聚落称谓也是如此。由电脑检索可知，"×各庄"一类地名明以前未见，始见于《明史》也只有卷八十六"纪各庄"一例，而《清史稿》则有24例。

"×格庄"，清以前没有，《清史稿》则有7例。

"×家村"，《宋史》2例，《金史》1例，《明史》2例，而《清史稿》多至20例。

"×家集"，明以前无，《明史》有5例，《清史稿》则多达97例。

"×家寨"，始见于《旧五代史》1例，以后《辽史》3例，《元史》5例，《明史》19例，《清史稿》42例。

"×家镇"，始见于《金史》1例，《明史》2例，《清史稿》达到60例。

"×家堡"，是出现较早的姓氏化地名，但早期它基本上只见于边防要塞式居民点，始见于《宋史》者凡12例，皆在西北抗夏军事前沿。以后一度少见，《金史》《元史》仅各1例，《明史》9例，

---

[1] 唐代正史中唯一的姓氏村名"张村"（《新唐书》卷三十五）也在长安附近的关中农村。

而《清史稿》有 36 例，并且扩及了河南、江苏、湖广等内地省份。

"×家庄"，在《宋史》中出现 6 处（北宋 2，南宋 4），《金史》4 例，《元史》10 例，《明史》41 例，《清史稿》则有 116 例之多。

以上检索固然只具有概率意义，正史中没有不等于实际不存在[1]，但对于宏观判断而言概率分析比案例分析更重要。当然，即使从概率意义上讲以上检索方式也受到晚出诸史篇幅多较大、地名出现也较多的影响，但即使作篇幅除权处理，上述趋势仍然能够体现。何况《宋史》篇幅也很大，宋以后的趋势显然不是篇幅差别造成的。因此我们可以判断的是：在中国，乡村聚落以居民姓氏命名的历史并不很悠久。这种现象以前基本没有，隋唐始见其萌，宋元渐多，而明清、尤其是清代才大为流行。可见乡村聚落与姓氏的联系，其实是近古始然，并不是可以无限溯源于"传统"的。

同姓相对聚居的存在不是宗族组织、尤其具有实质性功能的宗族得以形成的充分条件，但应当是必要条件。在古代生存状态下，距离对于人际交往的限制要比近代大得多。如果人们不住一处，仅凭所谓共同祖先的"伦理"基础是很难保持稳定交往、发展公共认同并形成功能性组织的。如今人们论述"国权不下县"时往往强调古代技术条件对国家权力延伸的限制。其实制度化权力组织本身就是可以创造"奇迹"（当然不一定是好的奇迹）的。像金字塔、始皇陵那样靠近代技术也不容易搞起来的惊人之举就是明证。而相对于能够凭借权力调动各种资源的统治机器而言，传统技术条件对民间远距离交往的限制才真正是难以逾越的障碍，尤其在统治权力不喜欢这种交往[2]的情况下。

---

[1]　如唐代，据友人见告在《入唐求法巡礼记》中就有以姓名村之例，相信笔者陋见未及之处尚多。

[2]　《韩非子·有度》"民不越乡而交，无百里之戚。……治之至也。"

综上所述，在我国历史上大部分时期，血缘共同体（所谓家族或宗族）并不能提供——或者说不被允许提供有效的乡村"自治"资源，更谈不上以这些资源抗衡皇权。但是那时的乡村当然并不处于"无政府状态"，那么当时的"国家"是怎样控制乡村基层社会的？在汉魏之际、隋唐与明清间的几次较大的变革中这种控制有些什么变化？宋以后尤其是入清后的乡村宗族与所谓乡绅同朝廷、官府或所谓"国家"之间又是什么关系？这种关系的演变与近代以来中国的现代化（尤其是乡村治理的现代化）意义又有什么关联？在中国（而非在西方）乡村治理现代化是一个"国家建构"或乡村"去自治化"的过程，还是一个"乡村自治"或"去一元化"的过程？抑或是乡村治理与国家治理各自都需要现代化？我们以后会继续讨论这些问题。

中国经济史上的怪圈：
"抑兼并"与"不抑兼并"

一、"道儒"与"法儒"

中国古代经济史上有个耐人寻味的现象，那就是从先秦直到明清延续数千年的关于是否需要"抑兼并"的争论。"兼并"（亦作"并兼"）即今所谓的"两极分化""大鱼吃小鱼"之类。主张国家应当严厉制止这种事态的即为"抑兼并"，而主张国家应放任不管的即所谓"不抑兼并"。当代一些学者把它们看作是经济思想领域中国家统制派与自由放任派之争，并赋予其新的意义，于是这种斗争似乎延续到了现代：改革前，尤其是在那些"割资本主义尾巴"的年月里，"抑兼并"的"法家政策"曾博得一片叫好；改革后的经商潮中，"不抑兼并"又受到不少赞扬。直到最近这类笔墨官司还时有所见[1]，这实在是值得研究的。

过去很长时期，尤其是在鼓吹"儒法斗争"的年代里，"抑兼并"被视为法家的思想，因此历代"抑兼并"的著名人物，从桑弘

---

〔1〕　如《读书》1996 年第 9 期葛剑雄《货殖何罪？》与 1997 年第 1 期谭平《是非曲直话货殖》两文就是关于这个问题的最近一回合辩论。

羊、汉武帝直到王安石、朱元璋、张居正都被冠以"法家"称号。然而，实际上正统儒家思想中"抑兼并"的倾向并不亚于法家。"不患寡而患不均"的儒家信条与对三代"井田制"的崇拜，历来是我国"抑兼并"运动的重要思想来源。而历代王朝中最"激进"的"抑兼并"实践者，以"五均六管""王田私属"为主要内容的严厉的国家经济统制政策实行者王莽，则是满脑子周公之道的超级腐儒，从没有人试图给他"法家"的头衔。有趣的是，历来被认为具有儒、法两种倾向的思想家在进行辩论时，常常会互相攻击对方纵容了"兼并"。如曾被视为"北宋的商鞅"的王安石，就宣称儒家教条主义者（"俗儒"）要对当时的"兼并"狂潮负责："俗儒不知变，兼并可无摧；利孔至百出，小人私阖开。"[1]而另一方面，汉唐诸儒则无不把"兼并"之泛滥归罪于秦代的法家政策，委咎于商鞅与秦政"信并兼之法""尊奖兼并之人"[2]。

平心而论，秦以后的儒、法两家理论，在摧抑兼并以维护宗法共同体这一基本点上并无分歧。其区别仅在于：相对而言，儒家倾向于以"礼义"、宗法伦理的堤防来阻遏"兼并"，而法家则多主张用刑罚、以行政手段来打击"兼并"。事实上，这两种手法在历代专制王朝"抑兼并"的实践中常常是同时并用的。所以尽管有人指责儒家的无为之治放任了"兼并"，有人指责法家的功利观念鼓励了"兼并"，但实际上"抑兼并"不能说是哪一学派的、甚至不能说是哪一封建国家的特有主张。它是以共同体（而不是以公民个人权利）为本位的传统社会（包括中、西在内的一切前近代社会）本质所决定的一种政策。

尽管如此，在是否使用强硬行政手段方面儒家也不能说是最"温

---

〔1〕 王安石：《兼并》，载《王临川集》，卷四，商务印书馆，1933 年。

〔2〕 《汉书·贾谊传》，卷四十八，中华书局，1975 年，2244 页；崔实：《政论》，引自《通典》，卷一，商务印书馆，1935 年，12 页。

和"的。汉初70年间"开关梁，弛山泽之禁"、经济上最开放的时代，盛行的并不是儒家思想，而是提倡"清静无为、顺其自然"的黄老学说。而雄才大略的汉武帝"罢黜百家，独尊儒术"之后，文化上的专制倒是与经济上的统制同步发展，"无为"的自然主义日益变成"有为"的国家主义，从盐铁官营、均输平准、算缗告缗一直发展到五均六管、王田私属，终于在王莽时代走到了"儒家原教旨主义"与国家经济统制的双重极端。因此，如果仅就西汉一朝的历史看，似乎儒家倒是统制经济的头号代表了。

当然这是表面现象，武帝以后经济统制的文化依据与其说是"儒术"，不如说是"独尊"。文化上的"罢黜百家"才是经济上的"利出一孔"之最好注脚。事实上，文化专制不管以什么样的意识形态为符号（不管"独尊"的是儒术还是别的什么术），从根本上说就是与经济自由不相容的。焚书坑儒的秦朝与独尊儒术的西汉晚期之所以有十分类似的经济政策，其缘盖出于此。

而如果仅就作为学术思想的"儒术"而论，从中既可以得出强硬经济统制的结论（如今人所谓的"井田制社会主义"），也可以得出反对这种统制的结论（如今人所谓的"因民之所利而利之""不与民争利"等等）。应当说，孔子时代的"儒学"并没有什么系统的"经济思想"，而汉以后被独尊的"儒术"则已是渗入了先秦各家成分的大杂烩，其中在经济统制问题上，源出先秦道家的黄老"无为"思想与源出先秦法家的"有为"信念堪称两大传统，由此导出了"不抑兼并"的自然主义和"抑兼并"的统制主义这两种政策倾向。笔者姑名之曰"道儒（受道家影响之儒）"与"法儒（受法家影响之儒）"。这两个名词似前所未见，但笔者以为这样的划分较符合汉以后各种倾向都在儒家的框框中存在的状况，而比"儒道互补""儒法斗争"之类的说法合理。

二、法儒与"抑兼并"

法儒主张"抑兼并",就是要求强化朝廷的经济垄断,坚决制止"阡陌闾巷之贱人"发展强大的民间经济。正如王安石所说:"阡陌闾巷之贱人,皆能私取予之势,擅万物之利,以与人主争黔首,而放其无穷之欲。"[1] 这是绝不能容许的;而理想的制度则应当使"三代子百姓,公私无异财。人主擅操柄,如天持斗魁。赋予皆自我,兼并乃奸回。奸回法有诛,势亦无自来"。[2] 这样的思想其来久远,我国早期"抑兼并"的思想家就认为:"万民之不治"的原因在于"贫富之不齐"[3],因此需要"令贫者富,富者贫"[4]。汉代的桑弘羊认为,抑兼并就是要"除秽锄豪,然后百姓均平","损有余,补不足,以齐黎民"[5]。

后世统治者把这些思想发展为一套政策,为那些"庶人之富者"设下天罗地网。均田制时代且不去说它,就是号称在经济上实行宽松政策,以"不抑兼并"而为后世士大夫所议论的两宋,实际上也搞过好多次"榷制兼并,均济贫乏"[6]的运动。至今仍受到许多歌颂的王安石的变法,就是对那些"阡陌闾巷之贱人"中的"大农""富工"与"豪贾"开刀的。传统儒家宣扬为君之道应当崇俭去奢,王安石对此不以为然。他认为不是君主、而是民间的"兼并之徒"损害了百姓,只要抑制了"兼并",皇上不妨穷奢极欲。到了明代,

---

〔1〕 王安石:《度支副使庭壁题名记》,载《王临川集》,卷八十二。

〔2〕 王安石:《兼并》,载《王临川集》,卷四。

〔3〕 《管子·国蓄》。

〔4〕 《商君书·说民》;《商君书·去强》。

〔5〕 《盐铁论·轻重第十四》。

〔6〕 《宋史纪事本末·王安石变法》,卷三十七,中华书局,1977年,327页。

朱元璋"立法多右贫抑富"[1]，着实把当时的"富民"收拾了一番，史称"时富室多以罪倾宗"，"豪民巨族，铲削殆尽"[2]，"寄染遍天下，民中豪以上皆破家"[3]。明初的一系列大规模移民，包括以"充军"这一发配边荒的同义语流传后世的军屯在内，就有相当一部分是建立在"籍没"富民并将其扫地出门的政策之上的。当时商品经济最发达、富民也最多的太湖流域，经朱元璋"籍诸豪族及富民田以为官田"[4]之后，竟弄到几乎清一色"土地国有化"的地步："（苏州）一府之地土，无虑皆官田，而民田不过十五分之一。"[5]有人说这种"抑兼之"不过是一种"欺骗"，是为了维护富人的"根本利益"而行之。这要看怎么说了，如果所谓富人是指朱家的龙子龙孙及朱明王朝的掌权者，那大抵不错，但若是指"富民"可就大成问题：今人可以轻描淡写地骂一句"欺骗"，可是当年洪武皇爷的严刑峻法可不是闹着玩的。很难令人相信，他把这些人"铲削殆尽"是为了保护他们的根本利益！

历来"抑兼并"者都有两大理由：一是道义方面的，即削富益贫为的是"百姓均平"；一是财政方面的，即"利出一孔"为的是"富国足用"。在传统上前一理由源出早期儒家，后一理由源出早期法家，这也是在这一问题上儒法能合流而构成"法儒"的主要原因。但正如我国汉以后的传统文化在许多方面都是"儒表法里"的一样，在"抑兼并"方面通常也是说的道义理由，实际动机则多出自财政理由，即通过经济垄断充实国库。这只要看看我国历史上历次大规模抑兼并运动，从汉武帝时的盐铁官营直到明末的三饷加派，都是

---

〔1〕《明史·食货一》，卷七十七，中华书局，1974 年，1880 页。

〔2〕吴宽：《莫处士传》，载《匏翁家藏集》，卷五十八。

〔3〕谈迁：《国榷·太祖洪武十八年》，卷八，古籍出版社，1958 年，653 页。

〔4〕《明史·食货二》，卷七十八，中华书局，1974 年，1896 页。

〔5〕顾炎武：《苏松二府田赋之重》，载《日知录》，卷十，商务印书馆，1933 年。

在朝廷财政危机的背景下发动的，就会明白。而"抑兼并"的直接结果则是国家财政，尤其是中央财政的"汲取能力"极度膨胀而形成所谓"国富民穷"的局面。

先秦法家是公然鼓吹以"国富民贫"为治国之要的。商鞅认为民贫才会求"赏"，而国富才能给"赏"，两者皆备则朝廷便能以"重赏"驱民去干任何事情。因此国家"利出一孔"而人民"家不积粟"是最理想的。韩非更有"足民何可以为治"[1]的宏论：百姓富足了便会想入非非，不好治理，只有让他们贫穷才会依赖国家！后世的法儒没有这样说，但其行为的结果则是对"国富民穷"的实践。从商鞅、桑弘羊、王莽直到王安石，都是打着平均主义的旗号来扩充国库，梁启超称这是以"国家自为兼并"来代替民间的兼并[2]，是很有道理的。甚至到明末，逼得举国造反的三饷加派也仍然号称"弗以累贫不能自存者，素封是诛"[3]，"殷实者不胜诛求之苛"[4]。这样一场横征暴敛居然也打着"右贫抑富"的幌子！

因此毫不奇怪，贫苦百姓对这样的"右贫抑富"不仅毫不领情，反而纷纷投到富民那里反抗官府，由此造成我们在《水浒传》之类小说中很熟悉的那种"庄主"带领"庄客"造官家反的场面。而国库此时的状况如何？近来有人曾断言，我国王朝的崩溃，都是由于"国家财政，尤其是中央财政汲取能力下降"的结果。这简直是莫名其妙！除了下文将提到的少数例外，多数王朝的崩溃恰恰是朝廷的"汲取能力"过分强化而使民间不堪忍受所致：秦末大乱也有类似背景。西汉末（新莽）厉行"五均六管"等"汲取"之政，新莽消亡时，仅集中在王莽宫中的黄金就达70万斤之巨，其数据说恰

---

〔1〕《韩非子·六反》。

〔2〕梁启超:《王荆公》，中华书局，1936 年，79 页。

〔3〕（康熙）《河南通志》，卷四十。

〔4〕（顺治）《鄢陵县志》。

与当时西方整个罗马帝国的黄金拥有量相当[1]！须知黄金在西汉是通货而非一般宝藏，这些黄金因而也属于"中央财政"储备而不仅是一般的宫廷奢侈，试问这样的"汲取能力"如何？明末李自成进京时宫中藏银达7000万两，而据黄宗羲说，当时全国"郡县之赋，郡县食之不能十之一，其解运至于京师者十有九"[2]。试问当今天下有几个国家"中央财政所占比重"能达到如此程度？

三、道儒与"不抑兼并"

针对这种"抑兼并"之祸，道儒在无为而治、自由放任的旗号下主张的"不抑兼并"提出了另一种选择。如果说"抑兼并"的道义理由是"右贫抑富""百姓均平"的话，"不抑兼并"的道义理由则是所谓"官不与民争利"，它与先秦儒家"因民之所利而利之"之论有渊源关系。

然而在传统中国语境中，"官"与"民"这对对立范畴是有双重含义的。一方面，"民"可以表示与国家或君主相对的私人或"臣民"之意，北宋司马光所谓"天地所生财货百物，……不在民，则在官"[3]即指此义而言。另一方面，"民"也可以表示与权贵势要相对的下层平民或"庶民""下民"之意，因此陆游又有这样的议论："自古财货不在民又不在官者，何可胜数？或在权臣，或在贵戚近习，或在强藩大将……"[4] 显然，这两种"民"的含义是不同的：司马光强

〔1〕《汉书·王莽传（下）》，卷九十九，中华书局，1975年，4188页；彭信威：《中国货币史》，上海人民出版社，1958年，第85—86页。
〔2〕黄宗羲：《明夷待访录·田制》。
〔3〕司马光：《司马温公文集》附《司马温公事略》。
〔4〕陆游：《书〈通鉴〉后》，载《渭南文集》，卷二十五。

调的是"君民"之别,而陆游强调的是"绅民两歧"。由此而"官、民"对举也有二义:一为"公私"之别——"官"在这里指"公家";一为"贵贱"之别——"官"在这里指权贵。于是,所谓"官"不与"民"争利也就可以有两种解释:其一是国家不与私人争利——这"私人"自然包括权贵在内;其二是权贵不与平民争利。"不抑兼并"的道义理由正是基于后者,如今一些论者同情"不抑兼并"论并把它理解为允许自由(或相对自由)竞争,也是基于这一点。

然而"不抑兼并"的实际理由通常却是基于前者。当时在私人中并不存在平等的自由竞争,而"不抑兼并"论者更多是不识平等为何物的天然等级制拥护者,他们反对"抑兼并"实际上是害怕权贵与老百姓一同被"抑",而反对"官与民争利"实际上是害怕国家妨碍了权贵的私利。因此他们常常公然要求凌驾于"齐民"之上的私人特权。如在反对王安石"抑兼并"的行列中,司马光的理由是:"贵贱贫富,天之分也","天使汝穷,而汝强通之,天使汝愚,而汝强智之,若是者必得天刑。"[1] 苏轼的理由是:绝不能让"品官形势之家与齐民并事"[2]。张方平的理由是"罚用于下而不用于上,赏行于上而不行于下"[3]。于是他们所说的"不抑兼并"实际上意味着:国家应当放手让权贵们攫取私人财富。而这种攫取同样是"建立在统治—服从关系基础上的分配",它与市场经济中的自由竞争是风马牛不相及的。

于是,如果说"抑兼并"导致了"国富民穷"的话,"不抑兼并"的结果则通常是"今国与民俱贫,而官独富"[4]。"财货不在民又不在官者,……或在权臣,或在贵戚近习,或在强藩大将,……

---

[1] 司马光:《士则》,载《司马温公文集》,卷十四,商务印书馆,1937年,313页。

[2] 苏轼:《上神宗皇帝书》,载《苏东坡集·续集》,卷十一。

[3] 张方平:《政体论》,载《乐全集》,卷六。

[4] 《明史·丘橓传》,卷二二六,中华书局,1974年,5936页。

上则府库殚乏，下则民力穷悴。"[1] 其极端的后果也是王朝崩溃、天下大乱。

这方面可以东汉末的情况为典型。由于东汉王朝是在王莽"抑兼并"抑出大乱之后建立的，它因此改行无为之治，对权贵豪强肆意兼并土地、人口少有干预，结果国家赋税之源尽落权豪之家，致使国库空虚、财政拮据成为这个王朝的长期现象，并以此与西汉形成鲜明对比。最后它终于在"官负人责（债）数十亿万"的窘况中爆发危机并走向消亡。

然而总的来看，由于传统中国就主流而言是个"大共同体本位"的文明，国家对"兼并"一直无所作为的情况是较少见的。东汉之外鲜有其例（唐末藩镇割据，"中央财政"也很拮据，然而藩镇本身如同小国，与东汉之私家豪强不同，而藩镇本身的"汲取能力"还是很强的）。更常见的是："不抑兼并"导致权贵私家势力恶性膨胀，而"抑兼并"又导致朝廷"汲取能力"恶性扩张，于是朝廷轮番用药，在"抑兼并"与"不抑兼并"的交替循环中陷入"管死放乱"的怪圈，直至危机日重而终于崩溃。北宋末年就是如此：自熙宁以至靖康，以王安石为代表的统制派（"新党"）和以司马光为代表的放任派（"旧党"）几度易位，忽而"变法"，忽而"改制"，忽而"更化"，忽而"绍述"，忽而"建中"，忽而又"崇法熙宁"。然而危机越变越重，终有靖康之覆。耐人寻味的是它最终还是覆没在统制派手中。今人多谓"王安石变法失败了"，这话要看怎么说：若就化解危机而论它确实失败了，但若就新旧党之争而论，王派其实最终是胜利了的。于是又有"新法变质"之说。其实从王安石那种"人主擅操柄""取予皆自我"的"利出一孔"思想发展到后来西城刮田所、苏杭应奉局式的"汲取"之政，自有逻辑的联系在焉。"变

---

[1] 陆游:《书〈通鉴〉后》，载《渭南文集》，卷二十五。

质"云云除了王荆公与蔡京之流在人品上的差别外，于制度上实不知何谓也。

四、"抑"与"不抑"之间

问题的关键在于：中国历史上所谓的"兼并"在本质上并不是经济行为而是权力行为，从唐人之"朱门（按当时礼制，平民虽富，门不得施朱，朱门者，权贵之门也）酒肉臭，路有冻死骨"，到明人之"惟余芳草王孙路，不入朱门帝子家"，莫不如此。明代一部小说中称，当时富家之中，"以这枝笔取功名，子孙承他这些荫籍"的缙绅要占七成，而"以这锄头柄博豪富，子孙承他这些基业"的平民仅占三成[1]。按顾炎武之说，当时一县之内平民富人即没有特权的"粗能自立之家"有百名左右，而缙绅（有优免权的官僚及士大夫）中仅最低级的生员一县即有三百，千人以上亦不罕见。如果一县地有十万顷，则生员要占去五至九万顷之多[2]。唐以后的"土地买卖"时代尚且如此，唐以前的等级占田制时代更不用说。这样的"兼并"就其主流而言，与其说是富民兼并贫民，"大私有"兼并"小私有"，不如说是有权者兼并无权者（包括无权的富民）、权贵兼并平民、统治者兼并所有者。用马克思的话说就是"权力也统治着财产""通过如任意征税、没收、特权、官僚制度加于工商业的干扰等等办法来捉弄财产"。[3]然而历代的"抑兼并"却都是有权势者，尤其是最高皇权的代表者之所为，他们眼中的"兼并"，主要是"商

---

〔1〕 东鲁古狂生编：《醉醒石》，第八回，上海古籍出版社，1985年，110页。
〔2〕 顾炎武：《生员论（中）》，载《顾亭林诗文集》，中华书局，1959年，22—24页。
〔3〕 马克思：《道德化的批评与批评化的道德》，载《马克思恩格斯全集》，第四卷，人民出版社，1965年，330页。

人并兼农人"（西汉晁错语）、"阡陌闾巷之贱人与人主争黔首"（王安石语）。倒是历代"不抑兼并"者所反对抑制的，才是真正主流的"兼并"："品官形势之家"对"齐民"的兼并。这样一来便出现了如下趋势："抑兼并"者的国家统制严厉地束缚了"阡陌闾巷之贱人"的经济发展，而"不抑兼并"者的自由放任则使"品官形势之家"得以肆行聚敛。"抑兼并"则朝廷禁网遍地，民无所措其手足；"不抑兼并"则贪官污吏横行，民无所逃其削刻。不言而喻，真正自由竞争的民间经济在这两种情况下都难有出头之日，而这两种政策走到后来都有可能加剧由治而乱的王朝危机。实际上，无论是"抑兼并"旗号下的国家对民设禁，还是"不抑兼并"旗号下的权贵侵民谋私，都属于马克思所说的"权力统治财产""统治—服从关系基础上的分配"，因此二者往往是你中有我、我中有你。历史上权贵之兼并平民，在很大程度上还是通过针对平民富人的"抑兼并"之举来实现的，明初对沈万三之类富民的籍没、北宋末的"西城括田"与南宋末的贾似道"公田"即为其例。而历史上专制国家的经济统制，除了直接依靠官办经济来实现外，也多少要凭借官府特许的"专利"商户实施垄断经营，于是再严厉的"抑兼并"也包含着对这些人的某种"放任"。梁启超等人在王安石的"抑兼并"中看到了"国家自为兼并"，其实在司马光一派的"不抑兼并"中又何难发现针对平民的"抑兼并"成分？司马光的"天使汝穷"，张方平的"罚用于下"，不是都很咄咄逼人吗？

五、过程公正与跳出怪圈

因此笔者以为，从总体上看在传统形式的"抑兼并"与"不抑兼并"之间强分伯仲、褒此贬彼是没有多少理由的——当然这里说的是"从总体上看",就每个具体人物、具体措施而言则另当别论,例如司马光的人品比蔡京高尚、桑弘羊的理财技巧比"贤良文学"文明等等。但应当明白:中国之所以没有发育出近代经济,甚至历代王朝之所以未能免于崩溃,并不是由于对"兼并"抑得不够或者抑得过分,并不是由于国家过于"有为"或者过于"无为",甚至不是由于传统式的"自由放任"太多了或者"国家干预"太多了。

根本的问题是:传统经济过程没有确立"过程的公正",而这是建立近代经济(有规范的市场经济)所必需的,也是使传统经济、传统国家走出那种"繁荣—崩溃"往复循环的怪圈所必需的。这当然不是说传统经济在微观层面的各种具体交易中没有公正可言,但无疑它在整体上并没有遵循"最初财产来路清白,此后的财富积累是通过自由交易实现的"规则。王安石把"阡陌闾巷之贱人"看得比"贵、强、桀、大"还可恶,司马光的"贵贱天之分",都使他们的"统制"与"放任"缺少一个公正的基点。

为什么"抑兼并"不行,"不抑兼并"也不行,"抑"与"不抑"交替试之还是不行?因为"权力捉弄财产"的封建经济不可能讲"过程的公正",无论专制朝廷的"公权力"还是贵家势要的"私权力"都既不让规则公平更不让起点公平,于是国家的"自由放任"会放出无数土皇帝与土围子,却放不出一个中产阶级,而国家的经济统制也只会"与民争利",却统不出个理性调控机制。

今天当然与历代王朝大有不同,但"过程的公正"仍是问题的核心。如今学界有不少人喜欢谈论改革速度的"渐进"与"激进",谈论多一些自由竞争还是多一些国家干预,谈论改革的这个或那个"目标模式",但就是很少谈"过程的公正",包括规则的公正以及(尤其是)起点的公正。这样谈法与历史上关于"抑兼并"与"不抑兼并"的争论有多大实质区别?

改革的速度是快些还是慢些,一步到位还是步步为营,这固然是个问题。但更重要的是，摆脱旧体制的束缚与失去旧体制的"保护"应当同步，不能允许有的人摆脱了束缚却仍享受着保护，有的人失去了保护却仍受到束缚；前者垄断着机会，后者承担着风险，前者享受"成果"，而后者付出"代价"。

多些自由竞争还是多些国家干预固然值得研究，但更重要的是无论竞争还是干预都有个"起点"问题，起点平等的竞争与"掌勺者私占大饭锅"后的"竞争"之区别，绝不是问一句"你是否拥护竞争"所能化解的。都说农村改革比国企改革好搞，因为农民比工人更能接受"竞争"。但倘若农村改革不是以平分土地为起点，而是开场就宣布全村土地改为队长或书记的私人庄园，你想农民会接受这样的"竞争"吗？都说无限制竞争会加剧社会不公，因此需要国家调节。但我们现在看到的不公是"竞争过度"还是起点（以及规则）不公所造成？为了更多的公平，我们应当限制竞争（或鼓励垄断）呢，还是应当为竞争寻求更公正的起点？这些问题是所谓"竞争的限度"问题能够取代的吗？

其实在今日的中国，"改革"与"保守"之别乃至"激进"与"渐进"之别并不是很重要。这有一比：当一个宗法式大家庭难乎为继时，可能发生的最具爆炸性的矛盾往往不是要不要"分家"之争，而是怎样分配"家产"之争。这也就是公正问题。倘若不管这一点，任由大家长独霸家产而把"子弟"们一脚踢出家门，那将造成比不肯分家的"保守"政策更严重的事态。古今中外的许多变法、改革在这方面留下的教训是深刻的。

今天已非昔比，历史的经验应当使我们变得更聪明，跳出"抑兼并"与"不抑兼并"的怪圈应当是完全可以预期的。

"大共同体本位"与传统中国社会：
兼论中国走向公民社会之路

　　五四"新文化运动"以反思、批判中国传统，通过文化启蒙实现中国文化的现代化重建为标帜。从那时以来整整 80 年，对"中国传统"的事实判断（中国传统究竟是什么）和价值判断（否定还是肯定传统，以及全盘否定和全盘肯定之间的各种"保守"与"激进"立场）一直是中国思想界的主题，而前一判断则是后一判断的基础。就这一基础而言，过去 80 年主要形成了两大认识范式：一是强调"生产方式"的"封建社会论"，它导致了以"土地革命"（消灭地主阶级的"民主革命"）为核心的"反传统"运动；一是强调宗法伦理、整体和谐与非个性化的"儒家文明"论，它引出了倡导个性解放的自由主义"反传统"运动和反对"西方个人主义"的传统复兴运动。

　　然而这两大认识范式看来都遇到了解释危机。作为历史，它们都无法解释何以同出"反传统"阵营、而且早期具有极端个性解放或激进自由主义色彩的五四极左翼后来会发展出一种比"传统"更压迫个性更敌视自由的整体性极权倾向，并在其发展至极端的"文革"时期忽然迸发了向古代"法家"（商鞅、秦始皇等）认祖归宗的热情——显然，用"反传统过激"或"传统的影响"都难以解释这一切。作为现实，它们更无法解释当前改革中大陆上"西化"（民主、市场、自由、人权等因素）与"传统化"（国学热、宗族的复兴与乡镇企业中的家族化色彩等）同时发生的机制，尤其无法说清两者间的关系。

本文试图跳出这两种范式，从乡土社会而不是从"思想家"的作品中寻求对"中国传统"的再认识。本文认为，传统中国乡村社会既不是被租佃制严重分裂的两极社会，也不是和谐而自治的内聚性小共同体，而是大共同体本位的"伪个人主义"社会，与其他文明的传统社会相比，传统中国的小共同体性更弱，但这非因个性发达、而是因大共同体性亢进所致。它与法家或"儒表法里"的传统相连，形成一系列"伪现代化"现象。小共同体本位的西方传统社会在现代化起步时曾经过"公民与王权的联盟"之阶段，而中国的现代化则可能要以"公民与小共同体的联盟"为中介。

一、小共同体本位论质疑

对于传统中国社会，尤其是被视为中国文化之根的传统乡土社会，目前流行的主要有两大解释理论。一为过去数十年意识形态支持的"租佃关系决定论"，这一理论把传统农村视为由土地租佃关系决定的地主—佃农两极社会。土地集中、主佃对立被视为农村一切社会关系乃至农村社会与国家之关系的基础；宗族关系、官民关系乃至两性关系和神人关系都被视为以主佃对立为核心的"封建"关系（此即把政权、族权、神权与夫权都归之于"封建地主制"的"四大绳索"论）；赋税、利息、商业利润等资源分配形式都被视为"地租的分割"；而"土地兼并—农民战争"的叙述模式被用以解释历史上的"周期性"动乱；"中国租佃制与西方农奴制"则成为解释中西之别、尤其是解释中国何以"没有产生资本主义"的首要因素。

笔者前已指出[1]，这种解释模式存在着严重问题，而另一种解释模式，我们可称之为"乡土和谐论"。它在1949年以前曾与"租佃关系决定论"互为论敌，而在这以后由于非学术原因它在大陆消失数十年，改革以后才在传承1949年以前学统和引进外部（港台及海外汉学）学理的基础上复兴。然而有趣的是：此时它已不以"租佃关系决定论"为论战对手，而成了从"新保守"到"后现代"的各种观点人士排拒"西化"的一种思想武器。这种解释把传统村落视为具有高度价值认同与道德内聚的小共同体，其中的人际关系，包括主佃关系、主雇关系、贫富关系、绅民关系、家（族）长与家（族）属关系都具有温情脉脉的和谐性质。在此种温情纽带之下的小共同体是高度自治的，国家政权的力量只延伸到县一级，县以下的传统乡村只靠习惯法与伦理来协调，国家很少干预。所谓的乡绅则被视为"植根于乡土伦理而体现社区自治"的小共同体人格化身，绅权制衡着皇权（国家权力）的下伸意向。而此种伦理与自治的基础则是据说集中代表了中国独特文化并自古传承下来的宗族血缘纽带，因而传统乡村又被认为是家族本位的（并以此有别于"西方传统"的个人本位）。而儒家学说便是这种现实的反映，它以"家"拟"国"，实现了家国一体、礼法一体、君父一体、忠孝一体。于是儒家又被视为"中国文化"即中国人思维方式及行为规则的体现，它所主张的性善论、教化论、贤人政治、伦理中心主义等则被看作是中国特色之源。

从这套解释出发产生了各种各样的引申：有人从这种"乡村自

---

〔1〕 秦晖、苏文：《田园诗与狂想曲：关中模式与前近代社会的再认识》，中央编译出版社，1996年。

治传统”看到了中国的“小政府大社会”和中国传统比西方更“自由主义”[1]。有人则相反，从乡土中国小共同体的“集体主义”中看到了克服“西方现代性”的自由主义之弊的希望，并期待“乡土中国的重建”会把人类引入“后现代”佳境[2]。有人以根据这种小共同体“伦理自治”说创作出来的“山杠爷”之类形象为论据证明“西方的”法治不适用于中国，我们的社会秩序只能指望“本土文化资源”培育的伦理权威[3]。还有人以“村落传统”说来解释人民公社，认为“温情脉脉的自然村落”是中国传统“长期延续的关键”，人民公社制度体现了突破这一传统而走向“现代化”的努力，并付出了当然的“代价”；但1958年的“大公社”对“村落”的破坏“过分”了，引起了灾难，后来的“队为基础”则向“村落传统”作出了让步，因而使公社得以正常运作二十年云云[4]。

总之，强调村落、家族（宗族）等小共同体的自治（相对于国家的干预而言）与和谐（相对于内部的分化而言）并将其视为不同于“异文化”的华夏文明特性所在，是这些看法的共同点。这种“小共同体本位”的中国传统观具有多元的学理渊源，带着新儒家色彩的中国学者（如民国年间的乡村建设派人士）的工作，日本学者平野义太郎、清水盛光等人战前提出的“乡村共同体”论[5]以及M.韦伯这样的西方思想家关于中国官僚制能力有限的说法[6]，都是这种传统观的来源之一。但这里又大致可分为两种情况：一种是重点强调

〔1〕 盛洪：《为万世开太平》，北京大学出版社，1999年。
〔2〕 甘阳：《乡土中国的重建》，香港《二十一世纪》总第26期（1994年）。
〔3〕 朱苏力：《法治及其本土资源》，中国政法大学出版社，1998年。
〔4〕 张乐天：《告别理想——人民公社制度研究》，上海：东方出版中心，1998年。
〔5〕 对日本人这种说法的产生背景，内山正夫的《近代中国的“共同体”：卓见与偏见》（《金泽大学经济论集》第21集，1984年）有详细描述。
〔6〕 M.韦伯：《新教伦理与资本主义精神》，三联书店，1995年，133—144页。

小共同体的内部和谐，以否定那种突出村内阶级分裂的说法；另一种是重点强调小共同体的自治，以否定那种批判东方帝国"全能专制主义"的观点。前一种以民国时期的乡村建设派为代表，他们不赞成共产党人的农村阶级斗争学说，但也反对国民党的专制统治，因此极力抨击国家"不良政治"对乡村的压迫，而并不把当时的乡村看成"自治"的乐园[1]。后一种则以平野义太郎等战前日本人士为典型，他们强调中国传统"乡村共同体"的自治性是为了否认中国国家对农村的统治能力，而对村庄内部关系是紧张还是和谐并无特别兴趣。正如美国学者杜赞奇所指出的[2]，这种观点是为当时日本军阀的"东亚共荣"论服务的。而在战后这种"将（小）共同体概念强加于中国乡村的做法"已被许多日本学者尤其是自由派与左派学者否定。然而有趣的是，近年在国内流行的种种小共同体本位的传统观最强调的恰恰正是自治性而非和谐性，亦即更近似于平野义太郎等人的观点而非乡村建设派观点，尽管这些论者喜欢征引的是后者而非前者。我们的这些论者乐于在清算"批评东方专制的西方话语"的背景下重新发现"自治的乡土中国"，却并无当年乡村建设派那种与"租佃关系决定论"论战的兴趣。其中的一些作品还把"温情脉脉的传统村落"之说与关于土地改革的革命理论融于一书，似乎并不觉得二者存在着扞格[3]。

应当说，这种"小共同体本位的传统观"之复兴有相当的合理性。首先，若与 1949 年以后的农村体制相比，传统中国国家政权

〔1〕 梁漱溟：《乡村建设理论》，载《梁漱溟全集》第二卷，山东人民出版社，1990年，141—658 页。

〔2〕 杜赞奇（Prasenjit Duara）：《文化、权力与国家：1900—1942 年的华北农村》，江苏人民出版社，1994 年，195—196 页。

〔3〕 张乐天：《告别理想——人民公社制度研究》，上海：东方出版中心，1998 年，21—46 页。

对农村社区生活的控制能力确实弱得多；而与历史上的王朝强盛期相比，小共同体本位论者所集中考察的晚清、民国又是末世、乱世，所谓乱世英雄起四方，有枪便是草头王，国家对基层社会的控制能力也未必能达到强盛王朝的水平。说这个时期乡村小共同体是"自治"的也还讲得过去，其次如果抽象地谈村落、家族的小共同体凝聚力也不是不可以，任何时代人们对自己所在的群体有所依附都是可以设想的。与改革前的"唯阶级关系论"相比，如今谈论对家族、村落的认同至少是看到了传统社会中人际关系的多样性，这自然是个进步。

但在文化形态论的意义上讲传统中国的小共同体本位，把它视为区别于异文化的中国特征，并用它来作为解释历史与现实的主要基础，则是很可质疑的。首先，"乡村和谐论"比"租佃关系决定论"更无法解释中国历史上最突出的现象，即过去称为"农民战争"的周期性超大规模社会冲突。以地主与佃农的矛盾来解释"农民战争"本已十分牵强，没有任何证据表明租佃关系的发达与否与"农民战争"有关。而历代"农民战争"不仅极少提出土地要求[1]，甚至连抗租减租都没有提出，却经常出现"不当差，不纳粮""三年免征""譬如辽东死，斩头何所伤"之类反抗"国家能力"的宣传，以及"王侯将相宁有种乎""苍天已死，黄天当立""虎贲三千，直抵幽燕之地；龙飞九五，重开大宋之天"这类改朝换代的号召。而

---

〔1〕 过去常说明末李自成有"均田免粮"的提法，其实"免粮"（"三年免征"）诚有之，"均田"则只见于查继佐所撰的二手文献《罪惟录》，是靠不住的，对此可另文详考。至于太平天国的《天朝田亩制度》则只是个国家军事农奴制下的土地国有设想，并非把土地分给农民。我国历代王朝的土地国有计划与实践甚多，北魏至隋唐之"均田制"即其著名者。过去人们常以均田制法令与实践的反差将其贬为"一纸空文"，其实均田制在几百年间对实际土地关系的影响是很大的（这种影响是否有利于农民并受到他们的欢迎则是另一回事）。要说"一纸空文"，《天朝田亩制度》倒的确是，因为它并未实行过，甚至连知道这一文件的人也很少。

像《水浒》中描写的那种庄主率领庄客（即"地主"率领"佃农"）造国家的反的场面，在历史上也屡见不鲜，这就更难用"租佃关系决定论"解释了。但是，如果我们相信传统乡村和谐、乡村自治之说，就更无法理解这类历史现象。如果传统乡村的内部关系真是那样温情脉脉，而乡村外部的国家权力又只能达到县一级而无法干预乡村生活，那种社会大爆炸怎么可能发生？退一步讲，即便乡村内部关系存在着紧张，如果真是社区自治，国家权力无法涉及，爆炸又怎能突破社区范围而在全国水平上发生？更何况中国历史上的社会爆炸通常根本不是在社区内发生然后蔓延扩散到社区外，而是一开始就在"国家"与"民间社会"之间爆发，然后再向社区渗透的。汉之黄巾"三十六方同日而起"至为典型。

历史上但凡小共同体发达的社会，共同体内部矛盾极少能扩展成社会爆炸，在村社、采邑或扎德鲁加（家族公社）活跃的前近代欧洲，农民与他们的领主发生的冲突如果在小共同体内不能调解，也只会出现要求国家权力出面调解而不是推翻国家权力（王权）的现象。像英国的瓦特·泰勒（Wat Tyler）之变、法国的扎克雷（Jacques）之变这些"农民起义"实际上都不过是向国王进行武装请愿而已。俄国村社农民的"皇权主义"更是著名。即使在中国，明清之际租佃制最发达而宗族组织也相对更活跃的江南地区频频出现的"佃变""奴变"也多采取向官府请愿的方式，而与北方自耕农及破产自耕农（流民）为主体的改朝换代的"农民战争"截然有别。于是地主—佃农矛盾最为突出的这个地区反而成为席卷全国的明末"农民战争"锋头所不及的"偏安"之地。过去人们基于某种理论往往乐于设想：地主与农民发生租佃或土地纠纷，而官府出面支持地主镇压农民，使民间的贫富矛盾膨胀为官民矛盾，于是引发大乱。这种事例当然不是没有（前引的江南佃变即为其例）。但中国历史上更为习见的却是相反：因国家权力的横征暴敛、取民无度，或滥兴事业、役民无时，或垄断利源、夺民生计，或吏治败坏，虐民无休而引发官民冲突，故俗语历来有"官逼民反"而从无"主逼佃反"之说。

官民矛盾一旦激化，民间贫富态度因之生异：一般民间有声望者多富，出头抗官者亦多富民；但就从者而言，则贫苦者穷则思变，有身家者厌乱思安，于是官民冲突扩及民间而引发贫富对立。

例如明末大乱，本因"天灾、加派、裁驿、逃军"而起。这四项本与租佃关系无涉，除"天灾"外就是官民矛盾。而其中最致命的"加派"按官方的意图甚至主要是针对富民（不是富官，也非穷民）的："计亩而征"，"弗以累贫不能自存者，素封是诛"[1]"殷实者不胜诛求之苛"[2]。于是社会上出现的也不是什么土地兼并，而是"村野愚懦之民以有田为祸"[3]，"受田者与田为仇"[4]，"至欲以地白付人而莫可推"，"地之价贱者亩不过一二钱，其无价送人而不受者大半"[5]。在这种情况下爆发的"农民战争"，早期是一种"流寇"（破产自耕农汇聚的流民武装）与"土寇"（聚"庄佃"而抗官的富民庄主）一起造朝廷的反的"土流并起"之局[6]。但到明亡前夕，官府统治已解体，满地"流寇"的"乱世"已成了庄主们面临的主要威胁。于是便出现了这样的现象：当明朝力量尚强时勇于反抗的"土寇"，到明朝已无力镇压时反而纷纷"就抚"，成为朝廷眼中"介于似贼似民之间"[7]的力量。而"流寇"与庄主的冲突便开始激化了——但即使在

---

〔1〕 （康熙）《河南通志》卷四十。

〔2〕 （顺治）《鄢陵县志·艺文》。

〔3〕 王夫之：《噩梦》，清光绪刻王船山先生四种本。

〔4〕 《西园闻见录·赋役前》，袁表语。

〔5〕 （康熙）《三水县志》卷四引文翔凤：《减粮议》。

〔6〕 （康熙）《上蔡县志》卷十二。

〔7〕 佚名：《晴雪斋漫录》卷四。

这种情况下，"流土冲突"虽可以说是贫富冲突，却依然难说是主佃冲突，因为流土之间并无主佃关系，"流寇"并不起源于佃农，而此时的"庄佃"随庄主对抗"流寇"，与此前他们随庄主抗官本无二致。

并非民间贫富冲突而使官府卷入，而是官逼民反导致民间贫富冲突。这种中国独有的"农民战争"机制是"租佃关系决定论"和"乡村和谐论"都不能理解的。

二、"道德农民"与"理性农民"之外

谈到共同体，不能不提及 70 年代国外社会学及文化人类学界影响很大的一场争论。当时由于美国在印度支那的失败，引起了研究越南（以及东南亚）农村社会（其"问题意识"显然源于"当地农民为什么支持共产党"）的热潮。这一热潮在学理上又受到 50 年代 M. 马略特和 R. 列费尔德等人在农民研究中强调"小共同体（或译小社区）"与"小传统"（区别于民族或国家的"大传统"）之重要性的影响[1]。1976 年，J.C. 斯科特发表《农民道德经济：东南亚的叛乱与生计》一书，提出了强调"亚洲传统集体主义价值"的"道德农民"理论。据他所说，亚洲农民传统上认同小共同体，全体农民的利益高于个人权利；社区习惯法的"小传统"常常通过重新分配富人的财产来维护集体的生存。这种与"西方个人主义"不同的价值在他看来，便是美国失败的深层文化原因[2]。

---

[1] M. Marriott（ed.）, *Village India：Studies in the Little Community*. University of Chicago.1955；R. Redfield, *The Little Community*. University of Chicago.1955；R. Redfield, *Peasant Society and Culture*, University of Chicago. 1956.

[2] J.C. Scott, *The Moral Economy of the Peasant：Rebellion and Subsistence in Southeast Asia*. New Haven：Yale University Press, 1976.

斯科特的看法引起了商榷，S. 波普金 1979 年发表的《理性的农民：越南农村社会政治经济学》在反对声中最为典型。波普金认为越南农民是理性的个人主义者，由他们组成的村落只是空间上的概念而并无利益上的认同纽带；各农户在松散而开放的村庄中相互竞争并追求利益最大化。尽管他们偶尔也会照顾村邻或全村的利益，但在一般情况下各家各户都是自行其是自谋其利的[1]。在后来的讨论中支持波普金者不乏其人，有人甚至称："亚洲的农民比欧洲的农民更自私。"[2]

无疑，这样的争论也可以发生在中国农民研究者中：中国农民在本质上是"道德农民"还是"理性农民"？是休戚与共的小共同体成员还是仅仅居住在同一地域上的一群自私者？可能的回答是"两重性"之说，即他们同时具有这两种性格。由此又可能导出哪一种为主（例如说贫农以"道德"为主而富农以"理性"为主等等）之争。

然而更大的问题在于：如果说"道德农民"与"理性农民"是不相容的，那么这二者的不相容能推导出它们的"逆相容"吗？即：如果农民社会缺少"理性"（特指"个人理性"），这就意味着"小共同体的道德自治"吗？反之，如果农民对社区、宗族缺少依附感，他就一定是个性发达的"便士资本家"或理性至上的个人主义者吗？这些却是斯科特与波普金都未想过的。

欧洲人的这种态度并不难理解。西欧在个体本位的近代公民社会之前是"小共同体本位"的社会，人们普遍作为共同体成员依附于村社（马尔克）、采邑、教区、行会或家族公社（南欧的扎德鲁加），

---

〔1〕 S. Popkin, *The Rational Peasant*: *The Political Economy of Rural Society in Vietnam*. Berkeley: University of California Press, 1979.

〔2〕 据荷兰学者迪克曼在 1988 年烟台史学理论研讨会上的综述。

而东欧的俄罗斯传统农民则是米尔公社社员。近代化过程是他们摆脱对小共同体的依附而取得独立人格、个性自由与个人权利的过程。这些民族的传统社会的确有较发达的社区自治与村社功能，小共同体的"制度性传统"相当明显。如俄罗斯的米尔有土地公有、定期重分之制，有劳动组合及"共耕地"之设，实行"征税对社不对户，贫户所欠富户补"的连环保制度，为三圃制与敞地放牧的需要，村社还有统一轮作安排、统一农事日程的惯例。村社不仅有公仓、公牧、公匠，还有村会审判与村社选举等"小共同体政治"功能。农民离村外出首先要经村社许可，其次才是征得领主与官厅的批准。农户的各种交纳中，对领主的负担占54%，对国家的负担占19.8%，而对村社的负担要占到26%[1]，甚至住宅也必须建在一处，"独立农庄"只是近代资本主义改革后才少量地出现。

西欧的马尔克虽然没有俄国米尔那样浓厚的"经济共同体"色彩，但农用地仍有村社"份地"名分，并实行敞地制、有公共林牧地与磨坊。尤其因中古西欧没有俄罗斯那样的集权国家，其村社与采邑的"政治共同体"色彩比俄国米尔更浓郁，村社习惯法审判也比俄国更活跃，像电影《被告山杠爷》那样的耆老断事惯例，在中古欧洲恐怕要比在中国典型得多。

甚至在斯科特与波普金之争所关注的越南，"小共同体"的活跃程度可能也在传统中国之上。据当代社会人类学研究，在19—20世纪之交的越南农村，制度化公共生活仍颇为可观。在传世村社文书中有许多关于农民家内矛盾的案卷，有趣的是那里个体家庭中的父权与夫权似不如传统中国凸显，但社区伦理干预却超过中国。在旧中国，卖儿卖女可能触犯"国法"，但"社区习惯"却很少管这种事，而在这些案卷中家长出卖子女却会引起村社"耆目会同"（长

---

〔1〕 金雁、卞悟：《农村公社、改革与革命》，中央编译出版社，1996年。

老会）的干预，这种"会同"还会为女性要求继承权、要求离婚男子赔偿女方等等。据说那里的公田要占田地总量的 1/3，村社财政十分活跃。尤为令人惊奇的是那里存在着跨自然村的社区自治组织：数屯（自然村）为一"社"，数"社"为一"总"。"社"之设由各屯自发组合，并非官方区划，亦无一定规模。"社"平均 2000 人左右，有大至 3—4 万者。"社"首称"里役"，有里长、副里长、先祇等，皆由村民以"具名投票"选出，但多有宗族背景（往往一届"里役"同出一宗），任期三年，政府不干预其人选。卸任里役多进入"耆目会同"：据某县之耆目名单，其中 80% 为前里役，1% 为退休官吏，19% 为其他当选者，而与文献（乡约）中规定耆目应由儒士中选出不同。在 19 世纪前"耆目会同"权重于里长，可决定公田分配等要务，故里长多求卸任为耆目而不愿连任；入 20 世纪后里长权始渐重，亦乐求连任矣。但无论里长还是耆目均属民间人物，知县并非其上级，亦不干涉社内事务。社实行司法自治，遇有案件知县也会下到社里与里长共同调查，但只起调解人作用，并不能左右里长[1]。

这样的社区自治是古来传统使然，还是殖民时代法国人影响的结果？ P. 帕潘认为是前者。但也有记载说，15—16 世纪的里长为政府所任命，并非民选的。或许正如 20 世纪前半叶 J.H. Boeke[2] 及 J. Furnivall[3] 等人研究的爪哇、缅甸"传统"村社后来被指出是殖民时代发展的社区组织一样，上述的越南村社也并非原生形态的传统共同体。但无论如何，这样的"小共同体"与"乡村自治"已超过

〔1〕 本段据法国远东学院 Philippe Papin 博士所作中法学术系列讲座：《越南农民社会的权力》（北京，1998 年 6 月 25 日）。

〔2〕 J.H. Boeke, *Economics and Economic Policy of Dual Societies as Exemplified by Indonesia*. Haarlem, 1953.

〔3〕 J.S.Furnivall, *Plural Societies in Netherlands India*. Cambridge：Cambridge University Press, 1939.

了我们所知的传统中国多数地区，尤其是更传统、受近代化影响更小的北方内地农村的情况。

长期在北方倡导"乡村建设"的梁漱溟先生的"伦理本位"论对今日谈"村落传统"者很有影响，但正是梁漱溟对北方传统农村缺乏"小共同体"认同和村社组织深有感触。他说："中国人切己的便是身家，远大的便是天下了。小起来甚小，大起来甚大……西洋人不然。他们小不至身家，大不至天下，得乎其中，有一适当范围，正好培养团体生活"。[1] 的确如此，像传统欧洲那样的村社、采邑、教区、行会和家族[2]，中国传统中是缺少的；像俄罗斯、印度乃至越南那样的"小共同体"，中国古时也难见到。中国古时也有"土地还授"之制，但那不是村社而是国家行为（名田、占田、均田、计口授田以及旗地制等）；中国农民历史上也有迁徙限制，但那不是米尔而是国家对"编户齐民"的管束；中国人知道朝廷颁布的"什伍连坐"之法，但不知道何谓"村社连环保"；中国农民知道给私人地主交租，给朝廷交皇粮国税，却不会理解向"小共同体"交纳 26%是怎么回事。当然，中国人知道家规族法与祠堂审判，"文化"爱好者把这种"习惯法与伦理秩序"设想为原生态的"本土"现象而在闭塞落后的中西部"山"中设计"杠爷"形象，然而现实中的"杠爷"却集中发生在更受"西方"影响的东南沿海地区，内地闭塞的臣民们反而更懂得"王法"而不知道什么叫村社审判。

我国近年来在改革中一些农村出现了活跃的"庄主经济"，同时在东南发达地区出现了"宗族复兴"。对此，有人惊为"封建的沉渣泛起"，有人则褒之为"传统文化的伟大活力"。其实，"封建"

---

〔1〕 梁漱溟：《乡村建设理论》，载《梁漱溟全集》第二卷，山东人民出版社，1990年，194 页。

〔2〕 家族！号称"家族本位"的"中国传统"中会没有"家族"吗？！下文将会提到，这个命题并不像看起来那么荒谬。

也好，"传统"也罢，它们与"宗族"的关系究竟如何是大可反思的。我国民间的"非宗族"现象其源甚古，上古户籍资料如江陵凤凰山出土的西汉"郑里廪簿"与郫县犀浦出土的汉代《赀簿》残碑都呈现出突出的多姓杂居，其中犀浦残碑涉及 18 户，能辨出姓名的 11 个户主中就有至少六七个姓[1]，敦煌文书中的唐代儒风坊西巷社 34 户中亦有 12 俗姓外加 3 僧户，另一"社条"所列 13 户中就有 9 个姓[2]。而至少在宋元以后，宗族的兴盛程度出现了与通常的逻辑推论相反的趋势：越是闭塞、不发达、自然经济的古老传统所在，宗族越不活跃，而是越外向、商品关系发达的后起之区反而多宗族。从时间看，明清甚于宋元；从空间看，东南沿海甚于长江流域，长江流域又甚于黄河流域。直到近代，我们还看到许多经济落后、风气闭塞的北方农村遍布多姓杂居村落，宗族关系淡漠，而不少南方沿海农村却多独姓聚居村，祠堂林立，族规森严，族谱盛行。内地的传统发祥之区关中各县土改前族庙公产大多不到总地产的 1%，而广东珠江三角洲各县常达 30%—50% 乃至更高。浙江浦江县全县地产 1/3 为祠庙公产，义乌县有的村庄竟达到 80%[3]。这种现象究竟意味着什么，是耐人寻味的。

要之，"传统"的中国社会并不像人们通常想象的那样以宗族为本。而宗族以外的地缘组织，从秦汉的乡亭里、北朝的邻里党直到民国的保甲，都是一种官方对"编户齐民"的编制。宗族、保甲之外，传统中国社会的"小共同体"还有世俗或宗教的民间秘密会社，以及敦煌文书中显示的民间互助组织"社邑"（主要指"私社"）。

〔1〕 秦晖：《郫县汉代残碑与汉代蜀地农村社会》，《陕西师范大学学报》，1987 年第 2 期。
〔2〕 参见宁可、郝春文辑校：《敦煌社邑文书辑校》，江苏古籍出版社，1997 年，4、10 页。
〔3〕 秦晖、苏文：《田园诗与狂想曲：关中模式与前近代社会的再认识》，中央编译出版社，1996 年，168 页。

但秘密会社是非法的，而"社邑"的功能仅限于因事而兴的丧葬互助等有限领域，与村社不可同日而语。因此如果说就村社传统之欠缺而言，越南农民比欧洲农民更"自私"，那么说传统中国农民比越南农民更"自私"大约也不错。

可见，如果说"道德经济"是指农民对村社或"小共同体"的依附，那么这一概念不适用于中国农民，至少不像适用于俄国或西欧农民那样适用于中国农民。但这是否意味着中国农民就更像是"个人主义的理性农民"或"便士资本家"？

这就涉及现代中国史上那个令人难解的"公社之谜"。当年苏联发动集体化时，斯大林曾把俄国的村社土地公有传统视为集体化可行的最重要依据。他宣称恩格斯在农民改造问题上过于慎重，是由于西欧农民有小土地私有制，而俄国没有这种东西，因此集体化能够"比较容易和比较迅速地发展"[1]。而中国农民的"小私有"传统似乎比西欧农民还要悠久顽强，因此 50 年代中国集体化时，许多苏联人都认为不可行。然而事实表明，中国农民虽然并不喜欢集体化，但也并未表现出捍卫"小私有"的意志。当年苏联为了把（土地）"公有私耕"的村社改造为公有公耕的集体农庄付出了惨重的代价：逮捕、流放了上百万的"富农"，为镇压农民反抗出动过成师的正规军和飞机大炮，而卷入反抗的暴动农民仅在 1930 年初就达70 万人。"全盘集体化运动"费时四年，而在农民被迫进入集体农庄时，他们杀掉了半数以上的牲畜[2]。而中国农民进入人民公社只花了短得多的时间，也未出现普遍的反抗。

为什么"小私有"的中国农民比俄国的村社农民更易于被集体

---

〔1〕《斯大林全集》第 12 卷，人民出版社，1995 年，12 页。

〔2〕 沈志华:《新经济政策与苏联农业社会化道路》，中国社会科学出版社，1994 年，422—432 页。

化？我们看看俄国村社在这段转折中的作用就会明白。俄国传统村社作为前近代小共同体对农民个性与农民农场经济的发展有阻碍作用，这是使包括斯大林在内的一些人认为它有利于集体化的原因。事实上在新经济政策后期政府也的确利用村社来限制"自发势力"，抑制"独立农庄化"倾向。但村社作为小共同体的自治性又使它具有制衡"大共同体"的一定能力。在集体化高潮前夕，传媒曾惊呼农村中出现了米尔与村苏维埃"两个政权并存"的局面，并报道了许多"富农"（当时实际上指集体化的反对者）把持村社的案例，如卢多尔瓦伊事件、尤西吉事件等。显然，具有一定自治性的村社是使俄国农民有组织地抵制集体化的条件，因此苏联在集体化高潮的1930年宣布废除村社就毫不奇怪了。而中国革命后形成的是农户农村。本来就不如俄国村社那么强固的传统家族、社区的小共同体纽带也在革命中扫荡几尽，连革命中产生的农会在土改后也消亡了。农村组织前所未有地一元化，缺乏可以制衡大共同体的自治机制，于是"小私有"的中国农民反而比"土地公有"的俄国村社更易于"集体化"就不难理解了。

　　这其实也体现了一种中国传统。受"村社解体产生私有制"的理论影响，长期以来我国史学界那些否认中国古代有过"自由私有制"的人总是强调小共同体的限制因素，如土地买卖中的"亲族邻里优先权"和遗产遗嘱中的"合族甘结"之类。但实证研究表明，这样的限制在中国传统中其实甚弱，中国的"小农"抗御这种限制的能力，要比例如俄国农民抗御村社限制的能力大得多。但同时这些缺乏自治纽带的"小农"对大共同体的制御能力却很差。因缺乏村社传统似乎更为"私有"化的中国农民，反而更易受制于国家的土地统制，如曹魏屯田、西晋占田、北朝隋唐均田、北宋的"西城括田"与南宋"公田"。明初"籍诸豪民田以为官田"以致"苏州一府无虑皆官田，民田不过十五分之一"，直到清初的圈占旗地等等。

于是传统中国农民便很大程度上置身于"道德农民"与"理性农民"之外：小共同体在这里不够发育，但这并非意味着个性的发育，而是"大共同体"的膨胀之结果。而这一传统就说来话长了。

三、法家传统与大共同体本位

中国的大一统始于秦，而关于奠定了强秦之基的商鞅变法，过去史学界有个标准的论点，即商鞅坏井田、开阡陌而推行了"土地私有制"，如今史学界仍坚持此种说法的人怕已不多，因为70年代以来人们从睡虎地出土秦简与青川出土的秦牍中已明确知道秦朝实行的是严格的国家授地制而不是什么"土地自由买卖"；而人们从《商君书》《韩非子》一类文献中也不难发现秦代法家经济政策的目标是"利出一孔"的国家垄断，而不是民间的竞争。

然而过去人们的那种印象却也非仅空穴来风。法家政策的另一面是反宗法、抑族权、消解小共同体，使专制皇权能直接延伸到臣民个人而不致受到自治团体之阻隔。因此法家在理论上崇奉性恶论，黜亲情而尚权势，公然宣称"夫以妻之近及子之亲而犹不可信，则其余无可信者矣"[1]。在实践上则崇刑废德，扬忠抑孝，强制分家，鼓励"告亲"，禁止"容隐"，不一而足。尤其有趣的是，出土《秦律》中一方面体现了土地国有制，一方面又为反宗法而大倡个人财产权，给人以极"现代"的感觉。《秦律》中竟然有关于"子盗父母""父盗子""假父（义父）盗假子"的条文，并公然称：奴婢偷盗主人的父母，不算偷了主人；丈夫犯法，妻子若告发他，妻子的财产可以

---

[1]《韩非子·备内》。

不予没收；而若是妻有罪，丈夫告发，则妻子的财产可用于奖励丈夫[1]。即一家之内父母子女夫妻可有各自独立的个人财产。于是乎便出现了这样的世风："借父耰鉏，虑有德色；母取箕帚，立而谇语；抱哺其子，与公并倨；妇姑不相悦，则反唇而相稽。"[2] 这里亲情之淡漠，恐怕比据说父亲到儿子家吃饭要付钱的"西方风俗"犹有过之！难怪人们会有商鞅推行"私有制"的印象了。

然而正是在这种"爹亲娘亲不如皇上亲"的反宗法气氛下，大共同体的汲取能力可以膨胀得漫无边际。秦王朝动员资源的能力实足惊人，2000万人口的国家，北筑长城役用40万人，南戍五岭50万人，修建始皇陵和阿房宫各用（一说共用）70余万人，还有那工程浩大的驰道网、规模惊人的徐福船队……这当然不是"国家权力只达到县一级"所能实现的。其实按人口论，秦时之县不比今日之乡大多少，秦时达到县一级已相当于今日达到乡一级了。然而秦县以下置吏尚多。"汉承秦制"，我们可以从汉制略见一斑。"大率十里一亭，亭有长。十亭一乡，乡有三老、有秩、啬夫、游徼。三老掌教化，啬夫职听讼，收赋税。游徼徼循，禁贼盗"，"又有乡佐，属乡，主民收赋税。"[3] 这些乡官有的史籍明载是"常员"，由政府任命并以财政供养："有秩，郡所署，秩百石，掌一乡人"，有的则以"复勿徭戍"[4] 为报酬。所不同者，县以上官吏由朝廷任命（"国家权力只到县一级"仅在这个意义上才是对的），而这些乡官则分别由郡、县、乡当局任命。但他们并非民间自治代表则是肯定的。

---

〔1〕 睡虎地出土《法律答问》："人奴妾盗其主之父母，……不为盗主"。"夫有罪，妻先告，不收；妻媵臣妾衣器当收不当？不当收。""妻有罪以收，妻媵臣妾衣器当收，且畀夫？畀夫。"

〔2〕《汉书·贾谊传》。

〔3〕《汉书·百官公卿表》；《续汉书·百官志五》。

〔4〕《汉书·高帝纪上》；《汉书·文帝纪》。

秦开创了大共同体一元化统治和压抑小共同体的法家传统，从小共同体解体导致的"私有制"看来似乎十分"现代"，但这只是"伪现代"。因为这里小共同体的解体并非由公民个人权利的成长、而是相反地由大共同体的膨胀所致。而大共同体的膨胀既然连小共同体的存在都不容，就更无公民权利生长的余地了。所以这种"反宗法"的意义与现代是相反的。宗族文化与族权意识在法家传统下自无从谈起，然而秦人并不因此拥有了公民个人权利。相反，"暴秦苛政"对人性、人的尊严与权利的摧残，比宗族文化兴盛的近代东南地区更厉害。

汉武帝改宗儒学，弘扬礼教，似乎是中国传统的一大转折。然而，"汉承秦制"且不说，"汉承秦法"尤值得重视。正如瞿同祖先生早已指出：武帝以后之汉法仍依秦统，反宗法的大共同体一元化色彩甚浓。而"儒家有系统之修改法律则自曹魏始"[1]。由魏而唐，中国的法律发生了个急转弯，以礼入法，礼法合一，法律儒家化实际上是社会上共同体多元化的反映。宗族兴起，族权坐大，小共同体的兴盛成为一时潮流，从魏晋士族一直发展到"百室合户、千丁共籍"的宗主督护制，社会精英主流也由秦汉时为皇上六亲不认的法家之吏变成了具有小共同体自治色彩、以"德高望重"被地方上举荐的"孝廉""贤良方正"之属，并发展为宗法色彩极浓的门阀士族。这可以说是中国历史上一个罕见的"表里皆儒"的时代[2]，然而值得注意的是：这也正是一个大一统帝国解体，类似于领主林立的时代。

---

〔1〕 瞿同祖：《中国法律与中国社会》，中华书局，1981年，334页。
〔2〕 当然，从学术史角度人们常把魏晋玄学前后的那个时代看作儒学危机、黄老复兴、释道争雄的时代，但从社会史的角度看，以宗法纽带形成的世家大族，以伦理原则选官的贤良、孝廉之征，以性善论为依据的察举、中正之制，在秦以后的两千多年中还有哪个时代比这更符合儒家的理论呢？

从北魏废宗主督护而立三长始直到唐宋帝国复兴，中国出现了"儒表法里"的趋势并在此基础上重建了大共同体一元化传统，此一传统基本延续到明清。

"儒表法里"即在表面上承认多元共同体权威（同等尊崇皇权、族权、父权、绅权等等）而实际上独尊一元化的大共同体，讲的是性善论信的是性恶论，口头的伦理中心主义实际的权力中心主义，表面上是吏的儒化而实质上是儒的吏化。在社会组织上，则是表面上崇尚大家族而实际效果类似"民有二男以上不分异者，倍其赋"。

由隋至宋臻于完善的科举制是这一时期"儒表法里"的一大制度创新。从科举考试的内容看，它似乎有明显的儒家色彩，然而朱熹这样的大儒却对此制十分不满。其实这一制度本身应当说主要是法家传统的体现。事实上，更能体现儒家性善论与宗法伦理的选官制度应当是有点贵族政治色彩的、由道德偶像式的地方元老举荐"孝廉""贤良方正"为官的察举之制——明儒黄宗羲正是主张用这类制度取代科举的。科场的严密防范以人性恶为前提，而识者已指出：设计巧妙的八股程式与其说是道德考试不如说是智力测验。唐太宗的名言"天下英雄（不是天下贤良！）入吾彀中"，更说明这一制度的目的，在于大一统国家通过"不知亲疏、远近、贵贱、美恶，一以度量断之"的法家原则[1]把能人（而非贤人）垄断于掌握之中，它与一以耕战之功利择吏的秦法主要是所测之能不同而已。实际上由察举、门阀之制向科考之制的演变在某种程度上是对由周之世卿世禄到秦之军功爵制度的一种复制。儒家贵族政治被废弃并代之以"冷冰冰的"科场角逐，无疑是极权国家权威对宗法权威、"法术势"对温情主义占优势的结果。

近年来以科举制类比现代文官制度之风甚盛，其实这就像村社

---

〔1〕《管子·任法》。

传统欠缺时的"私有制"在大共同体本位条件下成为一种"伪现代化"一样，贵族政治传统欠缺时的科举制在大共同体本位下也是"伪现代"性的。正如识者所云：科举官僚制的发展与其归之为社会上公共事务增多和分工发展的结果，倒不如更直接地理解为专制统治越益过度或无谓地分割官僚权任，又要保证一种更为集中的一元化控制秩序的产物。……这就是我国的近代化过程所以始终无法将它嫁接到共和体制上，及其所以在近代与帝制同归于尽的很大一部分原因[1]。通过科举制实现了表面上吏的儒化和实质上儒的吏化。近人常把科举制下的乡绅视为社区自治的体现者，实际上科举制以前的地方贵族倒庶几有点自治色彩，后来的乡绅更谈不上了。

这一时期的法律体系仍然保持魏晋以来的礼法合一性质，但维持小共同体的、宗法式的内容逐渐虚化，而维护大共同体的、一元化的内容逐渐实化。成文法形实分离的趋势，从宋律对唐律中过时和无意义的内容（如关于均田制与租庸调方面的内容）也全盘照抄即可见一斑。一些维护大家族、宗族制的律文，如"诸祖父母、父母在而子孙别籍异财者徒三年""民四十以上无子方听纳妾"等等，与现实已相去甚远。如果相信律文，中国应当是个典型的大家族社会，但实际上中西人口史、家庭史的资料表明：这一时期中国人的平均家庭规模小于西方，更重要的是如前所说，家庭之上的小共同体纽带更比西方松散。然而另一方面，如明初朱元璋的《大诰》等文献所显示的那样，那些维护皇权、维护大共同体一元化的律条，却不但名实相符，而且还有法外加酷、越律用刑的发展趋势。

汉以后历代统治者改宗儒学后，弘扬礼教，褒奖大家族，"大共同体"与"小共同体"的关系形式上比秦较为和谐。然而实际上法家传统一直存在，由汉到清的统治精神（除了前述魏晋以后一个

---

〔1〕 楼劲、刘光华：《中国古代文官制度》，甘肃人民出版社，1992 年，3 页。

时期外）仍然是"大共同体本位"的，而不是小共同体本位，更不是个人本位的。像古希腊的德莫，古罗马的父权制大家族，中世纪西欧的村社、行会、教区，俄罗斯的米尔等等这类含有自治因素的"非国家"社群所享有的地位，在传统中国很难想象。北宋是我国历史上一个较为宽松的时代，朝廷对民间共同体还是盯得很紧，即使是由政府号召成立的也不例外。元祐年间朝廷号召团结乡兵，苏轼就这样指出了两种乡兵类型："陕西、河东弓箭手，官给良田，以备甲马。今河朔沿边弓箭社，皆是人户祖业田产，官无丝毫之损。"如此看来，河朔弓箭社不是比陕西弓箭手更可取吗？但恰恰相反。因为陕西乡兵完全由有司严密控制，从队、将直到提举司形成了严格的科层组织，虽不领饷，却完全是官办团体。而河朔弓箭社却具有太浓的民间色彩："百姓自相团结为弓箭社，不论家业高下，户出一人。又自相推择家资武艺众所服者为社头、社副、录事，谓之头目"，"私立赏罚，严于官府"。这就足以使人害怕："弓箭社一切兵器，民皆自藏于家，不几于借寇哉？"[1]结论自然是：不许。

四、"拜占庭现象"与"反宗法的非公民社会"

文化类型学的研究者往往把家族本位视为"中国传统文化"的特征而以之与西方的"个人本位文化"相比较。这种看法在近代中国家族兴盛和西方个性解放的背景下或许不无道理，然而搬用到历史上却远非都是适宜的。我们且不说欧洲中世纪，那时宗族血亲关系与封主—封臣间的政治依附关系构成互为表里的两种基本人际纽带，而且前者的重要性达到如此程度，以致"除了由血缘纽带联结

---

〔1〕《宋史·兵志四·乡兵》。

的人际关系外，不存在真正的朋友关系"[1]；那时西欧的宗族械斗、宗族仇杀、经济上的宗族公产及宗族对个人产权的干预与限制、族权对宗族成员的束缚与庇护，乃至数代同堂共炊合食的大家庭之常见，都很难说亚于古代中国[2]。尽管非血缘性的村社、教区与封主—封臣依附纽带更多地被今人提到，但这些非血缘纽带在社会关系中对血缘共同体的优势是否比中国的专制国家统辖"编户齐民"的能力在社会关系中对宗族纽带的优势更大，是非常值得怀疑的。正因为如此，当代许多欧洲学者都把中世纪欧洲向近代欧洲的演变，称为"从宗族社会到公民社会"（From Lineage Society to Civil Society）[3]。就像我们形容中国"传统社会"的所谓"西化"一样。其实在笔者看来，如果不是把眼光局限在人类学家喜欢用作"文化标本"的若干村庄（往往是东南沿海地区的近代村庄）而是从大的时空尺度看，古代中国的基层社会组织是绝不比中古欧洲更有资格叫作 Lineage Society 的。

如今的人们讲"西方传统"往往跳过中世纪而直接从希腊罗马寻找西方之"根"。"罗马法中的个人主义"与"罗马法意义上的私有财产"成为最常被提到的因素。可是人们却常常忽视：我们今天所见的那种似乎与近代西方公民社会最接轨的"罗马法"其实是在拜占庭时代才最后定型的。而在此之前，古罗马的大部分历史中都以极为发达的父权制大家族闻名。我们曾提到秦时（西汉其实也如此）宗族关系极度淡漠的情况，而就在与秦汉大致同时，从共和国

---

[1]　M. Bloch, *Feudal Society*, 2 vols, London. 1962. V.II.P.124.
[2]　按布洛克的说法，11 世纪巴伐利亚农村的家庭规模常达到 50 人，而 15 世纪的诺曼底甚至达到 66 人（Bloch，1962，Vol. I P.139）。注意：这里讲的是农民而非贵族家庭。
[3]　M. James, *Family*, *Lineage and Civil Society*: *A Study of Society Politics and Mentality in the Durham Region*, *1500–1640*. Oxford, 1974, pp.177–198.

到帝制罗马的前、中期，罗马法都把父权与夫权置于重要地位。那时罗马私法规定的各种民事权利大都只对父家长而言，包括最重要的"物权"（财产权）在内。罗马社会极重家族神、家族祭祀与家族谱系，所谓公民权那时实际上就是"有公民资格的父家长权"，甚至连公民中最底层的"无产者"也不例外——"无产者"即古拉丁语 Proletarius，原意即"只有家族"，谓除此而外别无所有也。罗马氏族组织与氏族长老（即所谓贵族）在共和时代的政治中起着重要作用。而到帝国时代虽然氏族关系已淡化，但涵盖数代人的家族组织仍是很重要的。与承认父子异财、夫妻异产的秦律形成鲜明对照的是，罗马法直到帝制时代一直认为家长对子弟的权利等值于奴隶主对奴隶的权利，并把子女与奴隶及其他家资一样视为家长的财产。但正是在这样的条件下，罗马形成了在那个时代的世界上最发达的古典公民社会。如所周知，近代公民社会的许多权利规范都是从它起源的。

只是到帝国晚期，罗马父权与家长制家族的法律地位才趋于崩溃。君士坦丁大帝时期的家庭与婚姻法改革使无夫权婚姻基本取代了有夫权婚姻，并使家属逐渐摆脱家长的控制而取得自权人的地位[1]。民法权利包括财产权的主体也渐从家长泛及于每一自由人个体。到了拜占庭时代，宗族纽带已经解体到这种程度：甚至连包含家族名称的拉丁式姓名也已被废弃，在8世纪前后被不含家族名的希腊式姓名逐渐取代了[2]。无怪乎经查士丁尼整理后的"罗马法"，"现代化"到了如此程度，以致如马克思所说：个人本位的近代市民社会甚至用不着怎么修改便可把它作为"经典性的法律"来使用。

---

〔1〕 J.E. Grubbs, *Law and Family in Late Antiquity*: *The Emperor Constantine's Marriage Legislation. Oxford*, 1995.

〔2〕 W. Treadgold, *A History of the Byzantine State and Society. Stanford University*, 1997.pp.394–395.

然而耐人寻味的是：这种家族共同体的解体与家（族）长权的崩溃在拜占庭并没有导致公民权利的发展。相反，拜占庭社会走上了"东方化"的老大帝国之路，在政教（东正教）合一的专制极权之下，把罗马公民社会的古典基础完全消解了。这便引起了当代罗马法史研究中的有趣的讨论。有人认为："罗马严格的个人主义在后古典时代（按：即帝国晚期及拜占庭时代）屈服于一种更偏重社会利益的评价，并在这方面出现了许多对所有权的限制。"有人却指出：后古典法与查士丁尼法"可能恰恰表现为一种对个人主义的确认"。类似地，有人认为对家属的宽待等等体现了"新时代的基督教人道精神"，有人却发现在拜占庭化过程中随着公民身份含义的蜕变，"人格的意义在降低"[1]。其实，这里的关键在于拜占庭的宗族小共同体纽带与家长权并不是（如近代那样）由公民契约纽带与公民个人权利来冲垮的，而是由从戴克里先到查士丁尼的专制国家大共同体桎梏与东方式皇权来摧毁的。消除了"宗法性"的拜占庭式罗马法尽管在技术上（成文法的形式结构上）"先进"得很，以至近代法律几乎可以照搬，然而拜占庭的立法精神却比古典罗马距离近代法治更为遥远：正如牛津大学拜占庭学大师奥勃连斯基所云，近代法治的基础是公民权利本位，而拜占庭法的基础是"广泛的国家保护"；近代法治的本质是法的统治（the rules of law），而拜占庭法的本质则是"君主本人根据他颁布之法律进行统治"（ruled by a sovereign himself subject to the laws he has promulgated）[2]。这样的"反宗法"与其说是提高了家属的人格，不如说是压低了家长的人格；与其说是使家属成为了公民，不如说是使家长从公民沦为了

---

〔1〕　［意］朱塞佩·格罗索（Giuseppe Grosso），黄风译：《罗马法史》，中国政法大学出版社，1994年，435页。

〔2〕　D. Obolensky, *The Byzantine Commonwealth：Eastern Europe，500-1453.* London，1971. pp.317-320.

臣民。无疑，那种全能的、至上的、不容任何自发组织形式存在的"大共同体"对公民个性的压抑，比"小共同体"更为严重。在罗马时代，真正享有充分公民权利的只是少数人（自由公民中的父家长），但至少对这一部分人而言他们的个人权利、人格尊严与行为能力是受到尊重的，在此基础上就可以通过契约整合而产生自治的公民社区和更大的公民社会。而拜占庭帝国那全能的"大共同体"则"平等地"剥夺了一切人的公民权利，它不仅抑制了"小共同体"的发展，更压抑了人的个性发展。

无怪乎在罗马法一度湮灭的西部"蛮族国家"后来会发生"从宗族社会到公民社会"的演进（并且在这一演进中产生了以公民权利的"复兴"为基础的"罗马法复兴"），而在专制皇权下发展了如此完善的"民法大全"的拜占庭反而走上了老大帝国的不归路！

华夏文明与罗马文明在"文化"上差异极大，但在大共同体本位的趋势下发展出一种"反宗法的臣民（非公民）社会"，却是秦汉与拜占庭都有类似之处的。与拜占庭民法的非宗法化或"伪现代化"相似，秦汉以来中国臣民的"伪个人主义化"也十分突出。尽管近年来的人类学、社会学家十分注意从社区民俗符号与民间仪式的象征系统中发现村落、家族的凝聚力，但在比较的尺度上我十分怀疑传统中国人对无论血缘还是地缘的小群体认同力度。且不说以血缘共同体而论秦汉法家传统下的"五口之家"不会比罗马父权制大家族更富于家族主义，以地缘共同体而论近代中国小农不会比俄国米尔成员更富于村社意识，就是在无论村社还是宗族都远谈不上发达的前近代英国，那里的"小共同体意识"也是我们往往难于理解的。从中学到大学，英国历史上的"圈地运动"往往都被我们的教师讲解为、也被学生理解为"跑马占圈"式的恶霸行径。及至知道那其实是突破当时的村社习惯而实行"自由"择佃（赶走原来的佃户而把土地租给能出更高租金的外来牧羊业者）则往往会大惑不解：这算什么事？咱中国自古不就如此的吗？不仅把土地出租给外村人，就是卖给了外村人，在传统中国农村不也司空见惯吗？何以英国"地主"只是把土地租给（还不是卖给）外村人便会引起如此强烈的社会反应？而自古以来就如此"开通"的中国人怎么就始终弄不出个"资本主义"呢？我们在唐诗中就可以读到诸如"客行野田间，比屋皆闭户；借问屋中人，尽去作商贾"[1]这样的情景，除了官府经常搞"检籍""比户"这类户口控制外，社区几乎是不管的。而在许多前近代的欧洲国家，即使是非农奴的"自由农村"，小共同体的控制力也很强，不要说"尽去作商贾"，就是搬到村外去盖个房子也要突破村社习惯的阻力。像俄罗斯一直到十月革命时，自由散居的"独立农户"仍然是一种阻力重重之下的新生事物[2]。

无疑，与其他前近代文明相比，中国人（中国"小农"）对社区（而不是对国家）而言的"自由"是极为可观的。然而中国人（中国"编氓"）对国家（不是对社区）的隶属就更为可观。如今在社会学界有人引西人之论，说中国也如西欧一样"民族国家"只是一种"现代性"的产物，而在经济史界又有论者把中国传统经济研究分为三派：笔者被列为"权力经济"论者，美国学者赵冈等被列为"市场经济"或自由经济论者，而国内经济史界的主流则被列为似乎是居于二者之间的"封建地主经济"论——这种经济似乎既没有赵冈等人说的那么自由，又没有笔者说的那么带有强权性质。然而实际上，该论者所说的那两种"极端"之论是可以统一的，而且都比那种主流的"中庸"之论近于事实：就小共同体范围而言中国的"小农"的确比外国的村社社员"自由"——哪个村社能允许传统中国这样的自由租佃、自由经商？而就大共同体尺度看，中国的

---

〔1〕 《全唐诗》，姚合：《庄居野行》。
〔2〕 金雁、卞悟：《农村公社、改革与革命》，中央编译出版社，1996年。

"编氓"又的确比外国的"前国家"居民更受制于强权——哪个"前国家"能像传统中国那样逼得国民一次次走投无路而形成周期性的社会爆炸？但说起来，大共同体本位的趋势并非中国传统独有。古罗马向拜占庭的发展亦然：就家（族）内而言拜占庭的家（族）成员比古典罗马更"自由"，就国民而言拜占庭臣民却比罗马公民更受奴役，只不过这一趋势在古代中国要更突出得多了。

五、里—社—单合一：传统帝国乡村控制的一个制度性案例

中华传统帝国的农村基层组织是怎样的？应当说这是个前沿性的探索领域，两千年来这种组织的沿革一本书都未必能说清，不过可以肯定，它绝不像那些"伦理自治""宗族本位""古代自由主义的小政府大社会"之类说法那么简单。我们可以以汉代的里—社—单体制作为一个制度性案例略作剖析。

汉代的农村最基层组织过去人们提得较多的是正史中乡—亭—里体系中的"里"制。近年来人们根据出土资料与文献对勘，又对与"里"平行的"社""单"之制有了较多的认识。尤其是俞伟超先生以汉印、封泥、碑碣结合文献作出的单（僤、弹）制考证[1]意义重大，引起了广泛关注。俞先生认为单（僤、弹）是"中国古代的农村公社组织"，而台湾学者杜正胜先生则称之为"农作协助团体"，是"各种不同性质的结社"[2]。按俞说之"农村公社"概念系来自马克思理论，尤其是马克思关于古代东方专制国家以农村公社为

〔1〕 俞伟超：《中国古代公社组织的考察——论先秦两汉的单—僤—弹》，文物出版社，1988年。
〔2〕 杜正胜：《编户齐民：传统政治社会结构之形成》，台北：联经出版公司，1990年。

基础的说法，它与当今国际史学界主流多把米尔、马尔克这类村社组织看作乡土自发的小共同体而区别于国家基层组织的观念不同，按后一观念，"单"是基层组织，不能算村社的[1]。

据现有资料，里、社、单都是同级同范围并往往同名的基层设置，常常并称为"里社""社弹""里单"等，从"宜世里""宜世单""侍廷里僤""众人社弹"等称呼看，当时一里必相应设有一社一单。

里为行政组织，设有里唯（里魁、里正）、里父老、里佐、里治中等职；社为祭祀组织，是当时的"意识形态系统"，设有社宰等职；单为民政、社会组织，功能最复杂，设职也最多，出土官印就有"祭酒（祭尊）"，是为单首；"长史""卿"，均为单副；"三老"（敬老，父老）掌教化；"尉"掌"百众"（民兵）；"平政"掌税役；"谷史"掌单仓（又有谷左史、谷右史之分）；"司平"掌买卖；"监""平"（又有左平、右平）掌讼、狱；"厨护"（又有左厨护、右厨护）掌社供；"集"（又有左集、右集）掌薪樵；"从"掌簿书，等等。

以上诸职皆有出土官印为证。汉之一里为户仅数十，而以上三系统设职就不下 20 个。虽未必每里全设，亦足惊人。以上诸职连同承担情治、信息职能的亭邮系统，上接乡一级诸机构，组成了一个严密的控制网络，如下表：

（1）行政系统

---

〔1〕 以下内容详见前文《传统中华帝国的乡村基层控制》，不另注。

（2）情治、信息系统

县尉　—乡游徼　—亭　亭长／亭侯／亭佐／求盗／"亭部吏卒"　—邮

（3）意识形态系统

"公社"—（乡社）　"置社"（里社、社弹、书社）　社宰

（4）民政、社会系统

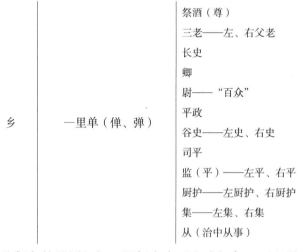

乡　—里单（俜、弹）　祭酒（尊）／三老——左、右父老／长史／卿／尉——"百众"／平政／谷史——左史、右史／司平／监（平）——左平、右平／厨护——左厨护、右厨护／集——左集、右集／从（治中从事）

　　如此复杂的基层组织，即便在今天也难想象。可以设想"制度"与实际是有差距的，但即便差距再大，也与今人所理想的"伦理自治"不可同日而语。重要的是：即便实际设置没有这般复杂，它的性质是清楚的，即它是一种国家组织的下延，而不是自生自发的草根组织。

　　这由以下数点可知：

　　（1）它是政教合一（里社、单社合一）、政社合一（里单合一）

的一元化体系，并具有行政主导的特点。正如出土的《侍廷里单约束石券》所示：当时立单的主持人是里官（里治中），可见在里—社—单体制中，里是主干，而社、单都是附着在里上的。而里的本质不是别的，正是法家运动为之奠定基础的专制国家对编户齐民的直接（即不经村社、宗族等中介）管制，即所谓"闾里什伍"之制。

（2）它的合法性是自上而下的：所谓"给事县"，所谓"里正比庶人之在官"。而"庶人之在官"即为"吏"，《汉书·尹赏传》所谓"乡里少吏"；"乡吏、亭长、里正、父老、伍人"皆属之。它的择人标准，据史载有"强谨""訾次""德望""年长"等项。所谓"强谨"，即能办事（强）承上意（谨）即可为吏，而不必求民间的道德形象，像刘邦这样乡里视为"无赖"的人绝谈不上德高望重，却可以当亭长，就是典型之例。"訾次"就是论财力，以便能应付职役。显然这两项标准都是从国家而不是从社区考虑的。至于"德望"与"年长"的确有些"伦理自治"的味道，但其权威也必须由上面来确认。

（3）它在形式上也摹拟官场，里印、社印、单印都按当时所谓"方寸官印之制"刻成，而"祭酒""三老""尉""治中""长史""卿"等称谓也是在上级官场有相应设置的，这样的组织显然不是"民间结社"而是"基层政权"。

（4）它是一整套非宗族的政治设置。与秦汉（主要指西汉）时实行的强制分异、"不许族居""父子兄弟同室内息者为禁"的气氛相应，里—社—单组织都没有什么族缘色彩。迄今所知的里、社、单名多是"吉语"（如宜世、奉礼、常乐等）或方位（如亭南、中治等），从无后世之"李家庄、张家寨"之类族姓称谓。汉以后出现的"村"初亦如此。正如宫崎市定所言，"村"即"邨"，起源于屯田，它也是按国家安排设置的。而存世《侍廷里单石券》题名共25个"父老"，这是该里（单）的"领导班子"，25人中至少有6个姓氏，显然并无宗族背景。

这种基层组织靠什么养活？汉代乡级组织包括亭在内，基本是政府财政支持的，其中不少大约直接取给于当地上缴的政府税收。出土的西汉江陵市阳里、郑里与当利里《算钱（人头税）录》都有不少把收上的部分"算钱"上缴乡里转为"吏奉（俸）"的记录。至于里级组织则主要是自筹费用，包括征收的"社钱"和《侍廷里单石券》记载的"敛钱"购置的"容田"收入等。但不能说，只要不是政府直接开支养活的组织就是"自治"组织，关键在于其赖以筹资的权威资源何来。由前述可知这一资源也主要来自上面。这样的组织有多少"自治"色彩是可疑的。

总之，秦汉时代我国传统帝国的农村基层控制已相当发达和严密。汉以后除东汉后期到北魏的宗主督护制时期帝国根基不稳外，也一直维持着专制国家对"编户齐民"的控驭。

而基层以上在地方与中央的关系中集权的趋势就更明显。近年来曾有人极言"国家能力"问题，他们断言：我国历代王朝的崩溃，都是由于"国家财政、尤其是中央财政汲取能力下降"的结果。这真不知从何谈起。实际上除少数例外（如东汉末）外，我国多数王朝的崩溃都恰恰是在官府尤其是朝廷的"汲取能力"极度亢进而使民间不堪忍受之时。秦末大乱正是朝廷集中全国大部分人力物力滥兴营造的结果，隋末、元末的大乱也有类似背景。西汉末（新莽）厉行"五均六管"等"汲取"之政，新莽灭亡时，全国的黄金仅集中在王莽宫中的库藏就达 70 万斤之巨，其数量据说恰与当时西方整个罗马帝国的黄金拥有量相当[1]！而明亡之时按黄宗羲的说法，则是全国"郡县之赋，郡县食之不能十之一，其解运至于京师者十

---

〔1〕《汉书·王莽传（下）》；与罗马的比较可参见彭信威：《中国货币史》，群联出版社，1954 年，70—71 页。

之九"[1]。看看当时各地方志《赋役志》中有关"存留、起解"的记载就会明白，黄氏所说并非虚语。试问当今天下有几个国家"中央财政所占比重"能达到如此程度？当然这只是就法定税赋而言，当中央把郡县的法定收入几乎尽数起解之后，地方政府的开支只能多依赖杂派，而基层亦复如此。"明税轻，暗税重，横征杂派无底洞"这样一种痼疾在我国历史上是古已有之。而基层控制也就成了这种痼疾之前提。直到痼疾引发社会爆炸，基层也就失控了。

六、近古宗族之谜

总之，与前近代西方相比，中华传统帝国的统治秩序具有鲜明的"国家（王朝）主义"而不是"家族主义"特征。如果说中古欧洲是宗族社会（lineage society）的话，古代中国则是个"编户齐民"社会。在历史上，郡县立而宗法"封建"废，"三长"兴而"宗主督护"亡，这类事情与礼教对大家族的褒奖构成了奇特的互补。当然，在"儒表法里"体制下统治者宣扬宗法礼教并不完全是为了骗人而自己根本不信。但礼教的真正意义在于反"个人主义"而不在于反"国家主义"。专制国家对宗族组织的支持是为了抑制臣民个体权利，而不是想扩张"族权"，更不是支持宗族自治。朝廷对宗族文化的赞赏是为了压抑臣民的个性，而不是真要培养族群的自我认同。因此我们切不可对统治者提倡"大家族主义"的言词过于当真。明初，"浦江郑氏九世同居，明太祖常称之。马皇后从旁綦之曰：以此众叛，何事不成？上惧然，因招其家长至，将以事诛之"[2]。这

---

〔1〕《明夷待访录·田制一》。
〔2〕 方孝标：《钝斋文选》卷六。

个故事是极有典型意义的。在清代,乾隆年间的江西官府曾经有"毁祠追谱"之举,以图压制民间宗族势力。而广东巡抚还提出由朝廷对大族的族产实行强制私有化,以削弱宗族公社的经济力量。乾隆不仅对此表示同意,还旨令在全国各地推行,要求对那些"自恃祠产丰厚"而尾大不掉的强宗巨族进行打击,把各该族祠产业清查后分给族人[1]。乾隆帝还在给《四库全书》馆臣的"圣谕"中明确规定:"民间无用之族谱"不得收入《全书》[2]。

事实上,历代统治者不管口头上怎么讲,实际对"法、术、势"的重视远远超过四维八德。而法家传统是极端反宗族的,它强调以专制国家本位消除家族本位,建立不经任何阻隔而直达于每个国民个人的君主极权统治。它主张以皇权(以及完全附属于皇权的吏权)彻底剥夺每个国民的个人权利,并且绝不允许家族、村社或领主截留这些权利而形成隔在皇权与国民个人之间的自治社区。换句话说,它不仅容不得公民个人权利,也容不得小共同体的权利。儒家的"家—国一体"在这种情况下只对于皇帝一家是真实的:它只意味着皇帝"万世一系"的家天下,而不支持别的"世系"存在。某个家长"提三尺剑,化家为国"[3]而建立起自己的皇权后,就绝不允许别人起而效尤,膨胀"家族"权利。另一方面,历史上许多所谓的"农民起义",从西晋的乞活直到清代的捻子,也都有宗族豪酋聚族抗官的背景。抗官成功,"提三尺剑,化家为国"的故事便又一次上演,但同时对民间宗族势力的戒备,也成为这些昔日宗族豪酋操心的事。

到了近代,更出现了受"西化"影响以"家族自治"为旗号而反抗传统国家专制的改革派"新潮宗族"活动。这是以往人们很少

---

〔1〕《(光绪)钦定大清会典事例》卷399《礼部·风教》。

〔2〕《四库全书总目》卷首《圣谕》。

〔3〕(康熙)《四川总志》艺文志,(前蜀)王建:《诫子元膺文》。

注意的。如清末以走"英国之路"为标帜的立宪派地方自治运动中就出现了"家族自治"的呼声。当时重要的南方立宪派团体广东地方自治研究社有 38 个集体成员为支社，其中就包括五个家族自治研究社（所）[1]。这显然已经超越了传统宗族豪酋抗官的窠臼，而赋予了小共同体维护权利的努力以新的意义。

综上所述，近古—近代中国传统社会中自然形成的小共同体（宗族是其最常见的形态）是一种十分复杂的现象，它可能既不像人们所认为的那样发达（由于大共同体本位的制约），也不像人们所认为的那样"传统"。但是，近代以来中国人和外国人，中国的从最激进者到最保守者的各派力量，却大都认为中国的宗族是既发达而又"传统"的。区别只在于他们有的反对、有的则维护这种"传统"。乃至今日，人们仍把对宗族伦理、血缘纽带与家长制的依恋当成"中国传统"与民族性的基础，虽然他们有的骂它是"劣根性"，有的赞之为民族魂。

然而中国人真的天生就比其他民族更恋"宗族"吗？现代化即以经济市场化和政治民主化为表征的个性化过程对传统共同体纽带的消解在"中国文化"中就不起作用吗？其实有许多材料表明：即使在传统时代，中国人的宗法观念也并不比其他民族的更耐商品经济的"侵蚀"。明清时代兴旺的宗族文化中就有不少人惊呼市井的威胁。如明代名宦广东人庞尚鹏在他那部《庞氏家训》（近古宗族法规类著作中极有名的一部）里写道：庞氏族人应当远离市井繁华的广州城，否则"住省城三年后，不知有农桑；十年后，不知有宗族。骄奢游惰，习俗移人，鲜有能自拔者"。这类劝诫表明，在"宗族文化复兴"的明清东南地区，市场经济对宗法关系的冲击同样明显，以至卷入其中者不久便"不知有宗族"，而且这不仅是个别现象，

───────────────

[1] 侯宜杰：《二十世纪初中国政治改革风潮》，人民出版社，1993 年，140 页。

而是"习俗移人，鲜能自拔"。看来仅有"儒家文化"并不足以使宗法关系具有抵御市场侵蚀的"免疫力"。

然而近古以来宗族组织的确有"逆逻辑发展"之势，即市场关系发达的东南沿海宗族盛于江南，江南又盛于华北、内地；清盛于明，明又盛于宋元等，这是为什么？而近代以来人们都有中国宗族既发达又"传统"的看法，这又是为何？

后一个问题现在看来是可以理解的。近代中西"文化碰撞"之时西方已经完成了"从宗族社会到公民社会"的演进，相形之下"宗族社会"便显得成了中国的专有特征了。而近代以来中国的启蒙、现代化与激进思潮又是在救国救亡的民族危机背景下发生，人们痛感国势屡弱、国家涣散，在强国梦中很难产生对大共同体本位的"国家主义传统"的深刻反思，个性解放与个人权利的近代意识主要是冲着小共同体桎梏即"宗族主义"的束缚而来，便成为理所宜然。从严复、梁启超到孙中山都在抨击宗族之弊的同时发展着某种国家主义倾向，尽管这种国家主义所诉求的是现代民族国家而非传统王朝国家，但它毕竟会冲淡对"大共同体本位"之弊的反思。在此潮流中的五四"新文化运动"也是反"儒"而不反"法"，在对宗法礼教发动激进抨击的同时并未对"儒表法里"的传统作认真的清理，个性解放的新文化在反对宗族主义的旗号下走向了国家主义，后来在"文化大革命"中发动的"批儒崇法"、反孔扬秦（始皇）运动便是这一逻辑的结果。

当然，所谓反宗族主义不反国家主义并不是说那时的人们只反族长不反皇帝，中国人那时对皇权专制的批判不亚于对宗族桎梏。然而这种批判的主流只是把传统专制当作皇帝个人的或皇帝家族的"家天下"来反，而缺乏对大共同体扼杀公民个人权利（甚至也扼杀小共同体权利）的批判。

除了爱国救亡取向的影响外，中国人接受的西学中存在的"问题错位"也是重要原因。西方的近代化启蒙与西方个性解放思潮都是针对他们那小共同体本位的中世纪传统而来，而国家主义在他们那里是一种近代思潮——正如民族国家在他们那里是近现代现象一样。尤其是在近代化中实现民族统一的德国及出现过"人民专制"的法国，左、右两种国家主义都很流行。偏偏两次大战之间的欧洲又是个"国家主义的黄金时代"，那时输入中国的种种国家主义思潮，更进一步加剧了只反宗族主义不反国家主义的倾向。所有这些因素的综合结果，便造成了中国传统的批判者与捍卫者都把目光盯着宗族主义的现象，造成了"中国传统社会是家族本位社会"的误解。

至于近古以来宗族组织在中国的"逆逻辑发展"则是一个复杂的现象。首先，近古出现的许多宗族是地方官僚甚至官府出面组织的"官办宗族"，它本身就是大共同体本位的产物而不是什么"伦理自治体"。这方面的典型是关中。关中与东南沿海相比，宋元以来一直是个宗族组织极不发达的地方，聚落多为杂姓，族田族产罕闻，修谱之风不兴，但却有秦政商君之法"闾里什伍之制"的遗风，里甲基层组织甚为发达。近代合阳等地实行"地丁属地，差徭属人"之法，由里甲组织负责调派差徭。随着丁夫之征日剧，农民不胜其扰，里甲效率下降，这时地方官府便发动大姓出面，实行里甲宗族化以强化"差徭属人"的组织。当时通过政府行为把一姓之人按里甲划分宗支，或在族姓大分散小聚居的地方调整里甲、按姓设甲。这样划分的宗支实际上并不符合自然血缘谱系与儒家经典的宗法理论，地方官也承认此种宗族不伦不类，但却符合官方需要："属人之中，宗法寓焉。故一问某大族之里甲，即生长分、次分，与同姓不同宗者之关系。或分甲分里分乡，而次序依然不紊，亦不可谓毫无优点也。"[1] 更多的宗族"官办"色彩没有这么鲜明，但地方官

---

[1] 范清丞：《合阳赋役沿革略》。

府和乡绅在宗族组织化中的作用同样很突出。值得指出的是以科举制为前提而形成的"乡绅"这一阶层，他们被今人称为"地方精英"，他们因为张口儒学闭口礼教而被人视为"宗族本位"的代表。实际如前文所提到的，科举作为一种制度本身就是直接否定察举、士庶、门阀之制的宗族色彩的。士子们打破了宗族身份界限而完全以个人身份接受专制国家的"智力测验"，由此被网罗入国家机器。他们在外任官时完全是食君禄理君事的"国家雇员"，在家乡也由政府（而不是由社区或宗族）的优免政策保障经济利益与政治权势，其"权威资源"完全是自上而下的，其主要角色也只能是"国家经纪"而绝非"保护型经纪"。这一点在明末大乱中表现得至为明显：当时地方上那些守土自保、既抗拒"流寇"也抵制官府的"土寨"几乎都不是由乡绅而是由无功名无缙绅身份的平民富户主持的[1]。当然，在籍乡绅——未入仕的候补官员和致仕返乡的前官员——与任职当地的外籍"朝廷命官"相比，能够多考虑一些地方利益与乡土关系，但他们与科举制以前的士族、宗主，与国外的领主、村社首领相比，那点"地方性"就太不足道了。同时，"地方利益"也不等于宗族利益。由于科举本身是非宗法的，科举出身者未必在宗族中居优势地位（如长房、嫡派等），由他们组织的宗族虽未必像关中的"里甲化宗族"那样不伦不类，也难免有违自然血缘谱系，行政考虑高于"伦理考虑"，这离血缘小共同体自治就更远了。

因此，宋元以来的宗族兴盛未必与地方自治有关，更未必与大共同体本位的传统相悖。毋宁说，由科举出身者（更不用说由当地官府）控制"宗族"之举本身就是"儒表法里"的一种形式，是大共同体本位的一种表现。

---

〔1〕 秦晖：《甲申前后北方平民地主阶层的政治动向》，《陕西师范大学学报》1986年3期。

但明清以来也有另一种情况，即因大共同体本位的动摇与小共同体权利的上升而导致的宗族现象。清代沿海地区随市场经济的发展而反趋兴盛的宗族，便带有这种色彩。如广东珠江三角洲盛行沙田农业，沙田为冲积滩地经人工围垦而成，面积随冲积而增减，地界难以划定，经常引起争夺。当大共同体本位体制稳定的明前期，明地方官府是沙田开发的主导，在组织围垦、平息纷争中起关键作用。但明中叶起沙田开发开始向民间主导转化。清乾隆时发明石围技术，民间投资大增，一些有势力的大姓组织族人合股开发，使宗族势力膨胀起来，逐步排挤了官府的影响。清同治后朝廷财政危机，在广东出售屯田，宗族势力因而控制了整块沙坦，规划大围，到光绪时出现了具有浓厚商业因素的围馆与包佃，成为筑围的投资方。

然而有趣的是随着官府控制的削弱与民间商业性沙田开发的发展，"宗族公社"在珠江三角洲膨胀起来，由于沙田多为宗族公产，许多县的耕地中族产多已占一半以上，甚至高达 80%。官府忌于宗族势力，乾隆时一度企图强行推行族产私有化，但并无成效。到清末珠三角农村几成宗族的天下，"有时这些组织是建设地方之领导，有时则是对抗官府的主要分子"[1]。而清末立宪派的"家族自治"运动就是在这种背景下发生的。

这样的家族（宗族）在微观上或许与传统的宗法共同体并无不同[2]，而与近代的契约性公民社团绝不相类。但在宏观上它作为大共同体本位的瓦解力量却可能具有新的意义。正如拜占庭罗马法（或秦汉法家体制）中的家庭关系微观上看十分"现代化"，但在宏观上它作为大共同体本位的构成力量却比罗马式大家族距离公民社会

〔1〕 黄永豪：《清代珠江三角洲的沙田、乡绅、宗族与租佃关系》，香港中文大学硕士论文，1987 年，未刊手稿。
〔2〕 可以想见，它们比关中的"里甲化宗族"或许会更接近自然血缘谱系。

更远。近古—近代中国农村宗族与其他小共同体的"逆逻辑发展"
是否具有这种因素呢？若如庞尚鹏所言，广东人并非特殊的"宗族
迷恋者"，而近代的"家族自治"又确为官府所不喜，我们就不能
排除这种可能。

七、公民与小共同体的联盟？

传统社会的反近代化机制无疑有儒家色彩的一面，即大共同体
与小共同体都抑制个性，父权制家族桎梏与专制国家桎梏都阻碍着
自由交换、竞争与市场关系的发展，阻碍着民主、人权与公民社会
的形成。但这种反近代化机制更确有非儒家色彩（或曰法家色彩）
的一面，即"大共同体"不仅抑制个性，而且抑制小共同体，不仅
压抑着市场导向的个人进取精神，而且压抑了市场导向的集体进取
精神，近古中国政治中枢所在的北方地区宗族关系远不如南方尤其
东南一带发达，但公民社会的发育却比南方更为艰难，这无疑是重
要原因之一。

在前近代社会中，束缚个性发展的共同体桎梏是多种多样的，
而个性发展的进程往往不可能一下子同时摆脱所有的共同体桎梏而
一步跨入"自由"状态。因此，个性发展的一定阶段就可能表现为
桎梏性较小的共同体权利扩张，对主要的共同体桎梏形成制衡与消
解机制。如所周知，中世纪欧洲城市中的行会是市场关系发达的障
碍。但在早期正是行会在与领主权作斗争、争取城市自治的进程中
发挥了重要作用。后来出现的"公民与王权的联盟"更是如此。在
缺少中央集权专制政体的西方，"民族国家"形成很晚，"大共同体"
长期处于不活跃状态，阻碍人的个性发展的主要是采邑、村社、行
会、宗族等小共同体的束缚。在这种情况下，大共同体的权力对于

冲破小共同体桎梏从而解放个性，是有着积极作用的。因而公民（市民）可以与王权携起手来反对领主权与村社陈规，而在依附型小共同体的废墟上建立起公民社会的基础：公司、协会、社团、自治社区等。随着这些基础的建立，公民权利成长起来后，才转而向王权及其所代表的"大共同体"发起挑战，用民主宪政的公民国家取代"王朝国家"。

而在传统中国不可能出现这种情形。相反，由于传统中国"大共同体"的桎梏比"小共同体"强得多，因此如果说在西方王权虽从本质上讲并非公民社会的因素，但它在一定的发展阶段上可以有助于市民社会成长，那么在中国，包括血缘、地缘组织（宗族、村社等）在内的小共同体即便内部结构仍很"传统"，但只要它对大共同体本位体制而言具有自治性，则它在一定阶段上也可能成为推动市场关系与人的个性发展的有利因素。换句话说，如果在西方，从小共同体本位的传统社会向个体本位的公民社会演进需要经过一个"市民与王权的联盟"（本质上即公民个人权利与大共同体权力的联盟）的话，那么在中国，从大共同体本位的传统社会向公民社会的演进可能要以"公民与小共同体的联盟"作为中介。所谓"联盟"当然是个象征性说法，不一定指有形的盟约（西方历史上的"市民—王权联盟"也并非实指），而是意味着争取公民个人权利与争取小共同体权利二者间形成客观上的良性互动。

在社区自治与自治性社区权利极不发达的传统中国，与市场关系的发展相联系的小共同体（包括家族组织）可以在某种程度上起到社区自治的功能，并以其集体进取精神克服大共同体的束缚，从而为个性的发展打开突破口，明清时期东南地区宗族关系与商品经济同步而"逆逻辑发展"的事实表明了这种可能性，但它最终能否像西方王权一度有助于市民社会的建立一样，为中国打开一条新路，则历史并未给出答案，因为近代以后中国原来的发展轨迹中断了。不过改革时期东南地区再度出现宗族共同体与市场同步繁荣的局面，却十分耐人寻味。

改革后东南农村出现的"乡镇企业"被世人目为"奇迹"。而乡企的发展史初看起来似五花八门，典型的如"温州型"乡企多是私有制，而"苏南型"乡企在1996年大转制前则是"集体企业"为主。于是关于"乡企奇迹"的原因也就有了"市场动力"与"新集体主义"等彼此抵牾之说。然而人们却很少注意到，这些或公或私的企业分布却有一个共同点，即它们主要是在"市场网络所及、国家控制弱区"发展起来的。创造出温州奇迹的许多中心市场与民间工业区都位于非所在行政中心亦非交通要道之地，如永嘉之桥头，温岭之石塘，永康之大园东、古山，苍南之龙港、金乡等等。而这种"大市场中的小角落"恰恰也是苏南乡企的最佳发展基地。苏南最大的行政中心与交通枢纽南京市，市郊诸县的乡企都难以发展。迟至1990年，南京市属地区的乡企在江苏各市中仅居第八位，而无锡、苏州、盐城、南通等地就活跃得多。在这些地区，主要的乡企发展地也往往位于行政辖境的"角落"里。

如丹阳市乡企最发达的皇塘、界牌二镇都是该市最边远的镇，不仅纵贯丹阳境内的铁路、运河、高速公路不达，甚至连丹阳通往各县市的所有干道也不经此二镇。其中，皇塘位于丹阳、金坛、武进三县之交，界牌则位于丹阳、武进、丹徒、扬中四县之交。而城关所在的云阳镇却没有什么乡企。吴江市乡企最发达的盛泽、黎里与震泽三镇也是该县最边远的，位于江浙两省界上，而城关松陵镇乡企产值仅排名第七。宜兴市乡企最发达的太华、丁蜀等镇与全市首富的都山村也是如此，该县最边远的是苏浙皖三省之交、全县最高峰黄塔顶下的太华镇，而该镇乡企产值仅次于丁蜀，外贸供货值则三倍于丁蜀而列全县之首，与此相反，城关所在的宜城镇乡企发展的名次竟在十名以外。

类似现象在苏南十分普遍：诸如金坛市的直溪、指前，太仓市的沙溪，锡山市的前洲、玉祁、查桥等，都是辖境内较偏远乃至最偏远之地，但乡企发展最速，远在城关之上。尽管这些地方城关镇辖区农业人口并不比一般乡镇少，而人均耕地却大都少于一般乡镇，又位于物流、劳务流与信息流的枢纽之地，无论从需要还是从可能看似乎都是最有利于乡企发展的，然而整个苏南地区各县（县级市）中，城关所在镇乡企发达的很少，排名辖境首位的仅张家港市城关杨舍镇与昆山市城关玉山镇二例。而锡山之东亭、武进之湖塘等镇，则是乡企发展、市镇兴旺后县级行政中心才迁入而成为新城关的。

苏南乡企从形式看不同于温州的私营乡企，当地宗族关系也远不如浙、闽、粤诸省发达，但就是这样的"集体企业"为什么也只能在"角落"里发展起来呢？显然，这是因为大一统的强控制不仅压抑了个人活力，也压抑了小共同体的活力。而在这种控制的夹缝中发展起来的"小共同体"自然会带有浓厚的乡土人际关系纽带。它既非"现代企业制度"下的公民契约性经济组织，也非"闾里什伍"的传统行政安排与政社合一的"集体"。苏南乡企自然不是宗族经济，但却往往带有浓厚的"庄主经济"色彩。

内地的早期乡企同样存在类似现象，包括著名的天津静海大邱庄在内的许多乡企明星都是从"角落"中成长的。只是到了90年代中期政府政策进一步放开后，新近的内地乡企发展才在城关附近凸显。如陕西省1997年的五大乡企明星：咸阳秦都区留印村、宝鸡县虢镇、耀县孙原村、临潼骊山镇西街村、岐山县岐星村都是在城关辖区发展起来的。但与苏南不同的是：这些新的乡企活跃区大多以私营经济为主。而与此同时苏南乡企也出现了迅猛的私有化之潮（秦晖，1997）。

这表明，城关附近、交通干道上的流通优势与行政控制优势这两因素中，90年代中期以前一直以后一因素更为突出，它使得"农民企业"为回避行政控制宁可牺牲流通优势，在"角落"里求发展。当然这有个条件，即整个大地区经济较发达，市场网络较活跃并足以伸入这些"角落"。否则，像中西部贫困地区那种封闭的"角落"里乡企也是难以发展的。

这一特征表明：90 年代中期以前乡企发展的最重要"优势"，与其说是最能利用市场机制，不如说是最能摆脱行政控制，无论私营型（如温州）还是集体型（如苏南）乡企，在这一点上似乎是共同的。而在不发达与发达地区这一点也基本相似，以下二例可见一斑。

广西桂平县上国村莫兆钦，以四五人几百元起家搞药厂，曾因违犯医药法规被罚款数万元，上过法庭被告席。后来他屡挫屡起，越搞越大，产值达 2 亿之巨，成为桂平县的龙头企业，但仍地处桂平大山中最偏僻之地。县里屡屡催他迁厂到城里，并许以种种优惠，但他坚执不肯，仍在本村、乡滚动发展，围绕药厂搞起了纸箱、制瓶、包装、运输、洗印诸企业，又投资并贷款建起了年产值 500 多万的木材防火加工材料厂和年产值上千万的广西最大水禽养殖场等立足本地的资源型企业。莫兆欣在"角落"中把事业越做越火，以"大山吃药"名扬全国。他的企业吸纳了全乡 60% 的"剩余劳动力"，并向本社区的教育、公益事业大量投资，从而不仅赢得了巨大的乡土声望，而且他成为 1996 年农业部表彰的全国优秀乡镇企业家。

河南新乡小冀镇中街村村民杜天贞以 3 个人办封头厂，1990 年时资产已达 1200 万元。此时他自愿把厂上交集体，引起轰动，传媒曾以"一个千万富翁的消失与一个富村的产生"为题大炒过一阵。之后他继续当厂长，又任村委会主任（村长），然后入党，"被村民（？）选为村支部书记"，成为村企合一、党政合一的庄主，但他主要的依靠仍是自己的家人与亲族。其高中毕业的妻子是他的"好参谋"，杜家兄弟数人常在家开会帮他决策，尤其是大哥杜天学长期任村干部，老谋深算，对他帮助极大。杜天贞自谓本人仅上过四年小学，靠全家人帮忙才有今天。

　　这两个案例一南一北、一私一公，但都有许多共同点：依托地缘、血缘共同体，不脱离乡土人际关系与家族的基盘。莫兆钦办的是私营企业，但那种死守山乡不进城的做法却迥异于资本主义"经济人"。杜天贞化私为公，但其企业却更像个家族公司而不像传统的"公社企业"。实际上江浙等发达地区乡企经济中也有类似情形。无论姓私姓公，以"能人"为中心、以小共同体为依托的"庄主经济"都是乡镇企业的通行模式。出现这种状况是不难理解的：既然这时乡企发展最重要的优势不在于它最能利用市场机制，而在于它最能摆脱国家计划控制，那么是否采用最适应于市场关系的产权明晰的私有企业形式便不是最重要的，而对于摆脱大共同体本位的控制来说，一盘散沙式的"伪个人主义"有时反不如自治性小共同体更为有效。

　　但这种"庄主经济"式的小共同体本位与某些论者宣传的"新集体主义"绝不是一回事。集体主义不管"新""旧"，都与个体主义构成相对；而"小共同体本位"却是与"大共同体本位"构成相对的。关键在于：改革前的人民公社体制严格地讲并非所谓集体经济，当时公社的生产计划、产品处置、要素配置乃至领导人的任命，都是由政府而非农民"集体"决定的。因此公社经济与国有企业一样是"国家本位"经济，区别只在于国家控制国营企业，国家也承担了控制的后果（即企业不自主经营，但也不自负盈亏，国家保障工人的收入），而人民公社则是由国家控制但却由农民来承担控制后果的。乡镇企业摆脱了这种状况，即便像南街村这样的"正统集体经济"，也号称"外圆内方"，即对外保持企业法人在市场上的自由经营者地位，脱离了大共同体的控制。这是乡企能创"奇迹"的根本原因。至于"新集体主义"，如果泛指任何形式的联合与协作，那一切现代经济都是这样，算不得乡企的特点；如果是指"公有制"，则"温州"型的乡企固然算不上，就是苏南式的乡企，经过 1996 年以来的"大转制"与产权改革后，又还有多少这种"主义"的色彩呢？

我国一些乡企的家族色彩、"庄主"色彩与小共同体色彩曾令一些外国人难于理解，在他们看来这种不符合"现代企业制度"的村社式、在某些情况下甚至近乎农奴制式的体制怎么会有如此活力？而我们的一些论者则把这种状况称为宝贵的传统与"本土文化资源"，甚至称为"超越西方现代性"的一种救世模式。的确，如果不考虑大共同体本位问题，是无法理解这种"小共同体活力"的。但如果想到法家式或拜占庭式的"伪个人主义"之反公民社会性质，那就可以设想，这正是一种"公民与小共同体联盟"以走出传统社会的过渡形态。在这个意义上它与其说是传统的，不如说是反传统（反国家本位之传统）的。它与西方借助王权走向近代固然是不同的途径，但同样要以公民社会为归宿。在这一点上是谈不上什么"超越"的。

除经济外，"公民与小共同体联盟"现象也体现在政治、文化等领域。我国近年来搞"农村基层民主"，在许多地方都受到了"助长宗族势力"的指责。如去年浙江台州前所、杜桥等镇的一些村由农民选出的村委会被镇里撤销，并由政府指派了"村管会"。有趣的是镇里对这种"竞选"不是指责为"资产阶级自由化"而是指责为"宗族作怪"，而由政府任命的村管会头头却往往派的是"资产阶级"，即当地号称"首富"的私营企业家！其实考诸历史，朝廷派遣大私商来推行垄断与统制倒是有传统的，如汉武帝之用桑弘羊、孔仅、东郭咸阳来推行盐铁官营就是一例。私商的唯利是图、六亲不认在这里并未成为"市民"性格，而是成了大共同体本位的工具。反而是宣扬宗法伦理的儒生（贤良文学）成了民营经济的捍卫者！"伪个人主义"与小共同体在中国传统中的角色于此可见。

与此相类的另一种现象是：我国目前由政府推动的"村级民主"往往都在市场经济很不发达的相对贫困地区进展顺利，如辽宁、河北等地区。据说我国农村第一个村民直选的村委会就出在广西最贫困的河池地区之宜山县（1980年）。而在一些贫困地区，早在改革前旧体制下由于一穷二白的"集体"没有什么资源可供争夺，因此那时就十分"民主"，生产队长都是轮流当，更无所谓庄主现象。这些地方传统社区组织几为空白，改革后生产队取消，村政（指自然村而非行政村）就几乎不存在了[1]。除了大共同体本位下官府的厉害外，村民在社区内其实没感到什么压迫。在这些地方，农民的关切点与其说是"社区民主"，不如说是社区自治；而社区民主的含义与其说是限制"庄主"权力，毋宁说主要在于限制政府权力（包括作为"国家经纪"的庄主权力），因此仅仅把社区民主局限于"民选村官"是远远不够的，重要的问题在于限制国家经纪权而使"村官"更多地体现社区立场，使"村官"能在国家面前维护村人的公民权益。如果反过来，只从国家本位的立场为了削平尾大不掉的庄主，维护大一统价值而搞"村级民主"，像改革前常用"运动民主"来加强一元化体制那样，那就意义不大。

而在东南诸省市场经济发达的富裕农村，这些年来许多地方村政的演变不是表现为"民选村官"，而是表现为村企合一、企业"吃掉"村级组织、"村子公司化、支书老板化"，"庄主经济"演变为"庄主政治"，而企业的"一长制"则演变为社区的"一主制"。如果不考虑大共同体本位体制的解构问题，这样的演进几乎就是一种"反动"的现代领主制。而像"禹作敏现象"这类"庄主制"之弊也在知识界引起了广泛批评。然而人们却很少从传统中国社会向公民社会演进的角度对"庄主现象"作出深刻的反思。

实际上传统中国不同于小共同体本位的西方，除了帝国解体的特殊时期（如魏晋时期）外，很难出现真正意义上的"领主"之弊。中国历史上的"庄主"，要么以"国家经纪"身份在官府支持下为弊，

---

[1]　秦晖：《"村"兮归来》，《中国改革报》1998年5月29日。

类似于《水浒传》中的祝家庄、曾头市之"庄主"那样。这种形式的"庄主之弊"实质上与吏治腐败一样是大共同体本位之弊，并不是单纯的"庄主"问题。要么"庄主"作为一种可能制衡全能国家的自治力量起到"保护型经纪"作用，这种庄主自然也会生弊，但比起全能国家之弊、官府胥吏腐败专横之弊来却是次要的。因而我国历史上屡见农民宁当"私属"而逃避为"编氓"的现象，甚至"庄客"支持"庄主"抗官的现象。所以在中国批判"庄主"现象有个从公民权利出发还是从全能国家权力出发的问题。改革时代东南地区的"庄主政治"当然谈不上是"中国传统"超越了"西方民主"，但比改革前"一元化"控制下许多赤贫农村"干部轮流当"式的"民主"还是一种进步。

在文化上，"公民与小共同体的联盟"在改革中的农村也留下了痕迹。近年来学界对东南农村中的修谱造祠之潮甚为关注，但我觉得更值一提的是浙江等一些农村地区的"村志"现象。如永康县清溪乡（今永康市清溪镇）1986 年由乡文化站文化员、乡初中卸任教务长等人在乡政府支持下倡修《清溪乡志》，消息一出，乡属各村纷纷响应，结果在《乡志》编成前已有八九部村志先期而出。这些民间编印的"村志"宗谱色彩浓厚。如《官川村志》356 页中就有 314 页即全书篇幅的 88% 是宗谱，编者明言是"借编志东风，重修家乘"[1]。但既为一村之志，所以又与传统宗谱不同，除了本村主姓之外，还记载了其他姓氏村民的谱系。如《官川村志》中除了该村主姓的《胡氏宗谱》外，还有《官川其他姓氏支流世系》和《官川村各姓氏传列》。从 80 年代后期到 90 年代中期，在这种"村志现象"的发展中，不断受到个性解放的公民文化从一个方向、坚持一元化控制的大共同体本位文化到另一个方向的双重影响。如后于《官川村志》而出的《山西村志》的宗谱初稿依传统只列男系，付

---

〔1〕《永康官川村志》，1987 年自印本，《宗谱》第 4 页。

排之后便有村民提议："在世系排列上应与宗谱有所不同，女的要求排上"，迫使该志抽版重排。[1] 到了 1994 年的《河头村志》，便出现了《村民世系表》这种形式，它把本村村民从主姓吕氏直到只有一户人的贾氏，从明初最早定居河头、迄今已传 23 代的吕家直到公社化时代才入居该村的戴、潘等姓，不分男女，人人入谱。而且各姓氏不分大小一律以始居河头者为世系之源，废止了传统族谱乱攀远祖以显其贵的陋习。

另一方面，农民们对来自大共同体的"禁谱令"进行了抵制。《河头村志》在寻求正式出版时，出版社根据禁止出版族谱类书籍的有关规定不让收入《世系表》，农民们便来了个移花接木。结果问世的村志虽印数仅 1500 册，却有两个"版本"：没有《世系表》的，据说只印了 100 本，而其余 1400 本都加上了《世系表》，由河头村自己发行与赠送。闻此内情者莫不感叹！

从 1987 年装订简陋的自印本《官川村志》到 1994 年以来铜版精装正式出版的《河头村志》及以后的《前洪村志》《雅庄村志》等，从"宗谱"到"村民世系表"，我们看到当地农民的"小共同体意识"在明显增强，而这显然不是以扼杀公民个性与个人权利意识为代价的。

八、小共同体与公民社会的前途：
兼论"新"儒家如何可能

总而言之，改革时代中国除了公民意识在成长（尤其在城市中）外，最显著的变化是小共同体在经济、政治与文化各层面的凸显（尤其在农村）。这些小共同体由于微观上带有传统色彩（例

---

[1]《山西村志》，1988 年自印本。

如宗族色彩）而引起了两种议论：或斥其为"封建复辟"，或褒之为"传统活力"。然而从"公民与小共同体联盟"的角度看，这种小共同体的兴起与西方历史上民族国家的兴起一样是有正面意义的。另一方面，这种"宗族的崛起"与西方历史上"王权的崛起"一样只是走向个人本位现代社会途中的阶段性现象。现代化的完成终会消除宗族束缚或其他类型的"小共同体束缚"，正如其在西方消除了王权的束缚一样。当然，这并不排除宗族作为一种非强制性的象征符号继续存在，正如在西方王室可以作为象征符号继续存在一样。

这自然只是一种可能性。如今断言中国传统社会会经由"公民与小共同体的联盟"，成功地走完西方社会经由"公民与大共同体的联盟"为中介而实现的现代化过程，还为时过早。因为即使在西方历史上，"公民与王权的联盟"也并不必然会导致现代化。从逻辑上讲，这种"联盟"既有可能使"公民"利用"王权"战胜领主而走向现代化，但也有可能使"王权"利用"公民"战胜领主，而出现传统中央集权专制帝国。如 16 世纪的西班牙就是如此。在那里王权的胜利和领主的没落并没有使采邑制的废墟上生成公民社会的基础结构，因而公民也就不可能在此后依托这种结构战胜王权。结果，查理五世与腓力二世的集权帝国虽然一度称雄于世，却演变为一个极端保守的老大帝国，并使西班牙长期成为欧洲病夫与落伍者。

同样，"公民与小共同体联盟"的结果既可能是前者利用后者，也可能是后者利用前者。在后一情况下，"庄主"现象发展为诸侯现象，一元化体制的解体不是导致公民社会而是导致传统的乱世，"朝廷"的"自由放任"没有放出一个"中产阶级"，却放出无数土皇帝与土围子。在这种情况下中央集权会变成领主林立，统一国家会变为一盘散沙，但这只是历史上"合久必分"的重演而并无现代化意义。当然，这种情况也可能导致另一种结局，即由于"庄主"过分的负面影响使"公民"重新寻求大共同体的庇护，造成传统一元化体制的复归。这正如西方"公民与王权的联盟"除了可能导致"西班牙现象"外也可能导致"意大利现象"，即由于王权过分的负面影响使公民重新寻求小共同体庇护，造成近代南意大利与西西里的黑手党式帮派社会一样。

因此无论在中国还是在西方，现代化与公民社会的实现都不是"必然"的，历史决定论的解释完全错误。"公民"无论与大共同体还是与小共同体结盟都是有风险的。但现代化作为一种价值则对传统中国人与传统西方人同具吸引力，文化决定论的解释同样是错误的。

改革 20 年来随着小共同体的不断成长，"庄主"现象的负面作用已引起人们注意，但究竟是以法家的思路还是以现代法治的思路解决这一问题，是以"王权"还是以公民权来制约"庄主"，则事关重大。在此我们不妨再做个历史比较：在西方历史上"公民与王权的联盟"要避免公民被王权所利用，就要走社会改造先行之路，即先在"传统"王权之下变小共同体本位社会为公民社会，然后再以公民社会组织为纽带制衡王权（一盘散沙式的人们是不可能制衡王权的），变王朝国家为公民国家。显然，能否先形成公民社会便成为问题的关键。

那么，在"公民与小共同体联盟"的条件下，逻辑上就要求走国家改造先行之路，即先在"传统"小共同体之上变传统国家为公民国家（民主国家），然后再以民主国家为依托制约"庄主"（无政府状态下的人们是无法对付"庄主"的），变小共同体本位为公民社会组织。显然，在这种情况下能否先形成公民国家便成为问题的关键。

以上两种情况可以简表如下：

（1）西方现代化

小共同体本位　—　公民与大共同体的联盟　—　公民（个人）本位

传统社会（依附）　公民社会（契约）　　　公民社会（契约）

"前国家"（伪民主）　传统民族国家（专制）　公民国家（民主）

（2）中国现代化

大共同体本位　—　公民与小共同体的联盟　—　公民（个人）本位

"前社会"（伪个人主义）传统社会（依附）　　公民社会（契约）

传统民族国家（专制）　公民国家（民主）　　公民国家（民主）

因此笔者反对那种粗陋的类比，即从西方历史的发展得出"先有自由后有民主"，因而民主必须缓行的"规律"论。的确，就西方而言"王权庇护下的自由"是"公民与王权的联盟"现代化之路的重要阶段。但中国走的是另一条道路，清末、民国的历史已表明，中国式的王权是无法保护"自由"的。而中国式的小共同体能否有助于"民主"，则有待于我们的实践。

在"公民与小共同体联盟"的道路上，文化领域的一大问题就是所谓的"新"儒家复兴是否可能。这里我们说的不是儒家的个别词语如"天下为公""民贵君轻""因民之所利而利之"之类能否与现代价值相通，而是就儒家的基本价值而言。在儒家的基本价值体系中缺乏个人本位的公民权利观念，而没有这个就谈不上现代公民社会、市场经济与民主政治，谈不上由身份社会向契约社会的过渡。因此儒学不能取代"西学"。至于说儒学能否"超越现代性"而给人类、包括西方在内指出一条通往"后现代"之路，那就更为虚玄，本文无法在此评述。

问题是：在"公民与小共同体联盟"的中介状态下，儒家思想资源的意义何在？这就涉及我们对真正的（而非典籍上的）"中国传统"的理解。如前所述，中国的真正传统是"儒表法里"，而表里之间虽经董仲舒以来两千多年的改造，仍然是有矛盾的。"文化大革命"时期的"批儒弘法"与"马克思加秦始皇"之论虽然充满了附会、影射及"古为今用"的曲解,却不能仅仅视之为一大历史玩笑。大共同体本位体制与儒家价值的矛盾,从秦汉以来的确是一直存在的。

儒家无个人本位之说,但却有"共同体多元化"倾向而反对大共同体一元化。《孟子·离娄上》说:"人各亲其亲,长其长,而天下平。"而法家则坚决反对亲亲之说。《商君书·开塞》云:"亲亲则别,爱私则险,民众以别险为务,则民乱。"于是便有了爹亲娘亲不如领袖亲的价值观,和为大一统的法、术、势可以六亲不认的法吏人格[1]。从共同体多元化立场出发,儒家认为每个共同体内都有长幼亲疏贵贱上下之别,不平等是普遍的,"物之不齐,物之情也"[2]。这虽有违现代平等价值,却与大一统的"编户"必须"齐民"的观念相矛盾。而法家则鼓吹大共同体本位体制下普遍奴隶制的"平等",人人为皇上之奴,彼此不得有横向依附,"不知亲疏、远近、贵贱、美恶,一以度量断之"[3]。极而言者甚至把人人都视为皇权之下的"无产者":"三代子百姓,公私无异财;人主擅操柄,如天持斗魁;赋予皆自我,兼并乃奸回;奸回法有诛,势亦无自来。"[4]由此产生了统制经济下的"抑兼并"思想,认为"万民之不治"的原因是"贫富之不齐"[5]。因而需要"令贫者富,富者贫"[6]!而这种禁止人民各有其"私"的皇权管制下的"平均主义"其实是最大的不公,即黄宗羲抨击的"以我之大私为天下之大公"。

---

〔1〕 瞿同祖:《中国法律与中国社会》,中华书局,1981年。

〔2〕 《孟子·滕文公上》。

〔3〕 《管子·任法》。

〔4〕 王安石:《王临川集》卷四,《兼并》。

〔5〕 《管子·国蓄》。

〔6〕 《商君书·说民》;《商君书·去强》。

如此等等。显然，儒家思想本身不是现代化理论，但它作为一种共同体多元化学说对大共同体本位、尤其对于极端的大共同体一元化体制是有解构作用的。儒家思想更不是什么"后现代的救世理论"，但它在中国的条件下也并非现代化之敌人。而在"公民与小共同体联盟"的条件下，出现现代公民意识与"儒家传统"的联盟也不是不可能的，这种联盟中的儒家也许就是真正的"新"儒家。但是，这种"新"儒学必须不是以解构所谓"西学"、而是以解构中国法家传统为己任的。"新"儒学的对立面不是公民权利，而是大共同体独尊。这就要求"新"儒学理论必须公民本位化，而不是国家主义化。否则儒学就无法跳出董仲舒以来"儒表法里"的怪圈，它的前途也就十分可疑。

参考文献

（不含夹注及页注中出现的史料及原始资料）

1. 杜赞奇（Prasenjit Duara），1994，《文化、权力与国家：1900—1942 年的华北农村》，中译本，江苏人民出版社。

2. 杜正胜，1990，《编户齐民：传统政治社会结构之形成》，台北联经出版公司。

3. 费成康（主编），1998，《中国的家法族规》，上海社会科学院出版社。

4. 甘阳，1994，《乡土中国的重建》，香港《二十一世纪》总第 26 期。

5. 格罗索（G. Grosso），1994，《罗马法史》，中译本，中国政法大学出版社。

6. 侯宜杰，1993，《二十世纪初中国政治改革风潮》，人民出版社。

7. 黄永豪，1987，《清代珠江三角洲的沙田、乡绅、宗族与租佃关系》，香港中文大学硕士论文，未刊手稿。

8. 金雁、卞悟，1996，《农村公社、改革与革命》，中央编译出版社。

9. 堀敏一，1996，《中国古代の家と集落》，东京：汲古书院。

10. 梁漱溟，1990，《乡村建设理论》，载《梁漱溟全集》第二卷，山东人民出版社。

11. 楼劲、刘光华，1992，《中国古代文官制度》，甘肃人民出版社。

12. 秦晖，1986，《甲申前后北方平民地主阶层的政治动向》，《陕西师范大学学报》1986 年第 3 期。

13. 秦晖，1987 年，《郫县汉代残碑与汉代蜀地农村社会》，《陕西师范大学学报》，1987 年第 2 期。

14. 秦晖，1995，《宗族文化与个性解放：农村改革中的"宗族复兴"与历史上的宗族之谜》，东京《中国研究》总第 8 期。

15. 秦晖、苏文，1996，《田园诗与狂想曲：关中模式与前近代社会的再认识》，中央编译出版社。

16. 秦晖，1997，《江浙乡镇企业转制案例研究》，香港中文大学。

17. 秦晖，1998，《公社之谜》，香港《二十一世纪》，总第 48 期。

18. 瞿同祖，1981，《中国法律与中国社会》，中华书局。

19. 沈志华，1994，《新经济政策与苏联农业社会化道路》，中国社会科学出版社。

20. 盛洪，1999，《为万世开太平》，北京大学出版社。

21. M. 韦伯，1995，《新教伦理与资本主义精神》，三联书店。

22. 俞伟超，1988，《中国古代公社组织的考察——论先秦两汉的单—僤—弹》，文物出版社。

23. 张乐天，1998，《告别理想——人民公社制度研究》，上海：东方出版中心。

24. 郑振满，1992，《明清福建家族组织与社会变迁》，湖南教育出版社。

25. 朱苏力，1998，《法治及其本土资源》，中国政法大学出版社。

26. Bloch，M.，1962，*Feudal Society*，2 vols，London.

27. Furnivall，J.S.，1944，*Netherlands India*：*A Study of Plural Economy*，Cambridge University Press.

28. Freedman，M.，1966，*Chinese Lineage and Society*：*Fukien and*

Kwangtung, University of London.

29. Grubbs, J.E., 1995, *Law and Family in Late Antiquity: The Emperor Constantine' s Marriage Legislation*, Oxford.

30. James, M., 1974, *Family, Lineage and Civil Society: A Study of Society, Politics and Mentality in the Durham Region, 1500-1640*.Oxford.

31. Marriot, M. (ed.), 1955, *Village India: Studies in the Little Community*, University of Chicago.

32. Obolensky, D., *1971, The Byzantine Commonwealth: Eastern Europe, 500-1453*, London.

33. Popkin, S., 1979, *The Rational Peasant: The Political Economy of Rural Society in Vietnam*, Berkeley.

34. Redfield, R., 1955, *The Little Community*, University of Chicago.

35. Redfield. R., 1956, *Peasant Society and Culture*, University of Chicago.

36. Scott, J.C., 1976, *The Moral Economy of the Peasant: Rebellion and Subsistence in Southeast Asia*, New Haven.

37. Treadgold, W., 1997, *A History of the Byzantine State and Society*, Stanford University.

从传统民间公益组织到现代"第三部门"：
中西公益事业史比较的若干问题

一、公益事业发展史的西方模式

两种"第三部门"观

"第三部门"（third sector）这一概念如果按它的提出者 T. 列维特（Levitt，1973）等人的定义，即非公非私的、既不是国家机构也不是私营企业的第三类组织，那么它就应该是个古已有之的现象。因为无论中国还是"西方"抑或是任何文明区，国家（政府）与企业之外的人们组织形式都是自古迄今种类繁多的。而且严格说来，"民族国家"在西方被认为是近代现象，在中国固然"国家"早熟而且形成了前近代世界罕见的官僚机构，但其组织的发达也不能与现代国家相比。而"私营企业"的严格定义几乎只适用于资本主义时代，其广义的所指尽管可见于古今中外，毕竟也以近代为繁荣。所以从逻辑上讲，如上定义的"第三部门"应当是时代越古、社会越"传统"它就越兴盛才对。我们的祖先（西方人的祖先也一样）活动在"衙门与公司之外"的形形色色的组织——宗族、部落、村社、教会、帮伙、行会等等——中的时候，实比如今的人们为多。就是在加上附加条件（如必须是提供"公共产品"的组织等）之后也如此：毕竟那个时代如果有"公共产品"的话，也恐怕更不能指望衙门与公司来提供的。

然而，通常人们都是把"第三部门"作为一种现代（近代）现象，乃至"后现代"现象来描述的。其中有的主要把"第三部门"的成长与国家干预、国家控制的退缩和公民自治、社会自治的扩张联系起来，因而非常强调它的"现代性"意义或"市民社会"意义——这两个词在这种语境中一般都是与被称为资本主义的西方现存社会相联系的。这种观点往往直接指出"第三部门"之发展与"私有化"进程的关系、与福利国家的消亡之关系，并把它看作是"官方的替代物""非计划的（个人志愿）合作"与"制度化的私有化"，等等〔Kramer（et al），1993〕。相反地，有的人则主要强调"第三部门"的成长是对个人主义、自由竞争、私人企业等"市民社会"古典原则的否定，把"第三部门"的兴起与社群主义、合作主义、"新社会主义""现代性批判"或"后现代趋向"联系起来。这种观点往往把非私有（当然，也非官办）经济当作"第三部门"的主要构成，从前南斯拉夫的"工人自治"企业、西班牙的蒙德拉贡、英国的工合运动与费边主义经济直到以色列的基布兹公社，都被视为"第三部门"的事例。有人还归纳出了"第三部门"的三种类型："合作经济""混合经济中的合作成分"和"与利润分配相结合的参与制中的合作利益"（Clayre，1980）。

显然，这两种"第三部门观"是非常不同的，乃至在一定程度上是对立的。它不仅导致了价值判断的差异，而且也导致了事实判断、包括"什么是第三部门"这一判断的差异。像前南斯拉夫的"自治企业"、西班牙的蒙德拉贡与以色列的基布兹这类虽非私有但仍是"企业"、虽未必追求利润极大化但绝对具有法人经济效益目的的"部门"，在克莱尔眼中是第三部门的典型，但在克莱默看来恐怕是根本不能列入第三部门范畴的。我们可以把它们分别称为新左派的第三部门观与新右派的第三部门观，或者"非个人主义"的第三部门观与"非国家主义"的第三部门观。按玛利琳·泰勒的说法，这是两种全然不同的提供公共产品的途径：在公共福利的主要提供者方面，新左派（书中称为"福利多元主义"）期待于"志愿部门"，而新右派期待于"具有志愿部门社会保障网络的赢利部门"。在财政来源方面，前者期待于政府而后者期待于私人来源。在规则方面，前者主张按政府与作为"中介结构"的志愿部门的规矩，后者则主张按市场规则通过个人交易来进行。当然，有别于这二者的是传统的福利国家模式，它在所有这三个方面都只期待于政府［Gidron（et al），1992：150］。

可见，如今人们讲的"第三部门"具有时代之根（现代的或"后现代"的）和结构之根（政府和企业之间，或更本质地说，是国家与个人之间）。它是现代化过程中人们生活日益形成国家与公民社会（即个人主义的或个人本位的社会）二元格局的结果。也正是作为这种二元格局中的一种"中介"组织和对二元紧张的现代社会症状的一种治疗尝试，"第三部门"中才会存在"非国家主义"与"非个人主义"、"现代性"与"后现代"这样两种方向。

从"共同体"公益到"国家＋市场"公益

而在近代以前的传统西方，这种二元格局是不存在的。德国现代社会学奠基人之一 F. 滕尼斯曾指出："共同体"与"社会"是人类群体生活的两种结合类型。前近代的传统文明中没有"社会"而只有"共同体"，共同体是一种自然形成的、以习惯性强制力为基础的血缘、地缘或宗教缘集体纽带，它不是其成员个人意志的总和，而是有机地浑然生长在一起的整体，是一种"人们意志的统一体"。只是到了近代化过程中，一方面交往的发达突破了共同体的狭隘界限，发育了大范围的（地区或民族的）公共生活，一方面人的个性与个人权利发达起来，于是形成了"社会"。滕尼斯认为，共同体是自然习俗的产物，而社会则是理性人在合意的基础上结成的"有目的的联合体"。共同体是整体本位的，而社会则是个人本位的，"社会的基础是个人、个人的思想和意志"。共同体是相对狭小的群体，而社会则大致与民族国家相当，并由此形成"社会"与"国家"的二元结构。"共同体是古老的，而社会是新的"（滕尼斯，1999）。

滕尼斯的这种分析，我以为是大体符合西方社会史的实际的。在这一进程中既然国家与"社会"（个人本位的公民社会）的二元格局是近代（现代）化的产物，那么这二元之外（或之间）的"第三"部门也只能是近现代的产物。而在传统的"共同体"时代既然没有民族国家与公民社会这"二"元，当然也就不会有"第三"部门。因此尽管西方传统时代也存在着"衙门与公司之外"的组织（即"共同体"），存在着由它提供的"公共产品"即传统的公益、慈善事业，但现代第三部门并不是它的后继。而"第三部门史"的研究者在论述当代第三部门发育的时代、社会根源的同时，也很少要涉及它的"历史根源"。

当代史学对西方（乃至日本、印度等其他各国）前近代的公益、慈善事业或"社会工作"事业的历史已积累了丰富的研究成果。如J.B. 施尼温德等对西方博爱与救济意识演进史的研究（Schneewind，1996）、A.E.C. 麦坎茨对17—18世纪荷兰自治市阿姆斯特丹等地市民慈善组织与孤儿救助事业的论述（McCants，1997）、M. 道顿等的英国公益慈善史探讨（Dauton，1996）、W.K. 约尔丹的1480—1660年间伦敦慈善团体研究（Jordan，1960）、S. 卡瓦罗对1541—1789年意大利都灵地区慈善医院文献的考证（Cavallo，1995）、T.M. 萨弗利关于德国奥格斯堡地区济贫抚孤公益事业历史的描述（Safley，

1997），P. 加维特关于文艺复兴时期佛罗伦萨贫儿、弃儿与孤儿养济院的研究（Gavitt, 1990），等等。从这些研究看，西方近代以前的传统时代慈善、公益事业除技术上的落后特征（活动领域狭小，主要限于救济孤儿、施舍医药等等）外，在观念形态与社会组织层面更有明显的特点：在观念上慈善过分依赖于宗教意识，被看作是一种单方向的"赐与"（Giving），不可能形成"公共物品"的概念（Schneewind, 1996）。活动局限于狭小的群体，而且往往被纳入传统共同体的束缚—保护关系中，施舍者与被施舍者间形成一种人身依附纽带。如16世纪都灵地区"慈善与权力"存在着明显的相关性，捐助者建立免费医院的目的往往是以之作为通往统治者地位的桥梁。而文艺复兴时期佛罗伦萨最著名的慈善机构英诺森养济会，则是直接受庇于教皇的。它虽然也由教会募捐来支持，但那时的认捐属于对教会尽义务，并无"志愿"性质。

西欧以外不少其他民族的传统公益活动，也带有明显的"共同体"性质，束缚—保护纽带而非志愿合作纽带成为这些活动的基础。如俄国传统的米尔公社除了土地公有、定期重分、劳动组合、连环保等经济职能外，还有十分发达的社区公益职能。米尔专门预留有"共耕地"，其收获用作公益金（即各家在共耕地上出工相当于公益捐助），诸如老弱病残，意外灾难的补贴，公医、公匠、公牧的雇请，节庆典仪的开支等，均可承担（Figes, 1986）。日本传统时代的町与印度的村社，也有类似的公益职能（吉田久一，1994；Wadia, 1968）。

然而进入近代化过程后，传统共同体趋于解体，人们在摆脱了传统的束缚的同时，也失去了传统的保护——包括相当一部分原由传统共同体提供的"公共物品"。于是许多国家的人们在由"共同体的附属物"变成自由公民的同时便"享受"到了两种自由：摆脱束缚的自由与失去保护的自由。传统共同体的公益职能一部分由新兴的国家机器来承担，一部分则成了市场交易物而改由赢利部门来提供。至于公共物品供求中的"搭便车"问题在这个时期是不会引起太大注意的。原因很简单：在由共同体本位的传统时代向个人本位的市民社会过渡时由于旧的身份、等级、特权、共同体等壁垒的存在，"市场失灵"的领域比比皆是，因"搭便车"而造成的"失灵"因而易于被掩盖。只有到旧时羁绊已不存在、交易自由充分发展、社会经济机制最大限度地趋近于"完全市场"的状态下，那些不是因为非市场力量的干扰，而是由于市场逻辑本身的固有缺陷所致的"失灵"才会凸显。同样道理，在"民族国家"职能初具、政府干预力量还未充分施展之时，"政府失灵"的问题也是难以凸显的。直至"二战"以前的情形的确如此。那时"国家主义"和市场主义一样处在上升期。从 19 世纪英国的迪斯累里、德国的俾斯麦分别建立福利国家的雏形（即"皇帝—国王的国家社会主义""保守的福利国家"和"父权式的托利党社会主义"），20 世纪的美国新政、北欧社会党福利体制、英国劳合·乔治与麦克唐纳的"工党社会主义"、德意法西斯的"法团主义"与"国家社会主义"，直到斯大林式的社会主义，欧美的左派（社会党）、右派（保守党）、极左派与极右派（法西斯）都出台了由国家提供"公共产品"的制度设计。另一方面，传统的共同体公益日渐衰落，如 17 世纪荷兰阿姆斯特丹的传统社区捐赠基金与教会慈善基金尚处在"黄金时代"，但 18 世纪后因"资本主义的兴起"，市民社会出现了"财政上的保守与文化上的慷慨"，而"朋友政治与金钱"的关系日显，传统慈善基金制度随即衰落了（McCants，1997）。在英国，原由教会主持的慈济诊所与药房在 18 世纪大都世俗化，转由世俗政府及企业支持，当时在约克、利兹、赫尔、设菲尔德等地的这类医疗公益还带有行会性，到 19 世纪这种行会性也趋于消除。如在哈德菲尔德的纺织业慈济诊所中，1841 年还有 57% 的病人是纺织业雇员，到 1871 年这一比例降至 22%；但诊所超越行会性而向社会开放的同时，慈善性也逐渐为商业性所取代了（Barry and Jones，1991：149—169）。19世纪法国的传统社区互助协会在摆脱村社、行会、教会的色彩后也发展迅速，其数从 1852 年的 2488 个发展到 1902 年的 13673 个，会员由 23.9 万人增至 207.4 万人。但同时其慈善色彩也大为减退。到1910 年，这类协会总预算收入达 6298 万法郎，然而其中只有 1189万，即 18.8% 来自捐赠、遗产赠与其成员的自愿奉献；另有 1172 万（18.6%）来自政府资助，3936 万（62.5%）来自带有自惠性的入会费或会金——而这部分取之会员、用之会员的资金作为入会条件实际上是一种交易（同上：172—186）。

总之，在欧美社会"走入现代化"的背景下，公益事业的共同体基础逐渐为国家＋市场（或政府＋"社会"、国家＋个人）基础所取代。正如研究者所指出：这一时期公益组织的特征是"非制度性的自由捐助作用很小，大多数组织处于政府的监督下"。法国在1882—1902 年间"经批准的"公益会社成员增加了 100 万，而"自由的"公益组织成员只增加 10 万。解释很简单：国家的资助只有在政府控制下才能使用。而若无国家支持，极少有组织可以达到收支平衡。因此从国家与私人（市场）那里得到收入并不是"非正常"的。这一时期"互助主义"（mutualism）公益的实践实际上是战后福利国家体制的序幕，"它使人们不由自主地选择了一条介乎自由主义与国家主义之间的道路"（同上：184—185）。

对于西方历史上从传统公益向现代公益的演变，以往学者有多种表述，如"从教会慈善向世俗控制转变"（Weaver，1967：14），"从父爱主义的福利形式向职业化管理与保险—融资体制过渡"（Barry and Jones，1991：190），从"救助个人的慈善"到"作为社会责任的慈善"和"作为道德责任的慈善"，最后到"福利国家中的慈善"的演变（Alvey，1995），以及从"近似原则"向"理性主义的福音主义"

的发展（同上；26）等等。但从根本上讲，笔者认为这种转变的本质在于"共同体失灵"所导致的对国家与对市场的二元崇拜。西方的现代公益就是在这样的基础上形成的。

从"国家＋市场"公益到第三部门：否定的否定？

现代公益模式的形成带来了一系列变化。

首先是传统慈善观念的变革。西语中"慈善"（Charity）一词现在的辞书中都释为"仁爱""基督之爱""为上帝而普爱众生"等，带有浓厚的宗教（基督教）色彩。但实际上它早于前基督教的古典文明时代已经流行，在早期拉丁语（caritas）及希腊语（charis）中，它首先都意味着一种珍贵的情怀与高尚行为，它与恩惠及感恩相联系，但无论在古希腊还是古罗马，这个词都从不用来表达一个家庭（家族）内的施惠关系，而只是用以表达一个人对他自己家庭（家族）以外的他人之善意行为。可见，这时的慈善虽然含有受者对施主的依附性含义，但也反映了一种突破共同体中自然形成的人际关系的局限之意图（Weaver：6）。这时也已经出现了西方公益史上著名的"近似原则"（cy-pres doctrine）：这一原则认为施主的直接救助目标不能达到时，有势力的组织者可以征集其所施并用之于"近似于施主原意的其他目的"（Alvey；8）。这就为慈善信托基金的发展开了路。但到19世纪，与感恩相联系的慈善观念已越来越为两个方面所排拒：对弱者而言，他们"对于受惠的民主化预期"已使"慈善"变得像是"对贫穷阶层的侮辱"（Barry and Jones，1991：190）；对于强者而言，"理性主义的福音主义"也造成了一种对所谓不争气者的一种"维多利亚式的厌恶"，而倾向于"对受惠者更具选择性的博爱"。正如英国学者安德烈·里德所言："它不打算帮助那些不值得同情的浪荡子、二流子或纯粹的贫民，土地法已经为他们提供了足够的东西。它只打算帮助那些愿意自助的人：他们与其他人一样，没有什么天意神旨以不可抗拒的突发灾难挡住他们的路。"新的博爱要帮助的是这样的人："他们不能乞讨，因为他们习惯于工作，他们拒绝成为穷人，因为他们已经为更好地生活而追求了独立性"（Alvey，1995：26）。

由于这种"福音主义"拒绝救助所谓"自己弄穷的人"，而并非"自己弄穷"的真正的不幸者（如残疾人、孤弃儿等）的救助又被认为应当是当时职能日趋发达的国家的责任，因而19世纪兴起的私人捐助信托基金（慈善基金）便逐渐退出传统慈善领域即对特殊不幸者的施舍，而转向了对公共生活的关注，如教育、法律、宗教、科研等，更突出的则是20世纪兴起的环保等领域。

现代公益的特点在与宗教的关系上表现尤为明显。如前所述，中世纪西方慈善事业的最大施主是教会，"教会资助社会事业"是那时的传统。但英国在16世纪、荷兰在18世纪、其他西欧国家大致也在此期间都出现了来自宗教的慈善基金日益减少的趋势。由大笔私人遗产（资本主义积累的产物）捐赠而设立的世俗基金取代之而成了救济事业的支柱（Alvey，1995：12，19）。但随着"理性主义的福音主义"的兴起，济贫施药养老育孤这类事业逐渐转由国家主办，民间世俗基金便更多地关心公众的精神需求，同时现代化要求的政教分离趋势也使国家不便支持教会，民间世俗基金便成为宗教这一特殊"公共物品"的主要投资者。基督教博爱思想、救世情怀与利他主义虽然仍是西方人捐助行为的精神动力之一，但教会本身已由施助者变成了主要的受助者。"教会资助社会事业"遂为"社会事业资助教会"所取代而成为现代公益的一大特征。在美国这一点尤为明显，20世纪60年代前期美国全国公益来源有80%来自个人捐赠，而在公益开支中宗教占了将近一半（49%），为其最大端，以下依次是教育（17%）、福利（14%）、保健（12%）、其他（8%）（Weaver，1967：62–65）。

在传统慈善的重要领域医疗事业中，"父爱主义"的施医舍药也逐渐变成了"理性主义的福音主义"的医学研究资助。1888 年法国出现的巴斯德研究所便被视为"20 世纪医疗慈善事业所继承的模范"。这个私人投资、吸纳志愿捐助的非赢利机构除以一系列科研成就闻名于世外，还开展了预防白喉（1894 年起）等社会公益活动，并为狂犬病等患者提供免费医疗。但它的主办者始终认为科学是"消除贫困与疾病之根"的希望，而慈善则是次要的。它开创了此后一大批类似机构之先河，如法兰克福洛克菲勒医学研究所、保罗·埃里克研究所等。与此类似，传统的施舍济贫也发展成以民间公益组织扩大就业机会的努力，工合运动的发展便是一个典型（Barry and Jones，1991：195–196）。

现代公益的另一重要活动领域是教育。随着公民社会—民族国家二元结构的形成，以市场规则运作的"教育产业"和国家主办的"教育事业"同时勃兴并排挤了传统时代以教会、村社为主角的共同体教育。但"教育产业"与官办"教育事业"之间仍有很大的空缺需要第三种力量来填补，这是工业化时代教育成为最重要的公共产品之一的结果，因此也正是在这一领域较早兴起了新的公益组织形式。19 世纪前期，英国出现了拥有数千捐助人的"要求关心穷人教育的皇家慈善委员会"、布罗哈姆委员会等组织，从事对学校与对学生的教育资助。当时一份调查显示，英国有 4100 多所学校受到资助，这些学校共有学生 16.5 万。在另外约 14300 个未受资助的学校中，则有 31 万交费生与 16.8 万慈善资助生。受资助学校的学生与未受助学校中的受助生合计 33.4 万人，已经超过了交费生人数。除此之外，在主流教育系统之外的非英国国教徒中还有许多受资助的初级学校，分别由战慄教徒、犹太人与胡格诺教徒建立（Alvey，1995：28–31）。

教育、宗教、科研领域的这些情况表明，即使在"国家＋市场"被寄以最高期望的"走进现代化"时期西方也存在着国家与市场之外的民间公益力量。它无疑是当代第三部门的先驱。无疑，就西方文化的继承性而言它与前近代传统文化并不是毫无瓜葛，正如保尔·魏德林所说：基督教人道主义遗产与更早时代商业主义的大众参与到工业时代"与其说被拒绝了，不如说是在更现代的指导下被改造了"（Barry and Jones，1991：190）。但如果就实践的指导思想、组织资源、动员方式与行为规则等方面看，父爱主义与理性福音主义、共同体慈善组织与公民公益组织、"教会资助社会"与"社会资助教会"等区别的断裂性还是很明显的。正因为如此，19世纪后期至20世纪初西方一直有所谓"慈善终结论""慈善失败论"之说。正如英国讨论公益问题的拿但（Nathan）委员会在20世纪50年代初所提到的："我们历史中最悲壮的失败之一，就是这些慈善者所作出的努力。尤其是在18世纪后期及19世纪，由私人努力来提供学校、医院、施药所、济贫院、孤儿院的普遍服务、发放养老年金，以及救济其他范畴的'应当贫穷者'（deserving poors）。"而历史证明民间的这些努力终结了，"如今国家的法定服务——新的或旧的——现在提供了从摇篮到坟墓的个人福利，……（于是）困扰委员会的基本问题是：慈善者还有什么事可做？"

但委员会主席、英国著名律师与议会法学家拿但认为旧慈善的终结恰恰意味着新型志愿行动的兴起。有趣的是：他在论证这一点时并未强调"市场失灵"与"国家失灵"，而恰恰论述了志愿行动与这二者的契合。他认为志愿服务与国家服务相互排斥的观点已经过时，这两者并无明显界限："历史上（民主）国家行为就是志愿行为的结晶与普遍化"，"如所周知，如果没有志愿服务的渠道相配合，民主国家很难有效地发挥职能"。福利国家制度应当由志愿努力来补充，这不仅由于作为民间力量的志愿组织可以作为压力团体对国家构成"刺激、抑制和批判",更重要的是它可以帮国家的忙:"志愿部门不像政府衙门,它有自由去进行实验,能成为开创性的先锋,而国家可以接着干——如果这种开创被证明有益的话。"与之相比,赢利部门虽然也有"实验的自由",但其实验的目的是产出私人物品,因此即使实验成功,国家也无法"接着干"。反过来讲,志愿部门因其不具强制性,其实验如果失败,也不致造成严重后果,而国家如果胡乱搞"实验",那就要酿成灾难了。

换言之,志愿部门再不济,顶多成为"有益无害的乌托邦",而国家若搞乌托邦就可怕了——有过这种经历的中国人对此应当比拿但更有体会——这是从"消极自由"的角度肯定志愿部门。若从"积极自由"的角度志愿行动当然就更值得肯定。因为这种自由观不仅讲"有权做什么",而且更讲"应当做什么",而志愿者的利他向善、服务公众显然是"应当做"的。

可见,拿但委员会眼中的志愿部门是建立在自由主义(在"积极自由"意义上也可以说是社会民主主义)基础上的,它以(民主)国家有效、市场有效为前提,即它首先是(民主)国家主义、个人主义的,然后才在一更高层次上体现其非国家主义、非个人主义的色彩,发挥其弥补"国家失灵""市场失灵"缺陷的功能。只有在这样的基础上,社会才能"找到一种方法,使过去的好心能更自由地服务于现时变化了的新需求"(Alver, 1995: 38)。

因此,现代西方的志愿部门或第三部门是在公民社会内部发展起来的,无论它的创新实验是成功打开了"后现代"的大门,还是流为"有益无害的乌托邦",它与前公民社会的传统慈善都已判然为两。只是在"否定之否定"的逻辑下,传统慈善的若干特点有时会"复归",如"近似原则"如今已成为志愿捐助信托基金的通行准则。依靠这一原则,分散的捐助者的个人意志既得到尊重,又可以把这些捐赠整合为统一的资助意向并服务于更大的社会目标。古罗马时代已经出现⁽¹⁾的这一原则在"理性福音主义"时代受到了严格的限制，因为那时更强调遗嘱自由和对捐赠者特定选择的尊重。但在战后，第三部门与公益事业的发展日益要求突破捐赠者个人意志分散的局限，"近似原则"也就日益扩大了适用性。如美国早期最重要的公益捐助人、也是大政治家的本杰明·富兰克林在 1743 年建立的北美最早公益组织之一"富兰克林基金"（正式名称为美国仁爱协会），以富兰克林捐赠的遗产为本金，富氏原定的资助对象是：波士顿、费城两地"有优良声誉的已婚青年发明家"。但到 1962 年，富兰克林基金会终获法律许可，在 cy pres 的原则下把最初专为青年发明家而设的这笔钱用于资助医学院学生及医院职员，而在此以前，基金的一部分已用于支持开办富兰克林学院（Weaver，1967：21–22）。

"近似原则"赋予民间组织在不断变化的社会条件下有效动员志愿捐赠资源用于事前并未设想的各种公益目标的权利，明显地扩大了志愿部门的能量。可以说没有这一原则就没有今天的第三部门发展。正是在这个意义上拿但委员会曾主张：如果志愿的公益应受到鼓励的话，则公益信托基金必须被赋予"它们的古代特权"（指 cy pres 等）（Alvey，1995：38）。但这种"古代特权"已经是公民社会条件下经过二次创新即"否定之否定"的结果，已不是"传统的"简单延续了。

---

〔1〕 "cy pres"这个词出自诺曼时代法兰克语，意为"尽可能靠近"。但作为法律原则起源于古罗马。中世纪基督教会曾强调它的 cy pres 专有权利，但现代西方国家大都以正式立法宣布了 cy pres 是一种不依赖于基督教的普遍原则，如美国最高法院在 1890 年就作了这一判定。然而实际上正如 W. 韦弗所说，它在很长一个时期内都并非得到普遍承认，更不用说实行（Weaver，1967：11）。

二、公益事业发展史的中国模式

共同体·社会·大共同体

如上所述，共同体—（个人本位）社会的纵向二分法与民族国家—公民社会的横向二分法是解释西方社会变迁的有效模式。因而从传统共同体公益向近现代国家＋社会（个人、市场等）公益转变，再从国家与市场之外发展出第三部门便成了西方公益事业发展的主线。然而中国的情形则全然不同。正如笔者曾论证的（秦晖，1998—1999），秦汉以来的传统中国社会并非滕尼斯所讲的那种以个人为本位的"社会"，但地缘、血缘等"自然形成的"小共同体也并无西方中世纪那样发达。在古代中国的专制主义中央集权国家下无数小农的个体家庭直接作为"编户齐民"而隶属于皇权及其下延权力组织（吏权）。在这种结构中，小共同体无法取得本位地位，但这并非意味着个性自由与公民个人权利的成长，恰恰相反，正是早熟的集权国家作为一个大共同体的强控制使小共同体权利的成长都成为不可能，就更谈不上个人权利的成长了。于是在微观层面，传统中国因缺乏强固的小共同体纽带而呈现出与西方近代化过程以个人本位消解了传统共同体之后的状况具有某种表面相似的"伪个人主义"状态，"编户齐民"之间无法发生广泛的横向依附（如西方中世纪在村社、采邑、教区、行会与宗族等类群体中所见的那种依附），因而彼此间显得很"自由"，中国也因此很早就产生了西方直到近代化过程开始后才习见的许多现象如"自由租佃""土地私有""自由交易"等等。但这种一盘散沙式的"自由"却以宏观层面上的某种"普遍奴隶制"为前提（杜正胜，1990）。

换言之，传统中国社会（此"社会"乃广义言之，不同于滕尼斯所言的以个人为本位的"社会"）既非小共同体本位又非个人本位，因此不能纳入滕尼斯乃至许多西方论者所习用的那种二分法分析框架。但中国人与人类其他民族一样，在过去的时代是以群的状态整体地存在的，而个人——不是生物意义上的单个人，而是每个人的自由个性、独立人格与个人权利——只是近代化造成的公民社会的产物。马克思的名言"我们越往前追溯历史，个人就越显得不独立，从属于一个较大的群体"，卢梭的名言"臣民关心整体和谐，公民关心个人自由"，以及滕尼斯关于从共同体到个人本位的分析，都包含了同样的意思。区别在于滕尼斯讲的共同体只是"自然形成的"小整体，而马克思讲的古代个人"从属于整体"是个很宽泛的概念："首先是家庭，然后是扩大的家庭——氏族以及氏族发展而来的国家。"（见马克思"巴黎手稿"）在马克思看来，这些都属于"自然形成的（按：显然指氏族之类）或政治性的（显然指'国家'）"共同体"，因此马克思的"共同体"概念要比滕尼斯讲的大，而且它可能具有人为的目的性或"非自然"性。所谓"亚细亚国家"就具有这样的性质：它与滕尼斯的"社会"一样具有非自然的建构性，而且在建构中对自然形成的共同体造成破坏，但它却绝无"社会"的个人主义基础，因而也不可能形成"国家—社会"二元结构中的一元即所谓公民的公共生活空间。我们把这种超出了滕尼斯二分法的传统结构称为大共同体。

"编户齐民"的古代中国就是个典型的大共同体。秦时的法家政治便强调以人为的"闾里什伍"来取代自然的血缘族群，甚至用强制分异、不许"族居"和鼓励"告亲"来瓦解小共同体，以建立专制皇权对臣民个人的人身控制。这样的结构既非滕尼斯的"共同体"，亦非他讲的"社会"，而且毋宁说正是它使得"共同体"与"社会"都难以成长，以至于到了市场经济、市民社会与近代化过程启动时，出现的不是一个"社会"取代"共同体"的过程，而是小共同体与"社会"同时突破强控制下的一元化体制的过程。我国近代以来越是沿海发达农村，宗族组织越发达的状况就是例子。

在中国文化中一直存在典章层面"独尊儒术"，维护血缘宗法伦理而制度层面"汉承秦制"，实行法、术、势治国的"儒表法里"传统。在这一传统下民间血缘共同体远没有像书面伦理宣称的那样受尊重，而地缘共同体更不发达，加之没有可与政治权力抗衡的教区、采邑、行会、自治城镇等组织，而大共同体—专制国家的组织能力则堪称奇观。从缺乏血缘、地缘公社对个人产权的约束这一角度看，中国"私有制"出奇地早熟，但正因为没有小共同体自治的阻隔，"利出一孔"的大共同体统制色彩也十分突出。秦汉时代书中为我们展现了如下景观：

> 在野曰庐，在邑曰里，五家为邻，五邻为里，四里为族，五族为党，五党为州，五州为乡。乡，万二千五百户也。邻长位下士，自此以上，稍登一级，至乡而为卿也。于是里有序而乡有庠。……春，令民毕出在野，冬，则毕入于邑。……春将出民，里胥平旦坐于右塾，邻长坐于左塾，毕出，然后归，夕亦如之。入者必持薪樵，轻重相分，班白不提挈。冬，民既入，妇人同巷相从夜织，女工一月得四十五日，必相从者，所以省费燎火，同巧拙而合习俗也。（《汉书·食货志》）。

这段话给人的印象简直是个纪律森严的军事化农场，干活则"令民毕出"，里胥、邻长分别把着里门左右点名；连收工时带回柴火"轻重相分"，农闲时妇人夜织"必相从"都有规定。而从仅管五家的"下士"级邻长，直到掌管 12500 户的"卿"级乡长，科层分明。这与人所共知的秦汉"五口之家"的小农经济图景似有矛盾。但实际上"伪个人主义"与大一统朝廷的强控制恰恰是互为因果的，小农的"一盘散沙"正是其得以为官府"编户"的条件。若像欧洲中世纪那样到处是村社、采邑，或者像魏晋南北朝那样盛行"百室合户，千丁共籍"，王朝的"闾里什伍"之制也就无法维持了。在缺乏小共同体纽带的情况下，王朝正可以垄断组织资源，达到"王者不窥牖户而知天下"（同上）的效果。因此，"五口之家"的独立小农是相对于小共同体的松散而言，"闾里什伍"的国家管制是相对于没有小共同体自治而言，二者各反映了现实的一个维度。

就上面那幅图景而言，里有两塾，里胥监门之制，里胥受上命为吏而不为草根长老等等，都是多有佐证的事实[1]。至于集体出工、集体收工，那大概在多数情况下是理论上可能而实际上并不如此操作，尤其是一般农事作业大约是各家自己进行的。然而这种"令民毕出"的能力并非虚构，一旦朝廷兴役，下令征调，从郡县直到乡里的大共同体组织系统是可以令民"毕出"应役的。人口仅 2000 万、统一仅十余年的秦王朝能够筑长城、戍五岭、治驰道、组织庞大的徐福船队，兴建始皇陵、阿房宫这类今人亦惊其浩大的工程，正是靠的这种大共同体对编户齐民的控制力，而这是中世纪西方不能设想的。

大共同体的束缚必然要伴以大共同体的"保护"，由此出现了古代中国的"国家福利"观。《汉书·食货志》曰："民年二十受田，六十归田。七十以上，上所养也；十岁以下，上所长也；十一以上，上所强也（师古注：令习事也）；……五十可以衣帛，七十可以食肉。"为了"编"户，必须"齐"民，因此国家要"令贫者富，

---

[1]《史记·张耳陈余列传》说：秦灭魏，捉拿张耳、陈余，二人"乃变名姓，俱之陈，为里监门以自食"，并且"两人相对"，即左右塾也。监门可以"自食"，当为有酬之职，而张、陈以外乡人充里胥，又足以表明其非乡土长老草根自治之位。又汉何休《公羊解诂》、汉刻石《酸枣令刘熊碑》等文献、实物，亦可证当时之村治情形。

富者贫"[1]，实行"摧制兼并，均济贫乏"的"抑兼并"政策，提供平均主义这种"公共产品"。极而言之，甚至出现王安石那种设想："三代子百姓，公私无异财；人主擅操柄，如天持斗魁；赋予皆自我，兼并乃奸回；奸回法有诛，势亦无自来。"[2]

当然，正如现实中大共同体的束缚并没有达到天天集体上下工的程度一样，现实中大共同体的保护也是打折扣的。"七十以上上所养，十岁以下上所长"的图景并非现实，但专制朝廷的确也有一套"社会措施"。俞伟超先生论述过的汉代里—社—单体制是一套行政主导（以"里"为本）的基层控制体制，其中的"单"就具有许多民政、社会职能（俞伟超，1988），单设有维持治安的"尉"，掌管单仓的"谷史"，管理买卖的"司平"，办理社供的"厨护"乃至管理薪樵的"集"。他们如能各司其职，当时社会所需的"公共产品"便有了着落。

受抑制的小共同体福利

但大共同体本位并不会导致"古代福利国家"，今天的福利国家是建立在公民社会之上的，即使是俾斯麦、迪斯累里式的保守主义（非社会民主主义）福利体制，也是公民社会压力的结果。而古代中国并无此种压力，由此造成大共同体本位的束缚与保护职能是不相称的。专制帝王"以我之大私为天下之大公"（黄宗羲：《明夷待访录》）的结果，是许多"社会福利"反而办成了社会祸害。标榜"右贫抑富"的抑兼并政策成了借国家垄断而搜刮民财的"国家自为兼并"之举；"均田制"并未保证耕者有其田，却为有权者扩张等级占田制开路；以国家提供廉价金融服务为名的"青苗法"变成了

---

[1] 《商君书·说民》；《商君书·去强》。
[2] 王安石：《兼并》诗。

官府勒索民间的大弊政；就是贾鲁治河这样的"善举"也激成了"挑动黄河天下反"的元末民变。事实上历代的民间造反，大都不是在朝廷放任无为的条件下，而是在朝廷大抑"兼并"的情况下激发的：从"利出一孔"的秦末，到"五均六管"的王莽，从以抑兼并始而以"西城括田"终的北宋末"新政"，到宣称"弗以累贫，素封是诛"的明末加派。而"庄主"带领"庄客"造"官家"的反这样一种景观，更是对"大共同体保护"的一大讽刺。

总之，与提供社会保障但绝不压抑人权的现代"福利国家"相反，缺乏公民社会基础的大共同体本位，是一种束缚有余而保护不足的体制。为了寻求国家吝于提供的保护，传统中国民间便在国家不吝施加的束缚下仍然形成了一些公益机制与公益组织：

一是宗族公益组织，这是以往史学、社会学与人类学家提及最多的传统公益形式。发达的宗族组织常有跨社区联宗活动，它以建祠修谱、联宗祭祖提供精神"产品"，以族规族法、宗族审判与宗族调解提供秩序"产品"，以族学、科举资助基金与族人文集、族人丛书来提供文化"产品"，以族田族产及其收入举办的种种福利（义仓、族墓等等）来提供物质"产品"，等等。但必须指出，过去因种种原因而形成的关于传统中国"宗族社会"的神话严重夸大了宗族的能量。实际上中国历史上宗族（含拟宗族）势力强大到足以"自治"的情况主要是两个：一是东汉末至北朝元宏改革前的宗主督护时代，那时大一统帝国解体、坞壁林立、强宗巨族称雄，是我国历史上一段罕见的小共同体活跃时期；一是近古乃至近现代我国某些商品经济发达地区如东南沿海出现的宗族兴盛，如下文所言，这种兴盛已不能简单归之为"传统"。除此以外，我国历史上多数时空、尤其是更封闭更少受外来影响的时空，宗族的存在与能量都极为有限。而专制国家对"宗族自治"倾向也是打击（而不是支持）的。"天高皇帝远，民少相公（官吏）多"之类的民谣远比有文化的士大夫设想的桃花源式长老自治图景更实在，"废宗主，立三长"式的法家基层控制也远比褒奖累世同居大家族的儒家说教更真实，而闾里保甲、什伍连坐的国家基层组织更比宗支流派的血缘系统要有效。

二是宗教寺院系统的公益组织。尽管"中国文化"的研究者常把"有宗族而无宗教"作为中国特色，但从社会公益角度看，宗教组织的作用实比宗族组织更大（道端良秀，1967）。尤其是佛教僧团组织在中国古代屡屡拥有很大势力，它不仅在教义上如西方基督教一样提供了倡导慈善、普渡众生的救世伦理，而且创造了一套很有特色的寺院金融与信托制度，能进行有效的募捐、融资、基金运营与公益信托活动，在某种程度上有似于西方的教会慈善基金（杨联陞，1984：289）。唐以前僧侣遗产归官，寺院积累所为有限，宋代建立了僧团遗产继承制，宗教公益事业因而大有发展，研究者认为当时的寺院已成为"社会上最有规模及组织的民间慈善公益团体"，它提供了种种福利产品，"使幼有所养，病有所医，饥有所食，老有所归，死有所葬，行者得桥道而行，渴者得甘泉而饮"（张志义，1990）。

当时寺院所办的公益设施，不仅有纯属慈善救济性质的悲田院、养病坊、居养院、漏泽园、安济坊、婴儿局、慈幼局、举子庄，有调节经济作用的平粜仓，还有桥梁、道路、堤防、渠堰、灯塔、旅亭馆舍等"地方建设"，甚至兴办学校，推行不以宗教为限的世俗教育。据著名宗教史家方豪统计，在《古今图书集成》及各地方志所载的桥梁中，寺院募建者在福建占到桥梁总数的54%，江西、江苏均占27%，浙江、广东占到15%。又据钱穆先生称，在南宋书院兴起前，寺院"实担当了社会教育之职责"，"陶铸圣凡，养育才器，……教化之所从出"，如范仲淹、吕蒙正、韩亿、李若谷、王安石等名儒，都曾寓于寺而苦读。即使在书院教育盛行后，寺院仍占教育一席之地。

然而中国寺院的地位毕竟不能与西方的教会相提并论，其在公益上的作用也难于类比。西方中世纪教权与政权不仅分庭抗礼而且有时还居优势，教会构成强大的"非政府组织"，而中国教权历来依附于皇权，寺院独立性有限。以上所述的宗教公益，就有很大一部分是"官督寺办"的。唐代僧产继承问题尚为悬案，寺院公益难以大兴，宋代虽解决了此问题，但当时的"官督寺办"公益本身就带有政府借此耗散寺院之财的动机，到了明清时代，此种政府动机减弱，寺院公益的势头也就不及宋元了（梁其姿，1997）。合法宗教之外，中国民间非法宗教结社如汉之太平道、唐宋之摩尼教、明清之白莲教、天地会等组织也有一定的公益职能，但其非法状态既造成了它们的封闭性又使它们具有邪教的副作用，其公益性能否抵消其"公害性"尚属问题。

　　三是宗族、宗教之外的民间公益组织。这包括城市中的行会、同乡会，以及像敦煌文书中的"社邑"之类民间互助团体。但中国的行会与西方的基尔特相比，亦如中国寺院与西方的教会相比一样存在着缺乏独立性问题。中国的同乡会只是城里商人或士子中的小团体，而且是近代才兴盛的，而真正的乡域地缘共同体，如西欧之马尔克、东欧之米尔、日本之町，在中国传统中并不存在，这是一个突出的特点。中国"自然村"并非村社，除了官府分划"编户"而形成的里甲、保甲和血缘性的宗族（并非必有）外，"自然村"没有什么共同体色彩，自然也少有所谓公益。

　　但中国仍有非宗族的公益活动，在敦煌文书中反映的"社邑"，包括家居佛教徒组成的社团、百姓自愿结成的互助性民间组织和既从事祭社、互助活动也从事佛教活动的民间团体等三种组织。这些组织立有"社条"（章程），设有社长、社官、社老及录事等职，有入社、退社手续，有"社历"即财务账目与"义聚"即公共积累，每逢活动则向社人发出"社司转帖"通知其参加。社人多属同一地域，但不同宗族，社人通过捐助与纳赠筹集财力，用于一家一户难以应付的丧葬、社交仪式、宗教仪典、水利建设与维护，以及民间的信贷合作等等。这类社团大多规模很小，如唐大中年间的儒风坊西巷社有社人 34 人（内有 12 俗姓，3 僧户）、景福年间某社社人 13 名（9 个姓）、后周显德六年女人社社人 15 名等等（宁可、郝春文，1997：1—25），有的还是因事立社，活动水平低，公益性较弱。显然，我国传统时代纯民间非族性公益活动是不发达的。

总之，与西方前近代传统共同体公益组织相比，我国传统时代在国家组织早熟、控制严密的同时，民间公共生活并不活跃，"共同体公益"不发达，这是与传统中国大共同体本位压抑下的"伪个人主义"状态有关的。

近代西方公益的东渐与传统共同体公益的兴起

1840 年后中国在外部刺激与内部要求的双重推动下走上了近代化的坎坷道路，现代民族国家与现代企业开始兴起。"衙门与公司之外"的现代化也因而起步。但这一过程与西方现代公益的兴起过程大有不同，这种不同除了所谓后发展国家外生型现代化与西方的内生型现代化之异外，更重要的还在于中西现代化赖以发生的传统社会不同。西方的现代化是个从共同体（小共同体）到（个体本位的）社会的过程。这个过程以采邑、村社、行会、宗族等小共同体的解体为要件，而且初期曾经历过"公民与王权的联盟"，即初生的公民个人权利与（哪怕暂时还是传统的）国家权力联合起来首先摆脱小共同体的桎梏之过程。随后才是发展了的公民权利与王权发生冲突。但在中国，传统的大共同体本位使个人权利与小共同体权利都受压抑，因而现代化过程起初便表现为"（小）共同体"与"社会"的同时觉醒，并且事实上形成了"公民与小共同体联盟"首先摆脱大共同体桎梏的趋势。只是在摆脱了王权的整体主义控制后，公民权利才可能进而抛开小共同体谋求自由发展。反映在公益事业的发展上，西方出现的是共同体公益与"父爱主义"的衰落，"国家＋市场"公益的兴起，而在中国，传统时代受到大共同体压抑的小共同体公益却是在近代化中大有发展，并与西方传入的公民社会公益形式并行乃至交融式地成长，形成了奇特的公益景观。

西方式社会公益首先在香港、大陆通商口岸城市的租界乃至东北的俄罗斯人社区中发展起来，并扩展到所谓"华界"。到 20 世纪初，这些公益组织大都趋于本土化，同时使口岸城市的一些传统社团也发生了现代化转型，如上海的"广东旅沪同乡会"等外埠人传统组织，在二三十年代大都从旅沪外侨社团那里学来了一套组织、活动、筹款、选举等模式。尤其在抗战初期的上海"孤岛"中，非政府民间社团的作用一时大为凸显，其在维持"孤岛"社会秩序、展开善后救济、发展市民公共生活等方面的能力不亚于租界当局（广东旅沪同乡会，1938；上海国际救济会，1937—1938）。当时人称民间社团是孤岛的"第二政府"。实际上，这是在外敌入侵、民族危机深重的困难时期，在常规政府管理已失效的情况下由民间非政府组织从事市民自治的一次可贵的实践，它证明了觉醒的中国人是有高度自治能力的。

在香港，现代公共生活与民间公益社团早期主要在西方人中流行，英国殖民当局并不提倡中国人的现代公民自治意识，而宁可维持华人的"传统秩序"。但到抗战以后，在现代潮流与民族觉醒的背景下中国居民的现代公共生活与社团意识也高度活跃，出现了大量全港的及区域性的社会组织。一些营利部门与政府部门也捐资建立非营利信托基金（典型的如 1959 年建立的香港赛马会慈善信托基金）从事自主公益活动（香港赛马会，1989，1995；钟声慈善社，1950；香港公益金，1969）。1967 年反英运动过后，香港居民公共生活的热情从政治领域转向社会领域，使 70 年代民间基金会活动形成高潮，港府为此出台了一系列法制安排促其发展（香港布政司署社会事务科，1976）。

在东北地区，20世纪初俄侨社区中出现大量自治组织，1917年十月革命后东北俄侨骤增，这些不认同苏俄的侨民失去祖国的支持后只能自助自救，因而更促使俄侨公益团体发展，这期间先后成立了古鲁金侨民救助会、阿尔缅侨民公会、谢拉菲莫夫卡食堂、犹太养老院、波兰慈善会、索菲亚教堂贫民救助会、俄罗斯残废军人联合会、俄侨公会等组织。在东北的西方人也推进了此潮，截至九一八事变前，东北共建立了176个欧美人社团，其中有关教育的103个，医疗保健的38个，社会保障31个，其他4个。东北中国人的新式社团更从无到有，九一八前已有195个，其中半数以上是医疗救护类公益组织，其次依次为社会教化、儿童保护、经济保障、失业保障。这些社团中1/4是"公立社团"，其余3/4都是"私立"即民间的（沈洁，1996：178—179、191、294）。

"西风东渐"影响下出现的新式社团对中国的医疗保健、农业、科学与教育，促进学术研究乃至提高公民权利—义务意识、参与意识、公共生活意识与自治意识都起了很大作用（Hewa and Hove，1997：3—38）。但对于广大的中国内地与占有中国绝大多数人口的农民来说，近古到近代的最大发展却是"传统"的共同体公益之发展。如前所述，儒家伦理虽然一直倾向于"敬宗收族"，但由于"儒表法里"条件下大共同体本位结构的压抑，我国古代多数时空中农民微观上是一盘散沙的"伪个人主义"，宏观上是国家的"编户"，小共同体组织并不发达。但明清时代随着商品经济的发展，南方尤其是东南沿海诸省宗族共同体发达起来，到近代，这一趋势更加发展。许多宗族已经从纯精神上的一般认同与仪典上的联谊组织发展成拥有雄厚经济实力，发挥多种社会组织作用的民间共同体。以族田族产为例，到本世纪初广州府属各县耕地中已有50%—80%以上是族田，广东其他诸府这一比例也在30%—50%。浙江浦江县族庙公产占全县地产的1/3，永康县占42%，义乌县一些村庄竟占到80%，闽赣两省也有类似情况。而长江流域族田则少得多：湖南省长沙府、湖北省汉阳府这两个最发达的地区，各县族庙公产占15%—20%，而且其中族田比重仅为一半左右，至于北方各省，包括号称中国文化之根所在的关中、河南等地，族产的比重都小到可以忽略不计（秦晖，1998—1999）。从时间看，沿海许多地方的族产扩张是清代乃至近代现象，以广东珠江三角洲为例。这里的沙田开发明前期是以官府为主导的，到明中叶沙田开发开始转向民间主导，清乾隆时发明石围技术，民间投资大增，一些大姓组织族人合股开发，宗族势力于是膨胀起来，逐步排挤了官府的影响。清同治后朝廷财政危机，在广东出售屯田，宗族公社因而控制了整块沙坦，规划大围，到光绪时出现了具有浓厚商业因素的围馆与包佃，成为筑围的投资方。

显然，珠三角的"宗族公社"是在官府控制削弱与民间商业性沙田开发的背景下发展的。简单地把它归诸"传统"是不合适的。毋宁说它正是大共同体本位传统在商业化与近化化过程中被削弱的结果。实际上从乾隆年间起，广东官府就已感到宗族势大威胁到朝廷对地方的控制，曾几次企图强行分解祠产，搞族田私有化，但并无成效。拥有雄厚经济资源的宗族（有些实际上是异姓人为公共目的联合成的"拟宗族"）成为当地公共生活的组织者，在乡治、教育、社会调解、公益福利方面都有很大影响。

这样的宗族当然仍以传统伦理为基本纽带，并非以公民权利为基础的新式社团。但如果说西方近代化初期传统王权能与公民权利联盟以瓦解小共同体本位，那么中国在类似阶段中"传统"宗族与公民权利的成长也未必就是矛盾的：它们至少都在消解着大共同体本位这一阻碍中国现代化与公民社会成长的主要桎梏。事实上，在清末广东立宪派的地方自治运动中，就有宗族势力的参与。当时联合成广东地方自治研究社的 38 个集体成员中，就有 5 个"家族自治研究社（所）"。反过来，近代化的背景也影响到这些"传统"宗族的内部结构。许多"宗族"已有异姓联宗现象，族内实行公议制，族人参与程度高，与族长专制模式已有所不同。

反映在公益事业的发展上，便形成了近代中国"西化"的新式公益与"传统的"（所谓传统的是相对于"西方个人主义"而言，实际上如前所述，相对于中国的大共同体本位而言它也可视为反传统的）小共同体公益的融合与互补。当代一些研究慈善问题的西方学者曾谈到西方慈善观念在东方得到佛教、儒教等"亚洲文化"慈善观回应的现象（Hewa and Hove，1997：185—230）。其实这除了人性相通之外，就中国而言恐怕还是与"公民和小共同体的联盟"有关，并不仅仅是个"文化现象"。西式公益与"传统"共同体公益的融合，产生了受到西方现代民间基金运作方式影响的"佛教慈济基金会"（丘秀芷，1996）和传统村落宗族公益与西化的基督教公益相结合的新式公益组织，这些组织有许多现在仍活跃于香港新界一带的前乡村地区（循道爱华村服务中心，1985—1986）。

"有公民意识的组织"与"非政府组织"：
中国第三部门与公民社会的走向

"公民与小共同体联盟"的逻辑上的可能变成实际进程是要有条件的。近代中国严重的民族危机刺激起来的国家主义使这些条件消失。1949 年以后中国进入了高度一元化的"计划社会"（不仅仅是计划经济），严格意义上的企业即所谓第二部门也消失了，当然也就不可能有所谓"第三"部门的问题。但现代化的逻辑仍在顽强地为自己创造条件。70 年代末中国走上改革之路，开始向市场经济迈进，企业或"赢利部门"应运而显，公民社会与"第三部门"的问题也再度浮出水面。

但是中西社会的发展路径是如此不同，中西传统社会与以此为起点的现代化进程是如此不同，中西公益事业的发展道路因之差异巨大，中西"第三部门"的生存、发展环境、面临的问题与任务，就更是不同了。

　　西方的近代化是个共同体解体、共同体公益衰落的过程，然而中国的现代化初期却存在着小共同体兴盛的相当合理性，这就有个怎样对待它的问题。相应地中国不存在"理性福音主义"歧视"应当受穷者"的合理性，以原始积累时期的冷酷对待不幸者，在今天的中国绝不应成为时尚。这是以爱心为帜的第三部门和志愿行动者在西方的"市场经济初级阶段"并不时兴，而在我们的"初级阶段"却必不可少的理由。

　　西方的第三部门是在已成现实的公民社会内部产生与发展的，它并不需要为实现公民社会而奋斗。相反，现代第三部门在"否定之否定"前的传统对应物（如与现代行业协会对应的传统行会，与现代志愿者对应的传统教会）还曾经是通往公民社会之路上的障碍。在西方，建立公民社会的力量是摆脱共同体束缚的人们的政治参与（其结果是"第一部门"即民主国家）与经济参与（其结果是"第二部门"即市场中的企业），而第三部门是作为这二者的结果自然产生的。如今人们或者希望它能捍卫公民社会的古典价值（即"新右派的第三部门观"），或者希望它们能克服公民社会的弊病（即"新左派的第三部门观"），但似乎没有人把建立公民社会的责任寄望于它。然而，中国的第三部门却需要为建立公民社会而奋斗，而且它的许多同仁也是以此为抱负的。因此，如果说西方第三部门的意义不限于一般的慈善与公益，它还意味着对公民权利与公民义务的新的理解，那么中国第三部门发展的意义就更是如此，因为它实际上要从争取最起码的公民参与空间做起。在某种意义上，西方第三部门所从事的是一项宏大的实验，成功了西方的"后现代"文明可以更上一层楼，即或不幸流为"有益无害的乌托邦"，也不会影响西方公民社会已取得的基本成就。而中国的第三部门则背负着沉重的使命，它实际上与另两个"部门"的现代化，即民主政治与市场经济的建设同命运。如果它失败了，中国将没有任何现代化可言。

西方的第三部门是要克服现代社会中的"政府失灵"与"市场失灵"，具体地讲，就是"民主制福利国家失灵"与"规范竞争的市场失灵"。而中国和许多发展中国家的第三部门面临的"政府失灵"与"市场失灵"则具有非常不同的性质。中国历史上就存在着大共同体本位下束缚功能有余而保护功能不足的问题，改革前的旧体制虽号称"大锅饭"，但实际上社会保障的水平是非常低下的，尤其是占人口绝大多数的农民在受到旧体制严重束缚的同时却没有享受到任何保障，这是中国农民之所以能主动发起改革（而中国工人与东欧农民则不能）的唯一原因。换言之，中国的"政府失灵"并不是"福利国家失灵"，而是"大共同体本位失灵"。同样，中国的"市场失灵"也不是市场机制本身的逻辑缺陷之凸显，而是权力扭曲市场的结果。因此中西第三部门面临的问题是明显不同的。即以同样对国家行为的批判而论，在发达国家，国家干预问题是个公平与效率两难选择问题，左派（社会民主派）要求国家干预以维护公平，而右派（保守主义者）认为国家干预会妨碍效率，但他们不会指责国家干预为权贵聚敛。这与例如缅甸的昂山素季指责国家干预为腐败之源是全然不同的。市场问题也同样如此，西方国家是"福利国家"太多了，"自由市场"太多了，所以人们要寻找"既非福利国家，又非自由放任"的第三条道路。而在中国问题也许在于"福利国家"还不够，"自由市场"还不够，因此，中国的第三部门一方面当然要认识到市场逻辑与政府逻辑本身的局限性，并有针对性地克服我们特定的"政府失灵"及"市场失灵"，但另一方面，也要认识到"政府有效"与"市场有效"，并积极地配合第一、第二部门中争取有效政府与有效市场的努力——而这，是西方的第三部门完全不必操心的。

与此相应地，西方第三部门发展方向中的"非国家主义"与"非个人主义"之分或自由主义方向与社会民主方向之争，对我们也是很少有意义的。中国面临的并不是"要福利国家，还是要自由放任"的问题，中国需要宏扬的实际上是自由主义与社会民主主义者都赞成的价值，需要否定的则是这二者都反对的价值。因此在现今的中国凸显"自由主义与社会民主之争"，实在是有些无的放矢。

中国第三部门无所谓"非国家主义"与"非个人主义"之分，但却有它自己特有的两分法：在现阶段逻辑上存在"公民与小共同体联盟"的状态下，中国人是从两个方向进入"衙门与公司之外"的领域的。一方面在城市中公民文化、公民意识的发展推动人们从事第三部门活动，但在现存体制的制约下，这些活动很少能以完全"非政府组织"的形式进行，而不能不带有某些"政府部门"的痕迹。另一方面，主要在乡村中，改革在走出"大共同体本位"桎梏的进程中出现了无数纯粹的"非政府组织"，但它们未必都建立在明确的公民意识基础上，其中不少还带有明显的"传统"小共同体色彩。这样，在中国现阶段便出现了"有公民意识的（但未必是非政府的）组织"与"（未必有公民意识的）非政府组织"在一定程度上分离的现象。具体在公益领域，一方面出现了像中国青少年发展基金会那样具有现代价值观念、思维方式与行为方式的"半民间半官方"公益组织，并且成功地组织了希望工程等一系列公益活动［康晓光，1997（a）、（b）］；另一方面在农村出现了许多草根共同体、民间互助组织乃至"宗族复兴"现象，它们的活动虽未必符合所谓"东方文化优势"论或"新集体主义"的标签，但的确提供了目前农村社区的相当一部分公益产品（秦晖，1995）。

这样一种状况是西方第三部门或公益事业发展史上所没有的。

它给两者都造成了问题：前者的体制约束与后者的文化缺陷都有可能使它们受到局限。但另一方面，前者摆脱体制约束与后者摆脱文化缺陷的过程如能形成良性互动，则会给它们各自都开辟更广泛的前景，中国第三部门的前途也许取决于这种互动，而如我们前面所述，历史上并不是没有这方面的借鉴的。

参考文献

1. Levitt，T.，1973. *The Third Sector：New Tactics for a Responsive Society*. New York：Amacom.

2. Kramer，Ralph M.（et al.），1993. *Privatization in Four European Countries：Comparative Studies in Government–Third Sector Relationships*. New York：M.E. Sharpe.

3. Clayre，Alasdair，1980. *The Political Economy of Cooperation and Participation：A Third Sector*. Oxford University Press.

4. Gidron，Benjamin，（et al.）. 1992. *Government and the Third Sector：Emerging Relationships in Welfare States*. San Francisco：Jossey–bass.

5. 滕尼斯，F.，1999.《共同体与社会：纯粹社会学的基本概念》，商务印书馆。

6. Schneewind，J.B.（ed.），1996. *Giving：Western Ideas of Philanthropy*. Bloomington：Indiana University Press.

7. Mccants，Anne E.C.，1997. *Civic Charity in a Golden Age：Orphan Care in Early Modern Amsterdam*. Urbana：University of Illinois Press.

8. Dauton，M.（ed.），1996. *Charity，Self–Interest and Welfare in the English Past*. New York：St. Martin's Press.

9. Jordan，W.K.，1960. *The Charities of London，1480–1660：The Aspirations and the Achievements of the Urban Society*，Hamden，Conn.：Archon Books.（1974

Reprint）

10. Cavallo，S.，1995. *Charity and Power in Early Modern Italy*：*Benefactors and Their Motives in Turin*，*1541–1789*. Cambridge University Press.

11. Safley，T.M.，*Charity and Economy in the Orphanages of Early Modern Augsburg. Atlantic Highlands*，N.J.：Humanities.

12. Gavitt，P.，1990. *Charity and Children in Renaissance Florence*：*The Ospedale Degli Innocenti*，*1410–1536*. Ann Arbor：University of Michigan Press.

13. Young，A.F.，1956. *British Social Work in the Nineteenth Century*. London：Routledge & Kegan.

14. Samson，G.G.，1996. *The American Fund for Public Service*：*Charles Garland and Radical Philanthropy*，*1922–1941*. Westport，Conn.：Greenwood Press.

15. 留冈幸助，1898，《慈善问题》，东京：警醒书社。

16. 吉田久一，1994,《日本社会事业の历史》，东京：劲草书房。

17. Wadia，A.R.，1968. *History and Philosophy of Social Work in India*. Bombay：Allied.

18. Figes，O.，1986. *Collective Farming and the 19th Century Russian Land Commune*. Soviet Studies 38：1（1986）.

19. Barry，J. and Jones，C.（ed.），1991. *Medicine and Charity Before the Welfare State*. London：Routledge.

20. Alvey，N.，1995. *From Chantry to Oxfam*：*A Short History of Charity and Charity Legislation*. London：British Association for Local History.

21. Weaver，W.，1967. *U.S. Philanthropic Foundations*，*Their History*，*Structure*，*Management and Record*. New York：Harper & Row.

22. Sealander，J.，1997. *Private Wealth & Public Life*：*Foundation Philanthropy and the Reshaping of American Social Policy from the Progressive Era to the New Deal*. Baltimore：Johns Hopkins University.

23. McCarthy，K.D.，1991. *Women's Culture*：*American Philanthropy and*

Art，*1830–1930*. University of Chicago Press.

24. Prochaska，F.，1995. *Royal Bounty*：*The Making of a Welfare Monarchy*. New Haven：Yale University Press.

25. Menning，C.B.，1993. *Charity and State in Late Renaissance Italy*：*The Monte di pieta of Florence*. Ithaca and London：Cornell University Press.

26. Hewa，S.，and Hove，P.（ed.），1997. *Philanthropy and Cultural Context*：*Western Philanthropy in South*，*East*，*and Southeast Asia in the 20th Century*. Lanham：University Press of America.

27. Ostrower，F.，1995. *Why the Wealthy Give*：*The Culture of Elite Philanthropy*. New Jersey：Princeton University Press.

28. 秦晖,1998—1999:《"大共同体本位"与传统中国社会》,《社会学研究》1998 年第 5 期、1999 年第 3、4 期连载。

29. 秦晖，1995:《农村改革中的"宗族复兴"与历史上的宗族之谜》,《中国研究》第八期。

30. 香港公益金，1969,《香港公益金年报》。

31.《循道爱华村服务中心社会福利部工作报告》，香港·新界，1985—1986。

32. 沈洁，1996,《"满洲国"社会事业史》,京都：ミネェワァ书房。

33. 张志义，1990,《宋代东南地区佛教寺院与地方慈善公益事业研究》,香港中文大学，学位论文库。

34. 香港钟声慈善社，1950,《香港钟声慈善社社纲》,自印本。

35. 香港赛马会，1989,《香港赛马会（慈善）有限公司服务社会三十年》,自印本。

36. 香港赛马会，1995,《香港赛马会慈善信托基金年报及账项》,自印本。

37. 梁其姿，1997,《施善与教化:明清的慈善组织》,台北:联经出版公司。

38. 丘秀芷，1996,《大爱:证严法师与慈济世界》,台北:天下文化出版有限公司。

39. 周成，1925，《慈善行政讲义》，上海：泰东书局。

40.《慈济年鉴》，1994，台北：慈济文化出版社。

41. 香港布政司署社会事务科，1976，《慈善信托基金指南》，自印本。

42. 广东旅沪同乡会，1938，《广东旅沪同乡会救济难民委员会报告书》，自印本。

43. 上海国际救济会，1937—1938，《上海国际救济会六个月工作报告》，自印本。

44. 道端良秀，1967，《中国佛教と社会福祉事业》，京都：法藏馆。

45. 全汉昇：《中古佛教寺院的慈善事业》，《食货》第一卷第四期。

46. 宁可、郝春文辑校，1997，《敦煌社邑文书辑校》，江苏古籍出版社。

47. 杜正胜，1990，《编户齐民：传统政治社会结构之形成》，台北：联经出版公司。

48. 黄永豪，1987，《清代珠江三角洲的沙田、乡绅、宗族与租佃关系》，香港中文大学学位论文库。

49. 堀敏一，1996，《中国古代の家と集落》，东京：汲古书院。

50. 瞿同祖，1981，《中国法律与中国社会》，中华书局。

51. 俞伟超，1988，《中国古代公社组织的考察——论先秦两汉的单—僤—弹》，文物出版社。

52. 杨联陞，1984，《佛教寺院与国史上四种筹金钱制度》，载文集《国史探微》，台北：联经出版公司。

西儒会融，解构"法道互补"：
典籍与行为中的文化史悖论及中国现代化之路

绪论:"儒"与"吏"

传统的思想史研究主要关注典籍中的思想，尤其是这些典籍中思想的形而上层面。这种关注当然是有意义的。但是历史进程中真正关键性的还是"社会思想"而不是"典籍思想"。并且这里所谓的社会思想不仅是有别于精英的"民间思想"，也包括精英们通过"行为"而不是通过言论著述表达的、往往对社会实际影响更大的那些思想。这主要就是指落实在制度设计与政策思维层面上的思想。心性义理之学只有落实到这一层面，才有可能对社会发生实际影响。因此思想史研究在关注典籍和形而上层面的同时，有必要从"制度化的思想"的角度考虑问题。而吏治问题正是传统中国各种思想在制度化时首先必须面对的关键问题之一。

吏治之"吏"，是中国文化中一个重要范畴。作为中央集权体制下的可任免官僚，中国帝制时代的"吏"是其他盛行贵族制、领主制、土司制的古文明，包括中国境内的许多少数民族历史上所没有的，甚至也是帝制前的华夏上古时代没有的。《尚书·胤征》所谓"天吏逸德，烈于猛火";《左传·成公二年》的"王使委于三吏"（杜预注:"三吏，三公也"）。这里所讲的吏只是贵族的通称。到了中央集权帝国时代，可与王权抗衡的贵族消失了。在"率土之滨，莫非王臣"的体制下，天下人皆奉皇上为主、在皇权面前"人人平等"地成了奴才，于是与"臣民"一样就有了"吏民"之称。在秦汉时代，"吏民"是极常见的称呼，从正史直到出土的"吏民田家莂"之类档案文书，都显示出"吏"与"民"一样是给皇上当差的，或者用当时人的话说：吏就是"庶人之在官"[1]。当然同是"庶人"，一旦"在官"便有了皇上赋予的职权，至少在任期内这"权"与"利"又是结合的——这就形成了古汉语中的"权利"一词，它与后来日本人首先拿来译对西语中right之所谓权利（包括人权、公民权等等）不同，当时"权利"一词就是因权生利或以权谋私之意[2]。"吏"因有此种"权利"，也就不同于一般之"民"。正如《说文》解释的："吏，治人者也，从一从史。"后人注曰："吏之治人心，主于一，故从一。"所谓主于一，就是吏虽千万，其主一人，吏是中央集权帝制之产物，由此可见。

有趣的是：与后世常以官、民相对不同，那时的"吏民"如上所述，是与"臣民"一样并称的。而当时的两个对立范畴，一是"儒、吏"相对，二是后来的"官、吏"相对。

秦汉以至魏晋，是儒吏相对的时代，那时的人们认为"文吏少道德而儒生多仁义"，"儒生文吏，俱以长吏为主人者也。儒生受长吏之禄，报长吏以道；文吏胸无仁义之学，……贪爵禄，一旦居位，辄欲图利以当资用"[3]。"执法之吏，不窥先王之典；缙绅之儒，不通

---

〔1〕《南齐书》卷十《礼志下》："先儒云：'庶人在官，若府吏之属是也。'"

〔2〕《荀子·君道》："接之以声色、权利"；《史记》卷一零六："宗族宾客为权利，横于颖川。"凡此云"权利"者，皆如《盐铁论·刺权九》所谓"因权势以求利"者也。

〔3〕 王充：《论衡》卷十二。

律令之要。"[1]如果用现代语言比喻，那就是知识分子与官僚之别：前者以价值观为归宿，口称"道""仁义""先王之典"，以社会良知自命；后者以"执法"为职业，按"律令之要"以行政，从而获得"爵禄"的报酬。简而言之，也可以说是儒重信仰、吏尚权位。我国中央集权帝制创建时期的秦朝，是公开奉行"以吏为师"并厉行"坑儒"酷法的。到了汉代，尤其是在武帝"独尊儒术"之后，儒的地位见长而吏的地位渐衰，但直到汉魏之际，王充、王粲等人还在大力申论儒吏各有其用、"儒有所长""吏有所短"，可见那时儒实际上还在为与吏平起平坐而奋斗，根本谈不上儒尊吏卑。直到后来以儒家经典从读书人中考试选官的科举制盛行后，才出现了以儒为吏、儒吏合一的局面。

　　不管是"儒的吏化"还是"吏的儒化"，总之科举制通过儒吏合一结束了儒吏在形式上的对立，代之而起的是官、吏的对举。套用不很确切的现代术语，官、吏之分近似于政务官与事务官之别。秦汉魏晋时代无所谓官吏之分，只有"长吏"与"少吏"（文吏）之别。按《汉书·百官公卿表》的说法，"秩四百石至二百石为长吏，百石以下有斗食佐史之秩是为少吏"。但是后世"儒的吏化"之后，由于儒家素来瞧不起吏，他们便自诩为"官"，而把非科举出身的办事人员称为吏。所谓"领持大概者，官也；办集一切者，吏也"[2]。官是掌权的，这时主要从科举"正途"出身。吏是办事的，这时或从民间作为一种职役征调而来，或者由官"自辟僚属"而选用，前者多为奔走执事者，如皂隶、里胥、门子、捕快，后者多为文案工作者，称为文吏或书吏。但不论职役还是文吏，地位都低于官，有的王朝甚至规定吏户入贱籍，法定地位还低于一般民（农）户。然而我国

<hr>

[1]　王粲：《王仲宣集》卷一，《儒吏论》。
[2]　王恽：《秋涧集》卷四十六《吏解》。

传统制度的一个特点就是"县官不如现管"、狐假虎威的"奴隶"比无威可恃的"自由民"更有优势，因此胥吏的实际势力是很大的。

"儒的吏化"使传统中央集权统治模式在"治乱循环"中创造了世界文明史上罕见的长期延续案例，但"儒"的传统仍不绝如缕，并未完全消失在"吏化"之中。进入现代化进程后，在外来文化尤其是外来制度的影响下，现代权利意识与传统责任意识固然有冲突，但面对传统强权哲学与犬儒哲学的互补，公民的权利与儒者的责任也在互动中存在着会融的需要。然而以往由于种种原因，人们对中国传统社会的"大共同体本位"特质注意不够，而过分夸张了所谓"家本位"与个性解放之间的对立[1]。相应地，人们对中国传统文化的"法道互补"特质也注意不够，而过分夸张了"西儒冲突"。西化派与新儒家似乎成了誓不两立的两极，却不料"指鹿为马"的新强权与"难得糊涂"的新犬儒却在西儒冲突之外大获渔翁之利，导致西、儒两败俱伤，现代公民权利未张而传统责任伦理尽失的后果，宜乎为之反思也。

一、"儒表"与"法里"

过去人们常把儒家文化当成"中国文化"的同义词，但毛泽东却强调"百代都行秦政制"，而"秦政制"恰恰从理论到实践都是极端反儒的。自汉武帝"独尊儒术"以来，"汉承秦制"的制度设计与"独尊儒术"的经典认同之间始终有很大反差。具体在吏治问题上，儒、法两家的吏治思想几乎是两个极端，即儒家的吏治观建立在性善论基础上，以伦理中心主义为原则，主张行政正义优先。而法家的吏治观

---

〔1〕　参见秦晖：《从大共同体本位到公民社会——传统中国社会及其现代演进的再认识》，载《问题与主义》，长春出版社，1999 年，350—402 页。

则建立在性恶论基础上，以权力中心主义为原则，主张行政安全优先。

儒家思想产生于东周，那时的中国社会是个以血缘族群为组织形式的社会，《左传》所谓"帅其宗氏，辑其分族，将其类丑"[1]就是当时"国家"的真实面貌。今天学术界对这种族群有氏族、宗族、大家族等定性之争，但其为血缘纽带的结合、宗族亲情—父权的伦理关系起重要作用则是无疑的。那时周天子、诸侯、卿大夫到士的层层分封实际上等于一个大家族的辈分、长幼、嫡庶序列，天子之尊主要是伦理性的，并不具有科层化的行政权力结构。这样的族群社会，由"天生的"血缘亲情推出人性本善，由伦理上的长幼尊卑推出一种"人各亲其亲、长其长，则天下平"[2]的政治秩序，而且这种秩序是由五服、小宗、大宗这类族缘亲疏观念决定的一种"小圈子"原则，也就是费孝通说的"差序格局"。应当说，这种"小共同体本位"特征是儒家社会理论不同于法、道、墨、杨等时论[3]，也不同于现代公民文化的最关键之点。

亲疏不同，人际关系中的权利与义务也不一样。这些权利与义务表现为一种温情脉脉的父权—父责统一体，君臣间也如父子一样，受"君君、臣臣、父父、子子"的关系支配，即君要像个君，臣才能像个臣；父要像个父，子才能像个子；君不君则臣不臣，父不父则子不子。"父慈、子孝、兄良、弟悌、夫义、妇听、长惠、幼顺、君仁、臣忠"[4]。显然，这种关系对双方都有约束，所以原始儒家虽然讲君权

---

[1] 《左传》，定公四年三月条。
[2] 《孟子·离娄下》。有人以同样是孟子说的"老吾老以及人之老；幼吾幼以及人之幼"来否定儒家有小圈子倾向，其实此言是一种道德话语，与权力结构无关。老人之老并不是尊其父权，幼人之幼也不是对其行使父权。因此它与"人各亲其亲、长其长"的原则在社会结构上势必造成的小共同体林立并不构成对立。
[3] 参见秦晖：《从墨杨对立到法道互补：古代中国社会变迁与思想互动，兼论儒家的流变》(待刊)。
[4] 《礼记·礼运》。

父权，但并不等于绝对专制。相反，从上述原则中还可以推出"民为贵，社稷次之，君为轻"，"闻诛一夫纣矣，未闻弑君也"之类的"民本思想"。后世儒家由此发展出一套"仁政"学说：儒为帝王师、教君行仁政，君命来自"天意"，而"天意"非神意，"天听自我民听"，"顺天应民"之类的说法，都强调行政正义原则的重要性。

儒家行政正义优先的原则在吏治观念上的体现，就是强调官吏本身要清操自守、廉洁自律，其施政要以"仁德"为本，反对严刑峻法，以所谓"吏治循谨"[1]排斥法家的所谓"吏治刻深"。但行政正义优先的原则如果贯彻到底，对"家天下"的专制王朝是不利的。事实上，原初儒家理想中的很多东西甚至很难为皇权所容忍，例如：

根据儒家"贤者居位"的观念，让贤不传子的三代"禅让"之制始终作为理想而受到推崇，后世一些儒家"原教旨主义"者甚至由此推出一种类似柏拉图"哲人王"式的"君儒"观念："春秋时皇帝该孔子做，战国时皇帝该孟子做，秦以后的皇帝该程朱做，明末皇帝该吕子做，今都被豪强占据去了。君儒最会做皇帝，世路上英雄他那晓得做甚皇帝？"[2]这样的言论可谓异端之尤，无怪乎清帝雍正会把这种"贤者居位"说骂为"狂怪丧心之论"[3]。

根据儒家"圣道"高于君命、儒为王者师、信仰高于权位的观念，从"圣王"理想中产生"从道不从君"的人格追求[4]。一些天真的士大夫不把自己仅仅看成帝王的家臣，而自认为有"替天行道"

---

〔1〕《史记·酷吏列传》。

〔2〕 曾静：《知新录》。

〔3〕 胤禛：《大义觉迷录》卷二。

〔4〕《荀子·子道》："从道不从君，从义不从父，人之大行也。"荀子为儒法之间的过渡型思想家。从某种意义上讲这句话就是这种过渡的一个象征。前半句出于道高于君的原初儒家观念，这种观念后来为其由荀而法的后学韩非、李斯所抛弃；后半句则被这些后学发展成鼓励告亲、禁止容隐等等一整套反宗族的法家传统。

之责，由此形成那种东林、海瑞式的清流、清议传统，对君权表现出一定的独立意志。所谓"文死谏""强项令"，海瑞罢官、海瑞骂皇帝式的事情，无论在道德上怎样受到儒家价值观的称许，现实中却很难被君王接受。雍正就特别反感那些"操守虽清"却不太听话的儒臣，把他们斥为"洁己沽誉"的"巧宦"，认为他们比贪官还坏。

儒家"人各亲其亲、长其长，则天下平"的观念，体现的是一种"特殊主义"而非"普遍主义"观念，由此导致行政中讲人情、分亲疏、形成小圈子和"差序格局"的弊病，这对中央集权的大一统体制显然是不利的。电影《被告山杠爷》中那种只顾伦理不顾"王法"的"杠爷治村"模式被认为反映了传统文化与"现代法治"的冲突，然而实际上，它首先在古代就是与传统"王法"冲突的。例如儒家赞赏"容隐"、禁止"告亲"的观念，就与法家禁止容隐、鼓励告亲的做法尖锐对立。

从性善论与伦理中心主义出发，传统儒家在用人上讲究一种由德高望重的伯乐出以公心地推荐贤德之人为官的模式。这种自下而上的荐举加上朝廷自上而下的按伦理标准征召"孝廉""贤良方正""至孝""有道"之人为官的做法便形成了东汉至隋这一时期官吏选拔的主流方式，即察举、中正之制。这种做法固然形成了全社会"讲道德"的风气，但却流于虚假，而且实践证明性善论假定的那种"出以公心"的荐举（所谓"内举不避亲，外举不避仇"）也不可靠，它往往变成出于私心的拉帮结派、门阀自固，不仅贻害吏治，而且不利于皇权。

如此等等，这些弊病以往常被看成是儒家高调理想与现实社会的差距，即所谓有内圣而无外王。但实际上，"贤者居位""从道不从君"固然可以说是高调理想，小圈子主义与门阀式荐举却是十分庸俗的。它们各自对传统吏治形成正反两面的影响：前者培育出清正刚直之士，后者则造成门阀式腐败。然而有趣的是，这二者在传统吏治中却往往互为因果。例如东汉魏晋时弊端百出的门阀制度，就是从东汉前中期的清流"党人"把持中正发展而来的。那时的清流以道义自许，不畏强权，痛斥宦官、外戚专政的政治黑暗，因此受到残酷迫害，同时也由此积累起巨大的道德声望。后来正义伸张，清流得势，便由他们按道德标准"黜贪进贤"，选用"寒素清白"之人。但是，大权一旦在握，清流很快在"权力腐蚀律"作用下变得不清了，按道德标准打分的"九品中正"之制很快变成了既不"中"也不"正"，"上品无寒门，下品无势族"。而民间则传开了"寒素清白浊如泥，高第良将怯如鸡"的政治幽默。

如今我们不难找到这种高调理想趋于堕落的原因。然而在当时，皇帝们主要是从巩固"家天下"的角度去总结经验教训的，他们自然不会从"权力腐蚀律"着眼，而只认为是书生意气过于迂腐乃至狂妄。于是儒家的吏治思想往往只是在纸上受到"独尊"，而实际吏治则按法家的一套运作。

"百代都行秦政制"，而秦制是法家之制。

法家思想是在中国由血缘族群时代转向大一统帝国的历史转折中形成的。这一转折意味着专制皇权打破族群纽带直接控制"编户齐民"，意味着天子与诸侯间的"伦理关系"变成了皇帝与臣僚间的科层关系。儒法之别从社会学意义上讲，就是宗法制与反宗法的"编户齐民"之制在观念上的区别。在宗法制下"人各亲其亲、长其长"，分属于成千上万个小家长。天子虽有大宗嫡派总家长之名，毕竟"我附庸的附庸不是我的附庸"，不可能越过各级家长直接控制臣民。同时各级家长与家属间的关系都是伦理性的长幼尊卑关系，而不是、至少不完全是行政上的上下级关系，更不是雇用式的主仆关系。打个比方说：儿子固然有孝敬父亲的义务，父亲却不能随意"任免"儿子。于是法家改革的重要内容便是把"长者政治"变为"强者政治"。法家采用极端的反宗法措施:"不得族居"[1]"民有二男以上不分异者,倍其赋""父子兄弟同室内息者为禁",强制解散大家庭、切断家族纽带。法家鼓励"告亲",禁止"容隐",秦律规定妻子告发丈夫,妻子的财产可免遭抄没;丈夫告发妻子,不但他的财产可以保全,妻的财产也可以用来奖赏他。汉儒曾这样描绘秦的民风:儿子借父亲一把锄头,父亲的脸色便很难看;母亲来儿子家借个扫帚簸箕,儿子一家便骂骂咧咧;媳妇生了男孩便得意洋洋,不把公公放在眼里,婆媳一语不合,便"反唇相讥"[2]。

这样的民风简直比据说儿子到父亲家吃顿饭还要付钱的现代西方还要"个人主义"了。然而这种"个人主义"当然不具有近代反对父权族权的那种个性解放性质,这种家好族好不如权势好、爹亲娘亲不如皇上亲的状态便于皇权一竿子插到底地对社会实现直接控制。朝廷可以通过任免如意的官僚组织和闾里保甲的户口管制系统把一盘散沙的民户编制起来,从而最大程度地集中人力物力。2000万人口的秦朝,可以调50万劳动力去修长城,70万人去修始皇陵,70万人去修阿房宫,50万人戍五岭……这是宗法时代的周天子绝对不敢设想的。

儒家的性善论是建立在血缘宗族内"天然"亲情基础上的,否定宗族的法家因而也就建立了极端的性恶论。针对儒家"人各亲其亲、长其长"之说,法家提出"亲亲则别,爱私则险,民众而以别险为务,则民乱"[3]。为了否定亲亲、性善之说,《韩非子》甚至认为

---

[1]《后汉书》卷三十三《郑弘传》引谢承《后汉书》文:"其曾祖父本齐国临淄人,官至蜀郡属国都尉,武帝时徙强宗大姓,不得族居,将三子移居山阴,因遂家焉。"宋王益之《西汉年纪》卷十三引谢承书曰:"(元朔二年)夏,诏:强宗大族,不得族居。"

[2]《汉书·贾谊传》。

[3]《商君书·开塞》。

"夫以妻之近及子之亲而犹不可信，则其余无可信者矣！""子、父，至亲也，而或谯、或怨者，……皆挟自为心也。"[1] 既然连父子、夫妻之间也不可信，一般人之间的仁义忠信就更不足恃了。在法家看来，唯一可信的是法（普遍主义的赏罚规定）、术（通过分权制衡驾驭群臣的权术）、势（严刑峻法形成的高压）。

法家认为人间是个社会达尔文主义式的权力竞争场："上古竞于道德，中世逐于智谋，当今争于气力（权力）"[2]；"上世亲亲而爱私，中世上贤而说仁，下世贵贵而尊官"[3]。因此君王安排吏治，首先考虑的就不是如何顺天应民，实现行政正义，而是确保大权在我、居重驭轻、强干弱枝，防止权臣窃柄、君位架空，致使法、术、势失灵而危及"家天下"。于是由性恶论、权力中心主义而导出的行政安全至上，便成为吏治的首要原则。

法家君主当然也希望臣僚清廉公正得民心，但绝不会把行政正义置于行政安全之上。这种吏治观认为臣下的忠顺比清廉更重要，而且与儒家不同，法家要求这种忠顺是无条件的，即"臣忠"不能以"君仁"为条件。把这种观念推到极端的是清朝的雍正帝，他甚至连臣下"君恩深重，涓埃难报"的献媚之语都作反面理解，申斥说"但尽臣节所当为，何论君恩之厚薄"[4]，即君不君时，臣也不许不臣。

但作为性恶论者，法家实际上也并不相信君臣关系中有什么信仰、忠诚可言。韩非就曾一再讲："人臣之于其君，非有骨肉之亲也，缚于势而不得不事也。""臣之所以不弑其君者，党与不具也。"[5] 他

---

〔1〕《韩非子·备内》；《韩非子·外储说左上》。

〔2〕《韩非子·五蠹》。

〔3〕《商君书·开塞》。

〔4〕（雍正）《朱批谕旨·田文镜奏折》七年六月十五日。

〔5〕《韩非子·备内》；《韩非子·扬权》。

还举例说：佣夫卖力地给主人干活，不是因为爱主人，而是因为活干得多可以多挣到钱。同样地，臣之所以能为君所用，是因为他们期望以此得富贵。而臣之所以不叛君，是因为他们害怕杀头。所以毫不奇怪，一个人如果竟然不图富贵又不怕杀头，那他在君主眼中就有造反的嫌疑，儒家傻呵呵地提倡的那种不贪财不怕死的海瑞式人物，还是少些为好："若此臣者，不畏重诛，不利重赏，不可以罚禁也，不可以赏使也，此谓之无益之臣也，吾所少而去也。"[1]

换句话说，海瑞式的清官在儒家看来是吏治的典范，在法家看来却是吏治之癌。而在现实吏治中海瑞之所以罕见，在儒家看来是理想太完美，曲高和寡，大音希声。而在法家看来没有海瑞才是理想的吏治，有那么一两个，是为"无益之臣"，如果有更多那就是危险之征了。于是历史上常常有这种情景：即臣子故作腐败状，以使君主放心；或者是君主故意鼓励臣子腐败，以消弭其过分的"大志"。前者如汉之萧何，为释刘邦之疑而故意霸人田产，自毁声誉。后者如宋太祖"杯酒释兵权"后规劝权臣们纵情声色犬马，而放弃政治抱负。

为了行政安全至上，有时不仅行政正义可以放弃，连行政效率也可以牺牲。一般来讲，法家吏治观是欣赏那种能办实事而不空谈道德的"能吏"、甚至雷厉风行的"酷吏"的。然而在性恶论下，吏太能权太重事功太盛又会让朝廷感到难以控制。于是法家之"治术"的一个重要方面就是有意分割事权，使其相互牵制，即所谓"用一人焉则疑其自私，而又用一人以制其私；行一事焉则虑其可欺，而又设一事以防其欺"。这与所谓用人不疑的儒家观念是相反的。这种为了确保皇权安全的"分权制衡"往往比近代民主制下为了保护民权而设立的分权制衡还要复杂得多，以致十羊九牧，政出多门，

---

[1]《韩非子·奸劫弑臣》。

相互掣肘，严重影响行政效率，也是导致冗官冗吏、编制膨胀的重要原因。不过从另一方面讲，这种互相监视的分权制度在确保吏权不能威胁君权的同时，也有可能使某些官吏侵犯民众利益的行为受到一定制约。

法家既然反对"人各亲其亲、长其长"，就必然会以"法制"上的普遍主义取代儒家"礼制"上的特殊主义。儒家认为每个小共同体中都有长幼亲疏上下贵贱之别，不平等是普遍的，"物之不齐，物之情也"〔1〕。这当然与现代平等观念相悖。而法家则主张"不知亲疏、远近、贵贱、美恶"，一以法度律之〔2〕。然而这与现代法治的普遍主义与平等观念绝不是一回事，它讲的不是公民权利的平等而是"臣民义务的平等"，率土之滨莫非王臣，人人都是皇上之奴，因此彼此不得相互依附。极而言者甚至把人人都视为皇权之下的"无产者"："三代子百姓，公私无异财；人主擅操柄，如天持斗魁；赋予皆自我，兼并乃奸回；奸回法有诛，势亦无自来。"〔3〕而现实中的"人主"（君王）权力如果说还达不到把全社会的财产都垄断在自己手里的地步，那他至少也要有调剂这些财产的能力，"令贫者富，富者贫"〔4〕。而儒家则认为皇权膨胀到如此地步是不公平的：它"使天下人不敢自私、不敢自利"，仅仅是为了满足君主个人的贪婪，"以我之大私为天下之大公"〔5〕。

法家的普遍主义反映在吏治上就是反对儒家的"小圈子"倾向。法家从性恶论出发，不相信推荐"贤者"为官的做法，主张所有人都以个人身份，摆脱一切人事关系的影响，直接由朝廷按客观标准

〔1〕《孟子·滕文公上》。
〔2〕《管子·任法》。
〔3〕 王安石：《兼并》诗，见《王临川集》卷四。
〔4〕《商君书·说民》；《商君书·去强》。
〔5〕 黄宗羲：《明夷待访录》。

考察任用。从秦代以"甲首"（战场上割下的敌人的脑袋）计数的军功爵制，到明清以高度形式化的"智力测验"为实质的科举，都体现了这一原则。反对"小圈子"政治的另一办法就是"回避制"。从性恶论出发，法家相信人们抱成一团就会导致串通作弊弄奸，因此发展了越来越复杂的回避规定。如本地人不得做本地官、富庶地方的人不得在中央财政部门做官等等，此外还有亲属回避、师生回避。回避制与考试制在非民主政治中对吏治应当说是能起到好作用的，起码比那种小圈子政治、门阀政治要来得合理。

二、"儒表"之下的"法道互补"

总之，儒法两大传统吏治观的区别乃至对立是很明显的，我们可以简化成下表：

儒家吏治观	法家吏治观
性善论	性恶论
伦理中心主义：亲亲上贤，竞于道德	权力中心主义：贵贵尊官，争于气力
行政正义优先	行政安全优先
"贤者居位"：德治	强者为王：刑治
"从道不从君"	君权至上
重视"仁义道德"	重视"法、术、势"
特殊主义"礼治"	普遍主义"法治"
"儒为帝师"	"以吏为师"
提倡不怕死、不贪钱的清流精神	排斥"不畏重诛、不利重赏"的"无益之臣"
"出以公心"的荐贤制	形式主义的考试制
"内举不避亲"	厉行回避制
主信臣忠，用人不疑	以私制私，设事防事

抽象地讲，这两大传统对吏治好坏都有两面作用。儒家重视道德修养有利于官吏的操守自律，但缺乏制度防范和小圈子倾向会助长弊端。法家忽视行政正义和排斥清流是吏治败坏的重要根源，但它在分权制衡、考试制、回避制方面的制度设计对官场弊政有一定防范作用。

然而传统吏治到底是以儒家传统还是以法家传统为主流却是一个重要问题。因为既然这两者各有优劣，那么我们要借鉴所优而祛除所劣首先就要看优劣来自何方。

而在这一点上，我认为那种一讲"中国传统"就归之于儒家传统的看法是很成问题的。事实上在帝制中国的两千多年中，虽然也有短时期儒家吏治观比较落实的情形，如东汉后期至南朝这一段，但从秦至清的整体看，中国吏治传统的主流是"儒表法里"，即说的是儒家政治，行的是法家政治；讲的是性善论，行的是性恶论；说的是四维八德，玩的是"法、术、势"；纸上的伦理中心主义，行为上的权力中心主义。仅就从"性恶论"中产生权力制衡游戏而言，中国与近代西方不仅似乎有某些表面上的相似，而且甚至可以说中国远远超过了西方，甚至（如果不考虑维护君权还是维护民权这种本质的区别而只从形式上看的话）比现代西方政治都更强调事权的分割。关于这一点，后文还将详论。

我国传统中这种"表里"差异，是世界各文化中极为罕见的。任何文化都有"思想家的理想主义与现实生活中的实用主义"的差异，有典籍中价值观（有人称之为"元典精神"）与社会现实间的差异。印度文化的典籍视人生为苦，基督教典籍视人生为罪，但为脱苦赎罪而舍弃尘世快乐、投身寺庙或隐修院的也只是少数。这就是所谓"取法乎上，仅得乎中，取法乎中，风斯下矣"。

但是传统中国的"儒表法里"却不同，它的表里间并不仅仅是思想家的原则与生活中的实用主义之差、"取法"与"仅得"之差，而根本就是两种原则、两种"取法"。法家并不是儒家理想原则在现实中"仅得乎中"或"风斯下矣"的结果，它本身就是一种价值体系，一种在形而上层面就与儒家截然不同的思维与行为方式。多数国人不会像韩非那样把"性恶论"理解到了连父子、夫妻之间都"不可信"，都要搞"法、术、势"的程度，但只要"仅得乎中"，也会把人性理解得十分阴暗，并进而影响到其为人行事。这与对儒家伦理的"仅得乎中"是完全不同的。汉以后法家著作传播面可能远没有享有"独尊"地位的儒家著作那样广（但在上层权力精英中法、术、势之书都是必读的），然而"百代都行秦政制"，制度对人们行为方式的影响决不亚于典籍。

因此传统中国一直存在着法家制度文化与儒家典籍之间的明显紧张。虽然董仲舒以后儒学已多次被改造，但"表里"矛盾并没有消除。在这种矛盾下，人们说的是一套，做的却是另一套，而且两套的差异远不是"取法"与"仅得"的问题。

这种状况的第一个后果是造成传统国人的人格分裂或双重人格。这可以理解儒法之外的第三种传统即道家传统为什么如此重要。

道家思想庞杂，流变繁多，涉及宇宙论、伦理学等诸方面，其中不乏精彩，本文亦不是对其系统全面评论之作。但如果不是就道言道，而是就诸家互动形成对国人行为的综合影响而论，则道家（主要是在庄周以后的形态中）实际上是一种"思想润滑油"，具有很浓的犬儒色彩。汉人司马谈把道家归纳为"以虚无为本，以因循为用"是很准确的。道家在知与行两方面都倡导"无为"。单就"无为"而论本无所谓对错。强者对弱者"无为"可以理解为宽容，弱者对强者"无为"就沦于苟且。权力对权利"无为"意味着自由，而权利对权力"无为"则意味着奴役。思想史上有些人（如下文提到的谭嗣同）是从前一种意义上论无为的。但从后一种意义上实践"无为"的则无疑是主流。问题在于：道家恰恰是一种主要面向弱者的"贵柔"学说，这就把无为等同于苟且了。庄周曾自比"腾猿"："其得楠梓豫章也，揽蔓其枝而王长其间，虽羿、蓬蒙不能眄睨也。及其得柘棘枳枸之间也，危行侧视，振动悼栗，此筋骨非有加急而不柔也，处势不便，未足以逞其能也。"亦即人当得势时是有为的，所谓无为，就是"处势不便，未足以逞其能"时的生存方式："今处昏上乱相之间而欲无惫，奚可得邪？"[1]

这样的无为还不是苟且吗？苟且而出于无奈，亦不足责。但庄周的苟且却不自承无奈，而是把它奉为崇高境界。在这种境界中，真伪、有无、是非、善恶都可以不分，或者说都不可分："物无非彼，物无非是。""彼出于是，是亦因彼。""方可方不可，方不可方可；因是因非，因非因是。""是亦彼也，彼亦是也。彼亦一是非，此亦一是非，果且有彼是乎哉？果且无彼是乎哉？""恶乎然？然于然。恶乎不然？不然于不然。……无物不然，无物不可。……恢诡谲怪，道通为一。"[2]法家指鹿为马，儒家曰此非马，则被坑矣；曰此马也，则非儒矣。而庄子曰：马亦鹿也，鹿亦马也，所谓"万物一齐"也。是故指鹿为鹿者，儒也；而指鹿为马者，尤大儒也。言"大"者何？谓其超越是非之俗见，是为"真人""至人"也。故曰：法家儒也，儒家法也。而儒表法里者，其旷世之大儒乎！——庄周的逻辑适足以论证如此"高尚的无耻"。

就这样，道家提倡"顺其自然"，以"逍遥游"的态度对待世事，"不谴是非，以与世俗处"[3]。把一切矛盾都化解为虚无，化解在庄生梦蝶、蝶梦庄生、似是而非、似非而是、难得糊涂、玩世不恭的态度之中。

---

〔1〕《庄子·外篇·山木第二十》。

〔2〕《庄子·内篇·齐物论第二》。

〔3〕《庄子·杂篇·天下第三十三》。

有了这种游戏人生的心态，人们就可以在"儒表"与"法里"的巨大反差之间表现得漫不经心，以无所谓、何必较真的姿态适应那种说的一套做的另一套的生存方式。在其他文化中这样大的人格分裂或双重人格恐怕要造成严重的精神分裂症、甚或造成因幻灭而自杀的社会病。但在中国有了老庄的这种犬儒哲学作为"儒表"与"法里"之间的润滑剂，人们就会心安理得。因此尽管儒学是一种强调入世、有为的学说，有"内圣外王"的强烈要求，但在正常情况下，面对有霸道而无王道的现实，汉以后的历代儒者也都接受了"内圣外霸"的状态。这种就制度与典籍而言是"儒表法里"，就理念与行为而言是"内圣外霸"，就总体文化而言是儒法道三者互补的情况构成了过去两千年间、至少是在近代西学传入前的常态。

而在这样一种三元互补结构中，儒家的地位可以说是最为尴尬的：表面上它的地位最为尊崇，无论是"儒表法里"还是"儒道互补"，都以儒为首而且非儒不可，或法或道，都只是叨陪末座而已。但实际上它作为一种价值却又最为虚悬，它不像基督教价值观之于传统西方真能主宰人们的内心世界，只是受外在结构的制约才出现"取法"和"仅得"的差距。而在传统中国，不仅外在结构一直是"百代都行秦政制"，从来只有"霸道"而不见"王道"，而且内心世界也很难说真有儒家圣贤的多少地位。千百年来多少大儒都感慨"内圣"难以开"外王"，其实真正的问题是国人的"内"心本无"圣"，何以谈"外王"？

在传统中多数情况下就"内圣"而言，儒的实际地位未必赶得上法、道，用明儒王夫之的话说："其上申韩者，其下必佛老。"一般地讲，中国历史上有权者自己真正相信的是"法、术、势"，而要别人相信仁义道德。但人们并不是傻子，那些成仁取义殉道存德的理想主义者如东林、海瑞之类人的下场有目共睹，那个通过文字游戏挑选聪明人而对道德并无分辨力的科举制度之奥妙也人所共知，那些"操守虽清"却奴性不足，只想为万世开太平而不懂得趋炎附势的书呆子不仅多灾多难，有时还被公开批判为只知"洁己沽誉"而受惩戒[1]。不仅精英层熟谙"难得糊涂"，大众更长期从俗文学中接受"奸臣害忠良"的教育，得到"山中有直树，世上无直人"的启蒙，明白"识时务者为俊杰"的道理。年深日久，国人越来越聪明（鲁迅在"聪明人与傻子"的著名杂文中解释的那种聪明)，"糊涂"者越来越少；同时又越来越糊涂（老子"绝圣弃智"那种意义上的糊涂)，价值理性越来越萎缩。老庄的"逍遥"之道、犬儒主义和所谓"圆融通透"的行为方式大行于世，同儒家的道德说教形成了鲜明对比。

于是与经济上抑不抑"兼并"形成两难、导致"一管就死一放就乱"的怪圈[2]类似，在价值观念上便出现了"一管就假，一放就恶"的怪圈。专制王朝常以剥夺臣民自由而厉行法禁来维护"纲常名教"，以"罢黜百家"来"独尊儒术"。但"罢黜百家"只能导致假话泛滥，厉行法禁只能培养法吏人格，而法吏人格在价值观上只能导致犬儒化。法禁一旦松弛，人们便由申韩而老庄、"逍遥"地大纵其欲，从而出现礼崩乐坏、纲常扫地的局面，犬儒哲学转化为痞子行为。早就"看透了一切"的聪明人从"存天理灭人欲"的高调一变而为"人不为己天诛地灭"，只转眼间事耳。

这样的例子不胜枚举。汉代在罢黜百家后，到东汉时形成了虚伪道德泛滥的第一个高峰，矫情造作、沽名钓誉的表演盛行于世。有守墓数十年的"至孝"却在墓庐中纳妾生子的，有受征召十余次而不就、以博清高之名，而私下走"权门请托""以位命贤"之路

---

[1] 雍正"朱谕"第九函，第一历史档案馆。

[2] 参见拙文：《中国经济史上的怪圈："抑兼并"与"不抑兼并"》，载刘小枫、林立伟编辑：《中国近现代经济伦理的变迁》，香港中文大学出版社，1998年，159—172页。

的，不一而足。当时流行的民谣有"举孝廉，父别居""寒素清白浊如泥，高第良将怯如鸡"之讥。然而到汉季大乱、礼崩乐坏，"至孝""有道"之风即一变而为"逍遥"至极、寡廉鲜耻的"魏晋风度"，士大夫侈谈老庄，竞效犬儒，以痞相尚；社会风气腐败到了变态的程度。裸体交际、乱伦性交见怪不怪。在经济凋敝、谷帛为市、市场机制严重萎缩的背景下这一时期却连续出现鲁褒、成公绥等多人竞作《钱神论》的怪现象，称钱"为世神宝，亲爱如兄"，"钱之所在，危可使安，死可使活；钱之所去，贵可使贱，生可使杀"；"有钱可使鬼，而况于人乎"。乃至"死生无命，富贵在钱"，"天有所短，钱有所长"[1]……

过去曾有人称这是"商品经济发展形成的货币拜物教"。其实这个时期正是我国经济史上最典型的自给自足时代，哪有什么"商品经济发展"可言，它不过是"儒表"之下的法家强权哲学与道家犬儒哲学轮流称大、社会价值"一管就假，一放就恶"的表现罢了。人们以申韩之术待下，以老庄之道待上，以申韩之权求治，以庄周之滑处乱。在上者指鹿为马，在下者难得糊涂。而无论哪种状态下，儒家的仁义道德之说都处于尴尬状态，当然不是说它全无影响，但其影响实不可夸大，它既非万恶之渊，也非百善之源。对于这种强权哲学和犬儒哲学互补式的双重挤压，儒家理想主义者们历来痛感至深。除前引王夫之外，现代著名新儒家徐复观亦有名言：

"先秦各家思想，除法家本为统治阶级立言以外，最先向专制政治投降者即系道家。"[2]

的确，在中国历史上的专制时代，尽管真正的儒家理想主义作为一种思想血脉一直不绝如缕，到现在也仍然不失其光华，但实际

---

[1] 严可均辑：《全晋文》卷一一三。
[2] 徐复观：《中国思想史论集》，台湾学生书局，1983年，8页。

上就整体而言，传统文化的主体结构与其说是"儒道互补"，不如说是尊儒表象下的"法道互补"更确切。其特征是：以追求专制权力为中心，在强权之下唱高调，说假话。强权不及之处，则痞风大盛，道德失范，几成丛林状态。而正如经济上因乱而管、因死而放，遂使"死""乱"互为因果一样，在"文化"上恶欲横流成为"管"的理由，假话连台又成为"放"的依据，于是假与恶也就互为因果，形成怪圈。

这应当是传统吏治积弊的文化根源。

三、连续的历史，循环的怪圈

明亡之后，当时的一些思想家痛定思痛，从儒家立场对法家吏治提出了深刻的批判。其中除天下为公的大道理外，涉及治术的以黄宗羲的如下见解最为精辟：

> 后世之法，藏天下于筐箧者也。利不欲其遗于下，福必欲其敛于上。用一人焉则疑其自私，而又用一人以制其私。行一事焉则虑其可欺，而又设一事以防其欺。天下之人共知其筐箧之所在，吾亦鳃鳃然，日惟筐箧之是虞。故其法不得不密，法愈密而天下之乱即生于法之中，所谓非法之法也。[1]

如上所述，这种以人制人、设事防事的制衡之术也是源自人性观念上中国式的"性恶论"——犹如西方的权力制衡论源自西方传

---

〔1〕 黄宗羲：《明夷待访录》。

统的性恶论一般。都说儒家传统讲究人"性本善"，可是在儒表法里的中国，人们对人性的真实看法实际上更近似于韩非。

于是咱们的疑人之心与防人之法也发展到人类诸文明中如果不是唯一的、至少也是罕见的程度。在这方面人们与其从"四书五经"中，不如从更讲"大实话"、更普及也更对社会有实际影响的那些从娃娃教起的"蒙学"作品中去探寻真正的"传统"："经典"上讲读书做官是为了"修身齐家治国平天下"，而蒙学作品《神童诗》的大实话是"书中自有千钟粟""书中自有黄金屋""书中有女颜如玉"！"经典"上讲性善论，而蒙学作品《增广贤文》的大实话是"知人知面不知心""防人之心不可无""逢人只说三分话，未可全抛一片心""守口如瓶，防意如城""山中有直树，世上无直人""人情似纸张张薄""谁人背后无人说，哪个人前不说人""人善被人欺，马善被人骑"……

蒙学作品是面向大众的，而统治大众的"精英"，尤其是精英中之最"精"者皇上自然绝不能比大众更傻，他们的"人君南面之术"更是以极端的性恶论为基础的。欧洲中世纪的统治结构是以封主与封臣之间的层层"效忠"为原则的，于是每一级封主都似乎很放心地让效忠他的封臣在其领地内专断一切，形成那种"我主子的主子不是我的主子"的傻乎乎的制度。这在咱们的皇上看来简直太愚蠢了！"世上无直人"，朝中无忠臣。家奴总是要通奸的，于是只有把他们阉了；朝臣总是要结党营私的，于是除了靠阉奴（宦官）当特务来监视他们外还要靠身边的亲信秘书来分他们的权，形成了"内朝"（从汉之尚书直到明清的内阁、军机处）架空外朝的制度；地方官总是要割据称雄的，于是不断派中央工作组去分他们的权，形成了巡察之官架空常设之官的制度；人心莫测而必分其权，政出多门办不成事又不得不集中事权，形成了集权—分权往复循环之例。千年以来我国传统政治中的许多特色现象，如宦官专权、外戚干政等，都与这种极端性恶论导出来的防人之术有关。

这种由法家式的性恶论传统产生的"分权制"愈演愈烈。分相权、分朝官之权、分外官之权，除分兵、民、财、法诸权外，在明代司法之权也由刑部、都察院、大理寺等"三法司"分掌，兵权则由兵部、五军都督府及非常设总兵分掌。甚至出现监察之监察、特务之特务：先设锦衣卫以监视百官，又设东厂以监视锦衣卫，再设西厂，最后又设内行厂并锦衣卫及东西厂皆归其监视之。由于皇上什么人都不相信，又什么事都想管，于是总无万全之制，事权分而复始，形成中国历史上独特的"分权循环"。

一是内外朝的循环。历代皇帝总疑心朝臣搞鬼、宰相弄奸，因而用身边的亲信秘书（内朝）分外朝之权，乃至架空外朝而取代之。然而这些原先的近侍奴才一旦权重事繁，又演变为新的"外朝"，引起皇帝的疑心。于是皇帝又另建一个秘书班子来架空之。如汉之丞相统公卿而主朝政，皇帝便培植"尚书"（原仅为管理文牍的秘书）而分其权。演变为汉以后至隋唐之尚书省，秘书已成了新的宰相，于是唐帝又重用"同中书门下"的近臣，使其架空尚书省。到宋朝"同中书门下平章事"（简称同平章事或平章）又演变为新的宰相并出现以他为首的外朝"中书省"，于是明代皇帝又用身边的一些"大学士"组成"内阁"来架空中书省，乃至取消丞相。然而明代后期"内阁"又已坐大，像严嵩、张居正那样的"大学士"又已从秘书变成了实际上的宰相乃至"权相"。于是清朝又出现了南书房、军机处之类的秘书班子，以架空内阁。许多史书说军机处之设"最终"解决了相权问题，其实汉武帝时的尚书之制当初不也以为是最终的解决吗？若无辛亥之变，可以想见以秘书架空外朝的游戏还会周而复始地循环下去——即使有了辛亥，我们不是在60多年后又一次看到了以一个秘书班子"中央文革"架空政治局并威胁相权的事吗？

这种循环可以图示如下：

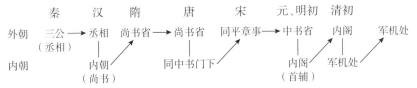

二是中央巡视员与地方"诸侯"的循环。历代皇上总认为地方官居心叵测，不断派出中央工作组巡行地方并授予钦差重权。于是这些中央代表便由干预地方政务发展为越俎代庖，由分诸侯之权到架空诸侯，临时的特派员成了地头蛇，又演变为新一代诸侯。而皇上又要派新的中央代表来巡视这个地盘了。如秦之郡县本为正式的地方政府，皇上不放心，到汉时设十三州刺史以巡察各郡，那时十三州本为监察责任区，刺史亦为巡行之官而非常设官。但汉末刺史权渐重，由过江龙变成了坐地虎，终于由中央代表演变为新的地方官，州也由巡查区变为郡以上的又一级行政区了。于是中央又开始担心州刺史尾大不掉，到唐代新设诸道按察使分巡各州，至宋则由"道"而"路"，又成为州之上的一级行政区，路官（安抚使等）也由巡视官变成一方父母了。于是朝廷又疑其奸，派员到诸路"行中书省事"，亦即作为中央代表行中央特派之事。南宋陆游有"往者行省临秦中，我亦急服叨从容"[1]的诗句，这时"行省"还只是巡行的中书省官员而已。到元代，行省便发展成路之上的一级行政区，"行省平章"成了新的诸侯。于是新的中央特派员又来了：这就是明中叶的巡抚。"巡抚"者，代天子巡行安抚地方之临时差使也。其全称是"巡抚××地方都察院副都御史（或金都御史）"，有时还加兵部侍郎衔，俗称"部院"。其称呼便表明他是中央监察机构（都察院）或军事机构（兵部）的派出官员。然而到明末，巡抚由巡行

---

〔1〕《陆游集·夜观秦蜀地图》，中华书局，1965 年，405 页。

渐变为常设，而且事权愈重，行省正式官员（布政使等）反成虚设，入清后巡抚终于又成了一省之父母官。

这种循环可以图示如下：

```
              秦—西汉      东汉   唐   宋   南宋、金   元          明          清
正式地方行政   郡县 ──→ 郡县  州 ──→ 州   路 ──→ 路      行省 ──→ 布政使司  巡抚、总督
              │              │          │              │              │
中央巡视员               州刺史     道按察使      行中书省         巡抚、总督
```

三是地方分权与地方集权之循环。同样由于皇上对"诸侯"的猜疑，历代朝廷常常分割地方事权，将军事、民政、财政、司法诸权分授不同的官员并使之互不统属，各自平行隶属于中央的相应上级，以使其相互牵制。然而这样的体制往往极无效率，平时政出多门，终日扯皮，一旦有事则相互推诿，甚至造成政府职能瘫痪。于是不得不另设一首长总掌诸政，统一事权。然而这样又导致尾大不掉，威胁中央集权，不久又不得不再度分权。秦汉时的郡一级本是分权的：郡守掌行政、郡尉主军事、监御史管司法与监察，"三权分立"而互不相属。然而到东汉至隋，州刺史（州牧）便大权独揽，兼统军民，自专财政与司法，俨然一方之土皇帝。于是到宋时在路一级分设帅司（安抚使）、漕司（转运使）与宪司（提点刑狱使），路下的州军又设通判以分知州知军之权，实行了典型的地方分权制。到了元代之行省，事权再度集中，行省平章为一省军民之共主，据地自雄，早在元中叶便发生了诸行省军互相攻伐的"天历之乱"，元末更酿成了行省军阀群雄割据之局。于是明鉴元弊，废行省平章之职而在一省分设三司，即隶属于中书的布政使司（藩司）掌民政，隶属于都察院的按察使司（臬司）掌刑狱，隶属于五军都督府的都指挥使司（都司）掌军政。三司分立而互不相属。然而割据之弊虽除，扯皮内耗之弊又生，到明末不得不普遍设立巡抚以统一三司的事权，入清后巡抚（以及同时增设的总督）遂成威震一方的封疆大

吏，延及清末民初又成军阀割据之势……

这种循环也可以图示如下：

此外还有不少类似的循环。如政权末梢与基层自治的循环等等。历代朝廷按法家"编户齐民"的观念重视把自上而下的科层管理延伸至乡村的每个民户。但这样不仅"一管就死"，法密生乱，而且行政成本也大得难以承受。于是不得不改行基层自治，政权末梢回缩一二个层级。然而这样一来"豪强武断于乡曲"的局面又会形成，专制朝廷对社会的控制出现问题。于是又一次延伸政权末梢……秦时法家厉行分异令，不许"族居"，并设置了复杂的乡、亭机构和"闾里什伍"之制。那时的"乡里少吏"多是有酬职，常以并无乡土德望却强悍可用之人（如亭长刘邦就是个"亡赖"）、乃至外乡籍人充任，国家定有爵级，行使的完全是官方任务。但到东汉时地方宗族兴起，里制衰亡，乡村精英成了不从上命而承民俗的"宗主"。到了北魏时为了重新控制基层，又实行"废宗主，立三长"的乡治改革，建立了邻长、里长、党长的政权末梢组织。延至隋唐，乡里组织又逐渐乡土化自治化，于是北宋王安石又行保甲法，再次把乡里社会编制起来。此后元代的里社制、明代的里甲制直到民国年间，都不断地出现这种"政权末梢与基层自治的循环"。

这样一种以私制私、设事防事、乱极立法、法密生乱、用人而疑、疑人而用、六道轮回、循环千年的政治怪圈，岂是"君君臣臣父父子子"这样温情脉脉的理论所能解释的？应当说，这种吏治上的精巧设计在传统政治条件下确实是十分成熟、甚至是十分"现代化"的或高度"理性"的：当西方中世纪的封主与封臣间还是一片混沌的"忠诚"时，中国人早已把防人之术发展得炉火纯青了。而西方的文官制之取代贵族制，不仅时代远晚于我国的科举官僚制之取代门阀士族制，形式上也借鉴了我国科举的某些做法，而且最终也拉不下面子，没有派出大兵来一对一地盯住应考者，以防他们为"千钟粟""黄金屋"与"颜如玉"而偷奸耍猾。

然而这两种"性恶论"与"权力制衡"毕竟是形虽略同而质全异。法家的"性恶论"导出的是极端专制——比贵族制更专制。而近代西方的"性恶论"导出的是反专制——比贵族制更民主。法家的"权力制衡"是皇权本位的，如黄宗羲所见，以私制私、设事防事是为了"藏天下于筐箧"，即置天下于一家之私囊而不允许他人染指；而近代西方的"权力制衡"是民权本位的，以权力制约权力是为了防止独夫们垄断公共领域。前者捍卫的是神授皇权，而后者捍卫的是天赋人权。因此毫不奇怪：这两种"性恶论"、两种"权力制衡"之间的距离，比它们各自与性善论及和谐论（我国的宗法伦理与欧洲中古的恩主—附庸关系）的距离还要大得多——因此不难理解：当我们在那个"批儒扬法"的时代把儒家仁义之说与温良恭俭让的"传统"反掉之后，我们离民主与宪政却不是更近、而是更远了。

但从实用角度讲，这样的"理性化"制度却在两方面都经受了世界历史中罕见的时间考验：从正面讲，它由于高度重视行政安全而具有突出的生命力，同时它的十分复杂的分权机制虽然主要是基于政治防范，但对规范吏治、抑制官吏个人的害民行为也还是有一定的积极作用。这两点使得这一制度从秦以来一直延续了两千多年而没有遇到真正可以取代的另外的选择，并在长时期的延续中积累了辉煌的文明成就。但从反面讲，这个制度内在的根本缺陷是不可解决的，因而它的延续并不是在"长治久安"、而是在上述的几重循环中实现的。而这些循环实际上是弊端长期积累后的大释放，它造成的大破坏与中国的文明成就同样惊人，两千多年的历史就这样一次次重演这种"分久必合，合久必分；乱极生治，治极生乱"的活剧。

四、"法道互补"的后果：行政不正义

传统吏治的首要危机就是行政不正义，也就是我们一般所讲的"吏治腐败"。我国历史上的官吏贪污问题之严重，史学家已有大量描述，笔者无须烦引。"贪不贪，一任官，雪花银子三万三""三年清知府，十万雪花银"之类的民谣就已反映了这一点。在传统时代的世界诸文明中，作为意识形态，像我国的儒家这样强调为官道德修养与民本意识是十分罕见的。作为制度安排，像法家这样把官场监督防范搞得如此严密也是罕见的，然而为什么贪风仍然不止？历史上明初朱元璋重典治贪，连"剥皮实草"这样的酷法也大量使用，不仅官场上层层设防，还授权老百姓举报、乃至自行扭送贪官污吏进京治罪。几次大案如郭桓案、空印案的株连动辄上万计。然而贪官却越杀越多。朱元璋最后也不得不自认失败。这又是为什么？

原因就在于"儒表法里"体制在文化价值上与制度上都存在缺陷，使得儒家的道德防线与法家的严刑峻法对吏治的正面作用都大打了折扣。

如前所述，法家的价值观本身是排斥不怕死不爱钱的"清官"价值的。它不仅不相信人可以不利己（这一点它与西方的"性恶论"相似），而且事实上认为不利己的人是有害的（这一点是西方的"性恶论"没有的）。于是传统政治中一直就有诱人追求利禄享受以权谋私而放弃道德自律的机制。前面说过的萧何故意"表现"腐败以释

刘邦之疑和赵匡胤公开劝谕诸臣及时行乐而放弃政治抱负，绝不是孤立的例子。明成祖朱棣为防止宗室中有人像他那样"胸有大志"，也是一面公开鼓励他们腐化作乐，一面严密防范他们参与政事。所谓"饮醇酒，近妇人，即为贤王"。清初统治者曾经重用前朝声名狼藉的阉党和半年之内背明投闯、背闯投清并与南明也曾讨价还价的冯铨、孙之獬辈而处死言谈触忌但明知其忠于清的陈名夏等。其实，早在先秦时就有这样的故事：

> 晏子治东阿，三年，景公召而数之曰："吾以子为可，而使子治东阿，今子治而乱，子退而自察也，寡人将大诛于子。"晏子对曰："臣请改道易行而治东阿，三年不治，臣请死之。"景公许之。于是明年上计，景公迎而贺之曰："甚善矣，子之治东阿也。"晏子对曰："前臣之治东阿也，属托不行，货赂不至，陂池之鱼，以利贫民。当此之时，民无饥者，君反以罪臣。今臣后之治东阿也，属托行，货赂至，并重赋敛，仓库少内，便事左右。陂池之鱼，入于权家。当此之时，饥者过半矣，君乃反迎而贺臣。臣愚，不能复东阿，愿乞骸骨，避贤者之路。"再拜便辟。[1]

晏子治理东阿的前三年，廉洁奉公，百姓获利，却遭到君主严厉处分，第四年徇私纳贿，欺下媚上，君主反而大加奖赏。有人分析这个故事时认为原因在于受仁政之惠的老百姓没有发言权，而受恶政之利的权贵垄断了信息通道，因而君主得到了错误的信息。这当然是对的。但是假如君主知道真相，他就能奖廉惩贪吗？从儒家看应当是的，因为民为邦本。但如果法家来看待此事，他很可能怀

---

〔1〕《晏子春秋》卷七《晏子再治东阿上计景公迎贺晏子辞第二十》。

疑你"洁己沽誉""市恩于民以彰君非"。这个逻辑十分明白：虽然在理想状态下我、君（上司）、民（下属）三者利益应当一致，但倘若三者不幸有悖又当如何？儒家（无论实际做不做得到起码理想如此）从"从道不从君""民贵君轻"的观念出发认为应当舍己为民不惜违君[1]，法家却认为绝对应当为君违民。然而实际上法家从性恶论出发又并不相信官吏会舍己为君（如同不相信他们会舍己为民），只认定他们是利己而为君用，因而"为君违民"在逻辑上就只能理解为为己害民。为己害民既是理所当然，"不畏重诛不利重赏"的清流又被视为"无益"有害，"儒表法里"对吏德的影响由此不难想见。

儒家相信道德说教忽视制度防范，并且推崇小圈子和"特殊主义"，这当然不利于改善吏治。法家针对性地强调分权、监视等制度并且以普遍主义打破小圈子，这本来似乎应当有利于行政正义的。但是如上所述，法家这两个政策的出发点却并不是行政正义而是行政安全。这就决定了那些制度设置和普遍性原则不仅对奖廉惩贪作用有限，而且还有反作用。

---

[1] 《荀子·臣道》对此讲得最透："从命而不利君谓之谄；逆命而利君谓之忠。""不恤君之荣辱，不恤国之臧否，偷合苟容以持禄养交而已耳，谓之国贼。君有过谋过事，将危国家陨社稷之惧也；大臣父兄，有能进言于君，用则可，不用则去，谓之谏；有能进言于君，用则可，不用则死，谓之争；有能比知同力，率群臣百吏而相与强君矫君，君虽不安，不能不听，遂以解国之大患，除国之大害，成于尊君安国，谓之辅；有能抗君之命，窃君之重，反君之事，以安国之危，除君之辱，功伐足以成国之大利，谓之拂。故谏争辅拂之人，社稷之臣也。""谏争辅拂之人信，则君过不远。"这里讲的当然还是忠君爱国之道而不是什么现代民权对君权的制约，但"辅君"辅到了"率群臣百吏而相与强君矫君，君虽不安，不能不听"的地步，"拂君"拂到了"抗君之命，窃君之重，反君之事"的地步，也真叫人叹为观止。可以说没有任何一个专制君主能容忍这种"谏争辅拂之人"。而作为荀子后学的韩非、李斯之流按荀子的这种观点看，又何止"谓之国贼"而已！

就以监督机制而言，我国古代的官场监督机制应当说是各大传统文明中最发达的。不但从中央到地方都设有监督机关，有大批常驻的或巡视的监督人员，许多朝代还热衷于发展秘密监督系统即所谓"特务政治"，如明代的锦衣卫与东西厂等。但是这些监督第一主要是为了行政安全，而不是为了行政正义，第二因此它主要以政务官、而不是以事务官作为监督对象。而我们知道，现代政治中的机构监督主要是针对受雇于国家的事务官（公务员）的，至于受权于民的政务官则主要靠社会（民众）监督和舆论监督，因为你对老百姓如何，老百姓自然最有发言权。掌权人的权力是选民给的，选民自然要监督他如何行使权力。而职业性办事员是国家考查雇用的，雇主自然要负监督之责。

　　传统中国则正好相反，对衙门办事人员即所谓"吏"的监督几乎空白，因为他们的贪廉一般来说很少威胁皇权，制度设计就很少考虑治吏的问题，甚至往往造成"官"受制于"吏"的状况。例如拥兵大将需要巴结、贿赂兵部书吏，否则军功就报不上去等等。而对"官"的监视却很严密，有时到了动辄掣肘的地步。但这些监视主要是防止你尾大不掉于皇权不利，却并不很关心你对百姓如何。因此这样的监督机制对行政正义的作用有限。不但如此，这种监督往往就是腐败之源，监督者受贿问题历来是传统吏治中最突出的问题之一。御史出巡，地方官争相巴结；厂卫纳贿，科道受托；台垣稽察之职皆成肥差。叠床架屋互相掣肘的监督机制不但未收澄清吏治之效，反而增添无数创收机会。正如有识之士所言："察弊适以滋弊"也[1]。究其根源，缺少社会监督这一块，"监督监督者"的问题的确是很难解决的。

　　其次是回避制。回避原则可以说是我国传统官制的一大特色，历唐宋明清愈益完善。明清两代厉行回避制、"流官"制，全国除土司地区和规定必须由孔姓掌权的曲阜县外，其余所有县官都必须由外省

---

〔1〕　赵翼：《廿二史札记》卷三十三，《遣大臣考察官吏》。

人担任（本省外县的也不行，甚至即便是跨省为官，任职地距离本人原籍在 500 里内也在禁列，有的朝代不仅回避原籍，还要回避寄居地、居止处、自家和妻家田产所在地），而且任期很短。县太爷之外的其他"县直干部"（县丞、典史、主簿等）虽没有那么严格，但也尽量实行回避原则，只有管教育的"学官"规定可用本地人——但这种"教化之官"实际权势是很小的。在这套体制下，朝廷政令可以一竿子插到底，地方上盘根错节的关系网可以削弱到最小限度。

回避制的优点是明显的。在隋唐以前回避尚未成为定制，官员多来自本地，却不受本地民意的制约，年深日久，形成牢不可破的"关系网"，互相"提携"，近亲繁殖，一损俱损，一荣俱荣，上枉国法，下干民怨。回避制下这些弊端可以大为减少[1]。

不过这样的体制又有另外的毛病：它虽强化了中央集权，却严重压抑了地方自治活力，贯彻了朝廷旨意，但并未考虑民权民心与百姓利益，因此它能减少瞒上却不能减少欺下。而它的弊端积重难返后也会导致严重后果，因为这种制度下官员完全对上负责，就特别容易出现"酷吏"，而回避、轮换制下官员没有"兔子不食窝边草"的限制，更容易滋生"短期行为"，为官一任，刮了地皮走人，"三年清知府，十万雪花银"。甚至为了哗上取宠、显示政绩以求早日升迁，还会匿灾不报、冒歉为丰、苛征钱粮、虐民媚上，招致严重后果。同时由于"流官"难以熟悉地方事务，导致胥吏弄权。而胥

---

[1] 关于回避制的演变，明人谢肇淛概括最精："唐宋以前不禁本地人为官，如朱买臣即为会稽太守。宋时蔡君谟，莆人而三仕于闽。我国家惟武弁及广文不禁，其外则土官与曲阜令耳。……永乐中邵圮以浙人巡按两浙，则知国初尚无此禁也。南赣开府，兼制闽广，然蒙慎以广人，余从祖杰以闽人，皆尝为之。蒙不知云何，从祖当时已有称不便者。一二骄恣家奴且挟势不避监司矣。不如引嫌之为愈也。又河道总督制及浙西，而潘季驯以浙西人为之，每行文于监司守令，常有格不行者。古法之不可行之于今，此其一端也。"（谢肇淛：《五杂组》卷十四，《事部》二。

吏恰恰是不经科举考试凭关系录用的，素质很差。于是胥吏的舞弊便使得"土官"枉法之害未除，"流官"酷法之害又加之。明清两代我国一些地区"改土归流"后往往吏治更坏，导致保守的土官势力借此煽起叛乱[1]，就是这个缘故。

与回避制类似，科举制本是我国传统政治制度中又一项积极的遗产，如前所说，它对西方近代文官制度曾有启示作用。用科举制取代推荐、考察制（察举征辟制），全国士子都摆脱一切血缘、地缘、业缘、教缘关系，以个人身份直接接受中央政府的制度化"智力测验"，以达到"天下英雄入吾彀中"的效果，这的确是一大创造。科举制是一种极为典型的"儒表法里"之制，即所谓"表面上是吏的儒化，实质上是儒的吏化"。汉隋间盛行基于儒家性善论与"伦理中心主义"的效忠—信任型官制，即由德高望重的地方元老（朝廷相信他们会出以公心）向中央政府推荐道德模范（"孝廉""贤良方正""至孝""有道"，等等）为官的察举征辟和中正官之制。到宋以后这种信任已经荡然无存，察举之制也被朝廷直接通过排除任何人际关系的智力测验（不是道德测验！）而控制天下能人（不是贤人！）的办法取代了。这就是科举——据说相信性恶论的西方人直到 19 世纪以后才向我们学会了这种办法并赖以建立文官制，从

---

〔1〕 如雍正年间云南镇沅府、威远厅改流后，流官即行丈田加赋，"山陬水湿，寸寸而丈量之"，"三月为期，照亩上价；逾限不上，入官变卖"。又乘机勒索，"暴虐夷庶"，"踢打众民，今日要草料，明日要柴薪，每日谢银四五钱"，结果土民"激发思变"，拥戴土司攻破府城（魏源：《圣武记》卷七）。又如普洱改流后，流官对茶叶实行垄断，"私相买卖者罪之"，而官府则"短价强买"，"百斤之价，只得其半"，加之"兵差络绎于道"，"文官责之以贡茶，武官挟之以生息"，把土民搜刮得"酒不待熟，鸡不成蛋"。于是土千户集众造反，蔓延普洱、思茅、元江等地达三年之久（王崧：《云南备征志》卷十七，《云南事略》）。当时此类事件很多。参见马曜（主编）：《云南各族古代史略》，云南人民出版社，1977 年，177—180 页。

而改变了他们对人际忠诚关系的傻帽式的轻信。

无怪乎科举考试虽然以儒家经典为题库、为标准答案，但从朱熹直到黄宗羲的历代大儒都对它批评甚厉，不少人主张"择贤以久任中外之官；罢科举而行乡举里选"[1]。尤其宋明之间科举本身经历了从偏重"策论"到专重八股的过程，而越来越成为一种形式化、标准化的记忆力测验、文字技巧测验乃至书法测验，并成为谋取官禄富贵的门径后，它不仅距离经世致用的治国知识越来越远，距离儒家修身养性的道德教化之学也越来越远了。顾炎武曾痛言"八股盛而六经微，十八房兴而廿一史废"，把八股对儒学的损害比之于焚书坑儒[2]。黄宗羲认为科举"别是法门，而非儒者之所与也"[3]，为否定科举他甚至主张恢复"落后的"察举征辟之制[4]！清朝乾隆皇帝也指出："科名声利之习，深入人心积习难返，士子所为汲汲皇皇者，惟是之求，而未尝有志于圣贤之道。"[5]梁启超举例说：四书五经在科举中"为考试之题目耳，制艺之取材耳，于经无与也，于教无与也"，而像《礼经》这样重要的儒家典籍，由于官方不用为考题，几乎已被士人遗忘。这还谈得到什么信仰？西方人难道会把《圣经》当敲门砖，可以考出高官厚禄就看看、不考就不看了？这样的做法不改变，"吾恐二十年以后，孔子之教将绝于天壤，此则可为痛哭者也"[6]。

总之，正如当代的新儒家指出的："科举在事势上只能着眼于文字，文字与一个人的义行名节无关，这便使士大夫和中国文化的基

〔1〕《宋史》卷四百七《杨简传》。
〔2〕顾炎武：《日知录》卷十六。
〔3〕黄宗羲：《南雷文定后集》卷三《赠编修弁玉吴君墓志铭》。
〔4〕黄宗羲：《明夷待访录》。
〔5〕《钦定大清会典事例》卷一零九九。
〔6〕梁启超：《学校总论》，见舒新城编：《中国近代教育史资料》下册，人民教育出版社，1981年，931—932页。

本精神脱节，使知识分子对文化无真正的责任感。……文字的好坏，要揣摩朝廷的好恶，与社会清议无关，这便使士大夫一面在精神上乃至在形式上完全弃置乡里于不顾，完全与现实的社会脱节，更使其浮游无根。……科举考试都是'投牒自进'，破坏士大夫的廉耻，使士大夫日趋于卑贱，日安于卑贱，把士与政治的关系，简化为一单纯的利禄之门，把读书的事情，简化为单纯的利禄的工具。"[1] 有人把这种状况称之为"科举之非儒家化"[2]，然而，科举制那种"不知亲疏、远近、贵贱、美恶"，一以法度律之的普遍主义，那种使士人"完全弃置乡里于不顾"的做法，对于打破儒家的小圈子传统却有重大的作用；那种使士人脱离"社会清议"、一味"揣摩朝廷的好恶"的做法更是培养法家理想中"利重赏畏重诛"的"有益之臣"的绝妙途径，亦即"儒的吏化"之途径。因此所谓科举的"非儒家化"，实际上就是科举的法家化。

其实唐太宗早就坦率地讲过科举之妙在于"天下英雄（不是天下善人或天下忠孝之人）入吾彀中"。而今人也已指出那种设计奇巧的八股程式意在测验人的智力（记忆力与文字游戏技巧）[3]，至于你的信仰与道德并不是这种测验所真正关心的因素，那些批评八股考试墨守儒家思想的人自己倒是太迂太夫子气了！

科举应试者都是以个人身份、脱离家族、村社与其他小共同体背景而直接面对朝廷的测验并接受浩荡皇恩的。而朝廷也不因其应"圣贤"之试而信其贤，宁可以小人之心度之，把科场防弊之制设计严密得如同防范狱中之囚："诸生席舍，谓之号房，人一军守之，

---

〔1〕 徐复观：《学术与政治之间·甲集》，（台湾）中央书局，1956 年，144 页。

〔2〕 干春松：《制度化儒家的解体（1895—1919）》，中国社会科学院研究生院博士论文，69 页。

〔3〕 参见何怀宏：《选举社会及其终结：秦汉至晚清历史的一种社会学阐释》，三联书店，1998 年，180—214 页。

谓之号军。"更有"巡绰监门，搜检怀挟"，弥封糊名，严隔内外，"试官入院，辄封钥门户"[1]。如今的高考、西方的文官考试，哪里会有这般景象？我们看看清人徐松的《登科记考》，在他眼里的科举是"牢笼群有，囊括九流"，盗贼如苏涣，和尚如高智周，道士如吉中孚，"无流品之别"，纷纷"献艺输能（不是献忠输诚！），擅场中的"而金榜题名[2]。什么伦理中心，什么泛道德主义和性善论，咱只是说说罢了，只有那少不更事的洋鬼子才会信以为真哩！

于是在这一千年里我们的防人之法愈来愈密。科场之防密到每个考生派个兵看守的地步，官场之防严到本省人不许在本省为官的地步。对社会上的人际关系，朝廷也常持以怀疑眼光，尽量限制人与人之间、个人与社区之间的依附关系。"民不越乡而交，无百里之戚，……治之至也。"[3]法家和道家虽然在"有为"还是"无为"上存在对立，韩非的上述主张倒是与老子"鸡犬之声相闻，民至老死不相往来"的理想相一致。

甚至对儒家理论上极力褒奖的家族组织，专制国家也不像表面声称的那样欣赏。别看朝廷常给累世同堂的"义门"赐匾立坊，那只是因这些大家族实际上罕如珠玑。一旦"义门"真的多起来就是另一回事了。明清间方孝标的《钝斋文选》记载了明初"浦江郑氏九世同居"被皇帝疑忌为"以此众叛，何事不成？"而险遭杀身之祸[4]。清代一些地方官府也曾"毁祠追谱"，压制宗族势力。专制国家对"强宗右族"的疑惧与礼教对大家族的褒奖始终是表里并存的[5]。

---

〔1〕《明史》卷七十《选举二》。
〔2〕 徐松：《登科记考·叙》，中华书局，1984 年，上册，第 1 页。
〔3〕《韩非子·有度》。
〔4〕 方孝标：《钝斋文选》卷六《杂说》。
〔5〕 参见拙文：《宗族文化与个性解放：农村改革中的"宗族复兴"与历史上的"宗族之谜"》，载《天平集》，新华出版社，1997 年，199—213 页。

五、"法道互补"与儒的"吏化"和"痞化"

我们已经分析过:儒家的道德自律有利于澄清吏治,但它的小圈子倾向则助长吏治腐败。相反地,包括科举制在内的"儒表法里"则在这两个方面都抵消了儒家的影响。它一方面在很大程度上瓦解了儒家的道德自律,造就了一大批缺少"廉耻"、一心奔竞"利禄之门"、不择手段追求"黄金屋""千钟粟"和"颜如玉"的庸吏、墨吏,另一方面也在很大程度上打破了小圈子政治的弊端,不仅保持了大一统的延续,而且使裙带式、乡党式的"关系学"腐败受到限制。

但总体上看,它的前一种作用更突出,尤其在晚近的明清时代和王朝的末期更是如此。我们知道,科举制好的一面是打破身份限制,提供了"朝为田舍郎,暮登天子堂"的机会,坏的一面是科举时代的教育完全是一种高投入的应试技巧训练(不仅不是知识教育,甚至也不是道德教育),当时没有完整的公共教育体系,教育功能主要由家庭(或家族)承担,从入馆求师到赴省赴京考试都需大量投资,而所学除应试为官外并无其他谋生用途,这就势必产生强大的激励,使人一心从官场上获取最大限度利益以收回投资,得到"利润"。这种激励就是大批贪官污吏的重要产生机制。

而这种机制又由于两个原因被放大了:一是当时官吏正式待遇方面的低薪制,不靠各种"陋规"的清官很难生存。这一点很多著述都曾指出,兹不复赘。

二是我国古代财政制度下"强干弱支"传统造成的"加派"激励。如今有人说,现代国家财政的特点之一是中央财政在国家财政中所占比重远远大于传统国家。这个说法对中国恐怕不适用。在自古就有中央集权传统的帝制中国,"国家财政收入占 GDP 比率"是否低于现代国家大有疑问^{〔1〕}。"中央财政收入占国家财政收入比率"则一般都高于现代国家。尤其在历代王朝末世除少数例外（例如东汉晚期的确是朝廷"汲取能力"萎缩、"官负人债数十亿万"的时代），一般都是"中央财政收入占国家财政收入比率"很高的时期，正是在朝廷横征暴敛不仅使百姓遭殃，连地方也对中央失去耐性的情况下发生了王朝崩溃和社会爆炸。

以明代为例，明中叶政治相对最清明的弘治年间全国征收夏税秋粮米麦共计 2679.9 万石，其中"起运"（上缴中央户部）1503.4 万石，占 56%；"存留"（地方政府支配）1176.5 万石，仅占 44%^{〔2〕}。此后中央所占比重一直有上升趋势。万历六年，全国夏税秋粮共 2663.8 万石，其中起运 1528.7 万石，占 57.4%；存留 1135.1 万石，仅占 42.6%^{〔3〕}。这个"中央财政收入占国家财政收入比率"已经比绝大多数现代发达国家高出不少了。到明末"三饷加派"风起，这些加派都属于中央财政，从而使中央收入在全国财政盘子中所占比重进一步大幅升高，用黄宗羲的话说，达到"天下郡县之赋，郡县食之不能十之一，而解运京师者十之九"^{〔4〕}的地步。试问当今哪个发达国家中央财政的比重能高到如此程度？而明朝也就在这样的状况下崩溃了。

清代财政的中央集权程度更甚于明。清廷初建时为了安定人心，除总体上标榜轻徭薄赋外，还规定全国财政收入中中央与地方应各拿 50%，即所谓"顺治初年，钱粮起、存相半"^{〔5〕}。但实际上中央所

<hr>

〔1〕 的确有来源于国外汉学界的说法，以史籍中记载的"正供钱粮"为据，说传统中国的农民负担比前近代欧洲农民轻得多。但如前所述，杂派远高于"正供"在古代中国是常见现象，所以这个说法不可信。

〔2〕 邹泉:《古今经世格要》卷六《食货格》。

〔3〕 梁方仲:《中国历代户口、田地、田赋统计》，上海人民出版社，1980 年，375 页引张学颜:《万历会计录》。

〔4〕 黄宗羲:《明夷待访录》。

〔5〕 《乾隆江南通志》卷六八。

拿远远超过此数。在清前期和平时代的康熙二十四年、雍正二年与乾隆十八年，全国各征收地丁钱粮 2819 万两、3028 万两和 3013.3 万两，其中起运部分分别占 77.82%、76.79%、78.77% [1]。到清中叶嘉庆年间，全国地丁钱粮正供加耗羡总数中起运部分增至 81.56%，而清廷由此转向衰败。延至清末，这个比率更上升到光绪年间的 85.65% [2]——这与黄宗羲所讲的明末情况如出一辙——而清廷也就走向灭亡了。

这样的机制一直延续到清以后。民国在抗战前，中央财政收入主要靠关盐统三税，田赋则划归各省财政，田赋附加一般划归县财政支配。抗战爆发后，政府首先采取的一个财政措施就是把田赋收入收归中央财政，并加强了中央对国统区田赋之外的人力物力资源的"汲取"力度，为此任用大批素质不良人员扩充乡村政权末梢。这虽然有战时经济可以理解的原因，但它对国民党政权与地方、与民间、尤其是与农民关系的加速恶化，实有重要作用。熟悉土改情况的人都知道，那时发动农民诉苦时，农民绝大部分的控诉通常并非冲着地租剥削，而是冲着国民党的苛捐杂税、拉丁派款和乡村保甲人员的为非作歹。

当然，以上统计都是就合法财政收入而言，如果考虑到非法横征，则中央政府在全国财源中拿走的不太可能达到如此高的比重。其实即使合法财政收入百分之百都被"起运"了，有权可用的地方官也不会饿死，甚至可能不会比以前少拿。但这在绝对量上绝不意味着中央拿的没有那么多，而只意味着地方上拿的远不止那么些。换言之，这更表明农民实际负担因"强干弱枝"而增加的程度常常

---

〔1〕 梁方仲:《中国历代户口、田地、田赋统计》，上海人民出版社，1980 年，424—425 页。
〔2〕 同上书，426—427 页。

超出中央政府的预想。可以相信历代统治者无论贤暴明昏，大概都不至于故意虐民取乐，拿自己的江山社稷开玩笑，他们通常只是认为朝廷多拿一点，地方少拿一点，百姓总的负担不会增加多少——很可能他们听到的汇报也是这样。然而常识告诉我们，朝廷的"汲取"本身需要支付成本。皇上不可能派千千万万的钦差直接面对民众，朝廷的收入终归是要由地方机构来征收的。而地方机构与朝廷一样作为利益单位也有"经济人"属性，趋向于在权力所受到的制约边界内实现自身利益最大化。朝廷征收的越多，越需要更多的"国家经纪人"，或授予地方上更多的"国家经纪"权，而在纳税人权利不足的情况下这种更为强化的国家经纪权也更能实现自身的最大化利益。朝廷既然把正式赋税乃至耗羡之类的合法加派都几乎"起运"一空，就很难不对地方上那些经纪人的另行"创收"睁一只眼闭一只眼，导致"正供有限而横征无穷"之弊愈演愈烈。

因此"起运"虽非"横征"的根本原因，但"存留"不足在许多情况下的确促成了"横征"的泛滥。明清时代许多有识之论谈到了这一点：

> 存留以供本地之用，一或不敷，……俸无所出，何以惩官之贪？……食无所资，何以禁吏之蠹？[1]

> 存留款项尽行裁减，由是州县掣肘，贪墨无忌，私派公行，不可救止，百弊皆起于此。[2]

> 存留钱粮原留为地方之用，裁一分则少一分，地方官事不容已，不得不又派之民间，且不肖有司因以为利，是

---

〔1〕 顺治九年七月二十八日，户部尚书车克题本，第一历史档案馆藏。
〔2〕 陆陇其：《切问斋文抄》卷十六《灵寿条陈时务》。

又重增无限之苦累矣。[1]

起运太多存留不足，还导致借款上缴、挪移它费、转圈财政、弄虚作假等混乱现象。清初户部尚书就曾报告说：起运太多，"势必欲挪移供应"[2]。就连康熙皇帝也看到：一切存留款项尽数解部，导致"州县有司无纤毫余剩可以动支，因而挪移正项，此乃亏空之大根源也"。他指出，当时名义财政收入很高而实际可用财力却不足的所谓"亏空"现象，官吏贪污固然是原因之一。但奇怪的是："地方有清正之督抚，而所属官员亏空更多，则又何说？"康熙认为原因就在于这些"清正"官员办理"起运"太积极，以至于借款上缴、挪移它费，形成转圈财政即账面收入甚多而实际财力匮乏的大弊。他强调此弊对财政的危害有甚于贪污[3]。

总之，本来官吏低薪就容易刺激贪污，加之地方合法财政尽被中央收走，如果不靠非法横征，连这点低薪也未必能发得出来。而加派既然反正已是乱来，自然是能多征就不会少征。低薪惩廉，横征奖贪，加上"儒表法里"之下的道德防线破裂，官吏欲廉而不贪，其可得乎？

六、"法道互补"的危机：行政不安全

传统吏治危机的第二个表现是行政无效率，这主要是"以私制私，设事防事"的事权分割不当造成的。这里姑略不论。

---

[1] 蒋良骐：《东华录》卷九。
[2] 顺治九年七月二十八日，户部尚书车克题本，第一历史档案馆藏。
[3] 蒋良骐：《东华录》卷二十一。

而传统吏治危机的最严重问题则是行政不安全。如前所说，传统法家吏治思想、乃至后世"儒表法里"的吏治实践都是以行政安全至上为圭臬的。它们也的确在一定时期内可以比传统时代的其他安排更能保障行政安全。我国主要王朝一般都有比较长的太平岁月，即所谓"治世"，在这个时期，政治秩序比例如欧洲中世纪的一般状况要好得多，中国传统文明的成就就是在这种条件下创造的。

但是这样的"治世"通行的不是解决矛盾而是延缓矛盾的机制，一般是社会矛盾的积累时期。而积累到临界点后一旦爆发，"行政安全至上"很快就转化为极端的行政不安全。"国破"意味着"家亡"，便成为中国传统时代的突出特点。

原来，法道互补传统中的君权虽然极端专制，却并不神圣。中国文化中缺少一些文化中突出的那种"神圣家族"，历代帝王虽然也声称受命于天，但"王权神圣"的观念在中国比基督教、穆斯林国家乃至日本这样的神道国家都淡漠得多。事实上中国文化中所谓受命于天的"天"也不是、至少不完全是超越性的宗教概念，而带有浓厚的世俗色彩。"天人合一""天听自我民听"，"天"更多地是此岸而不是彼岸的东西，"天意"常常被解释为人心、民意。所谓"汤武革命，顺乎天而应乎人"[1]；"文、武创业，顺天应人"[2]；"赵氏既昌，合当顺人应天"[3]；"应天顺人，以定大业"[4]；"应天顺民，拨乱夷世"[5]；"应天顺民，君临宇内"[6]；诸如此类的说法，主要都不是把君主当成彼岸上帝的代表、而是当成此岸的"人民领袖"来描绘的。

---

〔1〕《周易·革》。
〔2〕 陈子昂:《陈拾遗集·谏政理书》。
〔3〕 杨梓:《忠义士豫让吞炭》,《元明杂剧》本。
〔4〕 李德裕:《会昌一品集·项王亭赋》。
〔5〕 应玚:《魏应德琏集·文质记》。
〔6〕《隋书·庞晃传》。

君主如果不能以德（真正的或表演出来而又能够哄得住人的）服人，就只能以"法、术、势"服人。在君主并无真德（这是多数情况）时，前者依赖于人们的愚昧，后者依赖于人们的犬儒，但两者其实都不依赖于超越性信仰和对彼岸世界的敬畏。

对此，儒法诸家都说得十分明白。原初儒家的"君君臣臣父父子子"之说实际上把君臣关系看成一种契约，君不君则臣也就可以不臣。因此"闻诛一夫纣矣，未闻弑其君"；"民为贵，社稷次之，君为轻"。黄宗羲的思想就是对这种观念的发展。而像朱元璋那样的皇帝对这种观念则恨之入骨。朱曾删改《孟子》，并恨恨地宣称孟子如生当此世也该灭族。清代雍正帝的类似言论也十分典型。法家是坚决反对儒家"民本"思想的，他们主张君不君时，臣也不许不臣。但作为性恶论者，法家实际上也并不相信君臣关系中有什么信仰、忠诚可言。前引韩非关于"人臣之于其君，非有骨肉之亲也，缚于势而不得不事也"之类的思想就是证明。

可见，儒法两家实际上都看到君臣关系的不稳定和缺少神圣性的支持。纯儒如黄宗羲者认为君臣不能类比父子，而法家如韩非则认为连父子也不可互信。纯儒认为君贤才能指望臣忠，而法家认为只有靠法、术、势的威胁臣才能畏服于君。为给君权增添一些神性，汉以后的"法儒"借助于阴阳家，从五行相生相克之说中推导出君权的天命依据。从汉代谶纬之学大兴，直到明清之际水德（清）代火德（明）之说，都不离这一窠臼。对于阴阳五行之说，贬者斥之为巫魅迷信，褒者谓含有"科学"成分，但巫魅迷信也好，科学萌芽也罢，都不是宗教，缺乏终极关怀的内核。因此以五行相生相克来解释其缘由的君权虽然**很有些神秘，但并不怎么神圣；它可能令人恐惧，但却并不令人敬畏。**

这就导致中国传统君权的一种千年悖论：一方面君权专制的力量之强大、组织之严密、制度设计之殚精竭虑都堪称人类文明史上的奇观，另一方面那既不神圣又不令人敬畏的宝座人人想坐，以至觊觎皇位者之多也是人类诸文明中罕见的。不仅皇族、外戚、权臣、军阀等显贵中不乏觊觎者，垄上耕夫也有"鸿鹄之志"，市井无赖也想"杀到东京夺了鸟位"。所谓天下如产业，君主得而私，而"人之欲得产业，谁不如我"，"市井之间，人人可欲"[1]。有道是："皇帝轮流做，如今到我家。"这可以说是中国历史的一个突出特点。反过来说，也正是因为觊觎皇位者之多，使"法不得不密"，性恶论、防人之术与法道互补的传统也日益强化。二者互为因果，形成了又一个怪圈。

从古埃及直到后来的欧洲、日本诸国都没有造反的民众争当君主的，俄罗斯历史上的哥萨克造反者如拉辛、普加乔夫等倒是想夺权，但也不敢否认罗曼诺夫王朝的正统，只能冒名顶替，求为混珠之鱼目而已。甚至我国藏、傣、彝和维吾尔等民族的土司制或神王制下，也没有下层民众造反称王的现象。然而在汉族传统中，上下各阶层都不乏做皇帝梦者。秦始皇时代一方面专制的酷烈以"暴秦"著名，另一方面平民陈胜心目中"王侯将相宁有种乎"、贵族项羽更想着"彼可取而代之也"。一旦"法术势"的堤防溃决，就如曹操所言"不知几人称帝，几人称王"矣。从这点上看，我们倒是有极为悠久的"平等"传统。但这不是人人平等相待的传统，而是在丛林法则下"平等地"争夺奴役他人之权力的传统。"成者王侯败者贼"（又有"成王败寇""窃钩者诛，窃国者侯"等说法）就是人们对这种"平等竞争"的描述。在这种观念中除了"成败"之外"王"与"贼"就没有其他区别。这样的"平等"与支持君主立宪的那种"平等"可以说刚好相反：在后者，个人之间的基本人权是平等的，谁也不能奴役谁，但代表共同体的象征资格却专属于某个"德高望重"的家族，不是谁都可以竞争的；而在前者，这种象征资格因缺

---

[1]　黄宗羲：《明夷待访录·原君》。

少神圣性而成为众人"平等"争夺的对象，但个人之间全无基本人权平等可言，取得共同体象征资格者因而可以奴役每一个人。

这样我们也就知道为什么我们一方面早在辛亥革命中就成了亚洲第一个共和国，另一方面千年怪圈在此之后仍然延续。如今有人责怪辛亥革命太激进太反传统了，他们认为君主立宪才适合国情顺应传统。其实，辛亥的局面完全可以用传统逻辑来解释，倒是君主立宪与我们的真实传统严重相悖。试观英、日等君主立宪成功的国家，传统上王室不仅没有我们的这般专制，而且更重要的是远比我们的更受敬畏。不说是"万世一系"，但起码没有"市井之间人人可欲"。即使在自由平等之说盛行的今天，即使是激进的左派执政，人们也还尊敬王室（正如即使是保守的右派执政，也还尊敬工会）。而我们那神秘却不神圣、令人恐惧却不敬畏的传统王朝，本身就有"汤武革命"的传统周期。清朝至辛亥已历时260多年，即使无西学传入，也是"气数"该尽了。若无西学影响，也会改朝换代。有了西学影响，清朝之后便不再有新王朝，尽管仍然有专制，但若还打清朝旗号，这本身就已违反传统了！我们已经看到，在真实的传统中，国人之所以尊崇君主，与其说是基于对纲常名教的信仰，不如说主要是慑于"法术势"。因此立宪制度下失去了"法术势"的"虚君"是很难得到英、日等国立宪君主所受到的尊重的。那些国家在近代立宪制度之前的历史上就常有不掌握实权的"虚君"，也形成了尊重虚君的传统。而我们历史上的君主一旦大权旁落，哪怕是旁落到至亲如母（如唐之武则天）、弟（如宋太祖之于赵光义）、岳父（如西汉末之王莽）、外祖父（如北周末的杨坚）之手，便难免性命之虞。所以我们的皇帝要么是"实君"，要么是命运悲惨的废君，而"虚君"比共和离"传统"更远。废清皇室在民初还能保有一定地位而没有落入墙倒众人推的没顶之灾，从历史上看已属难得了。

要之，法道互补形成了我国历史上的专制传统。而儒家价值并不支持虚君制，它除了导出众所周知的"贤君""王道"理念外，与共和的距离也并不比与君主立宪的距离大。所以我国在受到西方影响后成为亚洲第一个共和国而没有走上君主立宪之路，是毫不奇怪的。如果说共和理想在政治上显得很激进，那么它在"文化"上倒似乎很"保守"。它的很多内容可以在传统儒家价值（即原始儒家所代表的、与法道互补的传统主流体制相对的一支非主流传统）中找到支持。可见传统吏治本身存在着行政安全至上和极度不安全互为因果的悖论。它与我国历史上"治极生乱，乱极生治""分久必合，合久必分"的状况是对应的。那种把清亡后出现混乱局面简单归结为"西化"与"激进"所致的看法是肤浅的：如果清亡后的混乱是因为西化，那以前的历代王朝灭亡时产生的混乱又是为何？换言之，清亡后的乱世究竟有几分是现代化"欲速则不达"的结果，几分只是"治乱循环"传统怪圈的一环？

七、法儒、道儒与纯儒：非主流儒家对"法道互补"的拒斥

中国思想史上久有关于儒家民本观念与近代民主观念之关系的争论。主流的观点似乎是强调两者之异。的确，指出两者之异并不困难，"民本派"儒家价值本质上还是"从道不从君"，以道德抗衡强权，这与现代宪政民主以权利抗衡权力的本质确有不同。"民本派"儒家社会本质上是以小共同体自治抗衡大共同体本位，这与现代自由民主以个人本位抗衡共同体本位也确有区别。"从道不从君"虽然可以支持反抗昏君暴君，但以道德排斥权利本身就可能导致"道德专政""以理杀人"。张扬小共同体固然会给社会带来某种多元性，但依然以身份而不是以契约为基础的传统小共同体过分扩张，虽然可能瓦解君权，却未必能培植民权。结果或者导致遍地"土围

子"的乱局，或者通过"提三尺剑，化家为国"走过又一轮循环。

正因为如此，儒家本身即便再"民本"、再"原教旨"，也无法抗拒"法道互补"的主流，无法跳出强权与犬儒的怪圈。而儒家本身的宗法性却使她很容易被强权与犬儒所强奸，自秦以后纯儒几绝，而世儒基本上被同化为"法儒"（有为之儒）与"道儒"（无为之儒）两大支。秦以来思想分野的主流，有人说是儒、道（或曰佛老）之歧，有人说是儒、法之争，其实在我看来不如说是"法儒"与"道儒"的争斗与互补。

例如在经济思想上，法儒的"抑兼并"主张与道儒的"不抑兼并"之争就成了两千年来的奇观。尽管有人常比之如西方经济思想中的国家干预主义与自由放任主义两大传统，但不幸的是，历史上如果说"抑兼并"往往导致"国富民穷"的话，"不抑兼并"的结果则通常是"今国与民俱贫，而官独富"[1]。"抑兼并"者的国家统制严厉地束缚了"阡陌闾巷之贱人"的经济发展，而"不抑兼并"者的自由放任则使"官品形势之家"得以肆行聚敛。"抑兼并"则朝廷禁网遍地，民无所措其手足；"不抑兼并"则贪官污吏横行，民无所逃其削刻。不言而喻，真正自由竞争的民间经济在这两种情况下都难有出头之日，而这两种政策走到后来都有可能加剧由治而乱的王朝危机。

实际上，无论是"抑兼并"旗号下的国家对民设禁，还是"不抑兼并"旗号下的权贵侵民谋私，都属于马克思所说的"权力统治财产""统治—服从关系基础上的分配"，因此二者往往是你中有我、我中有你。历史上权贵之兼并平民，在很大程度上正是通过针对平民富人的"抑兼并"之举来实现的，梁启超在王安石的"抑兼并"中看到了"国家自为兼并"，自为不易之论。但其实在司马光一派

---

〔1〕《明史》卷二二六，《丘㟴传》。

的"不抑兼并"中又何难发现针对平民的"抑兼并"成分？于是国家的"自由放任"只能放出无数土皇帝与土围子，却放不出一个中产阶级，而国家的经济统制也只会"与民争利"，却统不出个社会保障。"法儒"中出不了凯恩斯，正如"道儒"中出不了亚当·斯密；王安石搞不成"福利国家"，正如司马光搞不成"自由市场"，也就成了千年不变之局。

但是尽管如此，法儒与道儒之外的民本派儒家在不绝如缕之中仍然是有活力的。它与现代民主思想固然有上述之异，但这种不同在所谓的"西方民主"内部并不见得更小。古希腊的民主与现代民主、卢梭式的民主与洛克式的民主之间的差异乃至对立，人所共知，无论"激进"的雅各宾式民主还是"保守"的魏玛式民主也都曾转化为暴政。相比之下，我们不应该对古人过于苛责，而应当重视他们的遗产。

在这其中，对法儒、道儒都持批判态度的民本之儒尤其值得重视。以黄宗羲为代表的明清之际一些学者堪为典型。如前所述，正是他们对"上好申韩，下必佛老"的法道互补进行了抨击。在那个锦衣卫、东西厂的特务政治和"清歌漏舟之中，痛饮焚屋之内"的痞子世风葬送了明王朝，儒生们的抗清也已完全失败后，这些经历"天崩地坼"惨变的大儒们痛定思痛，不仅对明王朝而且对整个传统体制都进行了深刻反思。顾炎武提出以"众治"取代"独治"，王夫之要求"不以天下私一人"，而唐甄的"凡为帝王者皆贼也"、黄宗羲的"为天下之大害者君而已"更是惊世骇俗。尤其是黄宗羲，他不仅对专制君主制，而且对秦以来两千年间的"法制"，举凡政治上的内外朝之制、科举选官及胥吏之制，军事上的居重驭轻与削方镇之制、经济上的田制与赋役之制，以及后宫宦官制度、学校制度等，都进行了系统的评论。他以"天下为公"的儒家信条为武器，猛烈抨击"为人君者""视天下为莫大之产业，传之子孙，受享无穷"。他们"以天下之利尽归于己，以天下之害尽归于人"，"视天下人民为人君囊中之私物"，做尽了坏事。黄宗羲反对儒表法里传统中以"忠孝""君父""臣子"并提之说，更仇视那种爹亲娘亲不如皇上亲的法家逻辑，他认为"臣不与子并称"，君不可与父并事，忠也不能与孝相比。"父子固不可变者也"，而君臣关系则是可变的："吾无天下之责，则吾在君为路人，……以天下为事，则君之师友也。""盖天下之治乱，不在一姓之兴亡，而在万民之忧乐。""故我之出而仕也，为天下，非为君也；为万民，非为一姓也。"

黄宗羲以儒批法的立场是如此鲜明，以至在"文革"中"批儒崇法"之时把历来"进步思想家"都冠以"法家"之名的风气下，人们竟不知如何称呼这位 1949 年后一直享有"启蒙思想家"美誉的古人，致使他一度似乎被遗忘。的确，黄宗羲批判内朝之制而要求尊重相权，批判郡县制而要求恢复方镇，批判科举制而要求复兴察举征辟，批判一条鞭法而要求恢复赋役分征，乃至要求恢复井田制……总之那时被认为是进步的几乎一切"法家改革"，黄宗羲都极为反感，而他所主张的几乎都是明以前的、唐宋乃至秦以前的"古制"，即"复辟倒退"的制度。以至人们很难用"激进"还是"保守"的两分法来辨别他的思想，称之为"原教旨儒学"倒庶几近似。

从君主专制的基本逻辑、形而上根源直到类似上述"积累莫返之害"的具体弊端，黄宗羲式的"儒家启蒙学者"对该体制的批判不可谓不激烈，亦不可谓不深刻。就激烈而言，"凡帝王皆贼""君为天下之大害"之类言辞可以说绝不亚于西方的反专制思想家。而就深刻而言，**黄宗羲设想没有专制的时代是个"人各得自私也，人各得自利也"的时代；而专制制度的本质就在于"使天下之人不敢自私，不敢自利，以我之大私为天下之大公"。**这与那种视远古为道德的黄金时代、而把专制的产生归咎于道德堕落的观点不同，实际上已涉及近代自由主义的一个根本理念，即专制的本质在于对个人权利的剥夺或对个性自由的压迫，**任何专制归根结底都是共同体对个人的专制**，在没有个人自由的条件下，共同体对个人的压迫实质上就是共同体的人格化象征者对全体共同体成员的压迫。个人服从整体（"不敢自私，不敢自利"）的原则这样就转化为个人主宰整体（"以我之大私为天下之大公"）的原则。

黄宗羲的这些看法显然超越了对明清易代的反思和对某个具体君主、即所谓暴君、昏君的抨击。在基本没有什么外来文化影响的条件下，他的这些看法只能来自一个"纯儒"对"法道互补"传统体制的反感，体现了原初意义的儒家价值对"大共同体本位"的排斥。如下所说，这也是近代自由主义思想传入后能与不少儒学传人相融而形成各种"新儒学"的原因。

基于儒家伦理本位、贤人治国、以儒为师、重视小共同体的理念，黄宗羲主张以乡举县荐、辟召任子来矫科举之失，以学校议政、参政来矫官僚制之失，以汉宋乃至明代东林式的"党人"政治矫法吏政治之失。他尤其强调"学校"的作用，主张"学校不仅为养士而设也"，更不是"科举嚣争，富贵熏心"之所。"学校"必须自治，郡县学官不得出自朝廷任命，而必须"郡县公议，请名儒主之，自布衣以至宰相之谢事者，皆可当其任。……其人稍有干于清议，则诸生得共起而易之"。另一方面"学校"又不仅仅是自治，它还有"治天下"之职能。"必使治天下之具皆出于学校"，而绝不能以"天下之是非一出于朝廷"。为此，必须做到"天子之所是未必是，天子之所非未必非，天子亦遂不敢自为非是，而公其非是于学校"。

这样的"学校"显然已远不只是个教育机构，它对君权的限制纵然不能与现代议会相比，比西方中世纪贵族政治的"大宪章"却要大大超过。明乎此，1911年辛亥之变我国出现了亚洲第一个共和国，就不是什么太难理解的事了。共和理念与除去了"法道互补"成分的儒家"传统"其实并不那么截然对立。（当然，这不是说古儒早就有了共和思想，像那些喜欢为"中国文化"争取先进事物发明权的人所称。）

然而，黄宗羲的批判虽然激烈而且深刻，他的"建构"却不能说是成功的。他鼓吹的"学校政治"并不包含程序民主，只是高度泛道德化的政治，而现在人们都知道这样的政治容易走向"道德专政"。东林式的党人政治也不是现代的政党政治，儒家小共同体本位的狭隘性十分突出。尽管与阉党专权时代的腐败相比东林常常被视为正义的一方，但特殊主义的小圈子之弊在明末崇祯初及南明时期的东林系官僚两度掌权时也表现得十分糟糕。包括黄宗羲本人和他东林系的不少清流朋友在内，当时的言行远非都是公正的[1]。可以设想，在没有引进新文化资源的情况下，如果明祚不亡而东林政治能够延续更长久，其结果恐怕也难脱东汉末清流党人政治向门阀政治演变的窠臼。

然而，这些纯儒们对法道互补的拒斥作为思想资源仍然具有生命力。清末谭嗣同的《仁学》从学说史的角度总结说：

> 孔学衍为两大支：一为曾子传子思而至孟子，孟故畅宣民主之理，以竟孔之志；一由子夏传田子方而至庄子，庄故痛诋君主，自尧舜以上，莫或免焉。不幸此两支皆绝不传，苟乃乘间冒孔之名以败孔之道。曰："法后王，尊君统，"以倾孔学也，……唯恐钳制束缚之具之不繁也。一传而为李斯，而其为祸亦暴著于世矣。然而其为学也，在下者术之，又疾遂其苟富贵取容悦之心，公然为卑谄侧媚

---

〔1〕 近年来顾诚先生在其名著《南明史》(中国青年出版社，1997 年版) 中对东林政治的阴暗面揭露颇多，其中就涉及梨洲本人。这对于明清史籍中普遍存在的东林史观无疑是一大纠正。

奴颜婢膝而无伤于臣节，反以其助纣为虐者名之曰"忠
义"；在上者术之，尤利取以尊君卑臣愚黔首，自放纵横暴
而涂锢天下之人心。……故常以为二千年来之政，秦政也，
皆大盗也；二千年来之学，荀学也，皆乡愿也。惟大盗利
用乡愿，惟乡愿工媚大盗，二者交相资，而罔不托之于孔，
被托者之大盗乡愿，而责所托之孔，又乌能知孔哉？[1]

　　谭嗣同把儒法道三家都归源于孔子的嫡传或不肖子孙，固然是
出于尊孔的先入之见，但他以儒家原教旨承载自由民主的"西学"
而激烈批判法儒和道儒的思路却是符合逻辑的。他认为孟子一支
"宣民主之理"是继承了孔子的原教旨，老庄的无为之道排斥"君主"
（他显然指的是鲍敬言、邓牧承传的"无政府主义"异端，而后世道
家的犬儒化主流为他所不齿，故谓庄学"不传"。）也差强人意。"不
幸此两支皆绝不传"，唯有荀况以至韩非、李斯一支法家流毒"二千
年"，"秦政"与"荀学"构成的主流传统"冒孔之名以败孔之道"，
致使孔学濒于堙废，只有法家化的"大盗"专制与道家化的"乡愿"
犬儒互补而"交相资"，混淆视听。这样的批判除了显而易见的西
学影响外，也的确是得了梨洲、船山之真传。
　　总之，在谭嗣同看来，以孔孟为代表的正宗儒家是一种"民主
之理"。但它在后世饱受法、道摧残，唯有黄宗羲、王夫之使儒学
传统仅存一线，而包括他自己在内的近代反专制思想家那标帜"民
主"与"平等"的新"仁学"则继承了黄、王的这条线："孔教亡
而三代下无可读之书矣。乃若区玉检于尘编，拾火齐于瓦砾，以冀
万一有当于孔教者，则黄梨洲《明夷待访录》其庶几乎！其次为王

---

〔1〕　谭嗣同：《仁学》之二十九。

船山之《遗书》，皆于君民之际有隐恫焉。"[1] 他总结这种"君民之际"的理论说：

生民之初，本无所谓君臣，则皆民也。民不能相治，亦不暇治，于是共举一民为君。夫曰共举之，则非君择民，而民择君也。……君末也，民本也，天下无有因末而累及本者，亦岂可因君而累及民哉？夫曰共举之，则且必可共废之。君也者，为民办事者也；臣也者，助办民事者也。赋税之取于民，所以为办民事之资也。如此而事犹不办，事不办而易其人，亦天下之通义也。

故夫死节之说，未有如是之大悖者矣。君亦一民也，且较之寻常之民而更为末也。民之于民，无相为死之理；本之于末，更无相为死之理。

一姓之兴亡，渺渺乎小哉，民何与焉？……忠者，共辞也，交尽之道也。岂可专责之臣下乎？孔子曰："君君臣臣"。……教主言未有不平等者。古之所谓忠，中心之谓忠也。抚我则后，虐我则仇，……可谓中矣，亦可谓忠矣。君为独夫民贼，而犹以忠事之，是辅桀也，是助纣也。……呜呼，三代以下之忠臣，其不为辅桀助纣者几希！

国与民已分为二，吾不知除民之外，国果何有？无惑乎君主视天下为其囊橐中之私产，而犬马土芥乎天下之民也。民既摈斥于国外，又安得小有爱国之忱。何也？于我无与也。

天下为君主囊橐中之私产，不始今日，固数千年以来矣。[2]

---

〔1〕 谭嗣同：《仁学》之三十一。
〔2〕 谭嗣同：《仁学》之三十一至三十三。

要之，君民本是"平等"的，"君亦一民也"，如果说有什么不同的话，那就是君乃"为民办事者也"，因此"较之寻常之民而更为末也"。君若不办事，民可"易其人"，更不用说虐民自私之君了。民本君末，"非君择民，而民择君"，民可"共举之"，当然也可"共废之"。与西学合流后的儒学就这样顺理成章地完成了从"民本"到"民主"的过渡。在谭嗣同看来，"忠"乃朋友相交之道，"抚我则后，虐我则仇"，绝无以下事上之理。而"三代以下之忠臣"只是君主的奴才，大多"辅桀助纣"，为虎作伥，不足为法。再者，民为国本，"除民之外，国果何有？"如果君主窃国虐民，那就难怪老百姓不"爱国"了：国家"于我无与也"。

于是，从孔、孟，到黄、王，与西学合流后又出现了谭嗣同的《仁学》和康有为的《大同书》等，下及张君劢、梁漱溟等"新儒家"，构成了反专制的一种"本土文化资源"，尽管两千多年间它只是一种非主流文化。其实，"民本"也好，"民主"也好，其背后最基本的人道主义精神本是一种普世性的"人之常情"。所谓人同此心，心同此理。只要不被"形而下"的利益关系所遮蔽，不被"形而中"的制度安排所约束，作为自由思想者的西、儒本无打不开的"文化屏障"。早在系统引进西学的维新派之前，许多有心的儒者一旦关注西方，最触动他们的还不是"船坚炮利"，而是"推举之法，几于天下为公"（徐继畬），"其民平等"（郭嵩焘），"公理日伸"（严复）——一句话：他们的社会比"我大清"更"仁义"（当然是就社会内部而言）！无论他们当时对西方的观察多么肤浅，这至少表明在最基本的人文价值上是可以沟通的。

这样沟通后的儒学是一种什么样的资源？至少70年代"文化大革命"中的"批儒崇法"已从反面证明这种资源与专制、尤其是"秦政"式的极权专制的确难以相容。而它与"西学"的区别，并不在于温和（或"保守"）的君主立宪还是激进（或"革命"）的民主共和。近年来戊戌变法研究所揭示的矫诏发难、冒险夺权等种种"维新派阴谋",与其说证明了"激进"的错误和"保守"的正确[1],毋宁说只表明"激进"与"传统"并不构成矛盾。事实上,这些史实与《仁学》及《大同书》中的理论使人怀疑,假如康有为、梁启超、谭嗣同们真能成功,他们稳掌大权之后还能对光绪保持尊重吗?如果不能又为什么?因为他们还是太"西化"了?总之,正如上文所问的:清亡后出现混乱局面如果说是"西化"与"激进"所致,那以前的历代王朝灭亡时产生的混乱又是为何?

维新运动的不幸结局并不能证明"西学的激进"与"儒学的保守"[2],甚至很难说可以证明"激进"与"保守"孰优孰劣。它只能说明"法道互补"机制下传统中国政治的不稳定性(王朝周期下的末世乱局与王朝崩溃后的大乱)并未因初起的社会变化而改变。但是在思想史上,维新时代的西儒会融达致的成果却使今人也绝难嘲笑其浅陋。无论西学资源积累至今、也无论新儒学诸大家此后百余年的煌煌成就,于西于儒今人都很难说比维新一代有什么实质性的推进。仅就严复以《群己权界论》为名译介密尔的 *On Liberty* 而论,其对自由、民主关系实质的把握可以说比原著更突出,即便就"西学"意义上也是如此。己域自由、群域民主、群己权界之必须划定而又难于恒定。相比之今人还在为"民主威胁自由"与"自由威胁民主"而激烈争辩,究竟进展何在呢?——然而严复这时的成就并没有建立在批儒的基础上,当然更没有建立在援儒批"西"的基础上。

---

[1] 从逻辑上讲这种证明是不可能的。参见苏文:《"只有一次,等于没有"》,载《火凤凰与猫头鹰》,三联书店,1999年,138—157页。

[2] 关于"激进"本身就具有传统——尤其是儒家传统——渊源,林毓生先生论之最详。见其关于"五四"的一系列著述。

八、西、儒皆灭，而“秦政”与痞风前后相因

但是自戊戌以后，中国便逐渐兴起了文化批判或曰“国民性批判”，并在五四前后大有盖过制度批判之势。而在文化批判中，又由黄宗羲—谭嗣同式的援儒援“西”而批法道（“大盗”—“乡愿”），逐渐转向集中批儒，并从章太炎开始兴起崇法扬秦之风。中—西族性对立之说与西—儒理论对立之说共同构成的文化决定论俨然成为共识。五四以后兴起的援儒批西的“文化保守主义”只是这种共识的另一种表达[1]。其结果，使“文化批判”与“文化保守”形成了主观互悖而客观互证之势，“法道互补”的祸根却被漠视乃至得到新的激励。最终是“西方的自由民主”与儒家的“传统”道义同归于尽，而强权哲学与犬儒哲学的互补却变本加厉，在制度上大共同体一元化控制也发展到空前的程度。西、儒皆灭，而“秦政”与痞风前后相因相继。这究竟是怎么一回事？

喻希来注意到：从“公车上书”到“戊戌变法”期间，梁启超并没有对中国人的文化特质有什么怀疑，相反，他和他的师傅康有为从中国元典中发掘出许多有利于改革的思想资源，如《诗经》中的“周虽旧邦，其命维新”，《易经》所谓“穷则变，变则通，通则久”，等等。在戊戌变法失败后的流亡期间，梁启超却发起了一场对中国人文化特质或曰族性的“批判性的思想运动”。尽管梁启超的族性分析不无精彩之处，但在很大的程度上是他在变法运动失败后的感慨之论，而且带有某种自我解脱的意味。戊戌变法失败的原因，首先应当从统治集团的保守性及其内部矛盾中找寻，其次应当检讨改革阵营自身素质的缺陷以及战略策略上的失误。由于种种因素，梁

---

〔1〕 参见秦晖：《文化决定论的贫困》，载《学问中国》，江西教育出版社，1998年，262—332页。

启超没有在这些方面展开讨论，于是，归罪于国人族性的劣根性就成为一种强烈的理论诱惑。

在梁启超根据族性理论为政治改良路线辩护时，陈独秀等作为革命的鼓吹者和参与者，显然对之不屑一顾。然而，当辛亥革命的成果被袁世凯夺取时，失败的前革命党人便追随进而超越了政治改良主义者，成为以批判中国传统文化为特色的国民性理论的信奉者。陈独秀、鲁迅之类的思想家引进"中国国民性"理论的用意显然是要暴露、批判和改造这种国民性，但结果适得其反。在没有引进这种理论之前，国民党的政治家毕竟还是民主主义的信奉者，在引进这种理论之后，执政的国民党政客们却更加振振有词地打出了训政、党治的旗帜。而在实行训政、党治的制度下，陈独秀、鲁迅所批判的国民劣根性不仅没有得到改造，反而得到了巩固和强化[1]。

喻希来的分析大体是对的。当然，在"因失败而怪罪'文化'"之外也还有"因成功而深究'文化'"的因素。如果说戊戌变法失败了，那么辛亥革命则成功地推翻帝制建立了共和，然而政治革命成功并未改变国运，于是人们想到了更激进的文化革命。这和变法失败后的梁启超回避政治变革而以"荆轲刺孔子"式的"文化批判"为遁词是不一样的。然而，不管因成功还是因失败，不管是真激进还是假激进，"文化革命"矛头都集中指向儒家，而不是指向法家或道家或法道互补，即与明末至戊戌的文化反思几乎相反，这又是为什么？

传统文化之"儒表"当然是原因之一。传统在表面上尊儒，反传统自必反儒。但黄宗羲—谭嗣同们一塌刮子否定了"二千年来之政"及"二千年来之学"，也算是激进反传统了，何以他们的结论

---

〔1〕 喻希来：《世纪之交的战略性思考——中国历史、文化及现代化论纲》，北京当代汉语研究所，2001年，129—131页。

却是别人"冒孔之名以败孔之道"？

这就要提到原因之二：我以为这与时人对于构成儒家伦理核心的家族本位或曰小共同体本位的强烈感受有关。清末的中西交往中，无论西人之观察中国还是国人之观察西方，的确都常有西方"个人本位"与中国"家族本位"的对比。其实正如我前曾论证的[1]，从古罗马到中世纪，西方传统社会中无论血缘还是地缘的小共同体发达程度都远超过法家"编户齐民"制度下的传统中国。但是，到近代中西"文化碰撞"之时，西方已经完成了"从宗族社会到公民社会"[2]的演进，相形之下"宗族社会"便显得成了中国的专有特征了。因而国人不仅从"儒表"，而且从实际生活中也深切感受到**微观社会**中这种**现代**中西之异。同样，以探寻"异文化"（尽管对这种"奇异"有人很赞赏，有人很厌恶，但没人说它不奇不异——如果不奇不异，要你汉学家何用？如果你耗费许多资源发现的只是"人同此心，心同此理"，你的饭碗还有什么价值？）为不言自明之前提的西方汉学视野，最容易观察到的也是这种"家族本位"与"个人本位"之异，尽管他们可能有的对那种温情脉脉的家族赞叹不已，有的则对那种压抑个性的家族深恶痛绝。还必须提到的是：由于显而易见的原因，清末以来西人对中国传统微观社会的观察以东南沿海为多。而中国传统乡村宗族关系恰恰是在近代、明清比宋元以前发达、东南沿海比内陆中国发达。以近代东南农村的"传统"扩及于全中国、溯及于宏观历史，自然容易得出"中国传统"就是"家族本位"，而以家族伦理为核心的儒家自然就容易被等同于"中国文化"了。

而近代以来中国的启蒙、现代化与激进思潮又的确受到西学中

---

〔1〕 秦晖：《"大共同体本位"与传统中国社会》，《社会学研究》1998 年第 5 期，1999 年第 3、4 期连载。

〔2〕 M. James, *Family, Lineage and Civil Society: A Study of Society, Politics and Mentality in the Durham Region, 1500–1640*. Oxford, 1974. pp.177–198.

个性自由、个人权利价值的强烈影响。——在这里我不能同意 20 世纪 80 年代的两种流行说法，一曰五四新文化只讲"民主与科学"而不讲自由，二曰"救亡压倒启蒙"。这两种说法都与史实相差甚远。自严复引入"群己权界"学说以来，先进的国人应该说都知道群域民主、己域自由的道理。公共事务应当"多数决定"，但个人领域应当权利自由，不容公共权力随意侵入。而抵抗外来侵略，至少在一般先进者心目中并不与上述两个原则相悖。尤其到五四时代，很多人都是从争取个性自由（反抗包办婚姻、家族束缚等等）走向争取民主、投身救亡的。而且两者的激进态度几乎成正比——五四以后正是在那些最激进地追求个性自由（甚至往往主张消灭家庭、自由同居）者中产生了许多激进民主救亡者，包括许多马克思主义者。

但救亡虽然未必"压倒"启蒙，却的确对启蒙的方向发生了强烈的影响。这就是原因之三——我认为是最重要的原因：五四式的个性解放，是在救国救亡的民族危机背景下发生，人们痛感国势孱弱、国家涣散，在强国梦中很难产生对大共同体本位的"国家主义传统"的深刻反思，个性解放与个人权利的近代意识主要是冲着小共同体桎梏即"宗族主义"的束缚而来，便成为理所宜然。从严复、梁启超到孙中山都在抨击宗族之弊的同时发展着某种国家主义倾向，尽管这种国家主义所诉求的是现代民族国家而非传统王朝国家，但它毕竟会冲淡对"大共同体本位"之弊的反思。在此潮流中的五四新文化运动表现为激烈反"儒"而不反"法"，就不难理解了。

新文化运动中，那些激进反宗族的个性解放论者在进行中西比较时都十分突出"西武中文""西争中让"的区别，这明显出于强国取向。陈独秀声称："西洋民族以战争为本位，东洋民族以安息为本位。儒者不尚力争，何况于战。……若西洋诸民族好战健斗根诸天性，成为风俗，自古宗教之战，政治之战，商业之战，欧罗巴之全部文明史无一字非鲜血所书。"[1] 李大钊在他那著名的关于中西文明对比的十四对排比句中，开初两对就是：中西文明"一为自然的，一为人为的；一为安息的，一为战争的"[2]。而所谓中国文明之"文"之"让"，显然都指儒家，崇战尚争而不择手段的法家不仅被放在了一边，实际上还形成了西、法并肩拒斥儒、道的局面——而这又在其对立面造成了新的"道儒"，黄宗羲—谭嗣同式的批判精神消退，熊十力、冯友兰式的玄学化倾向成为不少儒者的生存方式。

正是由于在对宗法礼教发动激进抨击的同时并未对儒表法里的传统作认真的清理，个性解放的新文化在反对宗族主义的旗号下走向了国家主义——后来在"文化大革命"中发动的"批儒崇法"、反孔扬秦（始皇）运动实际上是把这一倾向推到了极端。

当然，所谓反宗族主义不反国家主义，并不是说那时的人们只反族长不反皇帝，五四时代人们对皇权专制的批判不亚于对宗族桎梏。然而这种批判的主流只是把传统专制当作皇帝个人的或皇帝家族的"家天下"来反，而缺乏对大共同体扼杀公民个人权利（甚至也扼杀小共同体权利）的批判。换言之，**五四式的民主理念固然是既针对父权专制也针对皇权专制，但五四式的自由理念，至少在很多人那里，却只针对家族整体主义，不针对"民族""国家""人民"的整体主义。**在中国革命中，针对家庭、宗族等小共同体要求个人自由的认识是非常明确的，在这方面的个性解放当时可以说不亚于任何其他国家的现代化改革或革命，在这类领域绝没有所谓"民主压倒自由"的问题。

但是一旦超越比家族、村落更大范围的共同体时，这个原则就消失了。人们在针对家规族法要求解放的时候，反对的不仅是家长本人的独裁，同时也是共同体对个人自由的压制，家族长逼我嫁给

〔1〕《陈独秀文章选编》（上），三联书店，1984 年，97 页。
〔2〕《李大钊文集》（上），人民出版社，1984 年，557 页。

某人是不行的，那么家族集体"民主表决"逼我嫁给某人行不行？当然也不行。因为我的自由人权既不是以族长个人威权，也不是以所谓家族多数意志乃至整体意志的名义可以剥夺的。但是，在大共同体面前，这种观念似乎就不存在。我反家长权也反皇权，但我对家族可以讲自由，对"民族"却似乎不能讲自由，我不能为家族利益而嫁人，但却似乎应当为"大共同体利益"而嫁人，反对代表家族利益的家长包办婚姻但却接受代表"大共同体"利益的包办婚姻，是当时并不罕见的现象。

相反地当时也有些人，"受儒家道德束缚"而在小共同体内并没有"激进地追求自由"，但对于大共同体压制自由人权却十分敏感——典型的如胡适，他囿于孝道而终身为传统婚姻所累，然而在国家与社会观上却始终坚持自由主义立场。当然，这在当时是非主流的。

除了救亡取向的影响外，中国人接受的西学中存在的"问题错位"则是第四个重要原因。西方的近代化启蒙与西方个性解放思潮的具体形式都是针对他们那小共同体本位的中世纪传统而来，而国家主义在他们那里恰恰是一种近代思潮——正如民族国家在他们那里是近现代现象一样。尤其是在近代化中实现民族统一的德国及出现过"人民专制"的法国，左、右两种国家主义都很流行。偏偏两次大战之间的欧洲又是个"国家主义（左的和右的）的黄金时代"，那时输入中国的种种国家主义思潮，更进一步加剧了只反宗族主义不反国家主义的倾向。而这反映在"文化批判"上，就是反儒不反法。与此对立的"保守派"则是尊儒而拒"西"——"中国传统"的批判者与捍卫者都把目光盯在宗族主义与儒家，都相信"中国传统社会是家族本位社会"！

然而如前所述，中国制度文明中的法家传统恰恰具有这样的特点：大共同体本位条件下摧毁小共同体并不意味着个性的解放，反而意味着一元化控制的强化并最终导致个性的更严重的萎缩，正如古代法家以"不许族居"、强制分家、鼓励"告亲"的手段实现"国强民弱"与"利出一孔"一样。中国革命与1917年俄国革命的类似是人所共知的，但人们往往忽视了这两次革命有一个相反之处：俄国革命消灭了斯托雷平改革中兴起的独立农户，在全俄范围内普及了米尔公社——传统农民小共同体组织。而中国革命消灭了本来就谈不上发达的传统小共同体成分（经济上体现为消灭"族庙公产"而在形式上造成历史上前所未有的"土地纯私有化"），空前普及了"编户齐民的小私有"。然而若干年后，"纯私有的"中国农民轻而易举地就被置于大共同体一元化控制下，而据说是更富于"集体主义精神"的俄罗斯村社社员凭借村社组织资源对这一控制的抵抗却强烈得多[1]。反儒不反法的结果是反掉了一个虚构的、至少在抵制现代化的负面传统中只是非主流的"家族本位社会"，却空前强化了传统中最负面的"反宗法的编户齐民社会"；反掉了仁义道德，却空前发展了"法、术、势"；反掉了清流清议，却使强权哲学与犬儒哲学泛滥成灾，"法道互补"之弊形成积重难返之势。

最后还有一个原因，那就是法家那一套厚黑学式的"性恶论"、中国版"社会达尔文主义""以私制私""法治"学说在把君主还是民主、皇权本位还是人权本位的根本区别抽象掉以后，很容易与现代政治理论中的人性局限假设、进化史观、分权制衡论与法治主张鱼目混珠，正如在技术层面科举制容易与现代文官制鱼目混珠一样。从本质上说，这是因"大共同体本位"价值与"个人本位"价值都要排斥小共同体的亲情逻辑而形成的一种"伪相似"。但实际上，正如极权政治与宪政政治的区别远大于贵族政治与宪政政治的区别一样，法家的"反宗法"与现代公民社会的非宗法性也是水火不相

---

〔1〕　参见卞悟：《公社之谜：农业集体化的再认识》，香港中文大学《二十一世纪》杂志1998年8月号，22—33页。

容的。然而，不要说以往这两者易于混淆，就是在如今人必称法治的时代，用韩非式的"法治"偷换现代宪政法治的危险也是不容忽视的，我们应当小心不要落入黄宗羲揭示的那个陷阱："法愈密而天下之乱即生于法之中，所谓非法之法也。"

九、西儒会融，解构法道互补：新儒学在新文化中的三种价值

今天看来，无论从自由主义还是从本来意义上的社会主义出发，现代化都是人的解放，即从"人的依附性"走向"人的独立性"[1]的进程。它既意味着现代公民国家—宪政民主国家取代依附性的传统大共同体，也意味着现代公民社会—契约型联合体取代身份性的传统小共同体。就后一意义而言，传统儒家的小共同体本位色彩确有局限性，尊儒而拒"西"的文化保守主义不足为训。如上所述，没有新资源的引入，仅凭黄宗羲式的纯儒是克服不了"法道互补"的。但援"儒"拒"法"的民本派儒家本身应当成为现代化可以凭借的本土资源。把"民本"与民主的不同之处夸大为水火不相容，是完全没有道理的。以"中国传统"的名义把黄宗羲与韩非混为一谈，其谬误如同把华盛顿与希特勒在"西方文化"的名义下混为一谈一样。以五四为代表的 20 世纪新文化运动的启蒙方向不容否定，其启蒙任务也有待完成，**我不赞成文化保守主义对五四的否定。但五四式的启蒙方式确有反思的必要，这不是说这种启蒙太"激进"或者太保守，而是要汲取极端反儒而忽视法道的教训。在某种意义上讲，我们应当回归黄宗羲—谭嗣同，以西儒会融，来消除法道互补。**

在西儒会融中，原初儒学的民本精神作为本土资源，对于构成

---

[1] 《马克思恩格斯全集》第 46 卷上册，104 页。

中国现代文化至少有三层价值：符号价值，功能价值，以及可能的超越价值。

符号价值指它可以为现代价值观提供一种中国式的表述。无论自由主义还是社会民主主义，虽然本质上都是普世性的，但用本民族符号系统来象征"主义"价值是一种可取且可行的操作方式。缅甸的昂山素季以佛教典籍来解释自由、民主之类的概念即是一例。之所以可取，是因为自由主义要获得本民族公众的认同，就不能张口斯密闭口哈耶克，只以洋符号来象征自己。而它之所以可行，一是由于自由主义的人性本源是普世性的，因此每个民族的人都能通过本民族的象征符号来理解它；二是由于语言符号中能指与所指间的关系存在着索绪尔所讲的那种"任意原则"，这为同一能指背后的所指转换提供了无限可能性。因此，诸如以"因民之所利而利之"解释经济自由主义，以"天下为公"解释民主原则这类"老内圣开出新外王"的尝试，是富有意义的。

但这里需要指出：这种解释的有效性还取决于索绪尔指出的符号化语言中能指与所指关系的另一原则——"差别原则"。亦即：任何意义的确定只能在比较的差别中存在，任何一个概念如果不与其他概念相对比就没有什么确切意义。因而一种语言符号要确立一种新的意义，关键在于能指的否定指向而不在于其肯定指向，肯定意义是借助于否定意义来确定的。昂山素季以佛经解释民主，是以缅甸军人政权"违反佛教精神"之举为靶子的。20世纪70年代我国"批儒评法"时大讲《盐铁论》，以法家"盐铁官营"的统制经济政策来隐喻当时极左的经济体制。在这一背景下，一批台湾学者如侯家驹、李玉彬等以"儒家的自由经济思想"与"法家的统制经济思想"对举，以儒家反对法家"官营"政策的话语来象征"自由经济思想"，取得了很好的"解释"效果。这里的关键不在于古代儒家话语实际上主张什么，而在于它反对什么。今之论者就是以这种"能指否定"

来象征他们所要表达的肯定意义的。在现实生活中，"新儒学"是针对"西学"还是针对"法道互补"，比它的肯定性叙述结构更能确定它的实际意义。

功能价值，指原初儒学民本精神与所谓西学在现代化转型中可能实现的功能互补。这至少有两层含意：其一是我过去提到的，正如在西方走出小共同体本位的中世纪传统时，曾经有过"公民与王权的联盟"，即成长中的个性化力量与大共同体力量首先打破小共同体束缚而建立公民社会基础的现代化启动机制。那么这种机制不可能适用于中国走出大共同体本位传统的现代化进程，相应地在这一进程的初期，中国可能需要"公民与小共同体联盟"首先摆脱大共同体束缚而建立公民国家结构。在这一阶段，儒学民本思想中的共同体多元化与小共同体自治价值观可能发挥西方类似阶段民族国家与开明专制思想曾经发挥的那种功能。当然这里的风险在于：正如西方历史上既有公民利用王权、也有王权利用公民的例子，在后一类型即西班牙式的案例中，上述"联盟"如果不能先行建立公民社会基础，就只导致产生了保守的传统集权专制帝国。同样，在中国也存在公民与小共同体谁利用谁的问题，要避免大共同体一元化控制解体后未能形成现代结构反而出现传统小共同体林立的"东汉以后"式的乱局，就必须先行建立足以整合社会的民主国家。在这一前提下，出现现代公民意识与"儒家传统"的联盟不是不可能的，这种联盟中的儒家也许就是真正的"新"儒家。但是，这种"新"儒学必须不是以解构所谓"西学"、而是以解构"法道互补"为己任的。"新"儒学的对立面不是公民权利，而是大共同体独尊。这就要求"新"儒学理论必须公民本位化，而不是国家主义化。否则儒学就无法跳出董仲舒以来儒表法里的怪圈，它的前途也就十分可疑。

其二，现代化本身是个张扬人的权利的过程，可是这个过程却需要承担责任者的推动。笔者曾指出：自由主义对人性的要求是低调的，与期望于圣贤的乌托邦相比，自由主义似乎十分"现实主义"。但实际上古往今来的"现实"中自由秩序却极难产生，其原因与其说是什么"族性"优劣问题，毋宁说是"自由搭便车"或曰"三个和尚无自由"的消极自由主义行动悖论。自由主义本身是世俗的，可是在人类历史上开创自由秩序的恰恰是具有强烈宗教热情的清教徒，就是这个道理——尽管自由主义未必以清教的某些具体教义为前提[1]。中国文化据说是"非宗教性"的，"儒教"算不算宗教历来引起争论，但与法、道相比，传统儒家具有强烈得多的终极关怀则是毫无疑问的。与满脑子厚黑学的法吏和只想着"逍遥游"的犬儒相比，传统儒家士大夫那种"从道不从君"的精神、先天下而忧后天下而乐的热情、宁鸣而死不默而生的骨气，堪称为"中国的清教精神"。尽管它其实在历史上和现实中"法""道"的双向挤压下已成了稀缺资源，但惟其如此而更可贵。只要薪火不灭，在西儒会融的时代它仍有复兴的可能。中国现代文化要摆脱"三个和尚无自由"的困境，它的这一功能价值是不可低估的。

至于**超越价值**，即许多"中国文化本位论"者喜欢谈论的儒学对"西方式的"现代性的超越。我们只能把它视为一种可能。对于人类当前面临的"现代性危机"，包括人的意义危机（人的一维化或异化）、人际关系危机（过去的阶级关系，如今主要是国际上的南北关系）和人—自然关系危机（环境危机），如今人们还在认识之中。甚至到底什么危机是"现代性"本身带来的，什么危机其实是现代性不足的产物，也还需要思考。在全球化时代，这种思考自然是全人类的事。原则上各种文化中都可能包含超越现代性的思想

---

[1] 马克斯·韦伯注意到资本主义与新教的关系，是独具慧眼的。但他把"资本主义"或曰现代性的生成机制与新教某些特定教义的联系固定化，却不能令人信服。

资源。尽管"中国文化"如果还不能解决自身现代化的问题，就说它可以为全人类指点"超越现代性"的迷津，这种说法未免过于浪漫。可是的确也不能绝对地说：既然还没有现代化，就没资格谈论超越现代性的问题。

但有资格是一回事，能谈出什么又是一回事。有两种流行的谈法，我以为意义不大。其一是"不对称比较法"。一些人总喜欢以我们的圣贤之言与据认为是人家的"社会现实"作比较：我们圣贤说"仁者爱人"，而他们自私自利；我们圣贤说"天人合一"，而他们破坏环境。因此我们超越了他们云云。而我认为，即便所说的"现实"确然，这种比较也没什么价值：如果以人家的圣贤之言与我们的社会现实相比较，又会怎么样呢？真要比较就只能是：要么就以双方的圣贤之言作对比，要么就以双方的社会现实作对比，那才有可比性。从这种比较中儒家能否显示出超越性，还是个问题。

其二，无论现代性还是超越现代性，都要落实为一种制度安排，而不能仅仅停留在形而上层面。例如：如今不仅我们，西方思想界也有一些人想从"天人合一"中找到环境保护的思想资源。其实我国古代的"天人合一"学说，本是一种以"宇宙等级秩序"来证明人间等级秩序的理论，它与环境保护本不相干，倒是与"文化大革命"中那种"天上星星向北斗，地上葵花向太阳，人民心向毛主席"的歌谣同一思维逻辑。如今人们把环保意识附会于它，倒也不无可取，因为作为符号的语言能指在历史中增添新的所指，所谓托古改制、借古喻今之类，也是有用的。

但问题在于环境保护绝不仅仅是、甚至主要不是一个认识问题。没有一种有效的制度安排，所谓"重视环境"只能流于空谈。由于经济学上所谓外部性，人人明知重要而又人人破坏之的事例不胜枚举，筒子楼里公共水房往往污秽不堪，就是一个例子。至于我国古代，无论其"文化"是进取的还是无为的，其环境的纪录应该说并不好。远的不说，明代的《徐霞客游记》中在江西、浙江、湖南、广西、贵州、云南一路，都记载了严重的环境破坏，造纸业污染河流、烧石灰污染空气毁灭风景、乱砍滥伐使"山皆童然无木"，生活垃圾使永州、柳州等地的许多名胜埋为"污浊"的"溷围"。如果说那时还没有出现尾气、酸雨和核污染，那只是因为古人还不懂得相关工业技术，而不是因为他们懂得"天人合一"。

今日人类面临的环境危机，恐怕也只能主要依靠全球合作下的制度创新与技术创新来解决。当然"全球合作"伴随着冲突与讨价还价，各国都知道环保重要，但都想尽量少为此付出代价，而只想"搭便车"，尤其发达国家对这种局面难辞其咎。但这与上述"公共水房问题"一样，是利益协调机制问题而不是认识问题，或者说是制度问题而不是"文化"问题。"天人合一"的新解释我很赞成，但只怕作用有限。

总之，新儒学能否为人类"超越现代性"而提供有益的思想资源？当然是可能的。但这种可能若要实现，第一，新儒学必须走出形而上的象牙塔，从心性之学发展为制度之学[1]。第二，更重要的是，新儒学必须摆脱历史上被"法道互补"强奸的梦魇，真正成为"新"儒学。而那又必须走西儒会融的路。这两条若能做到，新儒学的超越性价值还是有可能实现的。否则就不要说"超越"，甚至不要说"新"，连"儒学"本身都会湮没在法道互补的历史污水中而"儒将不儒"了。

---

〔1〕 如今的确有人在做这样的尝试。如我的朋友张祥平教授的制度设计是：政治上以科举取代民主，社会上普及宗族制（张祥平：《制度对话：中国传统资源与西式模式优劣辨》，石油工业出版社，2001 年）。然而他忘了从朱熹、黄宗羲到徐复观的历代大儒是如何痛诋科举制的，也忘了"强宗大族"在古书中从来就是贬义词。如上所述，有科举无民主，是为法家或儒表法里之制，而事务官出自"科举"、政务官出自民主，则"西制"也。如若科举所试又并不出自四书五经（张先生好像也这么主张），则连"儒表"亦无矣。

附录

关于"西儒会融，解构法道互补"的讨论

"中国需要什么样的新史学"研讨会会议录音整理（摘要）

时间：2002 年 8 月 21 日（14：30—15：55）
地点：北京香山卧佛寺
主持人：黄克武　李伯重
演讲人：秦　晖　毛　丹　陈平原

李伯重：我们今天下午的这个头一场讨论就正式开始了。在开始之前呢，虽然没征求大家意见，但我还想代表大家感谢侯艺兵先生给我们提供这么一个非常有新意的环境。我参加学术会议，这还是第一次。当然，更感谢的是杨念群先生给我们提供的这个非常有新意的氛围，那么多不同学科的学者在一起，力图打通文史哲的界限，从这个角度来看，这是新史学一百年的发展结果。所以，我们对人大清史所表示诚挚地感谢。另外呢，由于是旨在打通文史哲的界限，所以我们的这个会议既有非常浓厚的特色，也有很大的难度，因为没有两三个学者都完全在一个学科内，所以，按常规作评论，或者是深入的分析，就有些困难。所以，我们想把更多的时间留给不同学科之间的学者进行交流，而不是作特别详细专门的评论，所以取消了评论人，主持人也仅仅是起一个控制时间，或者是协调的作用，不可以占大家太多的时间。那么，按照规定呢，每位学者发言十五分钟。主持人也作为普通的一员，跟大家一样，待会儿就提出自己的问题，参加讨论。希望每一位学者自己控制时间，在这十五分钟内，尽量用比较通俗的语言，把你的想法向各位学者畅谈。请大家考虑到，因为在座的学者都是不同学科，所以，讲得尽可能像陈平原先生的文章里说的如梁任公当时的那个风格，"能够感人、

能够传神"，尽量不要讲得太过于深奥。好，谢谢。首先有请清华大学历史系秦晖教授，他的题目就是《西儒会融，解构"法道互补"》。

秦晖：时间有限，不详细地讲。这个成文的东西，大家也可以看。和这个文章有关，我想讲这么几个可以说涉及古今中外的故事吧。

第一，我是搞农民史的，刚才在门口，曾经跟朋友讨论一个问题，就是1929年，斯大林在苏联集体化前夕，曾经发表过一篇很有名的文章，把恩格斯批了一通。恩格斯说改造小农如何困难。而斯大林说，恩格斯太保守了，他只知道西方的小农留恋"小私有"，不懂得我们俄罗斯的小农没有土地私有制，我们自古以来就有农村公社，有集体主义传统，所以我们搞集体化应该搞得很快。但是大家知道，苏联的集体化过程实际上受到农民非常强烈的抵制，当局通过暴力镇压虽然搞成了，但代价残酷，搞得非常困难。到了50年代，有很多苏联专家到中国，这些苏联专家都反对中国搞集体化，他们觉得，我们俄国人有农村公社传统，搞集体化况且非常不容易，你们中国农民一小二私几千年，比恩格斯讲的西欧农民"小私有"更悠久，要变成一大二公，谈何容易！他们不同意这么"冒进"。这个观点后来对很多我们农口的老同志都影响很深，像杜老杜润生现在还以此反思集体化，认为集体化适合苏联国情，但是不适合中国国情。因为俄国农民有集体主义传统，我们中国农民没有。

实际上中国的集体化过程，大家都知道，当然不是说农民喜欢集体化，毫无疑问，中国的集体化过程，农民的抵制和反抗比苏联要弱得多，也就是说，中国农民的集体化过程相对而言，要比苏联顺利得多。这是怎么回事？为什么俄国据说有集体主义传统的农村公社社员要变成集体农庄，会非常困难，好像不过是把原来的"公有私耕"变成"公有共耕"而已吗，这就很困难。而据说是"一小二私"的中国农民变成"一大二公"的人民公社，为什么反而相对来说比较容易？这是第一个问题。

第二个问题：我注意到西方的罗马法权威奥勃伦斯基等人都曾经提到过，在《罗马法》史界有一个著名争论。我们知道，现在一讲"真正的私有制"就说是"《罗马法》式的私有制"。据说《罗马法》对私有财产的规定是最典型最完善的，是近代资本主义产权的根子。可是我们都知道，现在人们所谓的《罗马法》实际上主要是晚期罗马帝国和拜占庭时代的、查士丁尼的东西。而在罗马的古典时代，包括共和时期和帝国早期，罗马社会是非常盛行父权制大家族公社的，罗马的财产关系、罗马的民事权利结构，当时都是只有家族和它的代表，父家长，才有这个权利的。罗马社会中的家长权，家族共同体的权利，作用非常之大。那时罗马的民法权利主体，即所谓"自权人"，只限于自由民家族的父家长，而家属都属于"他权人"，是不能成为权利主体的。但到了后古典时代，发生了家族共同体解体的过程，形式上似乎就是个体化的过程。包括君士坦丁时代搞的所谓"家庭革命"，后来到了拜占庭初期，甚至还发生姓名革命，就是带有家族名称的拉丁化姓名变成了没有家族符号的希腊化姓名。反映到《罗马法》上，也就是《罗马法》越来越"现代化"，带有很浓的现代物权体系的那一套所谓"罗马法私有"的色彩越来越浓。于是人们往往把《罗马法》看作是近代社会财产关系的一个渊源。

但耐人寻味的是，拜占庭的历史恰恰就表现了一个悖论：一方面那里的"罗马"法越来越"现代化"，另一方面拜占庭社会本身越来越"东方化"。大家知道拜占庭帝国最后就变成了一个君主专制的老大帝国。于是学术界就产生了一个争论：后古典时代的《罗马法》究竟是消灭了个人主义呢还是弘扬了个人主义？有人从后古典时代《罗马法》关于父权、夫权、家族权的消解，家属族属摆脱家族束缚成为自权人的事实出发，认为后期《罗马法》维护个体权利，是弘扬了个人主义的。但有人又说由于拜占庭皇权的扩张和强化，连家族的自治都没了，实际上罗马帝国后期的公民都变成波斯式的臣民了，出现了专制国家主义的控制，因此说是消灭了个人主义。那么这里头就提出了一个问题：为什么《罗马法》在微观层面，也就是说在消除家族权这个方面体现的所谓个人主义和宏观上拜占庭帝国本身君主集权、国家专制（一些西方人带有偏见地称之为"东方化"）对公民自由剥夺，构成了一个二位一体的过程？这是第二个话题。

第三个话题是我们中国史学界很熟悉的。大家知道中国改革前史学界原来有一个很流行的观点，就是商鞅变法，大而言之也可以说是战国时期的变法，建立了"封建社会"。这样说的一个很重要的理由就是商鞅变法据说实行了土地私有制，"废井田，开阡陌，民得买卖"，等等。当然，这个说法，当时就有些人觉得不太可信，因为这个"私有化自由交易"的描述和秦代法家经济思想的主流似乎完全对不上号。法家经济思想的核心是强调国家经济统制和经济集权的，从商鞅直到韩非，都不断强调要"强国弱民"，"利出一孔"，贱商抑商，朝廷要集中控制人力物力，使民图赏畏罚而国家有财力行赏罚，因此要让民既不致饥荒，又"家不积粟"。饥民生乱，而"足民何可以为治？"因此朝廷要"齐民"，要"使贫者富，富者贫"，等等。而后来的考证研究也证明，实际上秦代的土地制度带有很浓的国家控制色彩，睡虎地秦简的资料，青川秦田律木牍的资料，都表明秦代官府对土地的管制是非常厉害的。

但是从另一方面讲，所谓"废井田，开阡陌，民得买卖"，所谓商鞅实行私有制也不是没有道理，因为法家的那一套做法，从另外一个角度来说也是很"个人主义"的，甚至颇有点"极端个人主义"。包括强制解散大家庭，"分异令"，"不得族居"，鼓励告亲，严禁容隐。"借父耰鉏，虑有德色；母取箕帚，立而谇语"，几乎到了六亲不认的地步。在财产关系上，秦律包括《法律答问》的精神，也是把财产关系落实到个人的，比如说，它强调父子之间可以各有其财，夫妻之间可以各有其财，所谓子盗父、父盗子、假父盗假子，所谓奴婢盗主之父母不为盗主，所谓夫有罪妻先告其财不收，妻有罪夫先告其财畀夫，等等。有人说什么中国文化是家族本位、西方文化是个人本位，可是你看这秦法与古典的罗马法似乎恰恰相反，前面说过，这古典罗马（不是拜占庭）倒是讲究家族至上的。与之相比，秦人倒似乎"个人主义"得不得了。

那么，法家"个人主义"和它的"强国弱民"极权理论之间又是什么关系呢？是不是可以说这两者是统一的：实际上秦始皇要的就是个"爹亲娘亲不如皇帝亲"，法家的国家权力对社会的控制，恰恰是通过使社会打破原来的小团体认同，在一元化的"编户齐民"体制下实现的。近代崇拜秦始皇的章太炎就说这叫"唯大独（摆脱家族）方能言大群（国家至上）"嘛。这又是一个故事。

第四个故事，我们知道20世纪70年代国际范围内出现了"农民研究热"。它和美国在越南的失败有关，人们认为越南与墨西哥、俄国、中国、古巴、阿尔及利亚发生的事都是"20世纪的农民战争"。由于美国在越南失败使人考虑为什么"西方那一套"在这些"农民社会"引起反抗，于是国际学术界出现了T.沙宁所讲的"农民学辉煌的十年"。而且在那个背景下，自然大家关注的实际上是亚洲农民。为什么东南亚会发生这种事情？当时出现了两派，产生了一场大争论。一方就是斯科特，他提出"道德经济"论，认为亚洲传统农民都具有非常浓厚的共同体认同，都是把村落的利益放在第一位的。这个村落有一种伦理集体主义的传统，为了集体的生存，会瓜分富人的财产。言下之意这就是越共成功的文化土壤。但是后来又跑来一个波普金作为另一方，他反对斯科特的说法，认为亚洲农民是"理性的小农"，都是个人主义者，乡亲们之间进行着竞争，没有多少村社意识，等等。他引用了过去研究印第安人的人类学家塔克斯的话称他们为"便士资本主义"者。其他一些支持他的人甚至说"亚洲的农民比欧洲的农民更自私"。别的地方我不了解，但是至少在和其他民族比较的角度来讲，我觉得中国——当然他们争论的是东南亚，主要是指越南了，但是如果落实到中国的话，我觉得的确村社意识的欠缺一直是传统乡村社会一个非常突出的特点。因此我怀疑"道德经济"之说。但问题在于：缺少村社意识是否就意味着个性发达？不是"道德经济"，就意味着"理性的""便士资本主义"吗？有没有可能既不是"道德经济"也不是"理性小农"，而是一种两者以外的状态，这种状态恰恰最有利于50年代能够建立这种制度？

第五个故事就是现在我们看到的，改革以后，我们看到一方面是市场经济的发展，公民社会的苗头开始兴起，但是另外一方面，恰恰是在商品经济很发达的那些地区，出现了所谓传统的复归，包括家族的活跃，以及一些别的小规模传统认同形式：血缘的、地缘的、业缘的、教缘的，等等。那么这些东西该怎么理解呢？现在流行两种表面上似乎截然相反的说法：一种说这是封建残余的泛滥，应当严厉打击，把它消灭掉；而另一种说法，说这反映了中国传统的独特魅力，反映了中国文化的家族凝聚力，中国人天生喜欢敬宗收族、崇拜家长，商品经济、货币关系瓦解宗法关系的逻辑对中国人无效，而这种特性恰恰是富于生命力的优秀遗产，不仅可以复兴中国，而且可以弘扬"亚洲价值"，胜过没落的个人主义西方文化，代表人类的未来，等等。

但是这两种说法都不能解释一个事实，即尽管的确在近古、近代乃至如今，在经济发达、市场活跃的富裕开放地带，甚至是香港新界那样相当"西化"的地方，那些"传统"十分活跃，但是在近古以前，在近代和如今那些封闭落后、经济贫困、市场不发达更谈不上"西方影响"的内地，尤其是自古传统深厚后来也没有所谓"资本主义萌芽"的黄河流域农村，那些东西反而稀少。然而不管是贬称的"封建"还是褒称的"优秀传统"，不是都应当首先体现在这些"本土"上吗？我觉得，是不是应当有第三种解释，就是那些现象既不是"封建"也不是"优秀遗产"，而根本就是近古或近代的阶段性现象：在市场经济发展的一定阶段，由于传统国家权力在相对意义上的退出，各种民间社会得以发展，即既包括新的、个性化的近代市民社会因素也包括过去在真正的传统压抑下萎靡不振的所谓"传统"小共同体的活跃，至少在一定时期内两者并非互相排斥。

那么，这些故事和我今天讲的"西儒交融"有什么关系呢？实际上，这就涉及一个我们对原始儒家以及它在整个中国历史发展进程中地位的理解。我觉得要探讨儒家思想的内涵，那简直是学派太多了，我们不能一一探讨。

但是，我觉得如果要探讨原始儒家的内核，实际上主要是看它和其他各家的论战。在春秋战国时期，其实儒家主要面对的就是杨、墨、法三家。大家知道，儒家先贤对杨、墨两家批评非常之厉害。杨子因为个人主义受到批评，墨子因为普世主义受到批评，而且后来法家要坑儒，也是因为那个大一统权力不能容忍宗法组织的存在。既非个人主义，也非普世主义（包括墨家的普世之爱与法家的普世强权），显然它凸显的是小共同体。实际上在中国轴心时代各个学派形成时期，儒家思想是以很浓的小共同体本位为特征的。也可以说，它是中国西周族群社会、族群本位价值取向在意识形态、思想、观念中的体现，其中最有代表性的就是孟子讲的那句话："人各亲其亲、长其长，则天下平"。当然，这是法家不能容忍的，也是杨、墨两家不能同意的。杨朱"贵己"，墨翟"爱无差等"，法家强权无远弗届，都是要消解族群社会，打破小共同体，只有儒家"爱有等差"，是极力捍卫小共同体本位的。

后来族群社会终于瓦解，但是在族群组织退场后腾出的中华大地上既没有出现公民个人权利与个性自由的社会，更没有形成兼爱非攻、普世平等无差的理想国。相反，杨墨两家都消失了，在秦以后实际上中国出现了一个法家设计的专制帝国，集权君主治下的编户齐民社会。那么这个编户齐民社会中儒家思想的演变，中国人真正的思维、行为方式究竟在多大程度上保持了原初儒家那一套，以及这一套东西在中国现代化过程中究竟又会和其他各种思想起到一种什么样的互动作用，在这一过程中儒家、或者说小共同体价值在什么意义上有"复兴"的需要与可能。这就是我在这个文章中所讲的，也可以说对中国文化—社会的宏观演进史给出了我的一个解释。我就讲到这里，谢谢大家。

……

（以下两位学者发言从略）

黄克武：各位先生，各位朋友，在听完三位非常精彩的报告之后呢，会议的主持人希望我能够先说几句话，带引大家先做一点暖身，作为下一步讨论的基础。我必须要承认，就是说，要作一个对三篇文章的评论，是一个难度非常高的工作，因为这三篇文章，处理手法、关怀内容非常的不同。

简单地说，秦晖兄的文章，是一个"大历史"的做法，如果大家有机会看他这个文章的话。我今天早上花了三个小时来看，结果还没有完全看懂，不过可以看得出来，这篇文章的气魄非常大，从先秦一路打到 20 世纪，然后，甚至指出中国现代化的一个未来的道路，我想这是一个"大历史"的做法。第二个，毛丹兄的这个文章呢，是一个"小历史"的做法，他把他的焦点放在一个很具体的文本，而从文本里面去解读里面所象征的、所蕴含的对于所谓"justice"意涵的一个各种方面的发挥和引申，同时，在小的过程之中呢，也慢慢拉长了景深，拉到和霍布斯、甚至和哈耶克的一个对话。所以，我想呢，从这个关怀的角度来说，毛丹先生的这篇文章，无疑是对具体文本作一个详尽的发挥，但是却关怀到比较大的一些问题。第三篇，陈平原先生的文章，和前两篇都不太一样，他基本上谈的是一个梁任公所提出"史界革命"的概念里面的一环，这一环，通常是我们所说的这个"史才"的部分，就是说，历史学家用怎么样的一个笔法去表述历史的内涵。所以，这三篇文章，整体来说，如果我们说一个"大历史"，一个"小历史"，一个是关注史学方法里面的撰述技巧的话，我们可以看到这三元呢，正是"新史学"里面必须要面对的一个课题。我们今天会议的主题是"中国需要怎么样的一个新史学"，是大历史，是小历史，而大历史、小历史在撰写的过程中，怎样和"史才"甚至梁任公所谈到的"史德""史识""史学"这些结合在一起呢，实际上都是"新史学"所必须要讨论的一个课题。所以，我想呢，今天主办单位煞费苦心地把这三篇文章凑在一起，而且让我来评论，实在是里面有极深的一个含意。

那么，我想在这里先简单地讲一下我读了这几篇文章之后的一些感想。我觉得这样一种大、小历史对照和对于史学方法的一个反省，是对我们今天谈"新史学"的一个非常好的启发点。秦晖兄的文章，诚如我刚才所说的，题材很大，也就是说，一方面能够看到中国历史发展的几个重大关节，而且把这个关节，跟一个理论性的思索结合在一起。因此，如果把这篇文章单纯地看作一篇历史学的文章，就太小看秦晖兄的野心了，其实里面有非常强的文化、政治理论的内涵，而文化、政治理论内涵的一个基础，实际上是奠基在非常扎实的一个历史工作之上。我觉得这样一个工作，有几个特点。第一个特点是打通了传统跟近代的一个分野。我想，很多做近代史的学者，对鸦片战争以前的历史一概不懂，实际上，近代的历史，近代的深刻变化，都跟先秦以来中国历史的变化有息息相关的联系。我想，秦晖兄这一点可以说抓得非常准确。

第二个特点，可以说是打通了制度史和思想史。这篇文章其实是在探讨一个吏治思想基础的问题，而这个思想的一个基础在中国当然有非常繁复的演变。但是，秦晖兄在这篇文章里面，很精要地抓住了中国官僚制度的一个思想的背景，用他的话来说就是，儒家是表面，而道、法互补是内理，而这样一个交织的过程其实造成中国历史发展的相当多的问题，而这些问题，到了近代以后，特别是从黄宗羲到谭嗣同以来，援西入儒，把"西"和"儒"结合在一起，展开了一个新的局面。对秦晖兄来说，他觉得黄宗羲到谭嗣同这一路发展，可以说是掌握了历史的一个非常重要的主脉，但是很可惜，整个20世纪，又走入了另外一个歧途，也就是说，看到了中西的对立和西儒的对立、特别是新儒"援儒来批西"，造成了许多思想上混乱和制度建立的一些问题。

所以我想，从文章上面很简单的一个陈述可以看到：这篇文章一方面从中国文化演变的脉络里面，看到了一些相当关键性的议题，而这些议题可以放到中国现代的一个发展、思想的演变里面来看。当然，我们也知道，秦晖兄长期做农民史，他所做的，其实是相当具体的一个东西，而这个具体背后的一个思想的意涵，是这篇文章里面给我们启示最大的。我想，这样的一篇文章，对我来说是一个非常新鲜的阅读。我今天早上碰到秦晖兄，也特别谈到说：在台湾，没有人写这样的文章。为什么，因为台湾基本上走的是任公所开出来的史料学派的路子，特别是"中研院"史语所，在傅斯年的领导之下，"史料即史学"，而且有一分证据说一分话，有一分证据不敢说两分话，更不敢说中国传统是什么，中国文化的本质是什么，中国文化有什么问题，更不敢说中国近代化往何处去，中国现代化是不是有一个理论可以得到一个充分完满的指导。所以，对我来说，这样子的一个大历史的做法，是种很新鲜的阅读，也让我感觉到海峡两岸，在历史写作上的一些分歧，似乎也是我们思索"新史学"

未来路向的时候值得考虑的一些问题，特别是历史到底有没有一个本质，可不可以说中国的儒家、中国的官僚制度和中国的国民性格，可以用一个本质性的话语来呈现。我个人觉得，在这样的一个呈现背后，实际上似乎看到了非常强烈的黑格尔历史观的影子，也就是说，历史是一种精神展现，而这个精神之中，有一种本质。但是，这样子的一种比较历史哲学的说法，从相当多的一种比较实证性的历史观来看，是值得质疑的。

其次，也牵涉到一个比较大的问题，也就是说，从西方近代思想发展看到了一个所谓的"应然"和"实然"的区别，也质疑到"实然"是不是能够"应然"引出的一个问题。我想，这里，特别牵涉到西方怀疑主义的一个发展，那么，我认为在这样的一个黑格尔的传统之下，似乎过分地注意到了历史和现实之间的一种延续性，而认为，我们从历史之中可以导引出一个未来的"应然"，而这个"应然"，对秦晖兄来说就是回归黄宗羲和谭嗣同的一个传统，就是西、儒融合的一个传统，也就是解构道、法的一个传统。那这样的一个解释是不是一个过渡地从一个"实然"跳越到一个"应然"的层次呢？这也是我想要问的一个问题。

第三个问题就是说，在从这个"实然"转变到"应然"的一个层次的时候，秦晖兄似乎建立了一个非常完美的理论。如果大家看他的文章的最后一段话，他强调，只有在这样一种所谓的西、儒结合之下，我们才有可能实现"老内圣"开出"新外王"，中国文明发展才有一条共同的底线，从这个基础出发，我们才可能追求儒家圣贤的个人道德完善与天下为公的理想，追求西方自由主义与自由、人权、法制的理想，追求本来意义上社会主义的民主、公平与自由、人权的联合体的一个理想。对于这样的一种伟大的发明，我不禁心感怀疑，也就是说，历史的发展，是不是能够从历史演变的脉络之中找到一个这么完美的理论，作为未来生活的指引？如果这样，历史似乎又太单纯了。这是我对秦晖兄文章的一些感想。

……

总之，不管怎么样，我想今天这三篇文章，为我们"新史学"的追寻，展开了一个非常好的序幕。我现在邀请大家一起参加这样的讨论。谢谢。（鼓掌）

李伯重：现在请大家对三位学者的发言进行讨论。刚才，黄克武先生作了非常好的评论。首先，我想就几篇文章提几个问题。首先是对秦晖先生的大作。秦晖先生的文章，广度、深度都超出一般的学者之外，所以，我读了三遍，到现在也还没有完全读懂（笑声）。但是对秦晖先生的文章，有几个地方我还是始终不明白，所以我还想提出来，请秦先生给予解答，也希望听听其他同行的意见。如果按照秦晖先生的描述，中国实际上是一个"儒表法里"的国家，或者是"法道交融"的一个国家，那么就说它丑恶的一面，它是非常实用、非常没有人情、非常反对温情，等等。我们不作道德方面的评价，我只是想问，秦晖先生他认为这样一个国家造成了原来的各种大、小共同体的解体，造成了一个"编户齐民"，也就是说国家直接对人民，那么问题在哪里呢？问题在：这样的国家存在吗？如果说在清朝四亿五千万人口中，绝大多数是农民，国家如果能够直接对每一个农民，那么，这就是一个超级警察国家。但是，照施坚雅他们的研究，和同期的欧洲国家相比，更不要说比较早一点的欧洲国家，清朝的官员和吏以及军队的人数在人口中的比重是最小的。所以，他们认为清朝的国家是一个非常小的国家，而且是一个非常务实的国家。那么，这就有一个非常大的矛盾，因为照秦晖先生所讲，中国造成"编户齐民"的一个后果是，人民不像欧洲或者日本，对统治者有一种——可以说，借助宗教或者说别的力量的一种忠诚和信仰，所以，中国农民起义，照秦先生的描写就是流氓地痞都想做皇帝，这样的情况在其他国家没有。但是，国家对人民的统治力量如此单薄，而中国的每一个朝代可以延续那么长，是不是就形成了一个矛盾？而从16世纪，传教士到中国来所进行的一系列描述，都认为中国人民的特点就是信服，就是服从。我想，恐怕一直到了19世纪末期中国一系列的社会变动，中国人这个服从和有秩序的形象才改变。那么，就是说，在政府用法家的实际手段对付人民、而人民对政府也没有真正的信任这样一个情况下，为什么中国每一个王朝可以延续那么长，也可以有相当的稳定性。而相对说来，秦晖先生讲到的欧洲，如果从欧洲中世纪后期来看，就像王国斌书里也讲到的，它有个特点：是非常不稳定的。一直要到近代早期以后，民族国家形成以后，才开始比较稳定。所以，这些矛盾，我不太理解，想请教秦先生。

……

其他学者请先把问题提出来，让几位学者，如果有性质相近的问题，那么他们一起回答。

朱苏力：关于清代政府的问题。因为在法学界有瞿同祖先生曾经做过清代地方政府研究，他研究过当时全中国的大概官吏数量，清代政府官吏大概是两万多人。而现在一个省都不止这些。而且，当时清代是很大的。他具体研究过十个县，最大的一个县是五十个官吏，其中，这五十个官吏包括出门打衔牌的、回避、肃静这样的人；最小的县一共有多少官员？才有十五个人。当时的县要比我们现在的县大得多，而且交通很不便。其实，我是说，如果这些数字是真实的话，当时不可能是政府直接去管到那种层面。所以，我还是认为，就是所谓费孝通先生讲的、他们那一代人研究所谓"皇权和绅权的分制"，我觉得这个是更能说得通的。

杨念群：我接着朱苏力先生的提问，实际上，我跟他的意思有点相近。我觉得，听秦晖先生的发言，有个感触就是说，因为秦晖先生最近的研究，一个总的趋势就是对把文化跟制度分开的这种趋向进行批评，尤其他的矛头是针对新儒家，包括文化决定论。我记得你在《学问中国》里面专门写了一篇文章谈这个问题，所以他这篇大作呢，其实有一个良苦用心，就是把制度分析跟文化分析结合起来，我觉得是很有创意的。但是，这里面有一个很大的问题，就是制度和文化的关系是不是做了一个过于简单化的处理。首先，我觉得秦晖兄的这篇论文，把制度跟吏治、官僚制等等，当作了一个同义词来进行处理，但这里面有一个问题，就是吏治能不能完全地代表中国的整体的官僚制度运行的形态，这是一个问题。还有一个，就是说，"儒"与"道"作为一种文化形态、作为一个思想形态也好，是不是仅仅在吏治这个层面上进行结合？因为我想除了吏治之外，中国的官僚上层体制之外呢，下层的运作实际上跟上层的运作可能是完全不同的，包括儒家，我的一个感觉，就是说，儒家后来最成功的一个地方就是把形而上的东西普遍泛化为一个庶民的、民间化的形态，那么，这个民间的形态恐怕是无法通过吏治的统治术的分析来加以解决、加以否定的。儒家在基本日常生活中的运作形态，恐怕无法用儒道互补、道法互补、儒道法互补这种简单的、非此即彼的形态加以论证的。我想，这篇文章在分析整个制度框架跟文化的关系方面，是否应该还具有更加广阔的一种视野？

李伯重：免得问题积累太多，就请几位报告人先回答吧。

秦晖：我先回答。非常感谢各位。好像刚才主要是对我提出批评，我觉得这非常好，也正是我所希望的。

首先，黄克武先生说我提出了一个把"应然"和"实然"糅合在一起的庞大理论，而且似乎我认为这个理论可以解决中国、世界乃至人类前途等等的超大问题，一个宏大理想。我理解，他把拙文看作是那种如今往往被贬称为"宏大叙事"的空疏文章了。其实，说实在的，应该说在建立"伟大理想"这方面，我倒是自觉我是一个非常平庸的人，我只是想着我自己的一些想法，这个想法不是想要建立一个尽善尽美的东西，而仅仅是想回避一些尽恶尽丑的东西。所以，我才在文章最后面，如刚才黄先生引的这句话中提到了"底线"两个字。所谓"底线"就是说，假如在这些方面能有所成就，那么不管是儒家理想、自由主义理想、社会主义理想，等等，我们谈谈还有点意义。也就是说，可能就有在某种程度上实践的机会。而如果连这些"底线"也做不到，那很可能谈什么东西都是假的。换句话说，我恰恰是想说明，任何"宏大叙事"离开那些最基本的东西都会变得空疏可笑。

但是，有了这个"底线"，是不是这些"伟大理想"就能实现呢？当然未必。这就是说，有了这些东西，很可能我们只是避免了尽恶尽丑、消除最差的那些东西。但是，什么人类大同，什么美丽新世界，什么这个主义那个主义、儒家或这个那个"家"的理想国，这些东西太高尚也太高深，我想都不敢想，更谈不上去论述去设计（笑声）。我所谓的"西儒会融"，并不是要"会融"出一个"西方理想""儒家理想"，甚至是合"西方"与"儒家"之善美为一炉的"终极理想"，而只是想"会融"出一个强权与痞风都少一些的状态。这个状态能为或西或儒、亦西亦儒、不西不儒的诸君子都安下一张平静的书桌，使他们（而非不才如我）能够有意义地讨论宏大或不宏大的叙事、各自去追求各人理解的伟大理想。同样，我所谓的解构"法道互补"也不是要"解构"法家或道家本身，正如文中我已说明的，我甚至不妄求全面地评价法家或道家各自的整个体系，我只是要"解构"它们二者间的那种恶性的"互补"关系，即弱者的"无为"助长强者的专横、强者的暴虐适足使弱者破罐子破摔；绝对

220

的权力绝对地导致腐败，而普遍的腐败又普遍地诱人弄权；以至"达则横行霸道，穷则奴颜婢膝"的状态。只要解构了这种互补，法道两家的许多说法还是可以有益于世的。

至于您提到那个"应然""实然"，我恰恰是反对的。我反对把"应然"和"实然"混在一起，先假设一种价值，设定一个社会是好的社会，另一个社会是坏的社会，然后又假设这个坏的社会有一种客观规律，甚至是不以人们意志为转移的客观规律，它会经过一种必然的进化途径发展为好的社会——这一套理论，我根本就是反对的。当然我认为世事有好坏之分，反对拙文中批评的那种混淆是非的犬儒态度，但是我从不认为从这种价值判断中能够推导出什么"实然"的过程，什么从落后到先进的客观序列。我既不相信"现代化势在必然"的历史决定论，也不相信西方永远个人本位、中国永远家族至上之类的文化决定论，我甚至不相信年鉴派宣传的"长时段因果"，而只是浅薄地坚持一种"自己对自己负责的历史观"。如果说这里头也有些什么想法的话，这实际上也是个相当平庸的想法。各位对我的这个褒奖，或者说是批评吧，我都觉得有点不敢当。

那么，接下来的几位就是提到一些实证性的问题了。伯重兄讲到清代的"小国家"和同期的西方相比。我以为因为西方人对清代国家的一种对比，是在近代西方已经建立了民族国家的基础之上。已经建立了现代民族国家的西方，政府机构能够承担的职能，和基本上还是传统农业社会的清朝政府这样的一个职能相比，我觉得这与其说是中西的对比，不如说是现代国家和传统社会的对比。任何一个传统社会，它的政府职能都不可能像近代国家那样发达，提供那样多方面的公共物品。秦始皇可以建立一个"非今者族，挟书者弃市"的恐怖专政，但他当然无意也无法建立一个"从摇篮到坟墓"全包的"福利国家"。去年在荆门开会的时候，我跟（朱）苏力曾经有过一个讨论。苏力曾经提到，法家的那一套实际上是很现代化的，只是由于当时的技术条件所限，它这个现代化的思想实际上并没有能够落实。其实我倒觉得，法家思想未必就那么现代化，实现韩非的那一套肯定也用不着例如今天瑞典那么复杂的政府职能组织，秦朝廷与瑞典政府相比更为"精兵简政"是毫不奇怪的。但是我要说，如果我们把中西传统社会进行比较，就不要把它和什么近代的西方国家拉在一起。在专制与否的意义上讲"大政府""小政府"，与在提供公共服务的意义上讲"大政府""小政府"完全是两回事。

我觉得，就是从直观来说，大家也会承认，古代中国的统治机器无论从专制性，从"人君南面之术"的炉火纯青，还是它对社会的控制力度，那要远远比中世纪的欧洲强。那时的欧洲领主林立，所以人们说"民族国家建构"就是个现代化过程。这些人说，现代民族国家的建立意味着一个中央财政汲取的比例不断提高的过程，从欧洲来说，当然是这样。欧洲在没有民族国家的时候有什么中央财政呢，那么以后中央财政自然是一个不断发展的过程。可是中国，假如说拿财赋的"起运"和"存留"来作为财政比例的话——当然中国的财政汲取绝不是"正供钱粮"那么简单，这也正是我要指出的：很多人往往从正式赋税中推出结论说中国的征收很少，其实中国传统时代的一些现象延续到当代，就是所谓"明税轻，暗税重，杂费摊派无底洞"，这种现象历史上就叫"正供有限而横征无穷"。从正式赋税来说，中国的"中央财政"占的比重自古就非常之大，明清两代基本上都超过三分之二，到了晚期，甚至会达到百分之八九十。哪个西方国家有这个比例？当然，如果加上横征杂派，那中央占的比重就低多了，这涉及另外的问题。

而且我刚才谈到，我们谈什么问题都有一个比较尺度、一个参照系。如果要谈中国的传统时代对社会的控制这一问题，比如说对社会的一元化控制的程度，如果和1949年以后的这个制度相比，那毫无疑问，我认为讲乡村自治是完全有道理的。传统制度和1949年以后的制度相比，当然有很多自治成分，国家权力的伸展绝对达不到那个程度。但是，如果我们和世界上其他的一些传统文明相比的话，那的确中国在国家控制方面发展得是比较厉害的。而它的另一面就是：中国人在传统上小共同体的凝聚力相对来说就比较差。当然，很多搞人类学、社会学的人，因为他们的田野调查一开始进入就是观察一个小社区或者一个家族，所以他们会对这些小范围认同描述比较充分。可是，有几个问题就很明显，比如说，国外的乡村研究常常会提到村社或者村界的问题，在几次讨论会上，日本学者就提到：我们日本的各个"町"之间是有界线的，那么中国的村界在什么地方呢？这个问题在中国的村落史中就很难解释。因为，不要说传统时代，就是到了人民公社时代，我插队的那个地方，我们村子下面那个土地都不是我们村子（生产队）的，而我们队的地往往位置很远，有的就在别的村。因为在土地自由买卖的条件下，村民们各自的土地与外村人的土地完全是交错插花的。而集体化时同村村民的土地归并为生产队的土地，也同样与外村即其他生产队的土地交错插花。而村社制下就完全不同。

伯重兄对我说的编户齐民提出批评，那么他认为传统中国乡村是村社、宗族自治的吗？村社自治"治"的什么？治人还是治地？我们知道令尊李埏老李先生是主张中国古代实行土地国有制的，而其他许多人认为是土地私有制，但国有也好，私有也罢，总没人说是"村有"，对吧？而西欧、俄国、印度、墨西哥，直到我们周边的缅甸与爪哇，可都是村社所有制。再说人，中国历代官府管制户口，动辄"大索貌阅""检括人户"，"民无得擅徙"。但一到乱世官府管制失灵，就会"夜宿野田间，比屋皆闭户；借问屋中人，尽去作商贾"了。因为在中国村社户口控制功能是没有的。可是俄罗斯、印度国家户籍管制远没有我们发达，但却都有悠久的村社强制聚居传统，农民别说远出，就连搬到村外盖屋都要经过村社批准，获得建立"独立庄院"的权利那就是了不得的现代化改革。中国传统的户等制是国家安排的，元代并没有传说中的"九儒十丐"，但的确有蒙古、色目、汉人、南人四等，历代也还有区分贵贱的"诸色户籍"，但这完全是国家行为，并非乡土认同，后来朝廷说废除就废除了。而印度传统的种姓制与职业世袭都植根于乡村习惯与村社安排，所以现代印度国家法令早就废除了种姓，而村落中仍然户等森严。

当然，人们会说传统中国也有乡土、宗法认同。问题是如果没有治人、治地的制度，仅仅一些"乡土观念"能起多大作用？

现在流行传统中国"国权不下县"之说，理由就是县以下没有正式领俸的官员。很多人还以此作中外对比，说例如英国都铎王朝有多少官吏，而中国那么大，官吏也只有多少。这样的说法太可疑了。首先中国历史上很多朝代都有国家给予报酬的乡官乡吏，"县下无吏"说过于夸大。其次也不能说不设领俸官吏就表明"国权"不及、乡村自治。我们人民公社时代大小队干部都是在村里挣工分的，只有公社干部拿国家工资，你能说那时国家权力只及于公社，公社以下是"自治"的？

据我所知，"国权不下县"的理论似乎起源于韦伯的"传统中国有限官僚制"之说。欧洲历史上强调官僚（科层）制与贵族（领主）制之别。在他们那里官僚制与民族国家一样都是近代现象。我们知道韦伯认为官僚制是政治理性化的产物，而理性化就是现代化。韦伯认定儒教（中国文化）不比新教，不可能导致现代化。但谁都知道恰恰是中国，自古就由领俸官僚而不是由贵族治理，那不是早就现代化了吗？为了摆脱这个理论困境，韦伯便说中国的官僚制只是"有限"的，只在县城里有效；言下之意，城墙外的广大乡村社会都只有"非理性"的"卡里斯马权威"。韦伯这么说，本意并不是抬举我们，而是贬低我们。不料时过境迁，在崇尚"小政府"与"自治"的时代，"国权不下县"成了咱们的荣耀了。

其实中国本土学者梁方仲等先生早在 20 世纪 30 年代就对古代乡村治理作过总结，大意谓：唐以前是"乡官制"，唐以后是"职役制"；前者领俸位尊，是肥差，后者则是官府强制征来的苦差使。这个说法虽然过于简单——其实乡官与职役，或者更准确地说，乡吏与乡役，往往是并存的两种办法，尽管孰轻孰重以时而变。而且这个说法也没有考虑到乡绅的作用——但大体还是成立的。如今一些政制史方面的大书，如十卷本《中国政治制度通史》，也还是照这个思路写乡治演变的。可是韦伯之风一旦东渐，许多往往并未搞过乡治史、也并没有对上述梁方仲以来的研究成果作过分析辨误的论述者便大谈起"县下无吏即自治"来。却不细究县下是否真无吏？无吏是否即自治？

老实说，从人之常情讲，国家拿钱雇人（领俸官吏）办事，比之国家一毛不拔而可以强行抓人办差，应当说后者所体现的"国家权力"无疑更加厉害、更加专制。而我们的一些论者不知根据什么逻辑，却以为都铎王朝靠领俸官吏进行治理才是"大政府"，而在领俸官吏之外更可以强行抓人充当职役的，则是宽仁无为的"伦理自治"！如果把这种逻辑推到极端，那岂不可以说：现代公民国家花钱购买公共服务是一种专制之举，而秦始皇大量抓人无偿做苦力修阿房宫骊山墓，意味着那是个"民间自治"国家？伯重兄谈到传统国人的"驯服"，我对这一点并无异议。问题是何以如此？是畏于权势，还是心悦诚服？伯重兄似乎以为是后者。但是历代关于民间苦于差役的怨痛之声连篇累牍，岂是"忠诚"二字所能化解？伯重兄也注意到清末"中国人这个服从和有秩序的形象"发生了改变。但是岂止清末，哪一个朝廷末期不是如此？"顺民"与"暴民"的循环，在中国历史上重复了多少次？

但是伯重兄的一个问题我认为提得极好："在一个政府用法家的实际手段对付人民、而人民对政府也没有真正信任这样一个情况下，为什么中国每一个王朝可以延续那么长，也可以有相当的稳定性？"的确，我不能仅仅强调朝廷镇压力量的强大。查尔斯·蒂利的集体行动理论表明：人们的不满达到一个定值时，发生"集体行动"——也就是发生造反的可能与镇压力量成反比，而与不满者所拥有的组织资源成正比。假设镇压力量为定值，那么集体行动的可能性就主要取决于不满者的组织资源。而我的研究如果说有一点儿新意的话，就在于指出了传统中国社会中小共同体不发育、即我称之为"伪个人主义"的这样一种状态对于维持法家体制的重要性：这种状态下即使政府镇压力量并非天衣无缝，民间的不满也因缺乏组织资源而无法形成集体行动。法家的"高明"之处就在于此，这也就是我前面说的第一个"故事"所包含的道理。不过，当不满继续上升达到某个临界点时，这种状态却使得它一旦爆发便会突破地方性的或小共同体的狭隘范围而导致大规模的社会解体。国人"服从和有秩序的形象"一下子变成狂暴和无政府的形象也就完全不难理解了。

当然，"乡官—职役"的说法之严重不足，在于它忽视了乡吏与乡役之外的第三种乡村治理力量，即乡绅。自张仲礼以来乡绅研究备受重视，乡绅往往被描述为乡村"自治"力量，如果与20世纪60年代的人民公社干部相比，这样说或许有点道理，但是如果与中国以外其他古代文明中的贵族与村社首领、与科举—乡绅制度以前我国"乡举里选"察孝征贤产生的士族大家相比，就绝不能这样说了。乡绅完全作为个人，而不是作为乡里宗族的代表，排除了德望人缘因素而直接接受朝廷的智力测验与录用，从朝廷那里而不是从乡土关系中得到巨大的利益——尤其在明代，乡绅的优免权益可谓登峰造极，远非微薄的正式官俸可比——凭什么说他不代表朝廷而代表乡土利益？就因为他背了几本儒家的书吗？如果背这几本书就足以使他像西方的传教士那样，凭信仰而不是依世俗权势行事，那何至于一废科举，读儒不能做官了，这个阶层便迅速解体？乡绅作为在乡候补或致仕回籍的"不在任官员"，虽然不像乡吏在本乡职有专责，但毕竟也是大一统权力体系中人，不能自外于"法术势"，"吏"根深厚，甚于"儒"风。因此我们虽然不能完全否认乡绅的乡土意识——尤其到清代，由于朝廷削弱了绅权，东南市场兴起，宗族活跃，法家传统弱化，乡绅的地方色彩确有增加。伯重兄的高见如果仅指清代，尤其是清代之东南，我还是可以承教的——但总体而言，中国唐以后"乡役加乡绅"的国家权力控制比之此前主要依靠"乡吏"的控制，无疑是更强而不是更弱了。

总而言之，我们谈问题有一个比较尺度问题，有一个参照系问题。那么，念群兄提到，我把传统制度给简约化了，把制度理解为仅仅是吏治，这当然不是的。因为我在这样一篇文章中，已经被理解为好像是有很大的野心（笑声）。但是，人，即使有这么大的"野心"，以中国制度之错综复杂，他也只能谈九牛一毛（笑声）。那么其他方面的制度，如经济等，在另外的场合，我们还可以继续讨论。这里我其实就是提出问题，我觉得从吏治这个角度入手已经可以提出一些问题了，因为它无非是要引起进一步的讨论（笑声）。

还有一点，就是您认为我对儒家的否定比较厉害，这一点好像和拙文的主旨正好相反，拙文恰恰是强调我们"五四"反儒反得太厉害了。当然，我在这里是从反面来讲：我并没有说儒家给我们指出一条康庄大道，我只是说儒家并没有像有些人说的那样严重阻碍我们前进。阻碍我们前进的主要是另一些东西，而要克服这些东西，儒家还能有所帮助呢（笑声）。你看，在这个意义上，我对儒家的评价的确应该说不算低的。谢谢大家。

穷则兼济天下，达则独善其身

一

可能有的朋友看到这篇文章的题目会说：错了！应当是"达则兼济天下，穷则独善其身"才对。的确，《孟子》原来说的是"穷则独善其身，达则兼善天下"。后人习惯先"达"而后"穷"并改"兼善"为"兼济"，尚不失孟子原意。但笔者确实认为：一个人如果真心想要"善其身"与"济天下"，那还是改成本文题目所云的"穷则兼济天下，达则独善其身"的好。

思想史上流行的观点认为，"达则兼济天下，穷则独善其身"是作为中国文化精髓的"儒道互补"的体现：前半句表达了儒家的理想主义和入世精神，而后半句显示出道家的豁达态度与出世境界。不过，从"文本史"的角度讲，这个说法是有明显缺陷的：如上所述，整个这句话原出于《孟子》，本与道家无关。而道家或老或庄，似乎都没有说过"善（无论独善兼善）其身"之类的话。相反，本来意义上的道家是主张"绝仁弃义"解构道德而追求无是非无善恶的"逍遥"境界的，它并不强调个人道德修养。说前半句是儒、后半句是道，似难以服人。

但如果把"兼济天下"与"独善其身"的道德含义除去，而只把它们理解为"有为"与"无为"，则这句话（不仅是后半句）又成了纯粹的道家思想。人们常常只把"无为"看成是道家主张，其实至少庄周这个道家宗师也有追求"有为"的一面。在《庄子·外篇·山木》中，庄周曾自比"腾猿"："其得楠梓豫章也，揽蔓其枝而王长其间，虽羿、蓬蒙不能眄睨也。及其得柘棘枳枸之间也，危行侧视，振动悼栗，此筋骨非有加急而不柔也，处势不便，未足以逞其能也。"猴子抱上了高贵的大树，便得志称雄，"王长其间，虽羿、蓬蒙不能眄睨也"。而一旦掉到了荆棘丛中，就夹起尾巴做孙子，"危行侧视，振动悼栗"了。换句话说，在庄周看来，人当得势时是"有为"的，所谓"无为"，就是"处势不便，未足以逞其能"时的生存方式："今处昏上乱相之间而欲无惫，奚可得邪？"

众所周知，道家在知与行两方面都倡导"无为"。单就"无为"而论"无为"，本无所谓对错。强者对弱者"无为"，可以理解为宽容；弱者对强者"无为"，就沦于苟且了。权力对权利"无为"意味着自由，而权利对权力"无为"则意味着奴役。思想史上有些人（如晚清的谭嗣同称赞庄学对君权的解构）是从前一种意义上论"无为"的。但在传统中，从后一种意义上实践"无为"的则无疑是主流。问题在于：道家所谓的"无为"恰恰是一种主要面向弱者的"贵柔"学说，而弱者对强者的"无为"，不正是苟且吗？

苟且而出于无奈，亦不足责。但庄周的苟且却不是自承无奈，而是把它奉为崇高境界。在这种境界中，真伪、有无、是非、善恶都可以不分，或者说都不可分："物无非彼，物无非是。""彼出于是，是亦因彼。""方可方不可，方不可方可；因是因非，因非因是。""是亦彼也，彼亦是也。彼亦一是非，此亦一是非，果且有彼是乎哉？果且无彼是乎哉？""恶乎然？然于然。恶乎不然？不然于不然。……无物不然，无物不可。……恢诡谲怪，道通为一。"《庄子·内篇·齐物论》中的这段话历来被论者看成是道家思想的精髓。的确，我国传统时代一大弊病是言行不一，儒家的那一套仁义道德只说不做，法家那一套关于"法、术、势"的厚黑学只做不说，所谓"儒表法里"是也。而道家的上述诡辩论则为本来难以相容的"儒表"与"法里"提供了关键性的粘合剂，为逻辑上磨擦剧烈的"王道之表"与"霸道之里"加注了有效的润滑油：法家指鹿为马，儒家曰此非马，则被坑矣；曰此马也，则非儒矣。而庄子曰：马亦鹿也，鹿亦马也，所谓"万物一齐"也。是故指鹿为鹿者，儒也；而指鹿为马者，尤大儒也。言"大"者何？谓其超越是非之俗见，是为"真人""至人"也。故曰：法家儒也，儒家法也。而儒表法里者，其旷世之大儒乎！——庄周的逻辑适足以论证如此"高尚的无耻"！

要之，用"达则有为、穷则无为"的道家观点去解读"达则兼济天下，穷则独善其身"，实际上就是说得势了就称王称霸，失势了就奴颜婢膝。这自然是大违孟子本意的。《孟子·尽心上》的原话是：

> 孟子谓宋句践曰："子好游乎？吾语子游。人知之，亦嚣嚣；人不知，亦嚣嚣。"曰："何如斯可以嚣嚣矣？"曰："尊德乐义，则可以嚣嚣矣。故士穷不失义，达不离道。穷不失义，故士得己焉；达不离道，故民不失望焉。古之人，得志，泽加于民；不得志，修身见于世。穷则独善其身，达则兼善天下。"

这显然是表示一种理想主义精神：如果得志，我要造福于天下百姓；即使不得志，我也要洁身自好，绝不与腐败势力同流合污。所谓"独善其身"在这里就是"穷不失义"，而绝不是去作"逍遥游"；是"修身见于世"，而绝不是"出世"。这后半句并没有道家所提倡的那种难得糊涂、玩世不恭的态度。道家主张"顺其自然",以"逍遥游"的态度对待世事,"不谴是非,以与世俗处",把一切矛盾都化解为虚无,化解在庄生梦蝶、蝶梦庄生、似是而非、似非而是的玄谈中,这与"独善其身"绝不是一回事。

总之,这句话如果按其原意,它整句反映的是儒家的理想主义;如果抽掉其理想色彩,它整句反映的是道家的犬儒主义。但无论哪种情况,说它前半句是理想主义、后半句是犬儒主义(褒义的说法叫"现实主义"),都似难成立。

然而,在专制时代的现实中,这两种意思虽然不是前后两半句之别,却可能成为表里之别:口头上表白的是"得志则造福天下百姓,不得志则洁身自好拒腐败",实际上却往往变成"得势则称王称霸,失势则奴颜婢膝"。口头上的理想主义,行为上的强权主义与犬儒主义。以至于两千多年下来,"独善其身"这个成语的所指已从孟子那里颇有些悲剧色彩的"穷不失义"者,变成了朱自清先生笔下喜剧色彩的"知其不可而不为的、独善其身的聪明人"[1]!可怜据说被"独尊"了两千多年的儒学,在"儒的吏化"与"儒的痞化"两边挤压下,不是"儒表法里"就是"儒表道里",哪儿还有什么真儒家?

二

那么,就其本义而言,"达则兼济天下,穷则独善其身"作为知识分子的理想人格有什么缺陷呢?它的被扭曲、被"道家化"能够避免吗?

---

〔1〕 朱自清:《经典常谈·诸子第十》。

无疑，"济天下"的理想抱负与"善其身"的个人修养都是非常值得追求的。然而"达则兼济"与"穷则独善"确实有问题，其被扭曲亦非偶然。

关键在于"达则兼济天下"这句话很有点"己所欲，必施于人"的味道，体现了道德律人的精神，却没有考虑权力有限、权力自律与受律的原则。在这方面，倒是孔夫子早就说过："克己复礼，天下归仁焉。"他说的是"克己"而不是克人，诚哉斯言！克己复礼则善，克人复礼则伪，克人纵己而号称复礼，则假恶丑之尤也。效尤而能达，达则"王长其间"，假兼济之名以祸天下，"冒孔之名以败孔之道"〔1〕，"使天下之人不敢自私，不敢自利，以我之大私为天下之大公"〔2〕。"绝仁弃义"，法道互补，莫此为甚。是故欲求真仁，必先制能克人之人——此子所不语而匹夫某敢补言之也。

因此对于"能克人之人"来说，他首先应当考虑的是"达则独善其身"。"善其身"是每个人都应该做的，但对"能克人之人"来说"善其身"则是他必须做的。不仅他本人必须做，更重要的是他人与公众也应该以监督权力、制衡权力、约束权力的制度安排来帮助他做到这一点。在现代文明社会中，包括掌权的"达"者在内的公众人物，其私生活隐秘权是小于一般公民的。像媒体大炒克林顿与莱温斯基的"丑闻"，若是对一般平民那就构成侵犯隐私权，但对于总统，即使传媒夸大其词，你又能怎么样？为了维护公民权，现代司法制度必须实行"无罪推定"原则，司法当局必须承担有罪举证责任，如不能证明你有罪，那你就被视为无罪。而为了约束权力，对"达"者的舆论监督实际上实行的是"有错推定"原则，"达"者必须承担无错举证责任，如不能证明你无错，那你就被视为有错。

---

〔1〕 谭嗣同:《仁学》之二十九。
〔2〕 黄宗羲:《明夷待访录·原君》。

这不就是"达则独善其身"吗？

至于"兼济天下"，孟子的原话是"兼善天下"，其中自然包括了"善其身"与"善他人"两个方面。但这里还是孔夫子讲的好，他说"己所不欲，勿施于人"，而没有说"己所欲，必施于人"。当然孔夫子也说过："夫仁者，己欲立而立人，己欲达而达人。"作为公共权力的执掌者，要把"己所欲"的理想和治国方案"施于人"以实现"济天下"的抱负，是很自然的。但是立人、达人、施于人乃至济天下都是有条件的，那就是得到被"立"被"达"者的同意，获得"天下"公民的授权。己所欲而人亦欲，固当施之。若己所欲人不欲而强施之，亦如己所不欲而人强施于我，岂我所愿哉？我不愿而施之于人，则置圣道于何地耶！故曰：己所欲、施于人而不能必也，立人达人而不能强也，济天下而必先请于天下也。换言之，"己所不欲，勿施于人"是绝对的，而"己所欲，施于人"是相对的；"兼济天下"是有条件的，"独善其身"是无条件的。因此应当提倡"达则独善其身"。

"达则独善其身"就是说大权在握时尤其要注意权力的自律，而不能凭借权力用自己哪怕是真诚的理想去无限制地律人。在这里应当讲究一点强者对弱者的"无为"、权力对权利的"无为"，讲究一点宽容与自由，绝不能借"兼济"之名对"天下"滥用强制，要记住：再高尚的人，其权力也要有制约；再平庸的人，其权利也应受保障。只有这样，才能真正做到积极意义上的"无为而无不为"，真正为"天下"百姓带来幸福。

三

至于"穷则独善其身"，其缺陷在于只强调无权者的道德自律，而没有考虑需要争取和维护"无权者的权利"。人们可能认为，这样的权利只关乎个人。在发达的现代公民社会里这样认为或许也无大碍，因为在公民权已经受到保障的条件下，他们有权利关心并参与公共事务，但社会并没有权利要求他们必须"兼济天下"。

但是权利如果尚待争取，那情况就与保住已有权利不至于丧失有所不同了。本来，"计划经济"要求深奥的"科学"来为经济过程提供人为的"最优解"，而"自由经济"只要求不"偷"不"抢"，公平交易自会"顺其自然"；"理想政治"要求人皆为圣贤，而自由政治者只要求人不作奸犯科。总之，"自由"原是个低调的"主义"，它承认人人都有"自私"的权利。然而另一方面，"自由"本身却又是个最具有"公共物品"性质的东西。某个人付出艰辛而挣到一笔钱，别人不能分享；经过努力而得到的名声与荣誉，他人不能分沾；甚至经过流血打下的"江山"，别人更不能染指。唯有"自由"这东西，一旦实现便是高度公共化的，某个人付出牺牲争到了自由的制度，则所有的人都在这个制度中"免费享受"了自由；如果这人对此不快并要求自己比别人享有更多的"自由"（或反过来要求别人享有更少的"自由"），那这要求本身便破坏了他所要争到的东西。如果这个人一开始便看到了这一点并要求所有人都像他那样为争取自由而付出代价，那么他更是一开始便破坏了自由主义——因为这个主义的基础便是尊重个人选择、承认理性自利。于是，自由主义便会陷入西人所言的"搭便车"、我们所谓的"三个和尚没水吃"的困境。应当说，在绝大多数场合自由主义所面临的都是这种"行为困境"，而不是什么"文化困境"。

显然，要跳出这种困境，人们必须面对的不是学理问题，而是实践问题：从理论上讲，一个人争取他自己的人权时，他也是在争取所有人的权利。换句话说，他这是在"兼济天下"而不仅仅是"独善其身"。但这样做的代价，却是要他自己负的。反过来说，假如别人这么做了，他就可能无须付出代价而获得权利。于是面对强权的压迫，人们如果各怀私心而沉默，就无法冲破压抑去实现自由。因此，"消极的"自由必须以积极的态度来争取，低调的制度必须以高调的人格来创立，为了实现一个承认人人都有"自私"权利的社会，必须付出无私的牺牲，为世俗的自由主义而斗争的时代需要一种超越俗世的"殉教"精神。而这，要比学理上的自由主义体系建构重要得多。换句话说，如果无权者即"穷"者中没有人以自我牺牲的精神"兼济天下"，则所有的人都将难以"独善其身"。

在许多民族争取自由的历程中都有这么些人，如甘地、哈维尔、曼德拉等。他们并未在学理上给自由主义带来多少贡献，甚至他们本人的思想还未必说得上是"自由主义的"。然而他们对自由的贡献无与伦比，其原因不在其言而在其行：一是他们面对压迫敢于树立正义之帜，反抗专横而不仅仅"独善其身"，从而跳出了"消极自由"的悖论；二是他们宽容待世，不搞"己所欲，必施于人"的道德专制，更不自认为有权比别人享有更多的自由，从而跳出了"积极自由"的陷阱。应当说，一个民族能否取得自由，不是取决于它有没有自由理论家，而是取决于它有没有这样的自由实践者。即便我们写不出罗尔斯、哈耶克那种层次的理论巨著，我们也可以实行"拿来主义"；但倘若我们干不了甘地、哈维尔等人所干之事，那是绝不会有人代替我们干的。

因此"穷则兼济天下"应当成为理想人格的又一原则。如果说这一原则在自由时代也许并不重要——那时人们更需要的是制约"达则兼济天下"的圣君。但在争取自由的时代，却不能没有"穷则兼济天下"的圣雄。当他们作为无权者即"穷"者时，自然不存在滥用权力的问题。假如他们日后成了"达"者，那就是"达则独善其身"的问题了。能同时实践"穷则兼济天下，达则独善其身"的人，就具备了圣雄的人格。圣雄而达，则高于圣君，因为后者如果"己所欲，必施于人"是会异化成暴君的。圣雄而穷，则高于圣隐，因为后者如果只是"知其不可而不为"，则不过犬儒而已。而圣雄者，穷则兼济天下，知其不可而为之，人所不欲之牺牲而施诸己，岂止"己所不欲，勿施于人"哉！达则独善其身，己所欲而必请于人然后施之天下，真所谓"大道之行，天下为公"矣！是圣雄人格乃圣贤之最，我中华崇圣礼贤之邦，儒风夙被，人怀仁义道德之心，必不让其专美于印度、西洋与南非也。

四

总而言之，儒家的道德理想，无论是"济天下"还是"善其身"，是可以与现代人权、自由、民主的原则相结合的，也只有与这些原则相结合，"济天下"与"善其身"才能真正实现。而这一结合的基础就是"穷则兼济天下，达则独善其身"。如果"穷"者中多一些"兼济天下"的圣雄精神，那就能"以我之大公争得天下人之小私"，而实现"因民之所利而利之"的圣贤之道。如果对"达"者多一点约束圣君之制使其"独善其身"，那就会消除"以我之大私为天下之大公"的千年祸患，真正实现"克己复礼，天下归仁"。因此我们应该让"穷"者多一点权利意识，而"达"者少一点权力迷信。"穷"者要能够"有为而有不为"，"达"者要善于"无为而无不为"。只有这样，我们这个文明古国才能跳出因"达则有为、穷则无为"而陷入"法道互补"的怪圈，儒学本身才能摆脱"儒表法里"与"儒表道里"的双重异化，抵抗强权哲学与犬儒哲学的两面夹击，才有可能实现"老内圣开出新外王"。中国现代文明的发展才有了一条共同的底线：从这个基础出发，我们才有可能追求儒家圣贤的个人道德完善与"天下为公"的理想，追求西方自由主义的自由、人权、法治理念，追求本来意义上社会主义的民主公平与"自由人联合体"理想——当然，也只有在这样的底线基础上，我们才能进一步来讨论中、西"文化"之异和左、右"主义"之别，并进行能够体现我们个性的"文化"选择与"主义"选择；而不至于在"野蛮"的环境下妄言 A"文明"与 B"文明"的优劣，在"有主无义"的状态下空谈甲"主义"与乙"主义"之高低。一句话，无论中西"文化"之异还是左右"主义"之别，都必须以基本的人道为基础。在"中西"与"左右"之上，有个更为重要的人道与反人道之别。具有悠久历史文化的我们中国人，应该在人类文明的这个基础上做出自己的贡献。

谁，面向哪个东方？

——评弗兰克《重新面向东方》，兼论所谓"西方中心论"问题

A.G. 弗兰克的《重新面向东方：亚洲时代的全球经济》[1]（中译本名为《白银资本：重视经济全球化中的东方》[2]）一书最近在中国引起争议。从形式上看这是一本经济史著作，但弗兰克本人并非职业经济史专家，中国的争议双方也不是。这本身就很耐人寻味。

以赛亚·伯林有所谓"狐狸与刺猬"之说，按他的比喻，学问家是狐狸，思想家是刺猬。这本书是一本典型的刺猬之作，思想犀利、批判锋芒明确、视野开阔，的确提出了针对两方面的传统观点都很有批判性的主张。不管是对自由主义的那套解释，还是对左派的解释，包括"依附理论"。这是本书的一个突出特点。

弗兰克以前曾经提倡"依附理论"，但现在这本书与"依附理论"显然大相径庭。"依附理论"的核心观点之一是认为第三世界的落后是西方剥削造成的，但本书则强调东方的衰落先于西方的兴起。

〔1〕 Andre Gunder Frank, *ReOrient*: *The Global Economy in the Asian Age*, University of California Press, 1998.

〔2〕 弗兰克：《白银资本：重视经济全球化中的东方》，刘北成译，中央编译出版社，2000 年。

既然这样，衰落的主要原因就很难归咎于西方了。因此我不认为这本书的论点有利于所谓新左派，同时这本书当然是反驳了所谓现代性理论（据说自由主义是崇拜现代性的，虽然这一点本身就有待证明），然而它主要不是说现代性不好，而是说现代性这个东西根本就不存在。既然不存在也就无所谓批判。因此也很难说这本书就不利于"自由主义"。于是这本书虽是刺猬之作，却很难说到底刺了谁，它虽然思想新异，但很难说对当今各种思想对峙的格局能有什么影响。它在今日国内居然成为"自由主义与新左派论战"的前沿，实在是件古怪的事。

因此我以为对这本书最好是先把刺猬当作狐狸评，从经济史的角度看看它说的是不是那么回事，然后再考虑它的思想价值。

一、外贸顺差与"经济中心"

但从经济史专业角度讲，本书是缺乏说服力的。徐友渔与刘禾在本书资料是否扎实的问题上争论很大，其实关键问题不在这里。从考证的角度讲，专业汉学家之外谈论中国的西方人，包括从马克思、韦伯到布罗代尔这些大家，都不免粗疏的。像布罗代尔的书，谈欧洲自然很有功力，一涉及中国，常识性问题一大堆，大至"中国人口增减节奏与西方类同"这样的判断，小至把甘肃而非新疆称为"中国的突厥斯坦"，以及说华北农民用锄头而不用镰刀来收割小麦等等[1]。这些都不奇怪，何况弗兰克这样一个非专业学者。刘禾说他在资料上下过很大功夫，这是可以相信的。问题在于弗兰克动

---

[1] 布罗代尔：《15 至 18 世纪的物质文明、经济和资本主义》，顾良、施康强译，三联书店，1992 年，第一卷，31、122 页等处。

用大量资料证明的只是一个众所周知的常识——中国在 1400—1800 年间的对外贸易大量出超，使大量白银作为贸易顺差流入中国。但是弗兰克从这样一个老生常谈的事实中推出了一个独创性的新颖结论，即中国是当时世界经济体系的中心。而这个推论恰恰既没有什么实证基础也没有逻辑依据。鸦片之祸以前中国有大量外银流入，中外学界不仅早有专家论及（如民国时期就写成的彭信威《中国货币史》），而且我们的中学课本就一直以此来反衬西人输入鸦片之害。但在弗兰克之前，的确谁也没想到以此证明中国是"全球经济中心"而西方只是"边缘"地区。

评论界早有人指出这种以外贸盈余来证明经济发达的"贸易主义"[1]是弗兰克此书的一大硬伤。之所以说是硬伤，盖因其不是个资料多少的问题，而是个不合逻辑的问题。众所周知，我国现在就是世界外贸顺差最大的国家之一（仅次于日本），而美国则是世界头号外贸逆差国。这能说明我国如今是"世界经济中心"而美国则是比非洲还要惨的最"边缘"之地吗？

如果延伸到中国历史，问题就更大了。在中国古代外贸史上，外币与贵金属的流入主要在明清。而我们以往引以为荣的秦汉唐宋辉煌文明都是本国货币（包括贵金属）流出时期，亦即外贸（如果可以把那时的各种中外经济来往形式都称为"外贸"的话）大量逆差的时期。

在流通黄金的汉代，中国的对外贸易就是长期逆差，黄金是比丝绸更重要的对外支付手段[2]。今人把当时的中外商道称为"丝绸之

---

〔1〕 Mercantilism，其实就是经济学界通译的"重商主义"，中国的"弗兰克讨论"由于是行外人发起但又喜欢袭用西方行内的书评语言，便出现了这么个怪怪的"新名词"。

〔2〕 参见秦晖：《汉金新论》，载《市场的昨天与今天》，广东教育出版社，1998 年，9—45 页。

路"，实际上史籍记载汉的输出通常都是黄金与绢帛并列，而以黄金居首。如《汉书·张骞传》："赍金币帛直数千巨万"；《汉书·地理志》："赍黄金杂缯而往"；《盐铁论·力耕篇》："汝、汉之金，纤微之贡，所以诱外国而钓胡、羌之宝也"等等。当时在西北陆上"丝路"以黄金易"宛马"[1]、在西南海上"丝路"以黄金易珠宝琉璃[2]的贸易极为活跃。而由于汉帝国的货币经济更为发达，汉方用作通货支付的黄金在对方往往被视为一般商品："自大宛以西至安息国，……不知铸钱，……得汉黄白金，辄以为器，不用为币。"[3] 显然，在这里如果有什么"经济体系"的话，其"中心"只能是贸易逆差的汉帝国，而不是"顺差"的对方。

唐宋时期中国的贸易逆差就更为明显，这个时期中国贵金属的极度稀缺据说就与此有关。贵金属之外，当时中国一般通货的大量外流更蔚为大观，从"开元通宝"到宋代制钱，都曾广行于周边地区，几成"国际通货"，有似今日美国以美元支付逆差的结果。所谓"两蕃南海贸易，（钱币）有去无还"[4]；"北界（契丹）别无钱币，公私交易并使本朝铜钱，……本朝每岁铸钱以百万计，而所在常患钱少，盖散入四夷，势当尔矣"[5]；"四夷皆仰中国之铜币，岁阑出塞外者不赀"[6]；"金银铜钱之类，皆以充斥外国"[7]；"泉州商人……载铜钱十余万缗出洋"[8]；等等。有趣的是：当时的一般趋势是中国经济越繁荣，通货输出越明显，而在经济衰败时期便会出现通货回流。

---

〔1〕《史记·大宛列传》。

〔2〕《汉书·地理志》"黄支国"条。

〔3〕《史记·大宛列传》。

〔4〕 李焘：《续资治通鉴长编》卷八五，大中祥符八年十一月。

〔5〕 苏辙：《栾城集》卷四一。

〔6〕 李焘：《续资治通鉴长编》卷二八三，熙宁十年六月。

〔7〕《宋会要辑稿》刑法二之 144。

〔8〕 李心传：《建炎以来系年要录》卷一五零。

如宋金对峙时代南宋钱币长期北流入金，但到南宋末期最后数十年间，却出现了钱币回流现象[1]。

实际上，农业时代世界史中相对发达地区贸易是逆差、通货纯流出的现象是大量存在的，相反的事例反而较少。在汉帝国黄金流向西域的同时，罗马帝国的黄金也在向东流。早在共和晚期，为了与东方的交易等用途而流出的黄金便多得据说"可与19世纪加利福尼亚大淘金相比"，以至于引起金荒，一度使罗马元老院下令实行黄金出口管制[2]。帝国时代与东方的奢侈品贸易耗费的金银更多，据普林尼记载，当时流向东方的金银总值达到每年一亿塞斯退斯之多[3]。而当时作为罗马最大富豪之一的普林尼全部年收入为一百万塞斯退斯，一所科路美拉式庄园初始地价才7000塞斯退斯，房价最贵的意大利地区60%的建筑价格都在2万至20万塞斯退斯之间。[4]相比之下，每年一亿的外贸逆差实足惊人。西亚、中亚和印度这片地区成了吸纳罗马和秦汉这东西两大文明中心流出之贵金属的贸易大"顺差"地区，而穆罕默德之前6个世纪的不毛之地阿拉伯也是普林尼所说吸纳罗马黄金的主要地区之一。这难道可以证明这里当时的经济是世界第一，而罗马与秦汉两大帝国反而是"边缘"吗？

在弗兰克此书论述的16—18世纪，西欧不仅对印度、中国的贸易是逆差，对世界其余地区例如东欧、俄罗斯的贸易也是如此。用布罗代尔的话说：

---

〔1〕　参见乔幼梅：《宋辽夏金经济史研究》，齐鲁书社，1995年，118—183页。

〔2〕　T. Frank, *An Economic Survey of Ancient Rome*, Vol.1, *Rome and Italy of the Republic*. New Jersey: Pageant. 1959. pp.265，347.

〔3〕　T. Frank, *An Economic Survey of Ancient Rome*, Vol.5, *Rome and Italy of the Empire*. New Jersey: Pageant. 1959. pp.32，232，282–283.

〔4〕　R. Duncan-Jones, *The Economy of the Roman Empire*: *Quantitative Studies*. Cambridge University Press. 1982. pp.124–210.

（西欧）贵金属也经由波罗的海流向东欧。这些落后国家为西方提供小麦、木材、黑麦、鱼、皮革、毛皮，但很少购买西方的商品。实际上是西方逐渐促成这些国家的货币流通。十六世纪与（俄罗斯）纳尔瓦的贸易便是一例，……一五五三年英国人在（俄罗斯）白海港口阿尔汉格尔斯克开创的贸易是又一个例子。十八世纪圣彼得堡的贸易也属于这种情况。必须注入外国货币，才能指望俄国输出西方期待的原料。荷兰人执意用纺织品、布料和鲱鱼支付货款，结果他们失去在俄国的优先地位。[1]

众所周知，这个时期正是俄国彼得大帝大力倡导西化改革之时，而按弗兰克书中的逻辑，俄国向西方大量输出"但很少购买西方的商品"便证明它比西方先进很多，那彼得一世就可以说是"龙王"学习"乞丐"的旷古未闻之大傻帽，是使国家由"先进"变落后、由"中心"沦为"边缘"的历史大罪人了。

同样按这个逻辑，明清有大量白银流入中国，因此它是世界第一。那么我们怎么评价秦汉唐宋？那可是大量通货流出中国的时代，是大量外国商品传入中国的时代，是"贸易"大量逆差的时代。如果用这种尺度评价，那两千多年中华帝国历史的大部分便成了大衰落的时代、一无可取的时代、龟缩于"世界体系之边缘"的时代，只有到了明清间的这几百年，才昙花一现，忽然崛起为"全球经济中心"，尔后又莫名其妙地忽然衰落[2]。同样根据这种尺度，全部产生于明以前的中国四大发明，以及恰恰出现在弗兰克讲的西方"边

〔1〕 布罗代尔：《15 至 18 世纪的物质文明、经济和资本主义》，顾良、施康强译，三联书店，1992 年，第一卷，548—549 页。
〔2〕 弗兰克此书拒绝了西方侵略导致东方衰落的传统看法，而他自己对"东方"的衰落几乎没有作出解释——除了提到那"康德拉季耶夫长波周期"。

缘"时代的产业革命前后科学技术的诸多突破都不知有何意义，而处于"世界体系中心"地位的明清王朝（也许还有明以前的西方中世纪？）又不知为什么在技术、制度与文化上都找不到什么突破——这样的逻辑能让人信服吗？

应当看到，近年来在"重新发现东方"的时髦中经济史学界除了"贸易主义"（应译为"重商主义"）尺度外，也还有证明"东方"先进的其他研究成果。如从人口增长、劳动生产率推算等方面取得的进展，王国斌、李伯重等的研究就是如此。然而弗兰克在这方面汲取的东西很少，他的基本立论几乎完全建立在外贸顺差这一点上，此书中译本取名《白银资本》（据说这个书名征求了弗兰克本人的意见）即因此而来。但是，即使考虑到重商主义之外的这些研究，是否就能得出"重新发现"者希望得出的结论，也是很可疑的。因为对历史上人口、土地、产量、生产率乃至生活水平的考证十分复杂，因而争议极大，尤其涉及两相比较时更是如此。许多"重新发现"都是有争议的。倒是在外贸格局方面的确争议不大——如前所说，明清白银大量流入是谁都承认的常识。但从这一常识中能得出什么结论则是另一回事。正是在这一点上，弗兰克岂止是激情有余而论证不足，他几乎是只有激情而无论证的。

其实从情理与世界史上大多数事例而言，相反的结论恐怕要合理得多：农业时代的外贸需求一般主要是奢侈品需求，强大帝国的这种需求（可以货币支付的需求）往往高于衰弱国家，因而容易形成更大的逆差。初级工业化开始后大宗产品供给与大宗原材料需求同步增加，但如果它是与没有投资需求的传统农业国进行贸易，则它的大宗原材料需求会比大宗产品供给更易实现，从而也造成大量逆差。秦汉唐宋与罗马属于前一种情况，而18世纪前后的西欧属于后一种情况。但两种情况都不表明它们的经济不如其贸易对象。

毋宁说，在前重商主义条件下，明清时代中国对外贸易之从此前的历史性逆差转变为顺差，倒更有可能是它开始逐渐转为相对落后、相对"边缘"化的体现。

二、"比较"的尺度

以外贸顺差的有无及多少作为经济发达水平的核心尺度乃至唯一尺度，这是典型的重商主义标准。这样的标准在某种经济结构中可能是合理的，但在另外的背景下这种标准就会显得荒诞。无论在农业时代的"前重商主义"条件下，还是在自由贸易的"后重商主义"条件下，前者如把明清的"顺差"看成"世界体系中心"的证明，后者如把今日美国的"逆差"看成它的"边缘"化。而"前重商主义"与"后重商主义"都还是就市场经济本身的发展程度而言。如果放在根本非市场经济的背景下，比如说在 J. 希克斯所说的"习俗—命令经济"的背景下，这种标准就更成问题了。

然而许多人在进行"中外比较"或"古今比较"时，往往忽视这种背景的区别，从而导致许多随意性极大的结论。这个毛病不仅弗兰克为然，也不仅研究中国问题的西方学者为然，中国学者也常犯类似错误。

例如曾经有一种也是来自海外汉学而如今在国内流行的说法，认为古代中国具有比西方更发达的自由主义精神和自由贸易传统。这样说的唯一根据是：据说当时西方关税税率比中国为高。但且不说这里的税率数字是否无可争议，只需要指出：即使在关税壁垒已成为自由贸易主要障碍的今天，仅仅以关税税率来衡量贸易的自由度也是有问题的。例如，波尔布特治下的柬埔寨根本就不征关税，你能说它是贸易自由的典范吗？

事实上，以税率杠杆来调节经济这一现象本身，比之直接以行政手段支配经济已是"自由"多多。在历史上，关税壁垒是重商主义的一种实践，而没有这种壁垒可能意味着"后重商主义"自由贸易时代，也可能意味着"前重商主义"命令经济时代。在中国古代，政府对外贸最积极的时代是宋元而非明清。两宋政府尤其是幅员缩小而军费浩繁的南宋政府基于财政需要而鼓励市舶贸易，市舶口岸多达20余个，还曾以抓壮丁的方式强籍商人出海[1]。然而这种贸易并不"自由"。市舶司（类似海关）对进口货"抽解"（征税）10%—40%，这一税率比清代关税要高许多。但关键问题并不在此：宋政府对外贸的最致命的控制实际上是在"抽解"后。纳完关税的货物并不能直接进入市场，要先由市舶司统购统销一大部分，号曰"博买"，主要的舶货如奢侈品、镔铁、药材等全部收购，其他货物也要由官府"博买"一半，"博买"后由官方编纲解运京师。"官市之余，听市于民"[2]，真正能"自由贸易"的不过这些漏网之鱼而已。

明清政府的外贸政策就更为保守。明代曾长期实行"片板不许入海，寸货不许入蕃"的海禁政策，完全取缔民间外贸，以至于逼商为"寇"，造成了绵延不绝的"倭寇"问题。清代初年也曾厉行海禁，"片帆不准入口"。康熙中叶解除海禁后也只限四口（广州、漳州、宁波、云台山）通商，比宋元时代的口岸少得多。而且仅仅70余年后又关闭了三口，只限广州一口通商，实际上回到了半海禁状态。在广州一口又实行官府特许的行商垄断制度，加上对越来越多的货物实行禁止外贸（包括军需品、粮食、铁、丝绸、马匹、书籍等）、对国民接触外国人严厉限制（如1759年《防夷五事》条规所规定的）等等，对"自由贸易"之排拒岂是今日所谓的关税壁垒

---

〔1〕《宋会要辑稿》刑法二之144。
〔2〕《宋会要辑稿》职官四四之2。

或贸易保护主义所能比拟的？

清代的关税税则紊乱，黑幕重重，贪污勒索盛行，若就国库所得而言，其税率确实不高，不仅低于英国，而且也低于两宋。但这与自由贸易全不相干，只反映了当时以"农本"立国，以地丁钱粮为"正供"，当局视外贸为不正经，犹如偷鸡摸狗，国家财政岂能寄望于此？有趣的是清代关税税率比更为看重市舶之利的两宋为低，但却比根本无所谓关税、绝对禁止民间外贸而只搞破财换虚荣的"贡赐"的明朝为高。可见在传统帝国体制下关税税率（如果说可以按现代统计口径称之为税率的话）的低下与其说与贸易的自由度成正比，不如说几乎是成反比的。这无疑是典型的"前重商主义"特征。

在前重商主义体制下，官方不仅限制进口，尤其禁阻出口（这与重商主义只限制进口但支持出口正相反）；限制的目的也不是保护国内产业，而是便于管制国民。清初海禁是为了对付郑成功，弛禁后的外贸管制也是为了防止洋人"勾串内地奸民"[1]。因此如果说重商主义各国歧视外商是为了支持本国商民的话，传统帝国在对外商有时的确"真是太宽容了"的同时，对本国商民却极尽歧视、镇压乃至剿灭之能事，其手段一点也不"和平"。相应地作为"博弈"的另一方，当时的中国海商也常常以海盗的形式对祖国处在战争状态，从明代作为所谓"倭寇"主体的中国民间海商武装，到明清两代的林凤、林道乾、刘香、郑芝龙郑成功父子以至蔡牵、郭惟太等莫不如此，这其间哪有什么"用和平方式解决冲突"的文明规则！尤有甚者，明清当局与扩张到东方的西洋殖民势力联手剿灭本国海商的事也屡见不鲜，堪称"规则"。明万历时"官军追海寇林道乾至"菲律宾，西班牙人"助讨有功"[2]。清康熙时官军又与荷兰人联合进

---

〔1〕《清高宗圣训》卷一九九。
〔2〕《明史》卷三二三，《吕宋传》。

攻郑成功在金门、厦门的基地。有人对中、西在菲律宾的"殖民"作比较后大为感慨，引为传统"中国文明"比"西方文明"更和平更自由的证据。其实那时的帝国官府何止"没有派兵去保护中国侨民"而已，他们还派兵去追杀过"中国侨民"呢！在当时的官方眼里这些"侨民"根本就是"盲流"或"叛逃"之类，巴不得借洋人之手除了他们，这里哪有什么和平与自由，有的不过是"内战内行，外战外行"而已。

可见以关税税率高低来衡量自由程度，犹如用外贸顺差大小来衡量经济发达程度一样，有时会产生怎样的谬误。

再一个例子是如今关于"第三部门自主性"的讨论。西方所谓第三部门的自主性，是在公民社会的背景下针对这些部门对政府资助和交易性收入的依赖而言。然而在另外的背景下用这样的尺度来比较，就会出现非常可疑的结果。例如北欧国家的第三部门经费依靠国家资助的程度常常高达90%，有论者批评这危及了第三部门的独立，并指出某些发展中国家第三部门从国家得到的资助极少。但人们不禁要问：这是否能说明这些国家第三部门的独立性比北欧第三部门大得多？

事实上，由于"慈善不足"导致"志愿失灵"的现象，在现代化早期的西方就曾引起过讨论。如在1882—1902年间，法国依赖政府资助的公益会社成员增加了100万人，而"自由的"公益组织成员只增加10万人。1910年法国社区互助协会收入中只有18.6%来自捐助，其余都是国家资助与交易性收入[1]。如今志愿提供公益的部门即第三部门仍然要依赖于以强制提供公益的部门（第一部门）和以志愿提供私益的机制（第二部门），其独立性十分有限。对于发达国家而言这

---

[1] J. Barry and C. Jones（eds.），*Medicine and Charity Before the Welfare State*. London，1991. pp.172–186.

确实是个尖锐的现实问题。无法摆脱"强制产生公益"和"志愿产生私益"的局限性，的确关系到第三部门的存在价值。

但是，许多发展中国家的第三部门面临的最重要的还根本不是这种问题。例如：在这些国家，假如第三部门对政府的依附只是由于政府资助了它们，那就已经是很大的进步（这正如假使"红色高棉"学会了只是运用关税来调节贸易而不是公行灭商，那已经算是很"自由化"了）。因为事实上在这里政府根本不资助第三部门，而第三部门仍然依附于政府。这与北欧国家政府大力资助民间公益组织但并不对之发号施令，完全是相反的。

当然，虽不对之发号施令，但如果财政上依赖国家太甚，国家对它的影响力肯定比完全靠民间自愿捐款与志愿服务的组织所受到的国家影响更大，推而广之，带有福利国家色彩的北欧第三部门组织的自主性不如公民志愿行动及自由捐款更发达的美国第三部门，也是可以想见的。换言之，以对政府财政资助的依赖程度来衡量第三部门自主性受到的束缚，这样的论证在公民社会是可以成立的[1]，但放到其他类型的社会就不行了。北欧第三部门的自主性无疑高于某些发展中国家第三部门，哪怕后者的政府完全不为 NGO 或 NPO 掏一个子儿。亦即上述那种衡量标准对这些国家根本是不适用的

可见，一种评价体系都是在一定前提下才能存在，而这种前提取决于给定的制度背景。弗兰克的这本书没有考虑这一点，而这并不是仅他如此。在汉学与中国学领域，这种问题是很多的。照我看，如果要说什么"西方中心论"的话，这种以西方背景下产生的问题（顺差多少、关税税率多少和国家资助多少）作为衡量标准用之于其他背景的做法倒真正是不折不扣之"西方中心论"的。

---

〔1〕　参见秦晖：《政府与企业以外的现代化——中西公益事业史比较研究》，浙江人民出版社，1999 年。

三、评"非'进步'的全球整体史观"

并非职业经济史家的弗兰克写作此书，不是出于考据的爱好，而是出于历史观的冲动。而他的历史观之最大特点，我姑且归纳为"非'进步'的全球或全人类整体史观"。它一方面与"文化类型史观"相对立，另一方面又与"进步的整体史观"相对立。

对中国人来说，这种历史观最大的启示还不是他对"亚细亚生产方式"理论的拒绝，而是他对"文化类型史观"的否定。众所周知，20世纪80年代以来的"文化热"中这种史观的影响是多么大。

大致而言，传统时代流行的是强调宿命、神意、正统价值观的传统史观，启蒙时代以后，理性主义潮流下"进步的整体史观"逐渐兴起，它强调人类历史的统一性、可解释与可理解性，乃至可预期性，其说包括价值理性的善（"进步"）恶（"反动"或"落后"）判断，以及工具理性的"客观规律"论或"科学历史观"。唯物主义的社会形态演进史观是典型的两者结合：它既有"进步"优于"落后"的强烈价值取向，又相信"进步"取代"落后"是一种物理学式的客观进程。但理性史观也可以不采取这种二合一的形式：它可以不承认有"历史规律"但坚持人文主义的"进步"价值观，也可以摈弃人文主义价值而相信社会达尔文主义的冷酷"规律"。

如今这种史观在中国与西方都在衰落——在西方是由于"后现代"的理性主义退潮，在我们这里则是由于以这种史观为牌号的行为失去了信誉。于是韦伯、斯宾格勒与汤因比式的"文化类型史观"流行一时。它否定统一的人类历史发展而代之以共时态的各种"文化"（或"文明"）大陈列，强调各种文化价值的不可通约性而淡化了普世人文价值的信念。这种史观在文化是否有优劣之分的问题上存在两种态度。承认文化有优劣之分，即以播化论取代进化论，这在把文化定义为民族性的情况下，有由文化优劣论演变为民族优劣论的危险。而彻底的文化相对论（文化无优劣）不但有无视普世价值的危险，而且它等于既拒绝进化又拒绝播化，至少对于不发达国家而言它绝不是好主张。

尤其在中国，20世纪80年代以后文化类型史观的流行一方面固然有脱离社会形态演进史观窠臼的启蒙意义，另一方面又有一种"荆轲刺孔子"的怪诞。90年代这种史观的主流发生褒贬倒易（由推崇西化变为提倡传统化），启蒙意义也基本消失。"文化决定论的贫困"要求历史观的突破。弗兰克此书是可供借鉴的。

《重新面向东方》开篇便打出"整体主义""全球学"的旗号。弗兰克宣称"不必考虑生产方式"（61页），又颇为自得地引别人批评自己的话说："你对文化视而不见"（73页）。他（不无武断地）主张自古以来就有一个统一的"世界经济体系"，其中的各个地区既无所谓"生产方式"的区别，"文化差异"好像也不起什么作用，唯一存在的似乎只有处于"康德拉季耶夫经济长波周期"中不同位置，因而或者"上升"或者"下降"的不同经济单元。他对韦伯、汤因比的文化史观嗤之以鼻，对塞缪尔·亨廷顿的"文明冲突论"强烈抨击，既否定了从强调希腊罗马传统到强调新教伦理的各种"欧洲特殊论"，也反对"新非洲中心论、旧伊斯兰中心论，甚至更古老的中国中心论、俄国特殊论等等"。他对那些热衷于为"我的人民"建立特殊理论的政治家和那些"主张进行文化、宗教、民族、种族等分析的学者"都极不以为然（73页）。他宣布奉行"全人类的价值"，或曰"生态的价值"，以此来改写世界历史，至少是改写世界经济史。

这种既不同于传统人类社会发展史，又坚决反对文化类型史观的"新世界史观"，来源于以沃勒斯坦等人为代表的新左派"世界体系"理论。但沃勒斯坦的理论是批判资本主义的，而弗兰克则干脆取消了"资本主义"这个问题，只以"西方中心论"作为批判对象。这虽然很武断，但文化类型史观的确是站不住脚。这不仅是价值判断，而且首先是形式逻辑判断。笔者曾提到一种悖论：设若某甲性喜吃米饭、喝老白干，某乙性喜吃面包、喝威士忌，我们就说二人各自属于一种"文化"；如果有一人群 A 都像某甲那样饮食，另一人群 B 都像某乙那样饮食，我们就名之曰文化 A 和文化 B。

但如果某一人群 C 实行饮食自由之制（即其成员可以自由选择吃米饭或面包等等），而另一人群 D 则厉行饮食管制，只许吃某一种食品（许食面包而禁米饭，或者相反），那么这两者是否也构成了不同的"文化"（姑且称之为文化 C 与文化 D）呢？

当然不是！C 与 D 绝不是文化之分。

这首先是因为 A 与 B、C 与 D 这两种"文化划分"是互悖的：在前一种划分里分属两种"文化"的人，在后一种划分里完全可以同属一种文化：吃米饭者 A 与吃面包者 B 都属于后一划分中的"文化" C。反过来说，前一种划分里同属于一种"文化"的人，在后一种划分中也会分属两种"文化"——比方说同为吃米饭者，如果他并不禁止别人吃面包，那他就属于"文化"C；如果他禁止，则属于"文化"D。这样一来，在逻辑上"文化识别"就成为不可能——请注意这是**在逻辑上不可能**，不是说的经验边界模糊问题。如果一个人既喜欢吃米饭也喜欢吃面包，你可以说他既有文化 A、也有文化 B 的成分，因此很难识别。但这只是个经验边界模糊问题，你不能因此说文化识别这件事本身是没有道理的，因为的确存在着只喜欢吃面包和只喜欢吃米饭的人，亦即文化 A 和文化 B 的确可分，尽管亦 A 亦 B 或非 A 非 B 的情况也不能排除。但如果只吃米饭者自己就可以既属于此文化也属于彼文化，而只吃米饭者和只吃面包者又都可以属于同一文化，那这种"文化识别"还有什么道理可言、还有什么意义可讲！

文化识别都不可能，更谈何"捍卫文化"？岂止"捍卫"，一切关于"文化"的讨论都将成为不可能。因为这种讨论将出现更滑稽的悖论：在前一种划分的意义上提倡文化宽容、文化多元或文化相对论，就意味着在后一划分意义上只能认同"文化C"而不能容忍"文化D"，即在这一划分中"文化宽容"之类命题是无意义的。而如果在后一划分中主张文化宽容（即认可文化D的不宽容原则）或文化相对（肯定D与C各有价值，不可比优劣），那么在前一划分中的宽容、相对云云就全成了废话。**为了使"文化讨论"有意义，在逻辑上就必须排除后一种划分。**这与讨论者的价值偏好无关。你可以喜欢饮食管制，你可以说这种"制度"很好，或者说这种"规定"很好，但不能说这种"文化"很好，否则就没法跟你对话了。

换言之，"文化"不可比，但"制度"有优劣。这本是一个问题的两面：如果你是个文化决定论者，你可以把一切差异都看成各有其价值的"文化"之别（即上述A与B之别），当然就无所谓孰优孰劣——但你也就不要讲什么"跨文化的全人类价值"了。反之，如果你不赞成文化决定论而想从"跨文化的全人类价值"出发，那你就拿了一把"普世性"的标尺，就有义务用这把标尺找出C与D之别，并以此普遍价值为标准论其优劣。当然由于"主义"不同，即对此普遍价值的认识不同，到底是C优D劣还是D优C劣，可以有不同的乃至截然相反的判断。"进步理论"斥责明清的专制制度造成了中国的"落后"，"世界体系理论"则抨击西方的资本主义制度剥削了第三世界并造成后者的不发达；当然也可以两者并用，让中国专制主义与西方资本主义为中国的衰落共负罪责。但不管怎样，放弃了文化类型史观和文化决定论，那就难免要讨论制度问题。

而弗兰克却想另辟蹊径，既回避文化差异又回避制度差异，既要弘扬超越东西方的全人类普世价值又想解释西方与东方的不同命运，而这种解释又要避开"文化"与"制度"，这就使自己陷入了逻辑困境之中。评论者都指出弗兰克大讲了一通东方的光荣之后，却未能成功地解释东方衰落西方兴起的原因（老实说，仅此一点就使他的这部著作意义大减，因为东方昔日的光荣谁都知道，人们想弄明白的不就是光荣失去的原因吗？）。其实这不能怪他搜集的资料不足，而是他理论的逻辑困境使他无法解释。他不能不求助于那不是解释的解释即所谓康德拉季耶夫周期，以及痛骂西方人（不是"西方文化"，也不是"资本主义制度"，而就是——杀千刀的西方人！）抢劫了美洲土著后用赃款"买了东方快车的末等客票"。然而人们不禁要问：如果"西方人"不作恶，东方就能永远光荣而西方只会永远衰败下去吗？如果是这样，那还有什么康德拉季耶夫"周期"可言？[1] 如果不是这样，光骂骂西方人作恶又能解决什么问题？

显然，这已经不是弗兰克个人的理论困境，而是这一类"非'进步'的全球或全人类整体史观"面临的困境，它的背后反映的是当代西方新左派历史理论的不成熟。这是不能只苛责于弗兰克的。

四、"康德拉季耶夫周期"：不是解释的解释

"康德拉季耶夫周期"可以说是弗兰克书中的一个核心概念，从"前言"到结尾，全书频频谈到这个概念达百余次，并且在结尾的理论总结中把"周期还是直线"作为他的新体系与传统理论（从左到右的各种"西方中心论"）的根本区别之一，这一"周期"似乎成了他在否定"制度解释"和"文化解释"后唯一可用的解释武器，不管"东方"还是"西方"，古代还是今天，但凡经济繁荣的，就是因为处在"长波中的 A 阶段"，而经济衰落则是处在"B 阶段"。

---

[1]　如下所述，关于这种"周期"的原因如今有多种假说，但似乎还没有把抢劫
　　当成原因的。

这两个阶段互为因果,"导致亚洲在 1750 年以后衰落的原因"不是制度之弊或者欧洲的欺负,"而是亚洲本身强大引起的后果","同样,正是欧洲原先的孱弱才使得它在 1800 年以后蒸蒸日上"[1]。弱兮强所依,强兮弱所伏,强弱乃宿命,"周期"莫可赎,别的解释都成为多余[2],而追究"制度""文化"的好坏自然也没有意义了。

但是弗兰克对这种"周期"之为"期"似乎未有定见。他提到过 500 年的长周期,"公元前 1700 年到公元 1700 年(按:即三千多年)的长周期",以及"五千年世界体系"的超长周期。而在中文版前言中他又认为中国自古以来一直先进,直到鸦片战争后才衰落,"而这显然是暂时的",现在它又将"再次占据世界经济的支配地位"。亦即中国几千年来几乎一贯先进,只有 100 多年"暂时"的例外——这已经非常近似于推翻一切"周期"论了。但另一方面,弗兰克又接受那种原初意义上的亦即"比较短的康德拉季耶夫长周期",即 50 年左右的周期。据此他又讨论几百年至一千年内的第 5、第 11 或第 12 乃至第 19 个长周期。他认为明以前中国似乎上千年来都处于世界先进的"A 阶段",但明清之际却出现了"二三十年的短期危机",恰巧构成"康德拉季耶夫 B 阶段"——"这种下降阶段通常持续二三十年"(321 页)。但是,上升的"康德拉季耶夫 A 阶段"又"通常持续"多少年呢?难道会是上千年吗?那种持续繁荣上千年乃至数千年而只是偶尔有二三十年"短期危机"(相反,对"西方"而言则是上千年的"孱弱"加上偶尔的"短期"繁荣)的状态能说是"周期"、而且是"康德拉季耶夫周期"吗?

显然,弗兰克的"周期"概念是太随心所欲了。固然作为人类

---

〔1〕 弗兰克原书中译本 68 页。

〔2〕 强弱互易现象中外学界均早有人指出,如上世纪 80 年代初我国学者孙达人就有"先进变落后,落后变先进"之说。但孙达人对他归纳的这种现象有自己的一套原因解释,而不是把现象本身当原因的。

社会运动的"周期"不可能像物理学意义上的周期那样严格，而且历史循环论或曰"周期"史观也非弗兰克首创，从年鉴派学者、波斯坦、沃勒斯坦到莫德尔斯基和汤普森，在泛化的意义上使用"长周期""长波"或"康德拉季耶夫周期"来描述长时段历史尤其是经济史的，在西方学界不乏其人。与他们相比，弗兰克的特点一是更加泛化，把从数千年到几十年的变化都说成是"康德拉季耶夫周期"的确是他的创新，二是别人（包括康德拉季耶夫本人）仅仅以"长周期"来描述或归纳某种现象，而对形成这种周期的原因另有制度的、文化的、环境的或技术的解释，例如与弗兰克渊源很深的沃勒斯坦就认为祸根在于资本主义制度。而弗兰克简单地否定了这些解释，自己也不另解释，而是把"康德拉季耶夫周期"本身推出来作为解释。这未免有搪塞之嫌，而且也与康德拉季耶夫的"长周期"学说完全不是一回事[1]。

康德拉季耶夫（1892—1941）是十月革命前后都很活跃的俄国著名学者，作为国际知名的经济学家，他的声誉主要来自"长波"理论。所谓"长波"是指经济成长的宏观过程中上升与衰落交替出现的一种周期性波动。与当时常说的资本主义"周期性危机"相比，这种周期的波动要长得多。在康德拉季耶夫以前，人们已经注意到经济史上长时段的繁荣与萧条中存在着某种规律性。第一次世界大战期间，阿弗塔利昂、帕累托、雷诺伊和斯皮索夫等经济学家都各自提出过这种设想，康德拉季耶夫的老师杜冈-巴拉诺夫斯基也以研究"企业周期"而知名。但是把这些设想系统化并用大量经验统计数据予以支持，使之成为一种周期理论的，正是康德拉季耶夫。

---

[1] 我们在十多年前对康氏学说作过系统介绍，参见金雁：《论康德拉季耶夫及其经济思想》，载《苏联历史问题》1989 年第 4 期。以下关于康氏的资料如无另注均参见此文。

因此，1939 年由美国经济学家 J.A. 熊彼特提议后，世界经济学界都接受了"康德拉季耶夫周期"这一术语作为经济成长中长时段波动的称呼。

康氏关于经济成长中存在着有规律的长期波动的学说形成于1919—1920 年写成（1922 年出版）的《战时及战后时期世界经济及其波动》一书，此后他又先后发表了《经济生活中的长波》（1925 年）、《大经济周期》（1928 年）等论著。在这些论著中，康德拉季耶夫分析了英、法、美、德以及世界经济的大量统计数据，发现发达商品经济中存在着为期 54 年的周期性波动。按他的说法，世界经济中的第一"长波"从 18 世纪 80 年代末或 90 年代初开始，至1810—1817 年为上升期，1810—1817 年至 1844—1851 年为衰落期；第二长波开始于 1844—1851 年，从那时起到 1870—1875 年为上升期，1870—1875 年至 1890—1896 年为衰落期；第三长波开始于1890—1896 年，至 1915—1920 年为上升期，而衰落期可能开始于1914—1920 年间，至他著书之时仍在继续[1]。

康德拉季耶夫认为，他所掌握的统计数据中除法国棉花消费、美国的木材与糖的生产等几个少数事例以及美国内战与拿破仑战争这样的非常事件影响以外，世界各国不同经济部门中的价格指数、利润率、工资、外贸以及生产与消费数据等方面，都受这种周期性波动的制约。但是，康德拉季耶夫也承认"长波"理论主要是建立在经验统计的基础之上，他还不能令人信服地说明经济生活中这种现象的产生机制。康氏认为，"长波"背后肯定隐藏着资本主义本质所固有的因素，但他所列举的这些因素，诸如由发明与发现引起的重大技术进步、战争与社会动乱、农业周期对整个经济周期的影响、黄金的发现以及长周期与中短周期的相互作用等等，都显得支离破

---

〔1〕 康德拉季耶夫：《大经济周期》，莫斯科，1928 年，46 页。

碎，相互间看不出多少因果联系。在他的学术生涯临近终结的 1928 年，他突出强调了固定资本再投资的周期性对"长波"的影响[1]。显然，他在努力使他的理论与当时在苏联居于正统地位的马克思主义周期危机的理论相适应，但他很快就在农业集体化中被当成异端而被捕并死于大肃反，这一努力遂告中断。

"长波"理论在当代世界经济学中之所以享有公认的地位，首先是由于它建立了一种历史、经济理论与统计学分析相结合研究长时段经济发展规律的模式，从而奠定了当代发展经济学的方法论基础[2]。其次，至今为止的研究中发现的各种经济周期（奇特金周期、尤格拉周期、库茨涅茨周期与康德拉季耶夫周期）中，康德拉季耶夫周期是最长的周期，因而对从宏观上揭示经济成长过程的本质方面具有重要意义。因此康德拉季耶夫的著作被介绍到西方[3]后立即引起了注意，关于"长波"是否存在以及导致"长波"的原因和机制的讨论几十年来长盛不衰，怀疑乃至否定"长波"的学说姑且不论，仅肯定"长波"存在并解释其原因的理论就达 8 种之多（即技术革新论、战争—革命论、黄金数量论、农业景气论、资本更新论、债务循环论、分配不均论与太阳活动论[4]），在一定程度上可以说，当代发展经济学是在对康氏理论的讨论中形成与发展起来的。最后，康德拉季耶夫运用他的这一理论在 20 年代初断言从 1914—1920 年左右起世界经济将开始"第三长波"的衰落期，而后来两次大战之间景气短暂、危机频繁的事实，尤其是 1929 年起连续数年"大萧条"的事实似乎也证

---

〔1〕 康德拉季耶夫：《工农业价格动态》，见《行情问题》莫斯科行情所 1928 年，第 4 期，5—83 页。
〔2〕 参见 J.A. 熊彼特：《行情周期：对资本主义进程的理论、历史和统计学分析》，纽约—伦敦，1936 年。
〔3〕 《经济生活中的长波》于问世的次年即 1926 年被译为德文，1935 年又译为英文。
〔4〕 《商业周期与自然现象》，见《参考消息》1988 年 7 月 7 日至 11 日。

实了他的预言，这也极大地增强了"长波理论"的吸引力。

自然，由于"长波理论"本身具有康德拉季耶夫也承认的经验性、假说性与不完善性，由于发展经济学几十年来的进步，康氏的许多具体结论早已过时，方法上也显出时代的局限，反映当代西方经济学水平的《经济学百科全书》这样评论道：

> 首先，仅仅两个半周期不足以建立这样一个假说。其次，那些采用了别的技术以消除偏差及短周期影响的研究者没有发现康德拉季耶夫所发现的那种模式。另一点常被提及的是，康氏观点的仅有的强有力的支持只被发现于价格水平数列和利润率方面，而像生产与消费数据这样的现实数列似乎并未显示出与长周期的吻合。
>
> 近年来对康氏长波的兴趣已在减少，而更晚近的对中间周期的分析已经集中在西蒙·库茨涅茨发展起来的平均持续 15—20 年的周期上。[1]

这一批评基本上是公允的。

综上所述，"康德拉季耶夫周期"是以发达市场经济为对象的"行情周期"理论，形式上以近代西方经济史为经验对象。康氏自己在提出这个理论时就指出他当时所在的不搞市场经济的俄国不适用此理论。用这个理论来套非西方的、非市场经济的、全世界整个人类文明时代的经济过程，本身就是一种非常典型的"西方中心"态度，比据说是"以西方经验套用于人类"的社会形态演进史观犹有过之。这对于高举"反西方中心论"大旗的弗兰克而言不啻一大讽刺。

再者，如上所述，康德拉季耶夫周期这个术语所指称的现象是

---

〔1〕《经济学百科全书》，纽约，1980 年，580—581 页。

否存在，以及如果存在又是由于什么原因，都是不清楚的。经济学家就此形成种种歧见，而且总的来讲晚近的趋向是对康氏的说法不以为然。现在弗兰克大讲康氏周期，又有多少说服力？

更重要的是，康氏周期即便存在，也只是一种现象，它本身是需要解释的，包括康氏和熊彼特在内，相信存在这一现象的人们也确实在努力予以解释，而弗兰克把现象本身当作解释，这只能属于"不是解释的解释"了。

何况，"康德拉季耶夫周期"在经济学上本有其明确的所指，它是一种平均约为 54 年的兴衰周期。虽然历史学著述借用经济学概念时出现泛化是可以理解的，但像弗兰克那样把从几千年到几十年的过程都算作"康德拉季耶夫周期"，也未免过分了。依了这种逻辑，恐龙的兴衰乃至天体的生灭是否都可以叫作"康德拉季耶夫周期"，而且可以以这个概念作为原因来解释过程本身？苟如此，人们还有什么"谜"是不可解的呢？

五、"西方中心"何以为"论"？

其实对于西方新左派而言，从制度解释退到"文化"解释本是一种无奈[1]，而由"文化"解释退到"不是解释的解释"就是更大的无奈[2]。从批判作为现存制度的资本主义，到钻进形而上的象牙塔里从事解构理性的"文化分析"，再到把抽去了"制度"与"文化"内涵、

---

[1] 关于这一点，可参见朱学勤：《在文化的脂肪上搔痒》，《读书》1997 年第 11 期。
[2] 刘禾《欧洲路灯光影以外的世界》（《读书》2000 年第 5 期）称弗兰克曾对其言："我曾经梦想改变这个世界，但是我错了。"如果确有其事，应该是这种无奈的自道。当然，欧洲左派的这种无奈并不会使中国的自由主义者高兴，因为"改变之梦"的人文理念实际上是两者共同的。

没有确定的价值取向、从马克思到哈耶克、从沃勒斯坦到亨廷顿、连弗兰克自己也无所逃于其间[1]的"西方中心论"作为批判对象，这种无奈是人们应当理解的。

当然，如今批判"西方中心论"的并不只是弗兰克这样的新左派。从萨义德、阿明、伯纳尔以下，许多亚非裔西方学者以批判此论表达了"非西方"人自我意识的觉醒，许多欧裔学者也以与此论划清界限来表达西方人的历史反省。这种自我意识和历史反省无疑是极可贵的。但我以为"西方中心"之为"论"，实在是不知所云。

在西方学术界犹如社会上一样，肯定有些人是存心歧视非西方人，抱有民族乃至种族偏见的，这是道德问题（或利益问题）而不是学术问题。比如有些当官的蔑视百姓，城里人歧视农民工，你可以骂他没心没肺不是东西，但说他是学术上的"职务中心论"或"户口中心论"，我以为是高抬他了。

至于如果限于资料、见闻之囿作出了错误的事实判断，那最好就事论事，在事实面前人人平等，在逻辑面前人人平等。无论过分高抬或贬低哪一"方"都同样错误。有什么必要戴一顶"中心论"的帽子？以马克思而论，以人类大同为理想的他大约不会存心蔑视中国人，他根据那时的资料对"东方"所做的论述有错误，今人纠正就是了，难道他对"西方"的黑暗就没有批判？就没有骂错了或骂得过分之处？他对"西方"资本主义的看法姑且不论，对"西方"中世纪传统、尤其是对被认作西方文明标志的基督教之抨击亦可谓极端。难道人们就可以因此说他是"东方中心论"？

还有一种情况是人们从自己面临的"问题情结"出发，借题发挥，借谈论"东方"来说西方的事，或者借"西方"话题来说东方

---

〔1〕 已经有评论者指出弗兰克也未能完全摆脱所谓"西方中心论"，本文第二节已提到这个说法极有道理。

的事，尤其对于并非为考据而考据的刺猬们来说这太正常了。这种借题发挥无论褒贬，都是从"自己的问题"出发的，或者说都是"自己所处场境中心论"者。伏尔泰借褒奖"东方理性"在西方鼓吹启蒙，马克思借抨击"东方专制"在西方鼓吹民主，包括这次弗兰克借大捧"亚洲时代"来进行西方新左派自己的社会批判，在这一点上并没有任何区别。为什么贬低了"东方"就是什么"中心论"者，而高抬了"东方"就不是？至于这些褒贬对还是不对，如上所述，可以就事论事。人家本来是醉翁之意不在酒，你又何必把醉翁与酒混为一谈？

总之，无论哪一种情况，"西方中心论"都是个没有意义的假问题。在前两种情况下谁都不是什么"中心论"者，因而批判"中心论"犹如堂·吉诃德战风车；在后一种情况下谁都是"中心论"者，因而指责某人是"中心论者"实为最无须智力的"智力游戏"。

近20年来，西方文化批判很重要的一个趋势即把视线转向"东方"，这当然和西方本身的"问题情结"有很重要的联系。实际上"一切历史都是现代史"，尤其刺猬们更是如此，狐狸们也不能完全摆脱——刺猬和狐狸的区别也是相对的，没有什么纯粹的刺猬和狐狸。之所以近20年来人们"重新面向东方"，与自由主义的危机和左派思潮的危机同时存在大有关系。以前人们对西方主流体制的批判寄托于传统社会主义（包括共产主义与社会民主主义）理论，由于现实的失败，这个资源也产生问题了。后冷战时代"自由主义的胜利"似乎也为时很短，无论是西方本身、转轨中的东欧还是"南北关系"都又出现了许多问题。既然西方的主流话语和非主流话语、批判性话语和巩固性话语都产生了问题，那么大家就都觉得好像东方是新资源的所在。这不光左派如此，自由主义、保守主义也有这个趋势。用"东方（自然包括中国）经验"来证明自由主义、尤其是保守主义理论，现在并不是什么稀奇事。前些年在中国很热了一阵子的奈斯比特的《亚洲大趋势》就是把亚洲当作自由主义的典范、并教训西方人应该向"东方"学习的[1]。

的确，如今弘扬"东方"的不光是左派，甚至连休克疗法的发明者 J. 萨克斯也很推崇"东方"（与弗兰克一样主要也指中国），正是他向东欧介绍亚洲经验、四小龙的经验、尤其是中国改革的经验。他分析东欧转轨为什么失败，就因为东欧社会福利太多了，工会太强大了。他向捷克总理克劳斯建议学习东亚，它们不搞社会福利，它们把所有的社会负担都推给家庭，于是它们成功了。中国更了不起，……怪不得资本家都争相去投资！你们东欧能比吗？[2]

于是在经济转轨问题上，左派、右派似乎都成了"东方中心论"者，都在以"中国的经验"教训欧洲人应当如何干。萨克斯教训欧洲人应当学习中国禁止民间工会，崔之元教训欧洲人应当学习中国搞"鞍钢宪法"——人们能把他们在"东方中心论"的名义下一锅煮吗？

显然，尽管由于某种原因左右派都称道"东方"，"东方"好像既是社会主义的希望所在，又是自由主义或保守主义的希望所在，但我们没有理由去忽视"主义"本身所给出的真问题，而沉迷于所谓"东方"还是"西方"这样的假问题，并以那种所谓萨克斯和崔之元都是"东方中心论者"的昏话把人搞糊涂。

同样，那种所谓马克思与哈耶克等人都是"西方中心论者"这样似是而非意义可疑的话也未必能给我们带来多少新知。西方中心也好，东方中心也好，也许我们讨论的都是伪问题。捧"西方"的人和捧"东方"的人各自内部之间的区别远远大于这两种所谓的"中

---

〔1〕　参见苏文:《亚洲是自由主义的典范吗？》，载《火凤凰与猫头鹰》，三联书店，1999 年，238—249 页。

〔2〕　Lidove Noviny（Prague）20/10/ 1995.

心论"之间的区别。而某些褒"西"贬"东"者和另一些褒"东"贬"西"者之间却可能比什么"中心论"内部有更大的一致性。中国人和西方人对话，总有一个他是西方人、我是中国人的情结，更有一种自以为代表"东方"去与整个"西方"对阵的爱好，殊不知这种代表权是极为可疑的。假定中国人是一种立场，西方人是另一种立场，其实远不是这么回事。讨论西方中心论，要小心别把真问题掩盖了。说马克思和自由主义者都是西方中心论，其实两者间最大的问题，如自由与平等的紧张关系问题，其实质化程度，远远超过了什么东方、西方论以及什么哪一段时间是东方、哪一段是西方的说法。不能把它一锅煮，说这都是西方立场，而不去探讨实质性的问题。现实社会主义衰败了，自由主义也面临很多问题，究竟人类的道路在哪里，这只能从普世的角度，而不是什么西方或东方的角度来研究。

记得前几年《东方》杂志上有句话：谁是"东方"？小心地球是圆的，向东，向东，没准儿又回到了原地。愿人们在"重新面向东方"时想想这句话。

公社之谜：农业集体化的再认识

一、公社建立之谜

　　1958 年中国农村出现的"人民公社"制度到 80 年代初在农村改革大潮中解体，标志着"计划经济"[1] 在中国农业中的失败。"计划农业"的失败在世界上是普遍现象，甚至由此造成大饥荒的也不止中国，从印度支那到苏俄都有类似经历，人们对此已经讲得很多。本文要解释的，则是中国人民公社在一般"计划农业"中所显示的独特之谜，它不仅有助于我们理解"前公社"的传统农村，更涉及对"后公社"的农村改革的认识。

　　最重要的一个谜是：为什么"小私有"的中国农民会比俄国的村社农民更易于被集体化？许多人曾指出俄国农村公社传统对苏联农业

---

[1]　通常所说的"计划经济"作为工业文明时代科学主义的理性规划思想之产物，在农民中国是否存在是值得怀疑的。中国农业中存在的毋宁说是官府控制但却谈不上什么"科学计划"的经济，即 J.R. 希克斯视为市场经济以前之传统经济范畴的"命令经济"。(J.R. Hicks, *A Theory of Economic History*. Oxford：Clarendon Press. 1969)。但为顺应通行表述习惯，笔者仍使用"计划经济"这一名词，但加以引号。

集体化的影响。斯大林就曾把俄国农民的米尔公社土地公有、劳动组合传统视为集体化之可行的最重要依据。他宣称恩格斯在改造农民问题上过于谨慎，是由于西欧农民有小土地私有制；而俄国没有这种东西，因此集体化能够"比较容易和比较迅速地发展"[1]。后来的苏联学者也认为，苏联的集体化体现了"社会主义对传统公社的利用"[2]。而中国似乎并无这种"传统公社"可利用，并且中国农民有比西欧农民更为悠久的"小私有"传统。因此，当年中国推行集体化时，许多俄国人对其可行性是极为怀疑的。当时农口各部门的不少苏联专家都对这种做法表示异议，其影响所及，农口的一些老领导至今仍然这样总结集体化的教训：集体化是根据具有公社传统的俄国人的实践提出的，比较符合他们的国情；而中国的国情完全不同，照搬这一套行不通[3]。

然而集体化的历史却与上述推论相反，中国农民虽然不像毛泽东断言的那样有"巨大的社会主义积极性"，也并不喜欢集体化，但他们也并未表现出捍卫"小私有"的意志。一个明显的事实是：当年苏联为了迫使俄国农民——土地公有的传统村社社员接受集体化，曾付出了惨烈的代价：逮捕、流放了上百万"富农"；出动成师的正规红军和飞机大炮镇压农民反抗；在一些地区的镇压，其惨烈程度甚至导致某些红军部队（他们也是"穿军装的农民"）的哗变。仅在1930年初，卷入反抗的暴动农民就达70万人。"全盘集体化

〔1〕《斯大林全集》第12卷，人民出版社，1955年，136页。

〔2〕В.П. Данилов и Э.В. Данилова, Община. БСЭ. Тре. Изд. Т.18, М.1974.

〔3〕例如，杜润生在为沈志华著《新经济政策与苏联农业社会化道路》（中国社会科学出版社，1994年）一书所作的序中就认为："苏俄集体化的设想就是针对俄国的这种状况（按：即村社传统）提出的。把这种长期在村社制度中生活过来的农民重新组织起来，……搞集体的耕作，其愿望显然是含有一定的合理性的。但是要把它照搬到中国，就产生了对象上的差异。"

运动"费时 4 年，而在农民被迫进入集体农社时，他们杀掉了半数以上的牲畜[1]。

而集体化在中国遇到的阻力就小得多。中国农民抵制集体化的高潮则发生在 1956 年的高级社时期。据近年披露的资料，当年在广东、浙江与江苏等东南沿海省份的风潮最剧。广东灵山县有 7 个区、20 多个乡出现"混乱现象"，因闹退社而发生多起包围、殴打区乡干部和社主任的事件；中山县 16 个乡 600 多名农民到广州向省政府请愿[2]；还发生了抬菩萨游行、殴打干部的"永宁、曹埠事件"[3]。江苏泰县农潮"在几个乡的范围内成片发生"，2000 多人到县里请愿，有的地方"由'文'闹发展到'武'闹"，并自发结盟，"提出'有马同骑，有祸同当'，订出退社后互助互济解决困难的办法"。该次农潮较有组织，"许多闹事有党员和干部参与领导"，并提出只准中贫农参加，"不要地主富农"的策略[4]。浙江是全国农潮最严重的省份，宁波专区有 5% 社员退社，想退社而未遂的达 20%，为全国之冠。据当时赶往处置的中央农工部二处处长霍泛回忆："我们到萧山县和上虞县的公路上，就遇到数百人的农民队伍迎面而来。省里同志说，这就是去闹退社的，我们的车躲开点，免生麻烦，可见农村确实不够稳定。到了上虞县委，得知不久前县领导机关受农民队伍冲击……全县农业社的生产多数暂时处于涣散状态。"仙居县的事态最严重，在"接近于农民暴动"的

〔1〕 沈志华：《新经济政策与苏联农业社会化道路》，中国社会科学出版社，1994 年，422—432 页。
〔2〕 国家农委办公厅编：《农业集体化重要文件汇编》（上），中央党校 1981 年印行，649 页。
〔3〕 农业部农业经济研究中心：《中国农业合作化的理论和实践的研究》，1997 年自印本，50 页。
〔4〕 国家农委办公厅编：《农业集体化重要文件汇编》（上），中央党校 1981 年印行，686—688 页。

"仙居事件"中，数千农民进城"围攻领导，将县政府和公安局的门窗都打烂了，呼喊着退社、退回耕畜、农具和土地"[1]，全县"在群众闹事中合作社一哄而散，入社农户由占总农户百分之九十一退到了百分之十九"[2]。

但这些农潮若与苏联的相比就小得多。为处理农潮，当局在1957年借"反右运动"之势在农村采取行动，广东省一个月内批判斗争1.6万人、逮捕2000余人，"几乎全部是富裕中农，这才稳定了集体化的初始局面"[3]。而为平定"仙居事件"，浙江省当局在该县逮捕9人、拘留42人[4]。这些处理规模不仅无法与苏联相比，而且也没有动用过正规军。1956年农潮之后到1958年公社化时，农民就再未发生反抗之风，甚至在大饥荒导致上千万人饿死时亦然。另外，中国在1955年春初级社时曾发生与苏联当年类似的农民屠宰牲畜之风，但规模要小得多，而到"高级化"与"公社化"时就再未出现这种消极反抗现象。由于当时把未经特许宰杀役畜列为刑事犯罪，因此甚至在三年大饥荒时也未出现大规模宰畜之风[5]。

过去对公社化的理解，流行鼓吹"群众首创"的"自下而上说"。改革时期以来，已少有人再提集体化动力来源于农民群众的积极性

---

〔1〕 《回忆邓子恢》，人民出版社，1996年，312页。
〔2〕 国家农委办公厅编：《农业集体化重要文件汇编》（上），中央党校1981年印行，655页。
〔3〕 当时中共中央农村工作部工作人员王立诚的回忆。
〔4〕 国家农委办公厅编：《农业集体化重要文件汇编》（上），中央党校1981年印行，691—696页。
〔5〕 前广西环江县委书记王定因抵制集体化被打成右派，判刑劳改。他对笔者回忆说当时在他服刑的石榴河农场就有来自广西各地农村的200多个"私杀耕牛犯"，他们多是生产队长，在大饥荒中不忍眼看村民饿死而违禁杀牛救饥的。但当时能这样为村民承担责任的人当然不会多。

之说，但"中层、基层干部首创说"仍很流行[1]。现在看来，并非社区自治代表的"基层干部"之"首创"是否很有意义姑置不说，至少 1958 年的公社化（与上头曾有过"反冒进"之说的早期合作化不同）完全是自上而下"布置"下来的。

早在 1955 年，毛泽东在他所编辑的《中国农村的社会主义高潮》一书中就为《大社的优越性》一文撰写按语，提出"社越大，优越性越大"；"小社仍然束缚生产力的发展，不能停留太久"；"可以一乡为一个社，少数地方可以几乡为一个社"；"不但平原地区可以办大社，山区也可以办大社"[2]。在处理了 1956 年农潮后，1957 年 8 月中共中央、国务院的"农业大规模运动决定"[3] 和 10 月公布的 12 年《全国农业发展纲要》都以反右倾为基调，要求发展"运动"型农业。11 月 6 日，《人民日报》社论更严厉指责"右倾保守者像蜗牛一样爬得很慢"。

1958 年 3 月的成都会议号称"并大社"之会，会后中共中央于 3 月 30 日发布"并大社"指示[4]，正式发动了后来称为公社化的运动。而所谓的"第一公社"河南遂平县嵖岈山卫星农业大社则是在 4 月 20 日才"首创"的。据刘少奇回忆，"公社"这一名称甚至也是"我、（周）恩来、（陆）定一、邓力群"四人在一列南行列车上"吹"出来的：4 月底，在前往参加广州会议的列车上，"我们四人……吹公

---

〔1〕 参见康健：《辉煌的幻灭：人民公社警示录》，中国社会出版社，1998 年，70—85 页。该书强调七里营、嵖岈山等基层"创举"对毛泽东的影响。在大陆以外，金观涛、刘青峰也认为合作化是农村基层干部自发发动的，毛泽东只是未加阻拦或放弃了阻拦而已（金观涛、刘青峰：《开放中的变迁》，香港中文大学出版社，1993 年，427 页），但他们未论及公社化时期。

〔2〕 《毛泽东选集》第 5 卷，人民出版社，1976 年，257—258 页。

〔3〕 正式名称为《关于今冬明春大规模地开展兴修农田水利和积肥运动的决定》。

〔4〕 即《关于把小型的农业合作社适当地合并为大社的意见》。

社,吹乌托邦,吹过渡到共产主义"[1]。据薄一波后来说,这就是"党内第一次设想用'公社'取代合作社"。刘少奇深为这一灵感所动,车到郑州车站时他便要河南省委书记吴芝圃去实验。不久,参与了这场车上谈话的陆定一向毛泽东推荐了恩格斯论"公社"的一段话,毛泽东便在 5 月间断言:

> 那时我国的乡村中将是许多共产主义的公社,每个公社有自己的农业、工业,有大学、中学、小学,有医院,有科学研究机关,有商店和服务行业,有交通事业,有托儿所和公共食堂,有俱乐部,也有维持治安的民警等等。若干公社围绕着城市,又成为更大的共产主义公社。前人的"乌托邦"想法,将被实现,并将超过。[2]

接着,负责农口的副总理谭震林奉毛泽东之命到河南,会同吴芝圃授意嵖岈山将"卫星大社"改名"公社",时在 6 月 16 日。以后陈伯达在《红旗》杂志发表"七一"专文《全新的社会全新的人》,承毛泽东之意提出要把合作社变成"农业和工业相结合的人民公社",于是嵖岈山公社又立即再改名"卫星人民公社"[3]。这样,到毛泽东于 8 月间视察河南河北时,他便"发现"了群众的"创举"。

显然,如果说合作化的提前启动是出于粮食收购危机的逼迫,而基层干部或秉承上级旨意或出于自己利益主动的"首创"也加了一把火的话,那么公社化的发动就带有更多自上而下的"命令动员"性质。问题在于:何以俄国把"公有私耕"的村社变成"公有公耕"

---

〔1〕 据薄一波:《若干重大决策与事件的回顾》(下),中共中央党校出版社,1993年,731—732 页。

〔2〕 同上,731 页。

〔3〕 康健:《辉煌的幻灭》,中国社会出版社,1998 年,84—86 页。

的集体农庄如此困难，而中国"一小二私"的农户却如此顺从地变成了"一大二公"的公社？土地公有、劳动组合的传统对俄国农民走向社会主义的帮助，难道还不比千年"小私有"的传统对中国农民走入"共产主义"的帮助更大吗？

国外学界有所谓苏联的集体化是"命令式动员"，中国的集体化是"参与式动员"的说法[1]。但这种说法无非是看到了俄国布尔什维克农村力量的薄弱与中共农村力量的雄厚。然而，与其说这是问题的答案，不如说问题的核心是：为什么"小私有"的中国农民会比"公有"的俄国村社社员更适宜成为"共产"党活动的土壤？

况且，中苏两党农村力量的差异只是相对的。布尔什维克在革命前诚然是城市党，但在革命后10多年里它在农村中已有可观的发展。在全盘集体化运动前夕的1929年4月，联共（布）非生产支部党员的社会成分为：工人39.4%，农民36.7%，职员及其他23.9%[2]。从以上数据来看，不能说它在农村中毫无基础。有趣的是：中共农村组织的活动方式基本上是从联共（布）农村活动方式学来的，如主要依靠不脱产基层干部，以阶级路线分化农村，建立贫农团为依靠，共青团、妇女会为助手，通过组织村苏维埃选举控制基层政权等。在集体化前，两党在农村中的组织运作模式十分雷同，倒是城市组织模式的区别更大（苏共在企业中从无中共那样庞大的专职党务机构，另外在20年代俄国工会对党的影响也要比50年代的中国大得多）。就后一点而论，所谓基础的差异并不只在农村存在。但联共（布）在城市中并未遇到如在农村那样的难题。

其实，中苏两党在集体化进程中最明显的差异还不是农村基层

〔1〕 Theda Skocpol, *States and Social Revolutions: A Comparative Analysis of France, Russia and China.* Cambridge: Cambridge University Press.1979.
〔2〕 《苏联共产党代表大会、代表会议和中央全会决议汇编》第4分册，人民出版社，1957年，47页。

力量的大小，而是苏共农村组织不仅并未成为运动的原动力，反而在一定程度上同化于农民抵制集体化的努力，成了运动的障碍。与中共在集体化过程中不断膨胀其农村组织相反，苏共在集体化过程中却不断清洗其农村组织。在1928年冬集体化前夕，联共（布）中央全会称："在农村组织中，无产阶级分子的比重仍然很小，集体农庄庄员简直寥寥无几。而在某些场合，农村组织成分中占很大比重的却是富裕农民，有时甚至是靠近富农的、腐化的、十足的阶级异己分子。"[1]为此，在1929年的"总清党"决议中强调"必须特别注意审查农村支部的成分"[2]，结果有15%的农村党员被当作"持有党证的准富农"而开除了党籍，另外15%受到不同程度处分[3]。到集体化后期的1932—1933年饥荒期间，清洗"党内富农"的斗争再度展开，有关决议号召"打退部分农村共产党员的反抗，他们实际上已成了（富农）怠工的执行工具"[4]。这次全国被清除的党员达22%，比1929年的"总清党"还高一倍，其中主要是农村党员。因此，农村党组织在集体化过程中与其说是加强了还不如说是削弱了，而运动的推动除了靠城里派下来的2.5万名工作队员外，很大程度是靠作为农村社会边缘分子的贫农团进行的。

换句话说，并不是由于布尔什维克在农村缺少组织而使农民的抵抗坐大，而是相反，由于农民的强烈抵制使农村党组织也在很大程度上被卷了进去。因此"命令式动员"与"参与式动员"之说不能解答我们面临之谜。

国内流行的解释为：中国农民的土地本是共产党通过土地改革给予的，所以几年后共产党把土地又拿了回去，农民并不十分难以接

---

〔1〕《苏联共产党代表大会、代表会议和中央全会决议汇编》，第3分册，487页。
〔2〕《苏联共产党代表大会、代表会议和中央全会决议汇编》，第4分册，46页。
〔3〕 S.F.科恩：《布哈林与布尔什维克革命》，人民出版社，1982年，488页。
〔4〕 罗伊·麦德维杰夫：《让历史来审判·续篇》，吉林人民出版社，1983年，164页。

受。此说的问题首先是夸大了土改的作用。它源于另一种误解，即认为 1949 年前土地高度集中，农民尽属佃户，其后来的土地若非全部、至少也是大部分得之于土改。但实际上，民国时期虽有土地集中、租佃率高的地区，然而具有相反特征的地区也并不少见，笔者论证过的陕西关中平原即为典型[1]。这类地区的土改基本上是"政治土改"，农民认同共产党的原因主要是革命的清廉政治与国民党时期乡政腐败的对照，以及和平环境与战乱年代的对照，而地权变动对多数农民来说意义不大。就连通常认为是租佃发达、土地集中之典型的太湖流域，土改中的土地分配意义可能也没有过去说的那么大。张乐天的新著对土改的评价基本沿用旧说，但他书中列举的数据[2]却说明：地处太湖平原的海宁盐官区土改后中、贫农（占当地农户、人口之比均为81.4%）所拥有的土地中，因土改而增加的部分只有 11.8%，其余都是土改前固有的。显然，仅从"小私有者"的角度很难设想，只因某人若干年前给了你一亩地，你就会让他拿走十亩地（包括你原有的九亩）而无动于衷。同时，这种说法也不能解释俄国农民何以强烈抵制集体化，因为他们同样也在十月革命后的土改中得到过好处。

再一种解释是张乐天最近提出的"村落传统"说[3]。他认为"村落（小共同体？）传统"是中国传统的关键所在，人民公社最初所采取的"大公社"形式过分地破坏了这一传统，因而造成了灾难。后来改行"队为基础"，而生产队即传统村落之延续，于是这种"村队模式"便使公社在反传统的同时又顺应了传统，遂能运行 20 年之久。

张乐天没有提到俄国。如果说"58 年大公社"之大严重地突破了"村落传统"的话，那么苏联早期的集体农庄倒是多数与传统村社的边

〔1〕 秦晖、苏文：《田园诗与狂想曲：关中模式与前近代社会的再认识》，中央编译出版社，1996 年。
〔2〕 张乐天：《告别理想：人民公社制度研究》，东方出版中心，1998 年，53 页。
〔3〕 同上。

界重合的，此即西方学者早就注意到的集体农庄与村社"物理地理学上的同一性"（physical–geographical identity）[1]。因此，若是张乐天论述的逻辑成立，那么苏联集体化应当更加顺利而中国公社化则是举步维艰，然而事实却刚好相反。

中国的"传统村落"在多大程度上能构成一种共同体纽带，这是本文后面要质疑的。但这里，"村队模式"之说要成立首先还得问两点：

第一，"村队模式"究竟在多大程度上是以"自然村落"为基础？诚然，从数量上看，改革前我国农村生产队数与自然村（聚落）数大体相当。但聚落规模之大小差异却远比生产队规模差异大得多。如20世纪80年代初上海嘉定县每个聚落平均仅有农业人口70人，而河北元氏县聚落平均规模则大至1453人，两者相差20倍。因此一个大聚落（大自然村或自然镇）包含几个生产队，甚至几个大队以及几个小聚落合为一个生产队的情况十分普遍。据统计，我国农村聚落类型中规模与生产队相仿的"集团性密集中小街区聚落"（百户以下、边界清晰的中小村落）分布范围仅占全国面积的42%左右，其他地区都是大街区聚落、稀疏街区聚落、非街区聚落、非集团性聚落等等[2]。因此，在总体上把"队为基础"看作"自然村为基础"恐怕是有些大胆了。

第二，在农村改革后最显著的一个变化就是生产队一级组织消失得最彻底。农村中除了"户经济"外，许多地区乡（即前"公社"）、村（行政村，即前"大队"）二级经济亦相当活跃，唯有原先作为公社"基础"的生产队经济几乎消失得无影无踪，不仅经济核算职

〔1〕 R·G.Wesson, *Soviet Communes*. N.J.: New Brunswick, 1963.
〔2〕 胡焕庸、张善余:《中国人口地理》（上册），华东师范大学出版社，1984年，319—320页。

能丧失，土地控制权（发包、调整权）也上收到了行政村[1]，就连作为社区组织的"村民小组"在多数农村也形同虚设，社区功能也落到了行政村一级。这就需要解释：如果"村落传统"的力量真是如此强大和富有生命力，以至在公社的强大压力下它不但能延续下来，还能迫使公社妥协乃至"融合"于己，那么在压力消失（至少是明显减轻）后，它怎么反而瓦解了呢？"传统的顽强性"哪里去了？

二、集体化与传统共同体

其实，中国"几千年传统"是有的，只是它与其说是"小共同体本位"传统，毋宁说是"大共同体本位"传统。对公社制度的反思不仅涉及旧体制，也涉及我们民族的整个文明史。

关于这一点，还是从中俄比较谈起。在某种意义上，传统俄国社会类似于传统（中世纪）西欧与传统中国之间的中介类型。与西欧贵族相比，俄国贵族具有浓厚的官僚气息；而与传统中国官僚相比，则又具有浓厚贵族色彩。同样地，传统俄国乡村组织——米尔公社与中古西欧的小共同体相比具有明显的"政社合一"式的官办色彩，但与传统中国的乡里保甲相比却显得更像个自治的小共同体。传统西欧是"小共同体本位"社会，个人依附于采邑、村社、教区、行会乃至家族等传统小共同体，个性发展受其抑制，但"民族—国家与暴力"则是近代化过程中才发展起来的[2]。而传统俄罗斯则是个"多元共同体本位"社会，就其共同体本位而个性受压抑这点而

---

〔1〕 这种上收产生了许多弊病，参见拙文《"村"分归来》，《中国改革报》1998年5月31日。

〔2〕 A. Giddens, *The Nation-State and Violence*. Cambridge：Polity Press.1985.

言，它与一切前近代传统社会相同，就其集权国家的社会控制能力而言，它与传统中国更类似。然而与中国不同的是：俄国传统村社并不是纯由国家对"编户齐民"实行官僚式管理的产物，而是虽由国家控制但仍保有相当自治性的、内聚而排他的小共同体。前苏联学者 B.A. 亚历山德罗夫曾把 17—19 世纪帝俄的村社管理体制分为三种模式：警察式（国家行政控制）、公社式（社区自治）和混合式（前两种方式的综合）。他认为最常见的是混合式。在此形式下，由领主或国家指定的领地管理机构与由村民选举产生的公社机构同时存在并形成互相制约之势[1]。

就乡村而言，1917 年"革命"实质是一场反对斯托雷平改革的村社复兴运动。在革命中村社的地位大大提高[2]，1918 年甚至一度出现"6 个月的农民统治"：由于村苏维埃未及设立，村社自治成为唯一的农村秩序[3]。1919 年以后，虽然村苏维埃普遍设立，但传统村社的势力仍然强大，形成所谓乡村中"两个政权并存"的局面[4]。在 20 年代，由于大多数村苏维埃没有预算，而米尔村社则控制着土地和社区公共资源，因此往往比村苏维埃更具实质功能。经过革命，"警察式"管理衰落而"公社式"管理更活跃，村社的自治性因而也增加了。当时村苏维埃的选举要讲"阶级原则"，"富农"没有选举和被选举权，而村社及村会的选举则是传统式的，不讲什么"阶级"，于是所谓"富农"控制村社便成了布尔什维克体制在农村

〔1〕 B.A. Александров, Сельская Община в России（XVII——началоXIXв.）М.
1976. стр55–88.

〔2〕 参见苏文：《传统、改革与革命：1917 年俄国革命再认识》，香港中文大学
《二十一世纪》杂志，1997 年 10 月号，4—16 页。

〔3〕 O. Figes, *Peasant Russia*, *Civil War*：*The Volga Countryside in Revolution*, *1917–
1921*. Oxford：Clarendon, 1989.pp.70–153.

〔4〕 С. Зданович, Сельской совет и земская община Большевик 1929. No6.

遇到的一大问题。

新经济政策时期，苏俄政府对村社的态度是矛盾的，一方面村社作为前近代的传统共同体阻碍农民个性的发展，并以其强大的平均主义职能成为农村资本主义因素与商品性农民农场（脱离了村社的"独立农庄"）成长的障碍，这是使包括斯大林在内的一些人认为它有利于集体化的原因。事实上，政府政策在新经济政策后期逐渐趋"左"，但又尚未下决心搞强制集体化之际，村社也的确被利用来限制"自发势力"，当时在当局"反独立农庄化"政策的压力下不少独立农民又被迫回到村社，从而使村社在市场经济潮中一度有所削弱之后又再度膨胀，并在1925—1928年间出现了村社与（当时尚很少的）集体农庄都在扩张，而一度有所发展的独立农民经济却迅速萎缩的状况。

但另一方面，村社作为传统农民自治团体又有抵御外来干预的一面，它的小共同体纽带过去曾抵制了斯托雷平改革的个体化势力，如今对大共同体（集权国家）的一元化势力也起着抵制作用。全盘集体化前夕，国家与村社的斗争激化起来。

1928年12月，苏俄修改土地法，规定村社对一切土地问题的决定都须经村苏维埃批准。1929年5月，全俄苏维埃"十四大"通过"扩大地方苏维埃权利"的决定，进一步规定村社的任何决定都应经村苏维埃批准才能生效，村社的基金也应由村苏维埃控制。在政治上，1929年在全俄进行村苏维埃改选，不仅使集体农庄庄员大量进入村苏维埃领导层并排挤了村苏维埃中的亲村社势力，从而改变了许多村苏维埃实际上依附于传统村社的软弱状态，而且还把"阶级原则"引进村社，要求把"富农"从村社领导中清除出去，甚至要求取消"富农"分得村社份地的权利（即把"富农"开除出村社）。在全盘集体化高潮中，传统村社终于面临末日。

1930年2月，全俄苏维埃中央执行委员会主席团宣布在实现集体化地区取消村社，在其他地区则授权村苏维埃直接领导村社，有权批准、改变或撤销村社的决定。同年 7 月，更颁布了《关于在全盘集体化地区取消村社》的法令，最终取缔了村社。35 万个传统小共同体的自治权，最终被一个万能的全俄大公社彻底吞噬了。

这一过程自然充满着强烈的反抗。1929 年前后的传媒常惊呼农村"两个政权并存"所引起的冲突，并报导了许多"富农"（当时实际上指集体化的反对者）把持村社并迫害"贫农"的案例，如"卢多尔瓦伊事件""尤西吉事件"等。传媒同时批评许多村苏维埃软弱无为，甘为村社的附庸。显然，自治村社是使俄国农民有组织地抵制集体化的条件。如果抽象地讲姓"公"姓"私"，那么从"公有私耕"的村社到"公有公耕"的集体农庄似乎只有一步之遥，但从大共同体一元化统治对小共同体自治权的剥夺这一角度看，其间冲突之激烈就不难理解了。

回头再看中国，对于"小私有"的中国农民更容易被"集体化"便不会觉得奇怪。如前所述，在中国农民集体化的全过程中相对较强的抵制发生在东南沿海的广东、浙江、江苏诸省，而这三省（尤其是前二省）在近代恰是中国民间传统小共同体——宗族组织最活跃的地方。在某种意义上，与其说这三省许多地方的传统农民是"小私有者"，不如说是宗族公社[1]成员。在本世纪初，宗族公田占广州府属各县全部地产的比重达 50%—80%，非族田类的公田（学田、庙田、会田）又占 1%—5%。广州府以外的广东各县公田也占总耕地的 30%—40%[2]。浙江各县的宗族公产也很发达，如浦江县全县

---

〔1〕 "公社"这一词在此并无褒义，笔者并不想为传统宗族涂抹玫瑰色彩。这个词是中性的，只是表明其并非个体化的公民群。

〔2〕 陈翰笙：《解放前的地主与农民》，中国社会科学出版社，1984 年，27—29、34—38 页。

1/3 地产为祠庙公产，义乌县一些地区宗族公产竟占耕地的 80%[1]。这与中国的其余绝大多数地区形成了鲜明的对比。如长江流域的湖南长沙府、湖北汉阳府、黄州府各县，公田面积都只占全部耕地面积的 15% 左右，而且在公田中族田（包括义庄田与祭田）只占 45%（湖南）和 43%（湖北），学田、寺田等非族田类公田比族田多[2]。这与广东的公田中 90% 以上为族田形成对比。至于北方各地的公产，更是几近于无。李景汉先生 20 世纪 30 年代在河北定县所调查的 62 村共有耕地 238563 亩，而有族田的宗祠不过 13 所，总共有田仅 147 亩，只占总耕地的万分之几[3]。陕西关中三府 41 县，土改前土地统计中的"族庙公产"没有一县超过 1%，可称得上是"纯私有"地区了。

中国农村集体化阻力较大的地区，不是这些传统上的"纯私有"地区，而是传统上盛行宗族公产的地区。这与俄国村社农民比中国"私有"农民更难集体化是同样的道理，它表明在传统时代，小共同体的缺乏往往并不意味着公民个性与个人权利的发达，而只意味着大共同体的一元化控制。一盘散沙式的"无权者的小私有"也许恰恰是大共同体产权垄断的同构物，它与近代公民私有产权之间的距离不会比自治的小共同体产权与后者的距离小。

从总体上看，中俄革命后都出现了激进的大共同体一元化体制。但对小共同体的处理，两国却一时出现了相反的情形：俄国革命后出现了公社化农村，独立农民在革命中也被"公有化"了。后来在新经济政策下虽稍有恢复，但已远无革命前的势头。而中国革命后形成的是农户农村，个别宗族公社活跃地区在革命中完成了大共同

〔1〕 冯和法主编：《中国农村经济资料·续编》，上海开明书局，1935 年，66—67、57—58 页。
〔2〕 柳镛泰：《国民革命时期公产、公堂问题与两湖地区农民协会运动：与广东的比较》，南京大学博士后论文，1998 年，2—6 页。
〔3〕 李景汉编：《定县社会概况调查》，中国人民大学出版社，1985 年，172、618 页。

体主导的"私有化",本来就远不如俄国村社那样强固的传统宗族、社区等小共同体纽带在革命中扫荡几尽,甚至连革命中产生的农会,在土改后也因有人担心其产生自治倾向而遭忌讳。1953年3月,中共中央批转西北局的报告说:"农民协会,土改后已无新的任务,逐渐流于形式,但它对农民之良好影响尚在,故应暂存,待土改复查和土登评产全部完毕及互助组占绝对优势后,再行取消。目前农会的任务,主要的应是帮助政府推动生产。"[1]显然,对于农会在"帮政府搞生产"之外的活动,已不能进行。不久中央便正式决定在全国取消农会。紧接着在这年10月间,集体化最重要的逻辑前提——统购统销即正式出台。取消农会的决定在主观上虽未必与统购统销这一重大转折有关,但此举无疑使国家在这一转折关头消除了一个不确定因素,面对着一盘散沙式的小农户,其地位远比面对着自治村社的苏俄国家要有利。至此,我国农村组织前所未有地一元化,任何可能制衡大共同体的自治机制都不存在。准此,"小私有"的中国农民比"土地公有"的俄国村社更易于"集体化"就不难理解了。

三、法家传统与大共同体本位

如果说从经济上看只是从公有私耕变为公有公耕的俄国集体化,在文化传统上却经历了从多元共同体本位下的小共同体自治转向大共同体一元化统治的"剧变",那么中国的集体化则相反,它在经济上似乎是从"一小二私"到"一大二公"的剧变,而在文化传统上却是秦以来大共同体本位传统的变态与强化。

---

[1] 国家农委办公厅编:《农业集体化重要文件汇编》(上),中央党校1981年印行,118页。

中国的大一统始于秦，而关于奠定了强秦之基的商鞅变法，过去史学界有个流行的论点，即认为商鞅坏井田、开阡陌而推行了"土地私有制"。如今史学界仍持此论者恐已不多，因为20世纪70年代以来，人们从睡虎地出土秦简与青川出土的秦牍中已明确知道秦朝实行的是严格的国家授地制，而不是什么"土地自由买卖"。人们从《商君书》《韩非子》一类文献中也不难发现，秦代法家经济政策的目标是"利出一孔"的国家垄断，而不是民间的竞争。

然而，过去的那种说法却也非空穴来风。法家政策的另一面是反宗法、抑族权、消解小共同体，使专制皇权能直接延伸到臣民个人，而不致受到自治团体之阻隔。因此，法家在理论上崇奉性恶论，黜亲情而尚权势。韩非便公然宣称："子、父，至亲也，而或谯、或怨者，皆挟相为而不周于为己也"，"夫以妻之近及子之亲而犹不可信，则其余无可信者矣"。[1] 在实践上，则崇刑废德，扬忠抑孝，强制分家，鼓励"告亲"，禁止"容隐"，不一而足。尤其有趣的是：出土《秦律》中一方面体现了土地国有制，一方面又为反宗法而大倡个人财产权，给人以极"现代"的感觉。《秦律》中竟然有关于"子盗父母""父盗子""假父（义父）盗假子"的条文，并公然称：奴婢偷盗主人的父母，不算偷了主人；丈夫犯法，妻子若告发他，妻子的财产可以不予没收；若是妻有罪，丈夫告发，则妻之财产可用于奖励丈夫[2]。即一家之内，父母子女夫妻可有各自独立的个人财产。于是便形成了这样的世风："借父耰锄，虑有德色；母取箕帚，立而谇语；抱哺其子，与公并倨；妇姑不相悦，则反唇而相稽。"[3] 难怪人们会有商鞅推行"私有制"的印象了。

---

〔1〕《韩非子·外储说左上》;《韩非子·备内》。
〔2〕 睡虎地出土《法律答问》。
〔3〕《汉书·贾谊传》。

然而，正是在这种"天大地大不如皇恩大，爹亲娘亲不如陛下亲"的反宗法气氛下，大共同体的汲取能力可以大行其道。秦王朝动员资源的能力实足惊人，2000万人口的国家，北筑长城役用40万人，南戍五岭50万人，修建始皇陵和阿房宫各用（一说共用）70余万人。还有修筑工程浩大的驰道网、规模惊人的徐福船队……这当然不是"国家政权力量只达到县一级"所能实现的。其实按人口论，秦汉之县不比今日之乡大多少，秦时达到县一级已差不多相当今日达到乡一级了。然而，秦县以下置吏尚多。"汉承秦制"，我们可从汉制略见一斑。"大率十里一亭，亭有长；十亭一乡"，"乡有三老、有秩、啬夫、游徼。三老掌教化，啬夫职听讼、收赋税，游徼徼循，禁贼盗"，"又有乡佐，属乡，主民收赋税"。[1]这些乡官有的史籍明载是"常员"，由政府任命并以政府财政供养："有秩，郡所署，秩百石，掌一乡人"，有的则以"复勿徭戍"为报酬。所不同者，县以上官吏由朝廷任命（"国家权力只到县一级"只在这个意义上才是对的），而这些乡官则分由郡、县、乡当局任命。至于亭，一说为乡的下一级，一说与乡同级。但可以肯定的是，亭长为不高于乡的基层小吏，也是由县上任命并供养的，即所谓"给事县为亭长"[2]。而亭长以下还有"亭部吏卒"，包括亭佐、求盗、亭侯等。所谓"乡亭部吏，足以决断"[3]。但他们并非民间自治代表则是肯定的。

　　值得一提的是，这些基层干部都是代表国家管理"编户齐民"的，因此不像民间的"德望耆宿"，只要承上意、能办事，就可为吏。像刘邦这样作为汉臣的司马迁都说他"无赖"的人绝谈不上德高望重，却可以当亭长，就是典型之例。这与今人时常谈论的"县以下

〔1〕《汉书·百官公卿表》;《续汉书·百官志五》。
〔2〕《汉书·朱博传》;《后汉书·吴汉传》。
〔3〕 王符:《潜夫论·爱日篇》。

乡土社会的伦理自治"相去甚远。近来一部纪实作品提到人民公社时代一位风云人物时说："一个由政府来确认他在白灵宫村领袖地位的机会，他把握住了。如果不借助政府的力量，农民不会认同或接受一个道德不完善甚至有污点的领袖。"[1]这不活脱脱是那2000年前沛县泗水亭长的写照吗？

秦王朝开创了大共同体一元化统治和压抑小共同体的法家传统。由小共同体消解导致的"私有制"似乎十分"现代"，但这只是"伪现代"。因为这里小共同体的解体并非由公民个人权利的成长所致，而是相反地由大共同体权力的膨胀所造成。而大共同体权力既然膨胀到连小共同体的存在都不容，就更无公民权利生长的余地了。所以这种"反宗法"的意义与现代性是相反的。在法家传统下，宗族文化与族权意识无从发达，但秦人并不因此拥有了公民个人权利。相反，"暴秦苛政"对人性、人的尊严与权利的摧残，比宗族文化兴盛的近代东南地区更甚。

汉武帝改宗儒学，似乎是中国传统的一大转折。但"独尊儒术"是与"汉承秦制"乃至"百代都行秦政制"并行的。由汉到清的传统演进，是需要在另外场合详加探讨的课题[2]。这里可以简而言之，即这2000年（除魏晋以后一个时期外）的文化与制度多少都具有"儒表法里"性质，王道其表而霸道其里，德治其名而刑治其实，说的性善论，信的性恶论，形式上吏的儒化，实质上儒的吏化，法家传统从未消失。而这段历史上的中国社会，也仍然是大共同体本位而不是小共同体本位，更不是个人本位。但小共同体的缺失却造成了一种"伪个人主义"现象，正如梁漱溟在"乡村建设"实践

---

〔1〕 卢跃刚：《大国寡民》，中国电影出版社，1998年，156页。
〔2〕 参见拙文：《"大共同体本位"与传统中国社会》，《社会学研究》1998年5—6期连载。

中深刻地感受的："中国人切己的便是身家，远大的便是天下了。小起来甚小，大起来甚大……西洋人不然。他们小不至身家，大不至天下，得乎其中，有一适当范围，正好培养团体生活。"[1]

从小共同体本位的传统社会进入个人本位的现代社会的西方人对此难于理解。20世纪70年代美国在越南失败后，西方学界出现了研究亚洲农民之热，而斯科特（James C. Scott）与波普金（Samuel L. Popkin）就此发起了"道德农民"还是"理性农民"的论战。前者认为亚洲农民传统上认同小共同体，社区利益高于个人权利，习惯法的"小传统"常重新分配富人财产以维护集体的生存[2]；后者则指出农民是"理性的个人主义者"，村落只是空间上的概念，并无利益上的认同纽带，村民互相竞争并追求利益最大化[3]。然而，这两方都没有想到：在"小共同体的道德自治"与"理性的个人主义者"之外有没有第三状态？农民对社区、宗族缺少依附感，就意味着他成了"便士资本家"？反之，农民若不习惯自由竞争，就一定会是个小共同体崇拜者吗？

近年来对中国农村社区、村落、宗族的研究成为热点，受国外小共同体争论的影响，强调乡土中国伦理自治的论点十分盛行。这种看法如与1949年以后的农村相比无疑有部分道理，就国家权力对村内生活的干预而言，1949年以后尤其是集体化以后的农村确实比之前突出得多。但若就文化形态比较而言，则不是家族主义或社区主义，而是国家主义加"伪个人主义"构成中国传统的特点。绝

〔1〕 梁漱溟：《乡村建设理论》，《梁漱溟全集》第2卷，山东人民出版社，1990年，194页。

〔2〕 J.C. Scott, *The Moral Economy of the Peasant: Rebellion and Subsistence in Southeast Asia*, New Haven: Yale University Press, 1976.

〔3〕 S. Popkin, *The Rational Peasant: The Political Economy of Rural Society in Vietnam*, Berkeley, 1979.

对地看，传统中国社会当然并非完全没有"小共同体认同"，但像古希腊的德莫、古罗马的父权制大家族、中世纪西欧的村社、行会、教区、采邑、俄罗斯的米尔和南欧的扎德鲁加（家族公社）等"非国家"社群的内聚与自治能力，在传统中国总的来讲是不存在的。过去受"村社解体产生私有制"理论影响，长期以来否认中国古代有过"自由私有制"的人总是强调小共同体的限制因素，如土地买卖中的"亲族邻里优先权"与析产遗嘱中的"合族甘结"之类。但实证研究表明，中国的"小农"抗御此种限制的能力，要比例如俄国农民抗御村社限制的能力大得多。

然而另一方面，这些缺乏自治纽带的"小农"对大共同体的制御能力却很差。历史上因缺乏村社传统而显得更为"私有"化的中国农民，反而更易受制于国家的土地统制，如曹魏屯田、西晋占田、北朝隋唐均田、北宋的"括田"与南宋的"公田"、明初"籍诸豪民田以为官田"以至"苏州一府无虑皆官田，民田不过十五分之一"，直到清代的圈占旗地等。中国古时也有"土地还授"之制，但那不是村社而是国家行为；中国农民历史上也有迁徙限制，但那不是米尔而是国家对"编户齐民"的约束；中国人知道朝廷的"什伍连坐"之法，但不知何为"村社连环保"；中国农民知道给私人地主交租、给朝廷纳粮当差，却很难理解俄国农民对村社的缴纳达 26%[1] 是怎么回事。中国人因无村社而有"私有制"，因无贵族政治而有"文官制度"，因无村会裁判与行会裁决而有法家的"法制"——但这一切并没有使中国走向个人本位的公民社会，却使中国更容易地建立了比传统时代更强化的大共同体一元化统治。人民公社制度就是它的一个重要方面。

以"一大二公"取代"一小二私"的人民公社，并不像它表面

---

〔1〕 金雁、卞悟：《农村公社、改革与革命》，中央编译出版社，1996年，124—125页。

上看那样"反传统"。现代化过程本质上是人身依附的共同体社会向个性自由的公民社会转变的过程。但在不同的民族,压抑公民个性与个人权利的传统共同体结构是不同的,公民权利的成长过程因而也会不同。在小共同体本位的西欧,当公民个人权利的力量还很弱小时曾出现过"公民与王权的联盟",即公民首先借助大共同体的力量来摆脱采邑、教区、行会、村社等小共同体的束缚,当公民权利成长起来后,才与王权决裂并开创公民国家。

至于在大共同体本位的中国,公民权利的发展障碍主要来自"王权"本身,因而中国现代化进程就可能会采取一种以"公民与小共同体的联盟"为中介的路径。

土地改革＝民主革命？集体化＝社会主义？
——马克思主义农民理论的演变与发展

　　所谓"三农问题"如今日益引起上下的关注。然而"三农"之成为问题并不始于今日，亦不限于中国。在一定程度上讲它是世界各国进入现代化时面临的普遍问题。我们所面对的特殊性一方面固然源于特定的"路径依赖"，另一方面也是普遍性问题在我们这里的积重难返。但过去的路径依赖并不是我们一家的独自选择。自20世纪初俄国发生斯托雷平土地改革引起强烈反弹以来，从俄国马克思主义的一支中形成了通过平分土地完成"民主革命"、再通过集体化建立"社会主义"这样一种解决农民问题的基本理论。这种理论模式不仅在中俄等国形成了实践的路径，成为"列宁主义"的基本成分之一，而且对世界上其他形形色色的许多农民问题理论与实践产生强烈影响。但这种理论与古典马克思主义的极大差异，以及它在社会思想史上真正继承的那些资源，并没有得到透彻的分析。

　　今天的中国早已不是"凡是"时代，从思想宗师那里寻找章句以支持改革的"托古改制"方式也已基本成为过去。但是严肃的思想史研究与社会变革史研究从来就是互为表里。况且今天一如过去与未来，农民问题一如其他问题，仍然会存在思想与实践的多元性，包括存在各种左派或新左派选择。因此从思想史上理清150年来农民问题上的"主义"变迁，仍然对农民"问题"本身的解决有重大意义。

一、"两种保守性"与小生产衰亡论

马克思主义诞生时，经典作家主要是在两个层面上谈论农民问题的。

其一是从无产阶级革命和社会主义取代资本主义的角度，认为农业问题的方向是公有制与"社会化"。而农民在这个问题上有所谓"小资产阶级两重性"或曰"摇摆于无产阶级与资产阶级之间"[1]的性质；农民是劳动者又是私有者：作为劳动者可能会跟无产阶级走，接受社会化的改造；作为私有者又可能跟资产阶级走，发生"商品生产者的自发倾向"。而这两重性中何者居于主要地位，则以农民中的阶层不同（大农更多一些私有者属性，小农更多一些劳动者属性）以及具体的利害关系背景有所变化。此外当时马克思主义者还有一个看法，就是认为家庭经营是落后的，要被社会化大生产所取代，不是被资本主义社会化大生产所取代，就是被社会主义社会化大生产所取代。

这样就产生了关于农民的"两种保守性"的观点。当时的马克思主义思想家担心农民作为私有者、小资产阶级与商品生产者会在资产阶级与无产阶级斗争时跟着前者而反对后者，从而表现出"路易·波拿巴式的保守"。恩格斯说："1848年二月革命的朦胧的社会主义激情很快就被法国农民的反动投票一扫而光。……我们大家都知道，单是农民的这一勋业就索取了法国人民多少代

---

[1] 《马克思恩格斯选集》第1卷，276页。

价；法国人民至今还苦于这一勋业的后果。"[1]

而作为传统"小生产"的体现者，他们如果与资产阶级发生冲突，又可能意味着传统对现代化、"小生产"对"大生产"的抵制，从而表现出"万代式的保守"，因而无产阶级也不能接受。马克思曾多次谈论过对"农民的万代"的担忧。而欧洲最典型的农民国家沙皇俄国的马克思主义者更曾普遍认为："专制制度的支柱应当（而且可以）不是贵族，也不是资产阶级，而是'农民民主派'。"[2]这种看法似乎从反面得到了证实：当时沙皇政府的确有知识分子、资产阶级乃至贵族都不可靠，"皇帝和国家唯一可以依靠的阶层是农民"的判断[3]。甚至农民对地主的仇恨也被认为具有这种保守性质："宁可一切土地归沙皇，只要不归地主"[4]的想法是农民皇权主义的基础。这使得马克思主义者担心，面对资产阶级革命"专制政府可能利用农民来采取某种冒险举动"[5]，并认真考虑过在什么条件下可以与资产阶级妥协以对付农民的"反动"。

这样一来，农民无论是跟着资产阶级走还是与资产阶级冲突，似乎都不是好事，都是"保守"乃至"反动"的体现。所以毫不奇怪，在马克思与恩格斯身居英国从事写作的时代，他们对"农民保守性"是看得更重的。《共产党宣言》中关于农民有反现代化倾向因而是"保守的""甚至是反动的"[6]之论断，《路易·波拿巴的雾月十八日》中关于农民是"一口袋马铃薯"的论点，都是马克思农民观中十分经典的说法。

---

〔1〕《马克思恩格斯选集》第 4 卷，296 页。

〔2〕《列宁全集》中文第二版，第 22 卷，57 页。

〔3〕 C.Ю. 维特：《回忆录》第 1 卷，387 页。

〔4〕《列宁全集》第 13 卷，308 页。

〔5〕《列宁全集》中文第二版，第 16 卷，311 页。

〔6〕《马克思恩格斯选集》第 1 卷，261 页。

这种说法来源于马克思、恩格斯当时所处的西欧，尤其是英国社会发展提供的体验。过去有一种说法：世界各国都没能消灭农民家庭经济，只有英国成功地用大农场取代了小农经营。实际情况并非如此，在 19 世纪号称农场化最典型的时代，英国仍有 40% 左右的耕地是由家庭农场，而不是建立在雇佣制基础上的大农场来经营的，而且以后这个比例更大了。实际上到了恩格斯和马克思、恩格斯的学生一代进入理论创作活动时，一种不同于马克思设想的趋势已经在西方农业近代化进程中表现得很明显："农业的发展中并没有走向大生产的倾向，恰恰相反，在农业发展的范围以内，大生产并不常是较高的生产形式。"[1] 但尽管如此，19 世纪中期生活在英国的马克思、恩格斯仍然可以以当时当地的经验为依据预言小农的灭亡："我们假定，农业和工业完全一样受资本主义生产方式的统治，也就是说，农业是由资本家经营……如果说资本主义生产方式是以工人的劳动条件被剥削为前提，那么，在农业中，它是以农业劳动者的土地被剥削，以及农业劳动者从属于一个为利润而经营农业的资本家为前提。"[2]

　　当时一些最乐观的马克思主义者正是以这种"假定"为基础，认为未来的无产阶级革命已经无须面对小农问题，因为作为这种革命对象的资本主义的发展"会替它清洗农村中的地盘，有如在城市中一样，也期待大生产与小生产的斗争，将使后者从它们之中排挤出去"[3]。这样无产阶级只需要变私人资本的"农业工厂"为公有制的"农业工厂"就行了，而为此需要考虑的只是城市无产阶级与农村无产者——农业工人的合作问题。这样，19 世纪中期的社会主义者相当普遍地忽视农民问题，甚至"认为农民是神秘的、不可思议

---

〔1〕　桑巴特：《十九世纪的社会主义与社会运动》，转引自考茨基：《土地问题》，三联书店，1955 年，15 页。
〔2〕　《马克思恩格斯全集》第 26 卷（第二版），263 页。
〔3〕　考茨基：《土地问题》，三联书店，1955 年，14—15 页。

的，甚至有时引起灾祸的东西"[1]。

然而到 19 世纪末，随着德法等国无产阶级政党（德国社会民主党、法国工人党等）力量的大增，社会主义日益从书本上的理论创作变成实际的大规模社会运动，人们就发现，无论他们是搞社会革命还是仅仅投入竞选以扩大势力，都不能回避原来以为不存在的小农问题："社会民主党一走进农村去，立即就碰到那种曾经使以前的民主革命党惊慌失措的神秘力量。社会民主党看见，在农村经济中小生产的消灭，绝不是马上可以实现的，较大的农业企业只是缓慢地占有那种不得不让出的地位。"[2]

这个时候德法两国不仅小农仍然众多，而且其政治觉悟与参与意识随着现代化进程也大为发展。农民已不是像拿破仑时代那种抱着传统忠君思想只知为皇上卖命的"一口袋马铃薯"，他们不仅在经济上开始学会依靠自由的合作制战胜大农的竞争，在理论上产生了从西斯蒙第到亨利·乔治那样的思想代表，在政治上也开始发展现代类型的农民党与农会运动，具有可观的参与能力，从而成为无论是搞革命还是搞竞选都不能忽视的力量。

这时候的德法两国早已消灭封建制，不存在农奴解放、村社解体这类问题，自然也就没有了"万代式保守"的危险。自由小农面对的是大资本大农场等"大生产"的压力。而无产阶级政党当时一方面与农民同样面对资本这个敌人，另一方面又自认为是"大生产"的代表而视"小生产"为落后。于是，是支持农民抵抗资本（同时也抵抗"大生产"），还是乐于见到资本的"大生产"继续消灭小农以替无产阶级"清洗农村地盘"，便成了引起激烈争论的话题。

1894 年，法国工人党南特代表大会通过土地纲领，支持小农

---

[1] 考茨基:《土地问题》，三联书店，1955 年，14—15 页。
[2] 考茨基:《土地问题》，三联书店，1955 年，14—15 页。

反对大资本。不久德国社会民主党也开会讨论土地问题，恩格斯随即写了《法德农民问题》一文，表示不同意法国工人党的做法。他再次提出小农是"过了时的生产方式的残余"、正在"不可挽救地走向灭亡"。因此无产阶级政党不应试图维护小农，但是也不能像对待资产阶级那样剥夺他们。"我们预见到小农必然灭亡，但我们无论如何不要以自己的干预去加速其灭亡。……当我们掌握了国家政权的时候，我们绝不会去剥夺小农（不论有无报偿，都是一样），像我们将不得不如此对待大土地占有者那样。"[1]无产阶级正确的态度应当是：在对农民进行阶层分析的基础上，在革命时期力图联合正在"无产阶级化"的下层农民，来反对倾向于资产阶级的上层农民；而在革命之后则引导农民走上合作化道路，但这一切以尊重他们的自愿、不搞强制为条件："我们坚决站在小农方面，我们将竭力设法使他们的命运较为过得去一些，使他们易于过渡到合作社，如果他们下决心这样做的话；如果他们还不能下决心，那我们就设法给他们尽量多的时间，让他们在自己的一小块土地上考虑考虑这个问题。"[2]

在恩格斯逝世前数月写成的最后一部重要作品《法德农民问题》，是第一代马克思主义者对"社会主义革命中的小农问题"给出的经典答案，后来考茨基发挥此书的观点写成了当时被称为"《资本论》之后最出色经济学著作"与"农业问题上马克思主义思想大全"的大部头著作《土地问题》，对"小生产没落论""农民阶层分析论""两重性论"与"自愿合作论"给予了进一步的系统论证。本书因而成为马克思主义农民问题理论的权威，在后来俄国马克思

---

[1]《马克思恩格斯选集》第 4 卷，310 页。

[2]《马克思恩格斯选集》第 4 卷，311 页，"尽量多的时间"中译本为"一些时间"，这是译误。

主义与民粹主义进行农民问题大论战时提供了基本的理论资源。即使在以后第二国际瓦解、列宁与考茨基成为论敌的时代，列宁对考茨基这本书的评价仍然是颇高的。

《法德农民问题》与《土地问题》虽然为此后很长时期内马克思主义者的农民社会主义改造理论定了基调，但它的"自愿合作论"的温和色彩后来却受到斯大林的贬低。斯大林在给"全盘集体化"制定理论依据的 1929 年 12 月 27 日 "马克思主义土地问题专家代表大会"上演说时宣称：恩格斯关于要给农民"尽量多的时间"去考虑是否合作化的说法是一种"似乎过分慎重的态度"。按斯大林的说法，恩格斯之所以"过分慎重"是因为西欧的农民有土地私有制，以至农民便死守"自己的一小块土地"。而村社制下的俄国没有土地私有制，因此我们就无须"过分慎重"，而可以使集体农庄运动"比较容易和比较迅速地发展"[1]。今天我们已经知道，那场把土地"公有私耕"的俄国传统公社社员变成"公有共耕"的集体农庄庄员的运动曾经遇到农民的激烈抵制，"没有土地私有制"并未使俄国村社社员比不存在村社制度的中国小农更"容易"接受集体化。这就提示我们：恩格斯的"慎重"并不"过分"，而且这个"慎重"并不是仅仅以"农民留恋小私有的保守性"为理由的。

今天看来，如果离开自然经济、超经济强制和人身依附这些传统特征而仅仅在家庭经济（与雇佣经济相区别）意义上定义"小生产"的话，那么"小生产没落"论和"大生产优越"论在农业中是否成立，至少有待于未来的继续检验。而从马克思至今一百多年来，我们实际上离这个说法越来越远，而且其所以如此，并不是像 19 世纪的许多早期"小农经济稳固论"者所说，仅仅是由于小农留恋传统生活而自愿吃苦耐劳、拼命挣扎的"自我剥削

---

〔1〕《斯大林全集》第 12 卷，136 页。

机制"。

现代农业的发展表明"大生产"的农业在效率上也未必优于"小生产"，不仅是前计划经济国家的所谓社会主义"大农业"产生了许多问题，资本主义"大农业"也是如此。19世纪末以来，一方面资本主义市场机制对农业的支配已经更多的是通过金融、供销、服务等领域的控制而不是通过生产经营中的雇佣制来实现，"公司加农户"的方式日益显示出比工厂式大农场更大的适应性；另一方面自由农民的家庭农场在市场竞争中通过广泛的契约性联合形成的合作网络的支持，也在许多国家成功地回应了资本主义大农场的挑战并取得了对后者的优势。虽然在市场竞争中的确存在着"小农破产"现象，但"破产小农"主要流入了城市与非农业领域，而不是变成"农业工人"。主要资本主义国家在农业人口比重剧降、农业生产率大大提高的同时，农业中雇佣劳动的比重不升反降，1966—1967年欧共体创始六国的农业中，雇佣劳动包括临时性短工在内也仅占农业劳动者的14%。20公顷以下的家庭农场在几乎所有的西欧国家都取得了对50公顷以上大农场的绝对优势，甚至在历来认为大农场最典型并且深深影响了马克思农业思想的英国，家庭劳动农场与大农场相比也占了52%：23%的优势[1]。因此，不是恩格斯的自愿合作思想"过分慎重"，而是相反，以《法德农民问题》和《土地问题》为代表的农业"大生产优越论"如今需要更加慎重的反思，以此为基础的集体化理论与"小农保守论""农民改造论"更是如此。19世纪经典作家们的这些看法的历史局限性，在今天应当是不难理解的。

---

[1] 董正华：《现代小农制的历史地位》，见《北京大学百年校庆世界史文集》，北京大学出版社，1998年，807—808页。

二、走出"共同体"：民主革命中的农民理论

然而，如果说从社会主义革命的角度谈农民问题的上述理论如今需要反思的话，马克思主义农民学的另一个基点，即从民主革命的角度、从脱离传统社会而走入现代公民社会的角度阐述农民问题的理论，却在后人的实践中被严重地忽视、放弃乃至弄颠倒了。这方面倒是需要做一些正本清源、回归"古典"的工作的。

19世纪的马克思主义者，不仅面临着如何反对资本主义的问题，即社会主义革命或曰无产阶级革命的问题，而且面临着如何走出前近代的传统社会（即所谓"封建社会"）而建立近代公民社会或曰民主社会的问题，即所谓资产阶级革命或曰民主革命问题。从《共产党宣言》到《法德农民问题》，马克思、恩格斯的许多话是对已经资本主义化了的社会如何向社会主义变革这个问题而言的。但在欧洲许多地区，尤其在俄国，当时面临的更重要问题是如何摆脱封建制度，在俄国这样的国家它无疑是农民问题的主要方面。而在这个问题上，马克思主义的农民观是另一个维度。

如上所述，马克思、恩格斯认为农民"小生产"及作为这种生产基础的"小土地私有"相对于"大生产"（无论是资本主义还是社会主义的）而言是"保守"的、乃至"反动"的。但过去我们也知道，马克思、恩格斯对小私有农民在反封建问题上的作用有另外的评价。马克思在赞赏法国大革命时曾指出，资产阶级革命的基础"就是消灭农村中的封建制度，就是创立自由的占有土地的农民阶级"[1]。他还提到："自耕农的这种自由小土地所有制形式，作为占统治地位的正常形式，……是封建土地所有制解体所产生的各种形式之一。……在这里，土地的所有权是个人独立发展的基础。它也是

---

[1] 《马克思恩格斯全集》第5卷，331页。

农业本身发展的一个必要的过渡阶段。"〔1〕

在很长一段时间里人们普遍把这些话仅仅理解为：反封建或曰民主革命就是要实现耕者有其田，就是消灭地主土地私有制与租佃制。然而这是很不确切的。马克思在上述说法中对这种"农民私有"都用了"自由"这个定语，而"小"这个定语只是时而使用。可见他肯定农民私有制的反封建性质时强调的与其说它是"小"私有，毋宁说它是"自由"私有。他并没有把民主革命中的土地制度变革理解为变"大"私有为"小"私有、变租佃制为自耕制的过程，他甚至也从来没有把封建制度概括为"大"土地"私有制"与租佃制。恰恰相反，马克思在这里肯定的不是"小"地权而是"自由"地权。在马克思那里，自由地权不论大小，都是"封建土地所有制解体所产生的各种形式之一"。因此他肯定自由小农作为反封建力量，与他即使在民主化意义上（而不是在社会主义革命的意义上）也对小农有微词，认为自由小农不如自由大农（即资本主义农场，如上所述，马克思一直认为它将取代小农，并且只有这样才算在农业中确立了资本主义关系）的说法在逻辑上是全无矛盾的。作为社会主义革命的对象，马克思对大农、小农均无好感；而作为民主革命的结果，马克思对自由大农、小农均予肯定。其原因就在于在马克思心目中，民主革命不是化大私有为小私有，而是化传统共同体为自由私有制的过程。

马克思没有把封建制理解为"大"土地私有制与租佃制，这当然绝不仅仅是因为欧洲封建制与中国所谓的"地主封建制"不同（所谓不同于中国的欧洲农奴制和自营庄园制至少在英法等国早在资产阶级革命前已经瓦解了几百年，当民主革命发生时，那里的农村盛行的实际上也是租佃制与自耕农制而非农奴制的——

---

〔1〕《马克思恩格斯全集》第 25 卷，909 页。

只不过不太"自由"罢了）。马克思对封建社会的理解实际上是他对人类历史发展进程的理解之一部分。这一理解可以概括为："任何人类历史的第一个前提无疑是有生命的个人的存在"，人类社会的历史是"已成为桎梏的旧交往形式被适应于比较发达的生产力，因而也适应于更进步的个人自主活动类型的交往形式所代替"的过程，在这种历史观看来，"有个性的个人与偶然的个人之间的差别，不仅是逻辑的差别，而且是历史的事实"。而这种历史观的价值理想则是"个人向完成的个人的发展以及一切自发性的消除"[1]。

　　早在摩尔根发现原始公社的具体形式（氏族公社）之前很久，马克思就认定人类最初是以共同体的形式存在的："我们越往前追溯历史，个人，从而也是进行生产的个人，就越表现为不独立，从属于一个较大的整体"[2]。在 19 世纪 50—60 年代，马克思认为这些"整体"的演变过程是：最初是"完全自然的家庭"，然后由家庭"扩大成为氏族"，又由"氏族间的冲突和融合"形成各种更大的共同体[3]。另一处表述是："自然形成的共同体"包括由家庭"扩大成为部落"，然后是"部落的联合"。由这些"自然形成的"组织再合成"凌驾于所有这些小共同体之上的总和的统一体"即"亚细亚国家"[4]。后来晚年马克思受摩尔根的影响放弃了"家庭扩大为氏族、氏族联合为国家"的看法，转而认为先有氏族，家庭与国家都是后有的。但共同体的压迫是人身依附之源，而民主革命的实质是实现"人的独立性"，这个观点却始终未变。

　　马克思指出，在这些压抑个性的"共同体"或"统一体"中，

---

〔1〕《马克思恩格斯全集》第 3 卷，23、29—81、77 页。
〔2〕《马克思恩格斯全集》第 46 卷上册，21 页。
〔3〕《马克思恩格斯全集》第 46 卷上册，21 页。
〔4〕《马克思恩格斯全集》第 46 卷上册，472—473 页。

个人只是"狭隘人群的附属物"[1]，个人本身就是"共同体的财产"[2]。由所有个人对共同体的依附产生出共同体成员对"共同体之父"的依附[3]。只有到了"市民社会"，个人依靠"交换的力量"冲破了共同体的束缚，结束"人的依附性"而形成"人的独立性"，并进而克服马克思认为是因私有财产而带来的"异化"，走向"自由个性"和"自由人联合体"的理想状态。

与这种"人的依附关系"——"人的独立性"——"自由个性"三段式发展相应地，马克思指出了分配关系的三段式演进：前近代那种共同体或"统一体"中以"自然发生的或政治性的统治—服从关系（在马克思看来这种"统治和服从的性质"包括"家长制的、古代的或封建的"）为基础的分配"，在民主革命后也就变革为市民社会中"一切劳动产品、能力和活动的**私人交换**"，经过社会主义革命再变革为"联合起来的个人自由交换"[4]。同样，作为"共同体之现成基础"的"强制劳动"或曰"以共同体为基础的和以共同体下的劳动为基础的""奴隶制、农奴制等等"也变革为市民社会中"作为世界市场之基础的自由劳动"[5]，并在克服了劳动异化之后的理想社会中实现向劳动本质的回归：作为"个人的实体性活动"的劳动、作为自由人"生活第一需要"与"最高享受"的"自愿劳动"。

总之，由作为"共同体的财产"的依附人格，到摆脱共同体束缚的"人的独立性"，由"统治—服从关系基础上的分配"到"私

---

〔1〕《马克思恩格斯全集》第 46 卷上册，18 页。
〔2〕《马克思恩格斯全集》第 46 卷上册，496 页。另一处表述为："单个的人本身就是作为公社统一体的体现者的那个人的财产"。同上，493 页。
〔3〕《马克思恩格斯全集》第 46 卷上册，473 页。
〔4〕《马克思恩格斯全集》第 46 卷上册，104—105 页。
〔5〕《马克思恩格斯全集》第 46 卷上册，197、496、517 页。

人交换"，由"以共同体为基础的强制劳动"到"作为世界市场之基础的自由劳动"，这就是马克思心目中由封建社会向"市民社会"（马克思没有使用过"资本主义社会"这个词组）的变革。显然这里并没有什么"大私有"变成"小私有"的说法。事实上，由于马克思把封建依附关系的本质理解为个人对共同体的依附（只是在形式上表现为个人之间，如农奴对单个领主的依附），因而虽然"统治与服从关系"下人们间（君主与臣民之间、领主与农奴之间等等）极不平等，但他们"和所有同时代人一样，本质上是共同体成员"〔1〕。财产关系在那时只是"特权即例外权的类存在"〔2〕，是"以共同体为基础"的。只有到了近代"市民社会"，发达的货币经济与交换关系才以"物的联系"取代了"人的依赖纽带"，从而把"狭隘人群的附属物"变成了"摆脱了自然联系"的"单个的人"。到这时，"社会联系的各种形式，对个人来说，才只是表现为达到他私人目的的手段"，而财产关系才"抛弃一切共同体的外观"而成为"纯粹的私有财产"。严格意义上的"大私有"与"小私有"都只是这一过程的结果，"大私有"与"小私有"的矛盾，犹如有产者与无产者的矛盾一样，只是在这以后才可能突出起来。而封建社会的矛盾本质上只能是有特权者与无特权者、"统治"者与"服从"者、"共同体之父"与"共同体的财产"的矛盾。正如普列汉诺夫后来归纳的："俄国人就这样分成了两个阶级：剥削者的**公社**与被剥削者的**个人**。"〔3〕

因此这时的马克思主义者不会在封建社会寻找什么私有财产神圣不可侵犯的制度。相反，马克思在谈到中世纪时指出：那是个"权力统治着财产"，"通过任意征税、没收、特权、官僚制度、加于工

〔1〕《资本论》，人民出版社，1953 年，第 1 卷，53 页。
〔2〕《马克思恩格斯全集》第 1 卷，381 页。
〔3〕 普列汉诺夫：《我们的意见分歧》，人民出版社，1955 年，43 页。

商业的干扰等办法来捉弄财产"[1]的时代。正是通过资产阶级革命进入"市民社会"后，财产关系才抛弃一切共同体外观。因此在马克思看来，封建财产关系实际上是原始公社向私有财产制度之间的过渡形态。

如今看来，许多民族封建时代的共同体组织是否由原始公社演变而来，大有问题。像俄罗斯的农村公社，现代许多研究表明它并非从远古传下来的，而是封建时代与农奴化伴生的公社化进程的结果，此前俄罗斯曾经有过土地"习惯法私有"的时期[2]。但不管是否来自远古，封建时代的财产关系存在着浓厚的公社因素是确实的，因而正如马克思所说，"一切中世纪的权利形式，其中也包括所有权，在各方面都是混合的、二元的、二重的"[3]。马克思以后的马克思主义理论家也多次指出过这一点。如保尔·拉法格认为："资本主义的财产是个人所有的财产的真正的形式"，"1789年的资产阶级革命创造了土地私有制。在此以前，法国的土地……完全被剥去了土地的私有财产性质"。[4]考茨基在《土地问题》一书中更明确地指出：封建土地关系是"公社的土地与土地私有制之间的折中办法"；而资产阶级革命不论具体形式如何，最终结果总是一样，即"原始的土地共产制的残余之废除，即是土地私有制之完全确立"[5]。

显然，这里并没有说民主革命确立的只是"小"土地私有制，更没有说这种"小私有"是通过粉碎"大私有"确立的。无论马克思还是他的学生辈，当他们谈到"封建地产"的时候，不仅没有把

---

〔1〕　《马克思恩格斯全集》第4卷，330页。

〔2〕　金雁、卞悟：《农村公社、改革与革命：村社传统与俄国现代化之路》，中央编译出版社，1996年。

〔3〕　《马克思恩格斯全集》第1卷，146页。

〔4〕　保尔·拉法格：《财产及其起源》，三联书店，1962年，115、114页。

〔5〕　考茨基：《土地问题》，三联书店，1955年，40、42页。

它定义为"私有制"（因此也就谈不上"大私有"还是"小私有"），而且也没有把它与契约式的租佃关系联系起来。在他们看来，一块地产如果是"封建的"，那只是因为它与自然经济、与共同体的桎梏和人身依附相联系。而民主革命在农民问题上的含义就是冲着这几项而来[1]。毋庸置疑，马克思主义从出现那天起，就以最终消灭私有制——当然包括土地私有制——为自己的历史使命，但他们对私有制的看法带有浓厚的黑格尔式三段论色彩，即是一种否定之否定的"公（传统共同体）—私（自由私有制）—公（自由人联合体）"理论。而民主革命属于第一个否定，马克思主义者没有也不可能给自己提出在这一阶段消灭私有制（哪怕仅仅是"大私有制"）的任务。

三、"被剥削者个人"反抗"剥削者公社"：俄国马克思主义者对民粹派的早期批判

这一点在欧洲面临反封建任务的典型国家——沙皇俄国表现得尤为明显。1861 年以前俄国农村存在着农村公社（米尔）—农奴制—专制主义三位一体的封建秩序，1861 年的"解放农奴"仅仅废除了农民对贵族的依附，却没有废除、甚至还强化了农民对米尔公社的依附。因此时人曾指出：1861 年改革只是把农民从"贵族的农奴"变成了"村社的农奴"。在政府方面，"从行政警察角度来看，村社也更加方便，放一群牲口，总比一头一头地放来得轻松"。维特把这种体制称之为"畜群式管理"体制，而"他们心目中的村社就是

---

〔1〕 秦晖、苏文:《田园诗与狂想曲——关中模式与前近代社会的再认识》，中央编译出版社，1996 年。

畜群"[1]。沙皇当局以村社之父自居，利用村社来束缚农民，利用村社份地制、连环保、强制聚居、强制耕作、"共耕地"等各种形式剥夺农民的自主权与自由进入市场的权利。当时沙皇政府的政策是："公社是俄国人民的特点，侵犯公社就是侵犯特殊的俄罗斯精神。"[2]

那时俄国的民粹派虽然在政治上激烈反对沙皇，主张暴力革命，但在经济上却也对米尔公社情有独钟，主张"从米尔到康姆尼"（即从"公有私耕"的传统公社走向"公有共耕"的"社会主义"公社）。在民粹派看来，沙皇政府的罪恶就在于它引进了"个人主义的西方瘟疫"，导致了米尔解体。实际上就是说沙皇当局要为引入资本主义而破坏了"俄罗斯传统"负责。后来斯大林时代苏联理论界批判民粹派鼓吹"小农经济稳固论"，甚至说民粹派代表"富农阶级"。其实民粹派固然在小农与"资本主义大农业"的较量中反对后者而同情前者，但这并非出自对"小私有"的同情，恰恰相反，那时的民粹派是最仇视"农民个人主义"的。他们固然把俄国农民推崇为"公社精神"的化身与俄国未来的希望，甚至认为由于西方资本主义的没落，俄国农民的"社会主义"还将具有世界意义，这种"农民崇拜"无疑与马克思主义关于工人阶级先进性的理论相冲突。但是民粹派视为希望的"农民"是指"集体主义"的农村公社，而不是什么"小农"。相反，那些企图脱离村社的独立农户即所谓"村社分离者"却被民粹派痛恨为"村社的凶恶敌人"[3]。民粹派主张通过村社走向社会主义，但他们从未认为村社本身就是"社会主义"。恰恰相反，他们是极力鼓吹把"公有私耕"的米尔改造成"公有共

〔1〕 谢·尤·维特：《俄国末代沙皇尼古拉二世》上卷，新华出版社，1983 年，392、429 页。
〔2〕 同上。
〔3〕 H.H. 兹拉托乌拉茨基：《农村生活文集》，435 页，转引自司徒卢威：《俄国经济发展问题的评述》，商务印书馆，1989 年，140 页。

耕"的"公社"的。为此他们甚至认为对于"保守"的、受到"个人主义"腐蚀的农民应当实行强制，按"英雄驾驭群氓"的逻辑，"少数人在夺取政权之后，应当'迫使'多数人实行社会主义"。

因此，与斯大林时代的说法不同，那时以普列汉诺夫、列宁为代表的俄国马克思主义者—社会民主党人并不是把民粹主义当成"小农稳固论"者，而是当成"皇帝—国王的'国家社会主义'"[1]者来批驳的。他们并没有认为民粹主义之错只在于"均产不共产，共产不共耕"，而是认为用村社共同体束缚农民根本就是"反动"的。在当时的俄国马克思主义者看来，不仅"公有私耕，定期重分份地"的平均主义村社只是扼杀农民自由的桎梏，民粹派提倡的那种"改公有私耕为公有共耕"的"公社"也是一种反动的"封建社会主义"主张。普列汉诺夫指出："土地共耕比共服劳役、比尼古拉·巴甫洛维奇（按：即尼古拉一世）时期靠刺刀和鞭子强迫农民实行的'共耕'离共产主义不见得近更多。"[2]列宁则把这种"共耕制"斥为"企图用独轮车战胜火车的骗人儿戏"[3]。

换言之，这时的马克思主义者与民粹主义者在对待"小农"的问题上存在着两个方面的对立：作为与资本主义"大农"对立的传统农民他们受到民粹派的支持，而马克思主义者则根据"大生产优于小生产"的一贯立场极力否定这种意义上的"小农"。列宁甚至认为绝不能支持农民反对资本主义，哪怕这种资本主义是建立在掠夺农民基础之上[4]。正是在这个意义上，当时的社会民主党人反对平均地权而主张自由地权。列宁曾指出，如果废除了地主土地所有制而仍然保留村社制度，即使份地分配再平均，也仍然等于"永远保

---

〔1〕《普列汉诺夫机会主义文选》上册，三联书店，1973 年，299 页。

〔2〕《普列汉诺夫机会主义文选》下册，139 页。

〔3〕《列宁全集》第 19 卷，378 页。

〔4〕《列宁全集》第 2 卷，391—392 页；第 4 卷，219 页。

存旧的土地占有制"或"把中世纪土地占有制保存了一半"。列宁甚至说，不应该把土地分给"贫农"或"无法成为农场主的""懒惰农民""懒汉"和"废物"，否则也是保存了旧的或中世纪的土地制度。在他看来，土地只应该交给可以成为"农场主"的"富裕农民和中农"[1]。而其原则则是所谓的六大自由："必须为自由的业主经营自由的土地铲除一切土地方面的特权。必须尽最大的可能保证自由交换土地，自由迁居，自由扩大地段，建立新的自由的协作社来代替那种陈旧的带纳税性质的村社。"[2]这几乎是当时俄国所能听到的反对平均地权的最极端的言论了。

然而，如果所谓小农不是指对立于资本主义大农的传统农民，而是指与农村公社对立的自由小农或曰独立农民，那么他们正是民粹派深恶痛绝的"凶恶敌人"——"村社分离者"。如上所述，民粹派不仅不是这个意义上的"小农稳固论"者，而且恰恰是敌视这种"小农"的"公社稳固论"者。与此相反，当时的俄国马克思主义者却最反对"公社稳固论"，因此也就是这种意义上的小农或自由农民的支持者。在斯托雷平改革以前的年代，俄国社会民主党的土地思想可以说不是以反对"地主"[3]，而是以反对村社束缚为核心的。普列汉诺夫、列宁无数次地强调俄国农村公社是一种"亚细亚式的"奴役制度，是"莫斯科专制制度的基础"，专制下的"村社平均"比所谓贫富不均的"西方自由"更虚伪[4]。村社是俄国中世纪人身依附关系的一种形式。农

---

[1] 《列宁全集》第 13 卷，256—257、266 页；第 18 卷，132、244 页。

[2] 《列宁全集》第 13 卷，403 页。

[3] 俄语"помещик"一词本义只是"主人"之意，在斯托雷平改革以前它主要不是指民间私人地产主，而是指奴役村社农民的贵族。因此这个时期列宁著作中译文中虽可见到反对"地主"的字句，其意义与后来反对"大土地私有制"是不同的。

[4] 普列汉诺夫：《我们的意见分歧》，人民出版社，1955 年，166 页。

民被束缚在狭隘、封闭的小天地里，没有"最起码的公民权利"[1]。他们不能自由退社、自由迁居、自由处理自己的份地。村社实行连环保，集体对农奴制国家承担封建义务。列宁多次指出它是"半农奴式的"、"部分是封建式的，部分是亚洲式的"，这种"作为中世纪残余"的村社，"同整个资本主义的社会经济发展不相容"[2]。

因此毫不奇怪，俄国马克思主义者的第一个土地纲领，即1885年普列汉诺夫起草的劳动解放社党纲草案中的土地问题部分，全文只有两句话："彻底改变俄国的土地关系，即改变赎买土地和把土地分给农民村社的条件。农民有权自由放弃份地和退出村社，等等。"正如列宁所说，这个纲领"所提出的唯一要求"就是退社自由[3]。而地主的问题在这一纲领中并未提出。按照列宁的说法，这个纲领的意思就是要使俄国农民摆脱中世纪"狭隘的联合"，使他们"独立地和市场发生关系，同时造成人格的提高"[4]。

至于私人大地产，俄国在1861年农奴制改革前数量不多，1861年改革时沙皇政府允许贵族割占部分公社土地为私有，以补偿其"免费"解放农奴的"损失"，私人大地产才真正发展起来。由于"割地"是凭借强权割占的前公地，农民普遍认为是不正义的，而1861年以前的旧私人地产似乎就不那么招人恨。因此俄国社会上不仅农民们，而且自由派中也历来有废除"割地"的呼声。俄国马克思主义者自然也认同这个主张，但他们更强调的不是道义理由而是经济形式的"进步"与否。在列宁看来，当时"割地"一般都仍租给原来的农奴（村社农民）种，地主很少自营，所以被认为是落后的；而1861年以前的私人地产则有相当部分是所谓"具有高度农业文

---

〔1〕《列宁全集》第6卷，180页。
〔2〕《列宁全集》第13卷，255页；第6卷，122—123页；第15卷，141页。
〔3〕《列宁全集》第2版，第16卷，256—257页。
〔4〕《列宁全集》第1卷，392页。

化"的资本主义庄园，当时俄国有"欧洲面包房"之称的商品化农业主要就以这些地产为代表。因此主张"收回割地"而不是平分一切地产，为的就是保护这些"先进的"大生产不被破坏。至于抽象的道义，列宁认为是不必考虑的："妨碍资本主义的进步，援助在同大生产的斗争中已经疲惫不堪的小生产""是异想天开的"，毫无疑问，"用小经济代替大经济是反动的"，"社会民主党人能够希望用小经济来代替可能是在被掠夺的农民土地上经营的资本主义大经济吗？"可见这时列宁甚至认为用"掠夺农民土地"的方式建立资本主义大生产也是值得肯定的，他曾不止一次重复这种观点[1]。

于是这个时期马克思主义的土地纲领除了"退社自由"外，另一个内容便是"收回割地"。如果说1885年还没有提出后者，那么到1903年的第二个土地纲领中便两者并列了。1903年俄国社会民主党二大党纲中的土地纲领是列宁起草的，它包括："废除赎金与代役租，废除限制农民支配自己土地的一切法律，把以赎金和代役租形式从农民手里勒索去的钱归还给农民，把1861年改革后从农民手里割去的并成为盘剥农民的手段的那部分土地归还给农民，成立农民委员会。"[2]这里所谓"废除限制农民支配自己土地的一切法律"实际上就是指废除村社桎梏。而地主的问题这时只以收回"割地"的形式涉及，全面平分土地或曰"平均地权"则不在考虑之列。

直到1905年革命后，在农村已经出现平均地权的农民自发要求，连自由派的立宪民主党人都在杜马中呼吁纠正"现存的土地分配不公正"，要求通过立法无条件、强制性地废除大地产[3]，而且土

---

〔1〕《列宁全集》第2版，第2卷，322页；第4卷，204、379页；第16卷，195—196、208、310、256页；第12卷，220—233页。

〔2〕《苏联共产党历史》第1卷，上海人民出版社，1983年，588页。

〔3〕 B.B.塞洛哈耶夫：《立宪民主党——与1905—1907年革命作斗争的自由资产阶级主要政党》，莫斯科，1983年，115页。

地问题已经激化成革命形势后，俄国马克思主义者才在第三个土地纲领中提出针对所有大地产的要求。1906年俄国社会民主党四大上通过的土地纲领是孟什维克起草的，但在讨论中吸收了布尔什维克的若干意见。这一纲领要求支持农民革命，"直到没收地主的土地"；农民可以无偿地变份地为自己的私有土地，而没收来的地主土地则实行"地方公有化"，即由地方自治机关所有并出租给农民耕种；而在"不利的条件下"如果不能实现地方公有化，则应把地主土地分配给农民私人占有[1]。这个纲领首次主张完全废除地主土地所有制。而对于村社，则由于当时已处于斯托雷平改革前夕，"反村社"已成为当局的主张，因而作为反对派的社会民主党转而降低了调子，不再明确提出废除村社的桎梏的问题。但土地"地方公有"实际上是主张农民份地私有化，"分配制"更意味着包括地主土地在内的全部土地归小农私有。通过拒绝"土地社会化"与"土地国有化"，这一纲领实质上也是否定村社制的。

可见，直到斯托雷平改革时，社会民主派历次土地纲领都具有反村社的色彩，而且至少对前两个纲领而言，反村社的色彩甚至比反地主的色彩更鲜明。因此不难理解，尽管在对待地主土地的问题上社会民主党与社会革命党（民粹派）都主张无偿没收，它与立宪民主党的强制赎买主张距离较大，但由于社会民主派与自由主义反对派都反村社，而民粹派却是村社捍卫者乃至重建者，所以对于早期社会民主派来说，民粹派的土地纲领要比自由主义反对派的纲领更难以接受。如果说自由主义者的土地改革论在他们看来是"不彻底"的，那么民粹派的土地政策就几乎可以说是"反动"的了。

应当说，到这时为止俄国马克思主义者的农民—土地问题思想与《法德农民问题》和《土地问题》中的思想、乃至更早时马克思

---

[1]《苏联共产党历史》第2卷，上海人民出版社，1987年，226—232页。

的农民观、尤其是民主革命意义上的农民观，是一脉相承的。这就是把民主革命或由封建社会转变为"市民社会"的革命理解为一场"人的独立性"战胜传统共同体束缚的革命，同时它又为自由竞争中"大生产"战胜"小生产"奠定了基础（至于这种大生产为更进步的公有制大生产所取代，从而"大私""小私"都被"大公"取代，那就是"社会主义革命"的事了）。这种赞成"人的独立性"又反对"小生产"的立场决定了他们心目中的民主革命是自由农民摆脱传统共同体的过程，而不是"小私有"取代"大私有"的过程，更不是传统共同体吞没"小资产阶级"、超经济强制机制消灭"小商品生产者"的过程。因此他们支持独立小农反抗村社，但不支持小农瓜分可能是"资本主义"的大地产，更坚决反对用村社来束缚"个人主义"的小农。而在所有这三点上，他们与民粹派都是完全对立的（与反对派自由主义者则只是部分对立）。然而他们坚决反对的是民粹主义的"村社稳固论"。至于所谓"小农稳固论"，如果它意在排斥"大生产"，则俄国马克思主义者反对此论；如果它意味着支持自由小农摆脱村社，则俄国马克思主义者恰恰是支持的——而这两点也恰恰与民粹派相反。以批判民粹派起家的俄国马克思主义者就这样显示了自己在土地—农民问题上的鲜明立场。

四、"美国式道路"反对"普鲁士道路"：民主革命的新解释

但是这种情况在1905—1907年革命失败后的"斯托雷平反动时期"发生了明显的变化。最突出的就是布尔什维克一派社会民主党人的土地纲领从原来极端反对土地国有化变成主张土地国有。这个转变与当时的俄国历史进程有很大的关系。

1905—1907年民主化进程中断以后，斯托雷平在政治上强化专

制的条件下搞经济自由化，由维护"畜群式的"农村公社急剧转变为"强者的"私有化，用强制的办法瓦解村社。这个改革对提高农业的效率是有一定作用的，也使资本主义经济在这个时期大有发展。但"强者"对村社的不公正掠夺加剧了俄国社会的不公，使俄国农民和整个社会激起了强烈反弹，要求复兴农村公社。这就是以前俄国的马克思主义者曾严厉批判的民粹主义。由斯托雷平改革激起的民粹主义复兴，使当时的马克思主义者面临两难处境：假如你还坚持原来反村社的那一套土地纲领，那么你就会脱离农民，亦即脱离绝大多数俄国人民；如果你站在下层的立场上，要推翻当局，那么你就要改变纲领。这在列宁《论俄国资本主义的发展》1899 年初版与 1908 年再版的几处相反的提法上十分明显。1899 年版强调："农村公社对农民的危害现在看来是越来越大了。"到 1908 年版中，这句话完全倒过来了，他说："瓦解公社给农民的危害越来越大了。"

　　然而社会民主党原先的土地纲领并不能面对这一形势。正如列宁所说，我们原来纲领中的"唯一要求"（即农民退社自由）"现在已经通过独特的斯托雷平法案实现了"[1]（当然，斯托雷平对此并不领情，他对"我们"照样镇压不误）；另一方面，当时社会上，或者说是农民中，却兴起了一股反斯托雷平改革的，因而实际上也是反对那被斯托雷平实现了的社会民主派"唯一要求"的强烈情绪，并已经在形成一场有可能把斯托雷平法案与"我们的唯一要求"一勺烩了的群众运动！这就不由得使许多社会民主派担心起来："过早的农民暴动对革命运动的胜利将是有害的！"[2]

　　这就提出了一个问题：在斯托雷平改革的形势下，包括马克思主义者在内的反对派与沙皇当局的斗争到底是什么性质？

〔1〕《列宁全集》第 2 版，第 16 卷，221 页。
〔2〕《普列汉诺夫机会主义文选》上册，136 页。

民粹派历来认为，沙皇的罪孽就在于引来了资本主义或"西方个人主义瘟疫"而破坏了伟大的俄罗斯集体主义的传统，因而反抗当局就是要以集体主义反对个人主义，或者说以"社会主义"反对"资本主义"，落实到农民问题上就是复兴农村公社，取消私有农业（包括地主与独立农户）。这种"社会主义革命"观是俄国马克思主义从诞生之日起就坚决反对的，他们从来认为反抗沙皇当局的斗争属于资产阶级民主革命，即使它由无产阶级领导。

　　在沙皇当局还是"公社之父"，而马克思主义者号召农民摆脱村社走向市场的时代，这样说无疑是顺理成章的。但在"斯托雷平私有化"时代，如何说明反对这种"私有化"的斗争还是"资产阶级"民主革命？事实上，当时的确有许多原先曾积极投身于1905年革命的自由主义反对派人士在新形势下发生了"路标"转向，认为现在是支持政府搞资本主义的时候了，而仍然搞"革命"就会滑向民粹派、滑向"人民专制"的死胡同。

　　于是坚持革命立场的一些马克思主义者（如孟什维克首领唐恩）回答说：不！斯托雷平搞的资本主义还不彻底，还保留了许多封建的东西，因此我们要求彻底的变革，这仍然是资产阶级民主革命。

　　然而这个说法显得很牵强：斯托雷平不仅已经完全允许农民退社，他甚至实际上是强迫农民退社、强行摧毁村社了。你还要他怎么"彻底"？因此对唐恩的说法列宁反驳道：斯托雷平式的解决方案"也是很彻底的，因为他是在摧毁俄国的旧村社和旧土地制度"[1]。"斯托雷平和地主勇敢地走上了革命的道路，最无情地摧毁了旧制度。"[2]斯托雷平的改革"贯穿着纯粹资产阶级的精神"[3]（不是半封

---

〔1〕《列宁全集》第2版，第17卷，23页。
〔2〕《列宁全集》第16卷，408页。
〔3〕《列宁全集》第16卷，209页。

建半资产阶级精神！），它"丝毫没有提到要维护前资本主义的经济形式"，"丝毫没有赞扬宗法式的农业等等"[1]。斯托雷平土地法"用暴力来摧毁陈腐不堪的中世纪的土地占有形式"，"为俄国的发展扫清道路"，因此"从科学的经济学来讲这项法律无疑是进步的"[2]。相反倒是反斯托雷平的民粹派的主张，消灭地主而保留村社，那才是保留旧制度或者至少"把旧制度保留了一半"的"不彻底"之举呢！

那么，支持怀有民粹派情绪的农民运动来反对如此"勇敢""彻底""纯粹"而且"丝毫"不妥协的资产阶级改革，怎么还会是"资产阶级民主革命"呢？列宁的解释是：村社如今反正是没救了，民粹派反正也不可能使之复活，如今的问题已经不是要不要瓦解村社，也不是瓦解得"彻底"不"彻底"，而是瓦解村社的方式、或曰走向资本主义的"道路"公平不公平，这种道路有利于谁？又牺牲了谁的利益？

列宁指出：斯托雷平的实践表明，"在土地完全可以自由转移的条件下，出色的独立田庄一定能够使所有中世纪式的饥饿现象以及各式各样的盘剥制和工役制立即结束"[3]。农民虽然如今支持民粹派反对斯托雷平，实际上他们将来还是要搞独立农庄的。因此双方实际上争的并不是要不要分家，甚至不是分得彻底不彻底，而是怎样分家？这就是列宁所说的：俄国现在处于一个特殊时期："在革命的基本问题即土地问题上，黑帮同工农群众都实行革命的政策。"[4]也就是都采取了告别过去、走向资本主义的道路。但这两种"革命"的对立却似乎比过去那种革命与保守的对立还要尖锐！在列宁看来，"要把两种互相对立、绝不相容的**破坏旧制度的**手段调和起来"，

---

[1]《列宁全集》第16卷，335页。
[2]《列宁全集》第16卷，388、209页。
[3]《列宁全集》第22卷，106页。
[4]《列宁全集》第13卷，420页。

那要比把新旧制度调和起来还困难[1]。

虽然斯托雷平代表的"老爷"们与农民群众都要搞独立农庄，问题在于独立农庄应该建立在公社农民经济的废墟上还是建立在化公为私的大地产的废墟上？列宁形象地举例说：在贵族们看来，"如果在特鲁别茨科伊老爷们的土地上建立独立农庄，这就算是'破坏'；而在破产了的村社农民土地上建立这样的农庄，这就算是'建设'了"[2]。这就是所谓**资本主义发展两条道路即"美国式道路"与"普鲁士道路"之争的理论**。在农民—土地问题上，实际上也就是对传统农村公社实行"民主私有化"还是"权贵私有化"的斗争。

按列宁的说法，"目前在俄国只有两种可能，或者是普鲁士容克式的缓慢而痛苦的资产阶级演进，或者是美国式的迅速而自由的演进。其余一切都不过是幻影而已"[3]。而"美国式的演进"意味着"生产力能最迅速地发展，居民群众能有最好的劳动条件"，"工人和农民群众处于商品经济下一般可能的最好境况下最迅速而自由的发展；由此给工人阶级进一步实现其真正的和根本的社会主义改革任务创造了最有利的条件"[4]。直到1917年以前，列宁一直以这类"最迅速""最好""最自由""最有利"等"最"高级形容词，把"美国式道路"看作民主革命的方向。在这个时期的列宁笔下，俄国现代化的一切光明面几乎都可以归之于"美国式道路"，而一切阴暗面归之于"普鲁士道路"。前者是百善之首，而后者是万恶之渊。而这时民主革命的含义显然已经与斯托雷平以前的时代、以至马克思的时代有了很大的不同：它不是封建制度与资本主义的冲突，甚至也不是半封建的、不彻底的资本主义与彻底的资本主义之冲突，而

---

〔1〕《列宁全集》第13卷，420页。

〔2〕《列宁全集》第24卷，343页。

〔3〕《列宁全集》第1版，第13卷，307页。

〔4〕《列宁全集》第1版，第13卷，13页。

是两种可能同样彻底、但公平与否大有区别的资本主义道路之冲突，而在土地问题上这两条道路就归结为：是斯托雷平剥夺了村社农民之后建立独立农庄（农民农场）呢，还是农民剥夺了地主之后建立这种农庄？

这样，问题便由农民与传统公社（以及"公社之父"）的斗争转为农民与地主的斗争。正是在这种背景下，俄国马克思主义者第一次认可了平分土地的主张。用列宁的话说："社会民主党人虽然在土地使用形式的问题上有不同的意见，但总的说来接受了民粹派关于分配土地给贫农的假设。"[1] 也正是在这种背景下，列宁提出了这样的观点："在俄国当前的情况下，农民土地革命的胜利就是民主革命的完全胜利。"这就是后来人们通常把平分土地几乎当作民主革命同义词的由来。但是正如上文所述，这个说法是在斯托雷平时代的特殊背景下产生的。它的前提是：民主革命的实际内容已不再是反封建，而主要是反走向资本主义的"普鲁士道路"，这个革命的目标也不是复兴传统共同体——米尔公社，而是走上"美国式道路"。显然，它只是马克思主义民主革命中的农民观在当时俄国条件下的运用，并不是一切情况下平分土地都可以与"民主革命"划等号的。

五、"土地国有化"：一个"否定"的纲领

如果到此为止，俄国马克思主义者还不至于产生根本分歧。在斯托雷平明确主张摧毁村社的情况下，当时无论布尔什维克还是孟什维克或者超然于两派之上的其他马克思主义者，如普列汉诺夫、托洛茨基等都是主张应当把支持农民反抗村社转变为支持他们反对

---

[1] 《列宁全集》第 1 版，第 13 卷，208 页。

地主的。但在当时的俄国一般人民，尤其是农民心目中，反对地主等于反对斯托雷平改革，而这又意味着要求复兴农村公社，即"土地社会化"（按：俄语中"社会"与"村社"是同一个词）。俄国马克思主义者虽然看好独立农庄，但他们不能主张"独立农庄化"，因为这正是斯托雷平的口号。而"土地社会化"一是过去历来为马克思主义者的民主革命理论所反对，二是这个口号的使用权如今无疑属于民粹派（社会革命党），社会民主党即便愿意在理论上进行调整，在政治上也不能做民粹派的尾巴。民粹派已经抢了"土地社会化"的潮头，马克思主义者只能另举旗帜。

列宁主张这个旗帜就是"土地国有化"——它过去本是民粹派中最激进的一些人提出来的，但此时民粹派的主流并不认同这一表述，还是提"土地社会化"。因此这一口号既可区别于民粹派，又能给人以比当时的主流民粹派更激进的印象，有利于在反斯托雷平体制的社会运动中争取领导权。因此列宁要求以土地国有化为中心制定新的土地纲领，以取代1906年纲领。

此说顿时在马克思主义者中引起轩然大波：因为作为共产主义者，他们对土地"私有化"再无好感，也不会同意在一个专制国家实行"土地国有"——人们认为这就是马克思指斥的那种最落后的"亚细亚制度"。只有民粹派，而且是距离马克思主义最远的原教旨民粹派才会这样主张。普列汉诺夫声称：土地国有化是"我国的旧制度，在这种制度下，无论土地或农耕者都是国家的财产，这种制度不过是作为所有强大的东方专制制度基础的经济制度的莫斯科版本而已。土地国有化会成为使这个制度在我国复辟的一种企图，而这个制度早在18世纪即已受到几次严重打击，并为19世纪下半叶的经济发展进程大大动摇了。"[1] 实际上，列宁本人当时也是反对土

---

〔1〕《普列汉诺夫机会主义言论选编》，下册，84页。

地国有化的，他认为："国家土地占有制—由国家把土地转交给农民—村社—合作制—集体主义"，这是"警察民粹派"的"公式"。他还指出：土地国有化会导致普鲁士式的"国家社会主义"，"在警察国家里，提出土地国有化的要求，就等于……助长一切官僚习气"[1]。因此不难理解，当列宁转而采取"民粹派式的"土地国有化主张时，即使在布尔什维克一派中也引起了惊愕。在1906年斯德哥尔摩的党的统一代表大会上，不但孟什维克与自认为超然于诸派之上的普列汉诺夫反对列宁的土地国有化主张，甚至在与会的布尔什维克代表中，列宁的主张也仅有 С.И. 古谢夫、А.В. 卢那察尔斯基、В.В. 沃罗夫斯基、Э.М. 雅罗斯拉夫斯基等数人支持，其他如 С.А. 苏沃罗夫、В.А. 巴扎罗夫、斯大林等人都反对这一主张。甚至就是列宁本人，也承认普列汉诺夫阐述的土地纲领在"理论部分"是正确的，只是"实践部分"不行，它犯了"政治上的近视"[2]。而什么才是政治上的"远视"呢？实际上普列汉诺夫与列宁心中都有数，并且都讲过类似的话：列宁那时十分喜欢引用恩格斯的一句名言："在经济学形式上是错误的东西，在世界历史上可能是正确的。"普列汉诺夫则说得更清楚："我们现在正经历着一个非常特殊的、极其罕见的历史时刻，这时农民想'使历史的车轮倒转'的意图变成了社会进步的泉源。"[3] 也就是说，农民反"改革"的村社复兴运动成了推翻沙皇统治的革命因素。由于政治上的"斯托雷平反动"伴随着经济上"进步"的"彻底"改革，因而"政治上"革命者若不想犯"近视"，就应当对"经济学理论上"不"进步的"，"错误的"，"倒转历史车轮的"反对派运动持宽容态度，而当前的村社复兴运动就

---

〔1〕《列宁全集》第 6 卷，384 页。
〔2〕《列宁全集》第 6 卷，311、382 页；第 2 卷，405—409 页。
〔3〕《普列汉诺夫机会主义言论选编》，上册，289 页。

是这样的运动。普列汉诺夫、列宁（其实也包括大多数社会民主党人）都是这样看的。

区别在于：普列汉诺夫认为既然如此，那么我们不去反对这种运动就是了。而列宁认为这仍然是"政治上的近视"。列宁主张不仅不反对，而且还要与民粹派抢潮头，站在这场运动的前面来领导它。于是列宁便提出了从字面上看起来比社会革命党的"土地社会化"更激进、更具有"公社世界"意味的纲领："土地国有化"，而不顾这个纲领与土地社会化一样曾为民粹派所用、为社会民主派所反对，甚至也是他自己曾经批判过的。

以"土地国有化"的提出为起点，列宁对民粹主义与自由主义的评价也来了个大转变。如前所述，社会民主派过去对自由主义的评价高于民粹主义：前者只是"不彻底"的，而后者则是"反动的"。如今列宁则发现，民粹主义具有"过去我们社会民主党人没有给以应有评价的一个特点"，即它"反映着先进的革命的小资产阶级民主主义"[1]。过去列宁曾大骂民粹派"为警察局的禁令辩护"，"堕落到公开反动的地步"，而如今列宁则发现民粹主义是"先进的"，只是具有"空想"色彩而已。另一方面，从1907年起，列宁就多次抨击"有些社会民主党人""认为立宪民主党的土地政策比民粹派的土地政策进步"的错误，后来更指出："民粹派乌托邦"类似于空想社会主义，而"自由派乌托邦"则是"极端反对民主"的坏东西，前者比后者好得多[2]。于是过去那"不彻底的"自由主义与"反动的"民粹主义，现在则变成"反动的"自由主义与"民主主义"的民粹主义了。

与此同时，列宁对封建社会、农民、资本主义、议会民主等

---

〔1〕《列宁全集》第 2 卷，410—411 页；第 6 卷，384—385 页；第 16 卷，202 页。
〔2〕《列宁全集》第 16 卷，211 页；第 22 卷，130—133 页。

一系列问题的观点也发生了巨大变化。过去封建社会被视为"公社剥削个人"的传统共同体桎梏，反封建则是个解放"个人"的过程；如今封建社会被视为"大土地私有制"侵犯社会，反封建则被理解为消灭地主。过去认为农民具有维护传统公社的"保守性"和争取成为私有者的"进步性"，如今农民则表现出维护"小私有"的保守性和反对"大私有"的进步性。过去列宁认为西方议会民主能发出工农的呼声，而传统的"农民民主派"则可能成为"专制制度的支柱"；如今他则认为"农民民主"是"资产阶级革命可能达到的最高限度"，而西方议会民主只不过是虚伪的骗局……如此等等[1]。

但这种变化不仅与社会民主派的基本理念相冲突，而且与列宁所用以解释这一时期俄国形势的"普鲁士"与"美国"两条道路斗争论有距离。"美国式道路"要的是公平的分家，可不是大家庭的复兴！

对此，列宁的解释倒是十分机智的，他宣称他所肯定的民粹主义只是一种"否定的概念"，它只表达拒绝什么（拒绝斯托雷平式的分家），而不表达赞成什么（即不是赞成恢复公社）。它只"破"不"立"，只求鼓动群众"否定"了现体制就成，至于"否定"了之后干什么，那是将来的事，现在考虑这些是"官僚的想法"，而不是革命家的想法。

这的确是列宁特有的一种思维方式。列宁据以说服布尔什维克一派的社会民主党人实现大转折的，除了"经济学形式上错误的东西，历史上可以是正确的"之外，主要就是这样一种"否定的概念"观。而孟什维克和普列汉诺夫尽管也懂得"开倒车的意图"可以推

〔1〕 金雁：《1905 年前后列宁思想的一次重大转折》，见《马克思、恩格斯、列宁、斯大林研究》，1996 年第 2 期。

动"社会进步"这样一种"历史辩证法"[1]，却无法接受列宁那种"否定的概念"观，因此他们可以容忍这种"开倒车的意图"而不与其为敌，却无论如何也不会"借用""开倒车"的纲领并反过来指责纲领的制定者倒车开得还不够。

但列宁却成功地解决了这个问题。他多次强调"必须消灭地主土地占有制，同时也消灭份地占有制的'羁绊'——农民的国有化思想所包含的就是这些否定的概念"。"在反映农民的要求和希望的民粹主义思想中，占主导的无疑也是……否定的方面。消除旧障碍，赶走地主，'废除'地界，摆脱份地占有制的羁绊……民粹主义思想中十分之九都是这些东西。……这一切多半都是否定的概念。"[2]于是，列宁自己也只是从"否定"的角度倡导土地国有化。列宁对土地国有化绕来绕去实际上只讲了一点，即它将废除旧有的一切土地制度，而对于土地国有化"立"的方面，即它究竟以什么样的方式实现，列宁却没有肯定任何东西。列宁反对民粹派提出的在村社基础上实行集体耕作以防止分化与兼并的主张（即"公有共耕"），认为这是"企图用独轮车战胜火车的骗人的儿戏"；列宁也反对按村社原则把国有土地作为份地分给农户经营（即"公有私耕"），认为这"是把中世纪的土地占有制保留了一半"；最后，列宁还反对普列汉诺夫等人主张的把土地分配给独立的个体农民（即"私有私耕"），认为这"超越了当前革命的历史任务"。在列宁看来，党"不应该用必须支持某种经济形式的决议来束缚自己"，也不要老是从"官吏的观点"去纠缠土地分配的具体问题，"问题的提法应当是：打倒农奴制"[3]。可见，列宁完全是从"破"的意义上去宣传土地国有化的。

〔1〕《普列汉诺夫机会主义言论选编》，下册，139—140页。
〔2〕《列宁全集》第16卷，245页。
〔3〕《列宁全集》第29卷，412页。

这样一来，土地国有化在"立"的意义上究竟意味着什么，就变成了一个随意性极大的问题。在党内争论中列宁不断暗示，实际上土地国有化的前景仍是在打倒斯托雷平之后走"美国式道路"，是独立农庄化，是土地流转中的"六大自由"（自由业主、自由土地、自由交易、自由迁居、自由扩大地块、自由的合作社）。然而在社会上，人们却把土地国有化理解为村社化。而后来的历史也证明了这一点。

六、从村社化到集体农庄："从米尔到康姆尼"？

1917 年 2 月，沙皇被革命推翻，临时政府最高土地委员会做的第一件事就是废除了斯托雷平土地法。"否定"完成了，到"肯定"的时候了，土地国有化应当从"破"转向"立"点儿什么了——然而此时列宁再也不提"美国式道路"。相反在他从国外赶回后召开的布尔什维克第一次会议上他便提出要把"资产阶级民主革命"转变为"社会主义革命"，而这个革命的第一个步骤便是实行（用列宁自己的话说）"完全是按社会革命党人的委托书照抄的"土地法令。"按照社会革命党人纲领所规定的方式"解决了土地问题！[1]

与此同时，列宁告诫全党：对民粹派的策略要转变，当然仍然要斥责他们（这是争夺领导权所必须的），但过去我们是说他们的纲领不行，现在我们要说他们是"自己纲领的背叛者"[2]！

这样，这时列宁主义与民粹主义的斗争，就与过去俄国马克思

---

〔1〕《列宁全集》第 33 卷，41、21 页。
〔2〕 В.В. Гармиза, Как эсеры изменили своей аграрной программе, Вопросы истории. 1965. No.7.

主义与民粹主义的斗争完全翻了个个——过去批判的是"警察民粹主义",如今批判的是"自由民粹主义";过去批判民粹派搞"国家社会主义",如今批判他们主张"小农经济稳固论";过去批判那种"反对政治自由（据说这只能使政权转到资产阶级手里）的彻头彻尾的民粹派分子的观点"[1]，如今这已成了彻头彻尾的咱们的观点；而过去我们要"使农民独立地与市场发生关系"，如今这却是可恶的民粹派主张——总之，民粹派"背叛了自己的纲领"，而我们则实行了他们的纲领——但我们是否也实行了自己的纲领、抑或也"背叛"了这一纲领呢？

俄国的土地改革和中国的土地改革有一个很大的不同点。中国1949年前后的土地改革是全面推行小农私有制，不仅分掉了大私有土地，而且分掉了族庙公产等传统村社土地。而俄国十月革命以后的土地改革，在剥夺大土地所有者这一点上和中国一样，但对农民土地私有制这个问题上是完全倒过来的。俄国十月革命以后的土地改革实际上是一场彻底的村社化，不仅取消大私有，也取消了独立农民的小私有，使俄国的农村公社比斯托雷平改革前更加发达，一直到新经济政策时期还有95%的土地在村社手里[2]。这样，俄国革命后形成的与其说是小农农村，不如说是村社农村。这种村社化一方面具有强烈的反现代性（对"经济学上进步"的斯托雷平改革的全面否定），另一方面又具有传统村社小共同体自治倾向，农村出现"村社与村苏维埃两个政权并存"的局面，对国家本位的一元化改造具有强烈的抵制能力。因此革命后俄国农村出现了一种左右皆难的局面：走市场经济道路，则需搞"新斯托雷平主义"，以克服小

---

〔1〕《列宁全集》第1版，第9卷，179页。

〔2〕 金雁、卞悟：《农村公社、改革与革命：村社传统与俄国现代化之路》，中央编译出版社，1996年。

共同体对个人经济自由的压制；走计划经济道路，则需用一元化控制下的"康姆尼"制服自治的米尔，以克服小共同体传统对国家主义的抵制。两者皆难避免社会的剧烈震荡。

十月革命以后的战时共产主义时期，列宁实际上是想走后一条道路，直接在"米尔"的基础上搞"康姆尼"。他在解释那个"按社会革命党人的委托书照抄的"土地法时明确指出，"在由谁掌握土地的问题上，我们让土地公社居第一位"[1]，从而清楚表明当时所谓土地国有化实际上就是村社化。但他同时把这个土地法又解释为："农民已经开始向社会主义过渡了"！[2] 而在实践中，当时不仅取消了本来是社会民主党"唯一要求"而斯托雷平时代成为现实的退社自由，强制独立农民返回村社，甚至还恢复了早在斯托雷平改革前的1902年就已取消的村社连环保。同时，这一时期又在米尔的农村中努力发展共耕制的"公社"[名称恰恰就叫康姆尼（Commune）]，以实现向"社会主义"的"直接过渡"。

在同一时期，列宁一方面对作为政治对手的民粹派打击越来越严厉——从镇压主流派社会革命党，到消灭十月革命时还是同盟者的"左派社会革命党"，另一方面却在理论上史无前例地指出：民粹派政党的"学说中，有着健康的、富有生命力的、伟大的社会主义种子"[3]。这样，列宁对民粹派思想的评价就形成了一个"三级跳"：从斯托雷平改革前"反动的"东西，到斯托雷平时代"彻底的民主主义但非社会主义"，再到如今的"伟大的社会主义种子"。有趣的是：这时列宁与以前一样，喜欢对民粹主义各流派作出区别。但过去他评价最高的是据说正在"向社会民主党学习""转向马克思主

---

〔1〕《列宁全集》第28卷，125页。
〔2〕《列宁全集》第33卷，265页。
〔3〕《列宁全集》中文第二版，第26卷，428页。

义"的社会革命党切尔诺夫派，最坏的则是坚持"反对政治自由"的原教旨民粹派（最高纲领派）。而如今恰恰相反：前者成了最坏的敌人，后者却是"伟大的社会主义种子"的代表了。

但是这种"直接过渡"遇到了严重的阻力。在农民以至社会上普遍抵制的严峻形势下，列宁对社会主义的看法"根本改变了"。新经济政策时期，苏联又曾试探走前一条道路（至少是想尽量"利用"资本主义成分）。然而村社农业的自给自足倾向使农民农场的商品粮生产潜力无法发挥。尽管在这一时期相对宽松的经济政策下到新经济政策后期苏联又一度出现了独立农民的苗头，但很快就在"反对独立农庄化"的旗号下被压了下去。其结果，新经济政策的所谓"向农民让步"实际上成了向传统村社让步，而不是向"小农"、向农民家庭农场让步。村社农业的自然经济性与苏联工业化原始积累所需的巨额廉价商品粮和其他农产品供应之间的严重矛盾最终导致了 1927—1929 年间连续几次"粮食危机"。

村社农业没有前途，"独立农庄化"又不能搞，那就只有化"公有私耕"为"公有共耕"、以国家控制下的强制性农业生产与几乎是调拨性的强制收购来解决农产品供应问题了。而这恰恰就是当年民粹派主张的"从米尔到康姆尼"之路。1929 年，斯大林在击垮了"亲农民的"布哈林等党内反对派之后，又以俄国村社农民没有"小土地私有"为由批评了恩格斯《法德农民问题》中"过分谨慎"的观点，旋即发动了"大转变"，放弃新经济政策，开展"全盘集体化与消灭富农阶级"的浩大运动。结果引起了强烈的农民反抗。具有讽刺意味的是："公有私耕"的传统村社农民反而比具有一盘散沙特征的"小私有者"更难集体化，与斯大林的设想相反，传统村社的自治功能与"集体主义"纽带恰恰成了农民拥有的组织资源，使其更能抵制来自外部的强制。从宰杀大半牲畜的消极抗拒，直到出现 70 万农民卷入的"斯大林的农民战争"。斯大林以"既然割下了脑袋，也就不必怜惜头发了"的决心，进行了代价惨重的军事镇压，终于完成全盘集体化，实现了"从米尔到康姆尼"的社会变革[1]。一个囊括全俄的超级大公社从此取代了俄罗斯土地上的35万个传统小村社。

这样苏联终于解决了"小农"问题，建立了计划经济的"大农业"，并以此为基础实现了工业化，发展为苏联模式的社会主义体制。但是，这种社会主义不仅与马克思、恩格斯、考茨基、普列汉诺夫直到早期列宁所设想的大有区别，而且与他们当初对民主革命（以及这一革命的土地纲领）的设想，包括摆脱共同体束缚，实现"人的独立性"、从"统治—服从关系为基础的分配"到自由的交换、从传统村社社员到独立农民等等，更是判若霄壤。不仅作为"自由人联合体"的理想社会与苏联的现实南辕北辙，当年马克思主义者作为底线的最低纲领，即通过民主革命走上"美国式道路"，也并没有在苏俄历史的任何时段成为现实。在斯托雷平时代的特殊背景下以平分土地代替民主革命的上述内容，使得民主问题无论在政治上还是在经济上一直没有得到解决，而这最终导致了70多年后的那场"剧变"。

七、合作制与"传统集体主义"的二律背反

列宁逝世前在病中口授了《论合作制》的两则短文。在总结新经济政策初期的经验教训后说了一句话："我们对社会主义的整个看法根本改变了。"他还表示，我们要"通过合作社，而且仅仅通过合作社，通过我们从前鄙视为买卖机关的合作社来建成完全的社会主义社会"。他认为"优秀的合作社工作者"应当是"文明的商人"，

---

[1] 卞悟：《公社之谜——农村集体化再认识》，见《二十一世纪》1998年8月号。

他们不是"按亚洲方式做买卖",而是"按欧洲方式做买卖"[1]。

显然列宁思考了许多东西,但健康状况使他只能语焉不详。这两则短文发表后引起众说纷纭。有人非常强调他"对社会主义的整个看法根本改变",因而认为他这时设想的"社会主义"肯定"根本"不同于后来斯大林搞的那一套。有人则认为后来的社会主义实践也一直打着合作化牌子——尤其在农业领域,与列宁的想法不会有太大的区别。

其实列宁是个十分灵活的思想者,他一生的"根本改变"已有多次,上述斯托雷平时代的大转折就让时人惊愕不已。但那时他生命旺盛,思想与实践条缕可析。而他临终的这次"改变"到底意味着什么,恐怕只能是千古之谜了。然而列宁的想法虽然后人已无法"复原",他所讲的合作制本身,尤其是合作制与"按欧洲方式做买卖"是什么关系,它们在俄国的历史命运又是如何,这还是可以说清楚的。也许弄清了这一切,我们对列宁的那些想法也就可以猜想(只能说是猜想)个差不离。

合作经济产生于西方,但却并非产生在那社会秩序的"目的并不是把应属于每个人的东西给予每个人,而是维持集体的团结"的中世纪中叶[2],而是产生在"人的独立性"高度发达的近代市民社会;并且是产生在英、法、美等个人权利被视为神圣的国家,而不是在那些"米尔""扎德鲁加"等各种传统公社仍普遍存在的东、南欧地区。合作经济的早期倡导者不少是像欧文、傅立叶这样的空想社会主义者,可惜的是,他们搞的试验大都不成功。然而,在他们身后,合作经济之花却在似乎并不那么理想主义的土壤上蔚为壮观地开放起来。

---

〔1〕《列宁选集》第4卷,681—688页。
〔2〕 勒内·达维德:《当代主要法律体系》,上海译文出版社,1984年,37页。

到了 1969 年，美国农民合作社成员达 640 万之众，而全美农户还不到 200 万！显然，大多数农民至少参加了一个、往往是同时参加了几个合作社。那年全美农产品的 36% 是农民合作社生产的，而 20 年前仅为 20%。

西欧、北欧的农民合作社比美国更发达。以畜牧业现代化闻名全球的丹麦，农民合作社控制着 91% 的牛奶、65% 的黄油和 90% 的生猪出口[1]。德国的合作运动在 20 世纪初就已驰名于欧洲，1914 年合作社社员已达 600 万户以上，以致一些学者认为："合作运动紧紧控制了农民社会"；合作社对农民的作用"比所有关于农业与关税的法律加在一起都要多"[2]。

在大卫星照耀下的资本主义社会——以色列，农村经济中"公共经济"比重高达 80%，"个体经济"只占 20%。公共经济中包括"基布兹"——从事商品经济的集体农庄；"莫沙乌"——劳动合作社，生产资料公有，农户独立经营并接受集体指导的供销、信贷与大型机器使用的联合体；以及介于二者间的其他经济形式。

这就是"资本主义农业"？当我们被几十年集体化运动折腾得精疲力竭而不得不另觅出路时，看到这么一幅图景，怎不令人顿生"有心栽花花不发，无意插柳柳成荫"的感慨！

然而发出这种感慨的还不只是我们。当年俄国的民粹派也是合作化运动的狂热鼓吹者。而且他们坚信，俄国农村公社（米尔）的"集体主义精神"和"劳动组合传统"是合作运动的天然土壤；村社的合作化又将使这种"集体主义"更加发扬光大，最终实行"由米尔到康姆尼"的"社会主义"事业。因而从"革命民粹派"到"合

---

〔1〕　E. 罗吉斯、R. 伯德格：《乡村社会变迁》，浙江人民出版社，1988 年，47—48 页。
〔2〕　J. 克拉潘：《1815—1914 年法国和德国的经济发展》，商务印书馆，1965 年，253、256、259 页。

法民粹派",从"到民间去"的民粹主义斗士到自治局的民粹主义土地专家,都费了九牛二虎之力推进合作运动。然而结果却是"阳春之曲,和者盖寡"。

与此同时,俄国的合作制却在农民"个人主义"的土壤上悄悄崛起。1865年,俄国第一个合作社出现在早已不存在村社的波罗的海沿岸地区,此后合作制也一直与"独立农庄化"的发展有密切的关系。以独立农民为主的帝国西部合作制发展始终遥遥领先于村社农民为主的中、东部。到了1906年,俄国发生以解散村社、土地私有化和独立农庄化为核心的斯托雷平土地改革,无论革命民粹派还是合法民粹派都对这场"个人主义瘟疫"蔓延的改革痛心疾首,愤怒不已。然而具有讽刺意味的是,"村社大破坏"的结果却是合作制的大发展。斯托雷平改革的短短七年(1906—1913年)间产生的合作社的数量几乎五倍于此前的四十多年,到第一次世界大战前俄国已是世界上合作制较发达的国家。而那时农村的3.3万个合作社中,有83%是在改革中建立的。最后,民粹主义的合作制专家只得承认不如斯托雷平,承认"米尔与合作制度不容两立"。"欲一面维持米尔制度,一面求合作制发达,实为事实所不可能"[1]。

到了1921年,苏俄的新经济政策开始。掌握政权四年后的布尔什维克在战时共产主义时期的集体农庄运动失败后再一次把农村改革的希望寄托在合作化上,正如列宁在上述短文中表现的那样。他们宣布:"合作制是社会主义社会不可分割的一部分。"[2]整个20年代,苏联推进合作制可谓竭尽全力。然而结果却令人沮丧。当时苏联人民委员会主席(即政府总理)李可夫指出:到新经济政策后期,合作化的农户只有300万,而第一次世界大战前沙俄时代的合作化

〔1〕 泽村康:《苏俄合作制度》,商务印书馆,1933年,4页。
〔2〕《李可夫文选》,人民出版社,1986年,165页。

农户却达 1200 万。就质的方面来说情况更糟,战前平均每个合作社有资本 6 万卢布,而新经济政策时期的合作社平均资本仅 1.5 万卢布,而战前卢布的币值还比 20 年代高出许多! 更不幸的是,就连这点可怜的资本还几乎都是国家拨款。"令人大吃一惊的是,合作社的股本远远少于它的负债额。"战前的合作社资本中沙俄国家每拨款 1 卢布就可得到农户集资 8 卢布,而新经济政策时期苏联国家平均每投资 25 卢布才能得到农民集资 1 卢布。这种合作社与其说是一种经济联合体,毋宁说是国家援助的分配机关[1]。正如李可夫所说:"沙皇时代农业合作社的大部分资金是由无数农民为数不多的、有时是微不足道的存款凑集起的。而现在国家所提供的资金并不比沙皇时代少,可是农民几乎根本不在合作社存款。"耐人寻味的是,李可夫所处的这个时期商品荒经常发生,农民手中货币无处用,以致影响了农产品的收购。然而他们却没有什么动机把这些钱投资于合作事业! 在这种情况下合作制的处境可想而知。1925 年初据全苏农业合作总社统计,全部合作社中只有 24.5% 即不到 1/4 是办得好的,而 37% 是办得差的,38.5% 勉强凑合。许多地方出现了"合作危机,有时甚至是很严重的危机"[2]。30 年代导致发生后果悲惨的强迫集体化的原因很多,而 20 年代合作制之不成功实为不能忽视的一个因素。

东方与西方、过去与现在的种种现象不禁使人们提出这么个问题:为什么崇尚"个人主义"的资本主义农业中不乏虎虎有生气的合作化(乃至"集体化"),而全力倡导集体主义精神的苏共政权以及民粹派"村社社会主义"者却反而把合作化弄成了鲠喉的鱼骨,使人欲吐不能?

〔1〕《李可夫文选》,人民出版社,1986 年,144、37、63—64、160 页。

〔2〕 见《李可夫文选》,144、37 页。

近年来理论界在总结集体化教训时有种流行的观点，主张区别合作制与共耕制，说合作制是好的，共耕制则弄糟了。而两者之别似乎就在于"集体性"的程度不同，前者联合得松散些，后者则紧密些；前者仅涉及产前产后服务领域，后者则包括了生产过程，而集体化的错误就在于它的联合超越了限度等等。

这种说法不能说全无道理，然而尚未触及问题的实质。事实上，合作制与所谓的集体化都各自有从松散到紧密的各种类型，都可以涉及或不涉及生产过程。合作制原则上并非必定不能涉及生产领域——以色列的基布兹不就是完全实行共耕制的合作农场吗？而"传统集体主义"之出问题也未必一定在生产领域——俄苏的传统村社虽有少量共耕地和偶尔的劳动组合，但显然以份地上的个体耕作为主；我国集体化的逻辑前兆是"统购统销"，而当时它也未涉及"共耕"。可见问题的实质不在共耕与否，更不在松散与紧密的程度。

问题的实质在于：作为近代经济组织的合作制，是商品生产者的自由联合体，是契约性社会中商品生产者为市场竞争中的共同利益而在产、供、销等各领域或信贷、科技、机械服务等方面形成的联营组织。它的前提便是要有商品生产者自由个性的觉醒、经济理性的成熟，作为契约主体的独立人格（包括法人人格）的存在以及社会交换关系的发达。而身份性社会中的传统农村公社和命令经济（习俗经济）中的"集体"却是一种以人身依附为基础的共同体，一种以压抑人的个性自觉与否定契约人格为条件的束缚—保护纽带。两者所体现的社会性质与经济关系是全然不同甚至对立的。而"传统集体主义"既然是对商品生产者自由个性的否定，当然也就是对自由商品生产者的契约性联合的否定，想靠它来推动合作制，无异于缘木求鱼了。以苏联而论，革命后的农村合作制仍然与摆脱了村社束缚的独立农民命运相连：1927 年在斯摩棱斯克省，村社农民合作化率为 34%，而独立农民则高达 58%；在莫斯科省，这两个比率分别为48%与95%，即几乎所有的独立农民都是"合作者"[1]。然而，当时的政府却与过去的民粹派一样把合作制与"传统集体主义"联系在一起。一面鼓吹合作社，一面大反"独立农庄化"，结果使农民"每为米尔所束缚，合作社之精神无从发达"[2]，最后被强迫驱赶进官办的"集体"之中而完事。

今天的中国在走向市场经济的进程中又迎来了合作经济的兴盛，在这个时候回顾一下历史是很有益的。也许"有心栽花花不发"的事不会在中国重演了。现代化的农民可以是个体经营的，但绝不是孤立于公共交往的；可以是联合起来的，但绝不是依附性的。而现代化的合作经济也只有在契约性社会取代依附性社会的过程中才能得到健康的发展。

---

[1] M. 乌斯季诺夫：《关于土地使用形式问题》，（苏）《布尔什维克》1927年第19—20期。

[2] 泽村康：《苏俄合作制度》，商务印书馆，1933年，4页。

从 sama 到 equality：汉语"平等"一词的所指演变

一、"平""均平"与"太平"

人类诸文明中一些基本价值是"人同此心，心同此理"地源远流长的。有关公平、正义的观念，以及这类观念在权利、财富与待遇分配上的运用，即关于均等的概念，在中华文明以单音节词根形声字为能指体系的符号系统——汉语文中也出现得很早。春秋时的墨子主张"兼爱"，即"爱无等差"。如下所述，后世儒者曾以此为晚出的"平等"一词释义。但从构词而言，在上古汉语盛行单音节词的时代，"平"应当是后来"平等"一词的源头。

《诗经·小雅·节南山》曰："昊天不平，我王不宁"，"赫赫师尹，不平谓何"。汉郑玄笺云："责三公之不均平，不如山之为也。"唐孔颖达正义曰："彼南山也，既高峻矣，而又满之，使平均者，以其草木之长茂也；……太师既尊盛矣，而有益之，使平均者，以用众士之智能也。刺尹氏专己不肯用人，以至于不平。故又责师尹：汝居位为政不平，欲云何乎！"这里的"平""均平""平均"，已含有公平、平等之义。

本来，上文以"专己不肯用人"为不"平均"，显然此"平均"原非指财富分配而言。但公平观念一旦用于分配，也就有了孔夫子说的"不患寡而患不均"的价值取向。后来《管子·国蓄》认为"万民之不治",原因在于"贫富之不齐"。这就是所谓的"齐民"观念。如西汉的桑弘羊主张"除秽锄豪,然后百姓均平""损有余补不足,以齐黎民"[1]。而民间流行的太平道《太平经》亦曰:"太者,大也;平者,正也。"所谓"太平"就是大公正,"乃言其治太平均;凡事悉理,无复奸私;……凡事悉治,无复不平"[2]。这里也是把"太平"理解为公"正"、理解为"大(太)平均"的。

要之,上古汉语以"平""太(大)平""平均""均平"来表示一种公平的秩序,其中既隐含了程序上的公正无私,也隐含了分配上的"均平""齐民"即以"损有余补不足"来实现的结果平等。但是,这个时候汉语中还没有出现"平等"一词。

二、作为佛教价值的"平等"

作为价值取向的"平等"一词在汉语中出现,时在东汉,当时它是从佛经翻译中产生的一个新词,可以说是来自古印度文化中的一种价值观。

古印度之有平等观念亦自社会上不平等现象产生后即然,佛教只是弘扬了、而不是创造了这种价值。按照古婆罗门教的传说,四大种姓之一的刹帝利种姓之始祖"劫初之王"名摩诃三摩多(梵语 Maha^sammata),汉译即"大平等王",职司赏善罚恶,公正执法,兼管分配,负责为众生均分稻谷等物之收成[3]。后来汉译者把 Maha^sammata 音译为阎摩、焰魔、阎魔王,意译平等王,并载入

---

[1]《盐铁论·轻重第十四》。
[2] 王明编:《太平经合校》,中华书局,1960年,148—149页。
[3]《佛祖统纪》卷三十。

汉传佛经[1]。唐以后在汉文化中"阎魔王"又演化为阴间的十殿阎王，而仅列"平等王"为此冥界十王之第八，称其为观世音菩萨化身，在冥途中掌管亡人百日，以其公平司掌罪福之业，故称平等王。"平等王"由印度人间种姓之祖演变为汉地阴间诸冥王之一，似乎象征了"平等"概念由印入华后曲折的含义演变。

印度的"大平等王"是前佛教时代的事，而印度佛教的"平等"本是冲着婆罗门教的种姓不平等而来的。东汉桓帝末年（约公元167年）月氏高僧支娄迦谶来华，在洛阳译出佛经14部27卷，开汉译大乘佛经之先河，内有《无量清净平等觉经》凡4卷。"平等"一词从此进入汉语，并在此后几百年间随着汉传佛教文化的发展变成了一个出现频率颇高的常用词。从魏晋南北朝时期开始，中国南北方、乃至汉传佛教泽被所及的周边汉字文化圈各国，都出现了许多名为"平等寺""平等院"及"平等塔（浮屠）"的佛教丛林[2]，其他寺庙也常常举行"平等会""平等法会"之类的佛事[3]。文献中"平等"一词出现得就更多了：仅佛经书名而论，包含"平等"一词的就有《妙吉祥平等秘密最上观门大教王经》《妙吉祥平等瑜伽秘密观身成佛仪轨》《妙吉祥平等观门大教王经略出护摩仪轨》《无二平等最上瑜伽大教王经》等。而《大般若经》《胜天王般若波罗蜜经》《大乘宝云经》《大智度论》与《法苑珠林》等一大批经典都列有《平等品》《平等部》等专论"平等"的卷章。

在其他佛经中，有关"平等"的思想与说法也比比皆是，并因而

---

[1] 慧琳：《音义》卷五："梵音焰魔，义翻为平等王。"

[2] 《梁书》卷四十一有《雍州平等寺》，《魏书》卷三十六："出帝幸平等寺，"卷一一二："京师平等寺，"释道世：《法苑珠林》卷三十六有南京平等寺。《北史》卷三十："平等浮屠成，孝武会万僧于寺。"长安香积寺有"平等圣僧塔"（《全唐诗》卷一四一）。《全唐诗》卷五六一有薛能《题平等院》。另外日本京都亦有平等院，为平安时代（794年起）的佛教名刹。

[3] 《南史》卷七："帝幸同泰寺，设平等法会。"

衍生了一大批与"平等"有关的命题、词组与术语。例如认为佛、法、僧三宝，以及心、佛、众生三法，于本质上均无差别，故说平等；或显示本体界之相貌，称为"空平等""真如平等"。另如《大般若经》卷四〇九阐论般若波罗蜜、三摩地、菩萨等三者之平等；《大智度论》卷一〇〇明示"法平等""众生平等"之理；《大日经》卷一揭举身、语、意之"三密平等"。《往生论注》卷上载，平等是诸法体相，由此所达到之智慧，应无所分别，主观与客观亦无区别，此称"智平等"；对于众生亦应等同视之，无高低、亲怨之区别，在值得怜悯和具有佛性上，平等无二，此称"众生平等"。又佛称为"平等觉"，自性法身称为"平等法身"。此外，一乘法乃表示与佛之智慧平等之大慧，称为"平等大慧"；普遍于一切而无差别之爱，称为"平等大悲"；对一切平等，了悟真理而不起差别见解之心，称为"平等心"。空、假、中三观中之从空入假观，又称为"平等观"；观身、语、意三密之平等无差别，称为"三平等观"；不论怨、亲之别，一概一视同仁，称为"怨亲平等"。《新华严经》卷五十三《离世间品》举出菩萨具有十种平等，即：一切众生平等、一切法平等、一切刹平等、一切深心平等、一切善根平等、一切菩萨平等、一切愿平等、一切波罗蜜平等、一切行平等、一切佛平等。菩萨若安住此法，则得"一切诸佛无上平等之法"。同经卷三十《十回向品》亦举出"业平等""报平等"等十种平等。又《大方等大集经》卷五十则举出众生平等、法平等、清净平等、布施平等、戒平等、忍平等、精进平等、禅平等、智平等、一切法清净平等十种，众生若具此平等，能速得入无畏之大城。此皆说明人、法、国土、修行乃至诸佛等悉皆平等、无有差别之理[1]。

　　汉传佛教不仅有诸宗派公认的"平等"之理，也有某一宗派独持的"平等"见解。如唯识宗主张"四义平等"：（一）时平等，谓

〔1〕　参见《杂阿含经》卷二十、《大般若经》卷五七〇《平等品》、《大宝积经》卷六〇、《大乘庄严经论》卷十二、《佛地经论》卷五。

心王心所同一刹那生起作用；（二）所依平等，谓心王心所二者之所依相等；（三）所缘平等，谓心王心所所缘之相分非同一，但却相似；（四）事平等，谓心王心所之自体分非同一而却类似[1]。而俱舍宗于上述四义平等之外，认为心王与心所对于所缘之外境，其行解之相亦皆平等，即行相平等。故俱舍宗主张五义平等[2]。

但是，以上诸汉译佛经所谓的"平等"，在古印度梵文文献与巴利文佛教原经中却常常并非同一词。这些均被汉译为"平等"的印度词汇其原意颇有区别，但彼此又有关联。华、印及西域的译僧们在翻译过程中实际上既加入了自己的理解，又受到翻译这一文化转换工程中不可避免的"价值互渗"、语义衍变的影响。最终由印度文化中几种价值，融合了中国本土的某些观念，形成了具有中国特点的这一时期的汉传佛教"平等"概念。

被译为"平等"的梵词[3]中最常见的一个是 sama。该词亦以同

---

〔1〕《成唯识论》卷三。

〔2〕《俱舍论》卷四。

〔3〕 以下数段文字除参考通行梵文辞书与梵学工具书，如 M. A. Monier-Williams（ed.）, *A Sanskrit-English Dictionary*. Oxford：Clarendon, 1979. Vaman Shivram Apte（eds.）, *The Student's English-Sanskrit Dictionary*. Delhi：Motilal Banarsidass, 1960. John Grimes, *A Concise Dictionary of Indian Philosophy：Sanskrit Terms Defined in English*. Albany：State University of New York Press, 1996. Madhav Deshpande, *Sanskrit & Prakrit, Sociolinguistic Issues*. Delhi：Motilal Banarsidass, 1993. *Sanskrit-Hindi-English Dictionary*. Bombay：Orient Longman, 1975. U. Wogihara, *Sanskrit-Chinese-Japanese Dictionary*. Tokyo：Suzuki Research Foundation, 1979. Ernest John Eitel, *A Sanskrit-Chinese Dictioary. With Vocabularies of Buddhist Terms in Pali, Sainghalese, Siamese, Burmese, Chinese, Tibetan, Mongolian and Japanese*. New Delhi：Cosmo 1981. 外，还参考了一些英文佛教、印度文化与梵学网站上的术语、词汇网页，如 http：//www.miraura.org/lit/skgl, http：//www.indiaa2z.com/Utilities, http：//www.ne.jp/asahi/pureland-buddhism/amida-net/sokushingi.htm., http：//www.sndp.org/Html/TheApostleOfSocialEquality.html, http：//www.fwbo.org.au/toowoomba/glossary.html., http：//www.lotuspro.net/phatdan/tinhthuong.htm., http：//members.es.tripod.de/ccyoga/english.htm.

形进入巴利文。在汉传佛经中 sama 又音译为"三迷""三昧""三摩"[1]。梵—英辞书中，该词通常解释为形容词 equal（相等的）；evenly distributed（均匀分布的），而以它为根的衍生词 samata 和 samatya 都有名词词义 equality（平等）；短语 samam brahm 则释为"平等的婆罗门"（the equal brahman）[2]。sama 在梵语中的反义词是"差别""别相"（梵语 vis/es！a，或音译"毗尸沙"，音义兼译"殊胜"）。所谓"平等"，就是无"差别"之义。所以一些佛经即以论证"无差别"来反证 sama，谓诸法本性真如，而无差别。于是上述所谓"三平等"之类命题，在一些佛经中即表述为"三无差别"：心、佛、众生三种平等无差别。而"无差别"也如"平等"一样成为一些佛教典籍的书名用语，如印僧坚慧菩萨《大乘法界无差别论》、唐僧法藏《法界无差别论疏》等。

但是，sama 在梵语中还有另一个词义即"神圣的安静"（the divine quiet），"平和"（peace），与"静止"（rest）。实际上，该词义源于《吠陀》中的古梵语 sam（和平、神佑）及其衍生的 saman（神佑之福，为带来神灵意志而实现宁静与和谐）一词。我们知道，由吠陀文明起源的古婆罗门教是非常凸显种姓制度的。而佛教的"平等"思想最初就是因反对种姓制度的不平等而发。但是，佛教与婆罗门教同样源出雅利安人的吠陀文明，前者用以反对后者不平等的武器因而也同样渊源于吠陀中的 sam 即"神圣和谐"观念，它教人超脱世俗权欲物欲、放弃上等人（上等种姓）对下等人的傲慢而认识到人们在神灵面前是同等的，以实现一种神性的和谐。而这，就

---

[1] W. E. Soothill & L. Hodous（ed.），*A Dictionary of Chinese Buddhist Terms with Sanskrit & English Equivalents & A Sanskrit-Pali Index*. Delhi：Motilal Banarsidass，1977. P.65，79.

[2] Glossary of Sanskrit Terms in Integral Yoga Literature，参见 http：//www.miraura. org/lit/skgl/skgl-19.html.

是"平等"。

然而，现实世界中种种"差别"不仅是客观存在，而且即便从价值判断言之，"差别"也未必是需要一概否定的负面东西。这一点即使在佛教教义中也是显然的。例如佛教一方面强调"十界一心平等大念"，认为上自佛界，下至地狱界恶人，十界皆为我佛平等心所覆盖。但另一方面也主张惩恶扬善，强调善有善报、恶有恶报的"差别"对待。于是有《佛为首迦长者说业报差别经》（又名《分别善恶报应经》）这样标示"差别"的经典。

而且实际上，即便对于那些负面的"差别"，诸如现实中种种不公平的压迫与等级制度，包括在印度本土佛教产生时即以对之持反对立场而闻名的吠陀—婆罗门教传统种姓制度，佛教的 sama 主张也不是一种积极的或入世的"纠正""改造"立场，而是一种消极的"不追求""不理会"态度。换言之，佛教"平等"词义所指的"无差别"，并不是"反抗差别""矫正差别""消灭差别"之义，而是"不追求差别""不看重差别""不理会差别""不在乎差别"乃至"忍耐差别而不为所动，以保持神性的宁静与和谐"，达到宗教境界上的、即出世的心理平衡。

这一点在其他几个被汉译为"平等"的梵语词中表现得更明显。梵语 upeksa（巴利文 upekkha）是第二个这样的词。《金刚经》中的"是法平等，无有高下"，《往生论》注中的"平等是诸法体相"，以及上文所述的"智平等""众生平等"等，其中的"平等"都是 upeksa 的汉译。但是，在通行的梵英、英梵辞书中，该词一般都不英译为 equal 或 equality，而是译为 indifference，即"差别"加一否定前缀。但这"否定"差别却不意味着在现实中消灭差别，实现 equality（平等），而只是意味着"超越（overlook）"不平等，"无视（disregard）"不平等，"忽略（negligence）"不平等，"蔑视（contempt）"不平等，

"舍弃（abandonment）"不平等[1]。换言之，即对差别或不平等采取置之度外、漠然视之的出世态度。实际上，在古梵语中该词的原形 upeksh 正是"漠然视之"之义。正因为如此，upeksa 在汉传佛经中除被译为"平等"外，更常见的译法是"舍""行舍"，或音译为"优毕舍""优毕叉""忧毕叉"；或者以"舍"释"平等"，谓之"舍平等"。

佛经中以"舍"与"平等"对释的例子不胜枚举。如《俱舍论》卷四曰："心平等性，无警觉性，说名为舍。"《大乘义章》卷二曰："内心平等，名之为舍。"《品类足论》卷三云："舍云何？谓身平等、心平等，身正直、心正直，无警觉、寂静住，是名为舍。"《成唯识论》卷六云："云何行舍？精进三根，令心平等正直，……远离掉举等障，静住名舍。平等正直无功用住，初中后位辨舍差别。"这种"舍平等"是一种心如古井、一切都无所谓的禅定状态。如慈怡主编之《佛光大词典》所谓"平静、无关心"。"远离惛沉之沉没与掉举之躁动，为不浮不沉，保持平静、平等之精神作用或状态。"面对差别保持平常心，是为"定"，差别加之而不为动，是为"受"。于是舍平等在佛经中又常常与"定""受"相关。舍为三受（或云五受）之一。又称"舍受""不苦不乐受"。伴有舍受之禅定，称"舍俱定"（巴利文 upekkha^-sahagata-sama^dhi）[2]。在这个巴利文术语中，upeksa 与 sama 这两个概念的联系可谓一目了然。汉传佛教的译经大师们把这两个词都译作"平等"，显然是有匠心的。

第三个被汉译为"平等"的梵语词是 sanmaya。汉传佛教所说的普贤菩萨，又称"遍吉金刚""建立一切平等菩萨"，这里的"普""遍""一切平等"就是 sanmaya。《大日经疏》卷九有"入佛

---

[1] M. A. Monier-Williams（ed.）, *A Sanskrit-English Dictionary*. Oxford：Clarendon，1979. p.215.

[2] 慈怡主编:《佛光大辞典》，4590 页。

三昧耶"之说,又称"入佛平等戒"。而真言宗有所谓"三平等"之说,即所谓"三密平等不二,普遍一切",此"三平等"又称"三三昧耶"[1]。"三昧耶"即 sanmaya 之音译。这个意义上的"平等"往往又称"平等无(不)二"。实际上,sanmaya 与 sama 二词同源于前述的古梵语词 sam,比较而言,sanmaya 的词义更强调平静、镇定、佛我同一(所谓"入我我入")、普遍一切。作为面对"差别"或不平等时的一种态度,sanmaya 同样是一种心如古井的出世立场。正如华严宗《大方广圆觉修罗了义经》所说:"身心寂灭,平等本际,圆满十方,不二随顺,于不二境现诸净土。"

总而言之,佛经中被译为"平等"的梵语词虽然有多个,但经过分析可以看到译者把它们都译成"平等",还是很有道理的。这些词的所指都包含一种出世的"平等"观:不管世事沉浮,皆以平常心或"平等"心待之。不得意于为人上,不自卑于为人下,不追求富贵也不在乎贫贱,地位上升而"不乐",地位下降而"不苦"。如此之"不苦不乐受"或曰"舍受"就是佛教丛林中人视为理想的"平等"境界。按梵英辞书作者的英文解释,这种境界即"舍弃万物,不分敌友,无论爱憎";"佛陀对待万物的那种普遍的、不偏不倚的公平态度";"佛教主要德行之一,无苦与乐之别,无人与物、己与人之别,舍弃世界及万物";"平静,中庸,斯多葛式的态度,乐观的不偏不倚,喜与忧之间的零点状态";"公正无私,心平气和";"无欲无执的宁静心、无思无为的无差别状态"[2]。

这样一种"平等"几乎就是遁入空门的同义语。因此一些佛教

〔1〕 慈怡主编:《佛光大辞典》,522 页。
〔2〕 W. E. Soothill & L. Hodous(ed.),*A Dictionary of Chinese Buddhist Terms with Sanskrit & English Equivalents & A Sanskrit-Pali Index.* Delhi:Motilal Banarsidass,1977. P.178,187,351,433,456.

典籍明确说"平等"在凡间是不存在的:"究竟推求世间涅槃实际无生际,以平等不可得,故无毫厘差别。"[1]真所谓:"为学空门平等法,先齐老少死生心。"[2]这种"空门平等"与近代那种直面现实、积极有为的"平等"价值,即以法国革命中"自由、平等、博爱"之一的 egalite 或英语之 equality 精神入世,以求改造现实的这样一种追求,差异不啻千里。

无怪乎,无论在印度历史上佛教兴盛乃至一度享有国教地位的孔雀帝国、笈多王朝,还是在小乘兴盛的东南亚、密教弘传的藏蒙,在释氏"平等"教义下都是一个等级森严的不平等社会,而在中国,东汉以后历代的"平等寺""平等法会"等等关于"平等"的宣传一方面常常得到统治者包括历代帝王的支持与信奉,另一方面它对现实状态,无论是"君要臣死,不得不死"的基本权利不平等还是"朱门酒肉臭,路有冻死骨"式的物资分配不平等,都不大具有干预能力。当然,在佛教的一些日常佛事中时有"平等"实践,如:"送供设斋,不论僧俗、男女、大小、尊卑、贫富,皆须平等供养。山中风法,因斯置平等之式。"[3]这些做法对后世社会上平等观念的形成还是有影响的。

三、佛教传入后汉语中"平等"一词的世俗含义

任何信仰都不可能是纯粹的彼岸现象,信仰的价值会作用于世俗生活。"平等"一词进入汉语时虽是佛教术语,但随着佛教对中

---

〔1〕《中论》卷第四《观涅槃品第二十五》。
〔2〕《全唐诗》卷四三八,白居易:《岁暮道情二首》。
〔3〕《入唐求法巡礼行记》卷三。

国人世俗生活的影响，"平等"本身也很快具有了世俗含义。同时这种对于"平等"的世俗理解也反馈于宗教，使汉传佛教典籍中的"平等"也出现了一些不同于印度本土的、带异端色彩的解释。

如上所述，印度宗教文化中的"平等"包含以下含义：

第一，作为一种事实判断的"无差别"，并无价值含义。

第二，作为价值取向也是最基本的，是对世俗事务的出世态度：平静、不关心，无欲无执的斯多葛式立场。这样的"平等"通俗地讲，近于今人所云的"平常心"。

第三，如果人人都无欲无执，"舍弃一切"，那么大家也就"舍平等"而"无差别"了。这本是宗教意义上的即在神灵面前的人人平等。但是正如基督教、印度本土佛教的世俗影响一样，神学平等往往被不满于现实不公正的人士用于观照人间，形成世俗的权利、分配等意义上的"无差别"理想。

第四，实际上俗人鲜能"舍弃一切"，只有佛祖这样的至圣能舍弃世俗富贵，而舍弃之后便有了"佛陀平等对待世人的公正权威"。这就是关于以公平、"平等"的名义行使世俗权力的思想。

汉语世俗文献中"平等"首先如上述第一义，表示一种"相等"的事实。如唐孔颖达《尚书正义》卷七《夏书·胤征》"官师相规"条正义曰："相规，相平等之辞。……平等有阙，已尚相规，见上之过，谏之必矣。"《毛诗·国风·褰裳》"子惠思我"条正义曰："子惠思我，平等相告之辞。……他人与此子者正可有亲疏之异，而尊卑同也。"《毛诗·国风·还》正义曰："以报答相誉，则尊卑平等，非国君也。然驰车逐兽，又非庶人。故知子也，我也，皆士大夫出田相遭也。"《毛诗·小雅·鹿鸣之什》正义曰："乡饮酒，乡大夫……平等之事。"《礼记·丧服小记》"为父母，长子稽颡"条孔颖达疏曰："谓平等来吊，故先稽颡而后拜。……先拜而后稽颡，若平等相吊。"《春秋谷梁传》隐公五年"初献六羽"条释曰："齐侯尊鲁，故特言献。

'卫宝'，以平等相遗，故言归，理亦通也。"

要之，十三经原文并无"平等"一词，佛教入华以后、汉唐以降的注经家注经时才屡屡出现了"平等"字样。但都是叙述人际交往中同级、同辈关系的事实，并无价值取向的色彩：上述引文都不涉及应不应该"平等"的问题。类似用法亦见于自然现象之等同。如《隋书》卷二十一《天文志下》："日晕两珥，平等俱起而色同。"又如《大清一统舆图跋附凡例》："赤道而南北各匀分百八十为纬度，其距纬之圈皆平等。"[1]

到了宋以后，"平等"更作为等第称谓成了名词而非形容词："平等"就是并非优等——有时是指中等，有时干脆是指劣等。如：

> 王安石奏曰："三路义勇艺入三等以上，皆有旨录用……"。又试骑射及策于庭。策、武艺俱优为右班殿直，武艺次优为三班奉职，又次借职，末等三班差使、减磨勘年。策入平等而武艺优者除奉职，次优借职，又次三班差使、减磨勘年，武艺末等者三班差使。[2]

> 绍兴五年，帝御集英殿策武举进士，……策入优等与保义、承节郎，平等承信郎，其武艺不合格者，与进义校尉。……十二年，御试，……策入优等承节郎，平等承信郎、进义校尉；特奏名，平等进义校尉。[3]

> 太学生：外舍二千人，校定百人；内舍三百人，校定三十人。仍分优平二等。优等再赴舍试，又入优等，则径

---

〔1〕 葛士浚：《皇清经世文续编》。严树森：《大清一统舆图跋附凡例》。
〔2〕 《宋史》卷一百五十七《选举三·武选》。
〔3〕 同上。

自学官之恩数，与进士第一人等所谓释褐状元也。若入平等，则谓之一优一平，例得免省，直赴殿试。[1]

度宗咸淳六年，命礼部贡院于武举进士平等每百人内，取放待补十人，绝伦每百人内，取待补十三人。[2]

其教官又考通经，即与升迁，举人少者为平等，即考通经亦不迁。举人至少及全无者为殿，又考不通经，则黜降。[3]

艺徒学堂，授平等程度之工筑技术，俾成良善工匠，均可于中、小学堂便宜附设。[4]

大计以寅巳申亥岁，……注考缮册，送部覆核。才守俱优者，举以卓异。劣者，劾以六法。不入举劾者为平等。[5]

又以卓异八法举劾不过数十人，其不列举劾之平等官，自知县以上，令督、抚注考，报部察核。[6]

光绪……三十一年，定考核州、县事实，分最优等、优等、平等、次等四级。[7]

雍正元年，命平等官守备以上，督、抚、提、镇注考。[8]
乾隆……四十二年，定卫、所绿营武职荐举卓异尚未

---

〔1〕 李心传:《建炎以来朝野杂记·乙集》卷十五《太学生校定新制》。
〔2〕 《宋史》卷一百五十七《选举三·武选》。
〔3〕 《明史》卷六十九《选举一·郡县之学》。
〔4〕 《清史稿》卷一百七《学校二》。
〔5〕 《清史稿》卷一百十一《考绩》。
〔6〕 同上。
〔7〕 同上。
〔8〕 同上。

升转，再遇军政列平等者，将上次卓异注销。[1]

可见，从宋至清历朝文武、官学、技艺考选，有优等、平等、末等之说，"平等"在这里是中等。又有最优等、优等、平等、次等之说，这里的"平等"就近乎劣等了。此外，在日常语言中"平等"可以指地势不高不低："其田亦当……分高低平三等。遇旱则宽高等之租税。遇水则宽低等之租税。遇全荒然后及于平等。此均农之大要也。"[2] 可以指正常价格："那房子有人出到五十八两，已是平等足价。"[3]

当然，无论中等还是劣等，都不是"优"，更不是理想状态，"平等"一词在此并无褒义。要之，当时"平等"一词在世俗场合的多数情况下，都不被理解为一种价值取向。"相等"的事实也好，中等、劣等也好，都不是值得追求的。

中国传统文明是不是一种"宗教文明"，"儒教"是不是"宗教"，历来容易引起争议。但中国人与印度人乃至基督教、伊斯兰世界中人相比较为入世、较少彼岸观念，则恐怕是事实。印度文化中那种出世的"舍平等"，那种"身心寂灭，平等本际"，对中国一般俗众吸引力不强。但中国传统中的道家成分、超越成分仍然培养出一种远离世俗功利的"平常心"，所谓富贵于我如浮云是也。把"平等"视为平常心及把"平等"视为不优不劣的中间状态、普通状态的想法相结合，便形成了"平等百姓"之类说法。"大抵怀材负奇，恒冀人以异眼相看。若一概以平等视之，非所愿也，……不欲与庸庸者齐耳。"[4] 明清小说中有诸如"随你挣得有田有地，几代发迹，终

〔1〕《清史稿》卷一百十一《考绩》。
〔2〕 贺长龄：《皇清经世文编》卷二《学术二·陈言夏传》。
〔3〕《醒世姻缘》第八十二回《童寄姐丧婢经官　刘振白失银走妾》。
〔4〕 葛士浚：《清代经世文续编》卷五十六，曾国藩：《笔记十二则》。

是个叫化头儿，比不得平等百姓人家"[1]之说。朱熹也说过："今乡里平平等人，无可称之实，某都不与发书恳人。"[2]还有："为妇女者，于本夫外私一平等人为失节，私一品流贵重者，得不为失节耶？"[3]这"平等人""平等百姓"并非平均制度下的百姓，而就是寻常百姓、芸芸众生，是一种"普遍一切"的状态。当然在中国世俗社会，这种"平常心"并没有任何神圣色彩。

四、"儒之中庸即释之平等"：作为价值观的"平等"论争

但另一方面如前所言，传统时代中国和印度乃至任何非理想的社会一样，有社会分野，有身份权利的贵贱之别与财富分配的贫富之别。因此也很早就有了针对这些负面状态的一种价值取向，即反对"不平"而追求"平""均平""太平"的主张。佛教传入后，印度式"平等"观的"无差别"思想与中国本土既有的上述观念相融会，在唐宋时代形成了那种针对世俗不公平的"平等"思想。

有趣的是，世俗平等思想在佛教东传中所受的影响是双向的。印度式的非佛教的世俗平等观在佛教汉传过程中不断被佛教的出世"舍平等"所解构所淡化，以至于前佛教时代古刹帝利的"大平等王"传说在汉传佛教中到唐以后已经从人间拥有无上权威的公平执法者和平均分配者，变成了阴间排位仅居第八、管事不过百日的十殿阎罗之一的"平等王"。但另一方面，佛教中原来在印度本土完全是出世性的"舍平等"概念，却在中国的世俗文化中被改造成了具有强烈世俗要

---

〔1〕《喻世明言》卷二十七《金玉奴棒打薄情郎》。
〔2〕《朱子语类》卷第一百七《杂记言行》。
〔3〕 盛康：《清代经世文续编》卷二十五，王德茂：《欢喜钱》。

求的"平等"主张。唐张守节《史记正义》中在《五帝本纪·帝喾》篇下注曰:"帝喾治民,若水之溉灌,平等而执中正,遍于天下也。"这是今所知以"平等"指一种世俗的公平治理方式的最早事例。不过这种"平等"泛指善治,如轻徭薄赋之类都可以算:"清源尉吕元泰上疏:'……伏愿回营造之资,充疆场之费,使烽燧永息,群生富庶,则如来慈悲之施,平等之心,孰过于此!'"[1]

到了北宋末,方腊在"食菜事魔教"旗号下举兵起事,形成严重威胁赵氏政权的北宋史上最大规模民变。这个"食菜事魔教"通常被认为是以波斯摩尼教成分为主,杂糅佛教等因素的外来多源性宗教。据史载:方腊领导的摩尼教徒以《金刚经》中的"是法平等无有高下"为号召。但是庄季裕《鸡肋编》称:"其说经如'是法平等无,有高下',则以'无'字连上句,大抵多如此解释。"照此说来,方腊是主张无平等、有高下的了。这与当时以方腊之变为农民起义,而农民起义必求平等的通行看法相左。就此 20 世纪 60 年代中国大陆史学界曾发生争论。有人认为方腊作为摩尼教徒并不主张"平等"[2]。有人坚持方腊是"平等"派,庄季裕之说不可信[3]。还有人认为即使果如庄说,也只能表明方腊在"揭露"佛教的不平等,借以表达他自己的平等要求[4]。

不过,史料中关于方腊称引《金刚经》的说法仅见于《鸡肋编》。据多数史籍记载,方腊所居的睦州清溪县"民物繁夥,有漆楮松杉之饶,商贾辐辏。腊有漆园,造作局屡酷取之,腊怨",遂因"花石纲之扰"而起事。起兵时方腊宣布理由多款:

---

〔1〕《资治通鉴》卷二零九《唐纪·中宗景龙二年》。

〔2〕 佩之:《方腊起义提出过"平等"口号吗? 》,《光明日报》1960 年 9 月 29 日。

〔3〕 李明:《方腊起义与"平等"口号》,《天津日报》1961 年 8 月 9 日。

〔4〕 谢天佑、简修炜:《中国农民战争简史》,上海人民出版社,1981 年,208 页。

天下国家，本同一理。今有子弟耕织，终岁劳苦，少有粟帛，父兄悉取而靡荡之。稍不如意，则鞭笞酷虐，至死弗恤，于汝甘乎？

靡荡之余，又悉举而奉之仇雠（按：指辽、夏）。仇雠赖之资，益以富贵，反见侵侮。则使子弟应之。子弟力弗能支，则谴责无所不至。然岁奉仇雠之物，初不以侵侮废也。于汝甘乎？

今赋役繁重，官吏侵渔，农桑不足以供应，吾所赖为命者，漆楮竹木耳，又悉科取，无锱铢遗。夫天生烝民，树之司牧，本以养民也。乃暴虐如是，天人之心，能无愠乎？且声色、狗马、土木、祷祠、甲兵、花石靡费之外，岁赂西北二虏银绢以百万计，皆吾东南赤子膏血也。二虏得此，益轻中国，岁岁侵扰不已，朝廷奉之不敢废，宰相以为安边之长策。独吾民终岁勤动，妻子冻馁，求一日饱食不可得。诸君以为如何？

三十年来，元老旧臣贬死殆尽，当轴者皆龌龊邪佞之徒，但知以声色土木淫蛊上心耳。朝廷大政事，一切弗恤也。在外监司、牧守，亦皆贪鄙成风，不以地方为意，东南之民，苦于剥削久矣。近岁花石之扰，尤所弗堪。诸君若能仗义而起，四方必闻风响应。……不然，徒死于贪吏耳。[1]

总之按绝大多数史料，方腊作为从事商品生产的"漆园主"不满官府"造作局屡酷取之"而起事，所求者应近于今日所谓权利平

---

〔1〕　方勺：《清溪寇轨》，（《学海类编》本）。

等或过程平等。而过去不少论述为适应意识形态，根据不可靠之说谓方腊是"雇农"，起义为的是均贫富，即今所谓分配平等或结果平等，看来不可信。但当时方腊在用词上是否把他的主张名之曰"平等"、抑或名之曰"无平等"，则因只有《鸡肋编》之片言数语而难以遂断。

然而，无论方腊是否称引过《金刚经》，称引时是主张还是反对"平等"，至少当时在庄季裕这样的人看来这件事总是把"平等"的问题在世俗的意义上提出来了。并且无论他赞成还是反对，这样的"平等"概念与《金刚经》的本意都相去甚远。而当时的知识界主要还是从原意理解《金刚经》之所谓"平等"的。正如明儒罗钦顺所说："尝见《金刚经》有'是法平等，无有高下'之语，众生固然迷悟不同，其知见之体即是平等，岂容有二？"[1]亦如清儒姚际恒解释的："《金刚经》云：'是法平等，无有高下'。是法者，指其本性也。无有高下者，上至诸物菩萨，下至蠢动含灵，谓其皆有佛性故，故曰平等也。"[2]即《金刚经》中的 upeksa 作为"舍平等""知见平等"或"佛性平等"，原本是与反对世俗中的平等或不平等关系不大的。

但不管原意如何，当"平等"一词的含义在中国语境中被世俗化以后，各派思想便不能不有所反应。在这方面，当时中国文化的主流思想即儒家的两大派颇有分歧。程朱理学秉承早期儒家反对墨家"兼爱"论的立场，对"平等"明显反感：

"人与物自有差等，何必更进一层，翻孟子案，以蹈

---

〔1〕 罗钦顺：《读佛书辨》，见黄宗羲：《明儒学案》卷四十七《诸儒学案中一》。

〔2〕 姚际恒：《礼记通论辑本》卷下《中庸》。

生物平等？"〔1〕"刘刚中问：'张子《西铭》与墨子兼爱何以异？'朱子曰：'异以理一分殊。一者一本，殊者万殊。脉络流通，真从乾坤父母源头上联贯出来，其后支分派别，井井有条，隐然子思"尽其性""尽人性""尽物性"，孟子"亲亲而仁民，仁民而爱物"微旨，非如夷之"爱无差等"。且理一，体也；分殊，用也。墨子兼爱，只在用上施行。如后之释氏人我平等，亲疏平等，一味慈悲。彼不知分之殊，又乌知理之一哉！'"〔2〕"问：'一日静坐，见一切事平等，皆在我和气中，此是仁否？'曰：'此只是静中之工夫，只是心虚气平也。须于应事时有此气象，方好。'"〔3〕

要之，理学家或者秉持传统儒家伦序等级观念而明确反对"平等"，并把"平等"看作类似墨家的思想；或者认为出世的"平等"只是"静中工夫"，并无实际意义。在理学一系的学者中，笔者所见，似乎只有苏辙不同。他解《论语》，"颇涉禅理。以'苟志于仁矣，无恶也'为有爱而无恶，亦'冤亲平等'之见"〔4〕。"有爱无恶"而又"平等"，岂非"爱无差等"，这与其说是"禅理"不如说是"墨理"。在历史上与墨家有宿怨的儒者中这应当算是有点异端了。

但深受佛学影响的陆王心学一派则不同，他们高度评价"平等"的意义：

> 释氏之说……宏阔胜大，其为言，深精敏妙；其为实，

---

〔1〕 黄宗羲、全祖望：《宋元学案》卷十三《明道学案（上）》。
〔2〕 黄宗羲、全祖望：《宋元学案》卷十八《横渠学案（下）》。
〔3〕 黄宗羲、全祖望：《宋元学案》卷二十四《上蔡学案》。
〔4〕 《四库全书总目提要》卷三十五《论语拾遗》。

日用平等；其为虚，交融透彻；其为心，十方三界；其为教，宏济普度。……世之为儒学者，高未尝扣其闻奥，卑未尝涉其藩篱。[1]

释氏理无不虚，而搬柴运水，皆见真如，坐卧行住，悉为平等，则虚者，曷尝不实？[2]

释氏之于此体，其见甚亲，其悟甚超脱敏妙矣。……弘济普度者，此之谓济也；平等日用者，此之谓平也；圆觉昭融者，此之谓觉也。[3]

问："如何用力，方能得心地快乐？"罗子曰："心地原只平等，故用力亦须轻省。……所谓乐者，只无愁是也。若以欣喜为乐，则必不可久，而不乐随之矣……。"[4]

对比两家之说：理学家多把"平等"当作墨子式的世俗主张即"爱无差等"来反对，心学家则多在佛教本来的出世意义上肯定"平等"。相比之下，理学家对"平等"的理解更接近近代词义——但他们并不认同这种"平等"。而心学家比较认同"平等"，但这个"平等"却并非近代词义的 equality。

与上述两者都不同的是明代心学大师湛若水的"儒之中庸即释之平等"说。他认为："夫儒与释不同，而吾儒之中庸，与释家之平等一也。"[5] 他认同"平等"，而且是在入世的意义上。但把

---

〔1〕 黄宗羲：《明儒学案》卷二十四《江右王门学案九》。
〔2〕 同上。
〔3〕 同上。
〔4〕 黄宗羲：《明儒学案》卷三十四《泰州学案三》。
〔5〕 黄宗羲：《明儒学案》卷四十二《甘泉学案六》。

"平等"看作"中庸"，则仍与近代"平等"词义大有差别，倒是与前述把"平等"看作不优不劣的"中等"的那种世俗理解有明显的联系。

值得一提的还有黄道周对"平等"的看法。道周求贯理心二学，调和陆王、程朱，其"平等"观亦介乎二者间。其说曰：

> 受天之命，便有心、有性、有意、有知。有物难格，有知难至，物理未穷，性知难致，……空是物格无物，天命以前上事，亿是因意生知，人生以后下事。屡空是天人隔照之间，屡中是物理隔照之间。譬如一事当前，有是有非，有得有失，屡空，人只说我生以来，与物平等，初无是非，初无得失。屡中，人便说某处是非，某处得失。……空亦不空，中有不中，是非得失，如天命然，一丝一毫，洞见难逃。[1]

他视"平等"为"无是非、无得失"的"空"门，承认其价值，但亦肯定入世之"中"，不回避"某处是非，某处得失"。所谓"空亦不空，中有不中"，这里没有认"平等"本身为"中庸"，但在处理出世"平等"与入世"物理"的关系时则颇得中庸之道。

总之，宋明儒家学者提到"平等"一词时，或者想到"兼爱"，或者想到中庸，或者想到空门。其中只有前者较为近似近代平等观念——然而它得到的认同也最小。这不是说当时国人就没有公平、平等这类观念，只是它们通常仍不表述为"平等"一词，而是沿用"平""均平"等上古时习用的词汇。

---

[1] 黄道周：《榕坛问业》，见黄宗羲：《明儒学案》卷五十六《诸儒学案下四》。

五、汉语"平等"一词近代含义之产生

综上所述，无论印度佛教中"身心寂灭"式的"舍平等""空门平等"，还是古汉语中作为事实陈述的相同、作为价值取向的中庸，都与近代平等概念颇有距离。但以"平""均平"来指称的公平观念，则早已存在。这些观念连同外来的"自由平等博爱"中的 egalite（英 equality）观念相融会，便产生了"平等"一词的近代含义。

"平等"中的"相同"词义不是作为事实陈述或出世状态，而是作为入世的应然态、即作为改变不"相同"状态的价值取向，以上层政治中出现最多。南宋初金军压境，宋廷屈辱乞和。后来金因内乱而衰，"粘罕之已死，外夷内乱，契丹林牙复立，故今金主复与我平等语，是皆行诈款我师之计，非臣所敢知也"[1]。清中叶朝廷平定西藏内乱，"嗣后驻藏大臣，……应与达赖喇嘛、班禅额尔德尼平等。自噶布以下番目，及管事喇嘛，分系属员，事无大小，均应禀命办理"[2]。到了近代以后，"平等"一词仍然是在外交方面用得最为频繁。《清史稿》一书出现"平等"一词凡 13 次，其中 6 次是"优等、平等、次等"意义上用的，与 equality 无关，余 7 次中 4 次是外交"平等"，社会意义上的"平等"只提到 3 次。这与当时中国由不屑于平等的"天朝—藩夷"外交沦入求平等不可得的屈辱外交后对"平等"的特殊感受有关。

其次是宗教间平等。中国具有宗教宽容传统，多数时期没有"国教"。金代王重阳"立三教平等会，以《孝经》《心经》《老子》教

---

〔1〕《宋史》卷四百二十二《许忻传》。
〔2〕 贺长龄:《皇清经世文编》卷八十一，福康安:《藏内善后事宜疏》。

人讽诵，而自名其教曰全真"[1]。

又如"四民平等"："盖商与民为平等，而官乃商之护符，欲令李代桃僵，势必虎威狐假。"[2]"无论商民平等，犬兔之逐，蛮触之争，不足为异。"[3]

还有男女平等、国内各民族平等等观念，都在清末民初形成。这些观念均取义于equality。而以"平等"对译这个外来词，则似乎是中日两个汉字国家不约而同的做法。在中国方面，当郭嵩焘、严复等旅欧时，已经以"平等"介绍欧情。用严复的话说："夫欧亚之盛衰异者，以一其民平等，而一其民不平等也。"[4]而日本早在明治初年高杉晋作就提出了具有西学背景的"四民平等"说，并在1871年由维新政府付诸实现。虽然当时中国人对此尚不在意，但到甲午后，关于"平等"的种种论述也从日本大量传入中国。如著名的大隈重信关于"四民平等"的演说，当时便在中国流传甚广并产生了很大的影响：

> 昔当维新之初，封建之制始觉颓坏，上下之等犹未尽除，尚分士农工商之等差。虽欲执自由不拘之意义，然如买卖土地或耕作之事，亦且有制度，不得自由。至维新之后，土地归人民管辖，始得有其利权矣。又如商业，亦有种种限制。至维新之后，则不复有缚束其民之心。一视平等，百弊俱废。昔日之士人，今日则习商务，或商为农，工为农，亦无不可也。国家变法如此之亟，而学校之政，由是大举。往日学业最富，首推士人；

[1]《四库全书总目提要》卷一四七，李道谦：《甘水仙源录十卷》。
[2] 盛康：《清代经世文续编》《议驳河东请仍举新商先盐后课疏》。
[3] 葛士浚：《清代经世文续编》卷一百一《中西纪事·天津新议续议》。
[4]《严复集》，中华书局，1987年，第622页。

而今也四民一律，同勉学业。故士人子弟不独以学见长，农工商子弟亦实有学问智识。其他海陆军制、保甲之法，皆变更故态。四民平等，文明之风博洽朝野，下民齐称明治之圣运焉。夫惟能行如此之平等，乃足与外邦互争其优长之势。[1]

此所谓四民平等，就是打破传统等级身份壁垒，实行产权自由、公平竞争。这是标准的古典自由主义平等观，即程序平等、基本权利平等。与此同时，分配平等即所谓平均主义也有发展，像太平天国就被认为有此"平等"诉求："凡会中人男称兄弟，女称姊妹，欲人皆平等，托名西洋教。"[2]

而保守派这时也开始称引反"平等"的西学资源："昔英儒斯宾塞尔亦甚言宪法流弊，谓美国宪法本人民平等，行之久而治权握于政党，平民不胜其苦。"[3]

此时在西学东渐潮下，中国本土文化资源中的各种关于公平正义的学说也被冠以"平等"之名，而且往往被认为与西学中的"平等"同质：

"近则各省教堂林立，考其立教宗旨，不外乎平等平权二义，兼相爱、交相利，劝人为善，颇类中国墨子遗意。"[4]"夫诸教之言平等也，南海先生有《孔教平等义》：不平等乌乎起？起于尚力。平等乌乎起？起于尚仁。"当今之弊，"等是人也，命之曰民，则为君者从而臣妾之。命之曰女，则为男者从而奴隶之。"所谓平等，就是

---

〔1〕 邵之棠：《清代经世文统编》卷十六，日人阙名附：《论日本宜变更国政》。
〔2〕 《清史稿》卷四百七十五《洪秀全》。
〔3〕 《清史稿》卷四百四十三《于式枚》。
〔4〕 邵之棠：《清代经世文统编》卷二《驱民论》。

要除去这种大弊[1]。

有趣的是：昔日理学家以"平等"为墨学而摈斥之，这时儒学已不复为至尊，儒、墨的"平等"观变得似乎可以相容。而过去那种言"平等"必称释氏的状况也不复存在，佛教"平等"观变得罕见提及了。但是，古代中国传统语词"平""均平"及"太平"含义中程序性平等与结果性平等、权利平等与分配平等不分的状况在近代汉语词"平等"的含义中仍然多少保留下来——直至今日，对"平等"概念完全不同的各种理解仍然成为中国思想界许多争论的重要原因之一。

不过，或许正是由于以"平等"对译 equality 时国人主要面对的是实现了"程序公正"却并不存在"分配均等"的资本主义西方，而对"平等"一词在现代汉语中的用法影响很大的日本明治时代"四民平等"这类观念也主要指程序公正、基本权利平等而言，因此在现代汉语中，主流的倾向是把"平等"理解为权利、程序的平等，而把分配的平等或曰结果平等称为"平均"。尤其在 20 世纪 50—70 年代的中国大陆，这一点尤为明显。以至于在那个"平均主义"盛行的时代程序与权利方面的身份性特权与歧视却无处不在，而多次政治运动都以"撕掉资产阶级自由平等博爱的遮羞布"为标帜，"平等"与"自由"一样几乎成为贬义词[2]。这与西语中 egalite 或 equality 本身并不区分权利平等与分配平等（需要区分时须另加定

---

〔1〕 邵之棠：《清代经世文统编》卷十二《论女学》。
〔2〕 当然，均等的分配或曰"平均主义"在那个时代也并不都受到鼓励——一切以是否遵从政治权力的分配意志为依归。"服从组织分配"是当时最流行的生活语汇之一，当然主要是指工作分配，但这实际也是当时一切"分配"的原则。"结果平等"如果并非出自"组织"意志，那就是"平均主义"或曰"绝对平均主义"（当时也是个贬义词），但绝不叫"平等主义"或"绝对平等主义"的。

语）大异其趣，同时也与上古汉语中"平""均平"既可以用于谴责"专己不肯用人"也可以用于否定"贫富之不齐"[1]颇有不同——在这一点上，equality倒与上古汉语的"平"乃至"平均"在语感上更接近了。

总之，"平等"一词作为译者为译经而造的汉语词汇，在历史上先被用以译指印度佛教文化中的sama、upeksa等词，到了近代，中日两国学者又不约而同地以它译指西方近代化过程中法国革命所弘扬的egalite（equality）。同时这个词也包含了中国本土的"平""均平"等传统公平观念。从该词的所指演变中我们既可以看到多种文化会融与冲突的复杂过程，也可以看到"人同此心，心同此理"的普世性基本公平价值在不同的问题情境下的发展。这一发展过程迄今并未结束——特别是在如今这个社会急剧变革、价值体系正在重构的转轨时代。

---

[1] 甚至连"均田"这个词，在中国古代固然常指"计口授田"这样的分配行为，但也常指"均定田赋"即公平负担田赋、取消或减少优免特权这种属于程序、权利平等范畴的内容的。参见王守义：《明末农民军"均田"口号质疑》，《历史研究》1962年第二期。

附录

瑞士之路
——"森林州"之行札记

湖畔牧歌

2018 年 8 月 20 日，我们游览卢塞恩，晚上又被拉到"附近小镇"去住酒店。这一"附近"不仅出了城，而且出了卢塞恩州。汽车沿风景秀丽的皮拉图斯山麓和卢塞恩湖畔南行 21 公里，翻过一个缓坡坳口（就是卢塞恩和上瓦尔登两州的州界），进入另一个湖——萨尔嫩湖的湖区，开到一座半山腰临湖的"维勒巴德（Wilerbad）湖景酒店"，这就是我们的住地了。

酒店本身很有档次，尤其是靠湖一面的房间，阳台与窗外就是湖光山色，景致堪称一流。遗憾的是地处偏僻，此地连"小镇"都不是，就是前不巴村后不巴店的一座楼，附近只有一些牧场。我们不满足于在半山远眺湖景，想到湖边"亲水"一番，可是顺着牧场公路下山后，路却在距湖不远处断了头。原来沿湖一线全是农（牧）场的私人宅院。我们沿湖走了很远，都找不到一处可以进入的公共湖岸。

瑞士的土地产权分明，公共的风景区是绝不允许卖给私人的。但政府要以公共利益为理由买下私有土地来开发旅游，也非常困难（强征就更不用提了）——不仅卖方有权拒绝，买方要纳税人——公民同意动用财政资金去购地，也不容易。一般城市的风景湖滨当然都是公共的，但乡村地区就不然了。有个不靠湖的居民看见我们这些游客在找湖滨，热情地带我们找到他临湖的邻居，想劝邻居让我们进他的水边庄院（这里的家庭都有很大片的院子）去观湖。那邻居却彬彬有礼地婉拒了。也难怪，让陌生人进家门，就是我们自己也不容易接受不是？

悻悻地回到半山，一路看了几个牧场。这里是典型的西欧乡村，传统上居民多在自己的农（牧）场中心建独户庄院居住，一户一户相隔较远，少有所谓的村落。公共活动都在有教堂和市场的小镇上进行——这就是所谓的社区了。

牧场主要是草地，间或也种植青贮玉米。这种玉米植株高大，不是收获玉米棒，而是收获整个植株作为过冬青贮饲料。当年苏联长期肉荒，赫鲁晓夫访美发现青贮玉米是美国畜牧业的利器，回国后强令推广，结果基本失败。其实苏联这么广大的国土，因地制宜搞还是可以的，国家强制搞"玉米运动"就难免弄巧成拙了。在瑞士的河谷、湖盆地带，玉米地随处可见，但基本全是青贮玉米，没有做粮食的。

牧场土地的中央建筑主要是工作区，有牛舍、农机库和加工、仓储设施等。我们看到的几个牧场虽然都很现代化，但并不豪华，有的牛舍气味还挺大。所以住宅现在一般都与工作区保持相当距离，乃至需要开车来往。这里湖滨的宅院，很多就是山坡上牧场主人住的。这就是瑞士现代牧场与传统农牧民的明显区别之一了。

现在瑞士经济多元，牧场有时也兼营加工业与旅游。这里很多牧人都盖了小楼做民宿与度假村。我们住的湖景酒店附近就有多处，虽然现在还稀稀拉拉，发展下去还真有成为"附近小镇"的趋势。今天的瑞士，无论农牧业还是加工、旅游，合作网络都极为发达。一家农户成为十多家不同专业合作社的成员，或与很多家公司签约加入产业链都是常例，独立经营与融入社会化经济体系毫无矛盾。我们住的这家酒店并不属于什么连锁集团，据说当初就是附近这些农牧民集股投资建的。规模小些的民宿更比比皆是。我们下山上山时都看到有些小游客骑着牧场民宿提供的、漂亮健壮的阿尔卑斯骏马，作骑士或骑警状在路上兜风，湖光山色间那气派和惬意令人称羡。

从卢塞恩入住的当天已是下午，下山一趟回来天就黑了。晚餐后在房间阳台上，从湖上晚霞到空濛夜色，湖对岸村镇的簇簇灯火、从山上下驶湖区汽车如点点流萤，美丽景色别有风味。瑞士多湖，而湖景各具特色。大湖如莱蒙湖浩渺如海舟行竟日，小湖如达沃斯湖数顷碧波一览无余。而萨尔嫩湖是个中等湖泊，湖长 6 公里，平均宽 1.3 公里，面积约 7.5 平方公里，以面积论在瑞士排第 20 位，比杭州西湖（6.3 平方公里）还大一些。和阿尔卑斯山区的群湖一样，它也是群山中的构造湖和冰川湖，大部分湖岸较陡峭，相对面积而言湖水很深——萨尔嫩湖不算大，深度却有 51 米。深蓝的湖水与翠绿的群山在清朗的碧空下色彩鲜明。

这里不是很有名的旅游地，湖边没有城市（北端的萨尔嫩城区离湖也近 1 公里），没有工业，保持着乡村自然状态的水光山色。如果说高度工业化的瑞士以环境保护搞得好著名，那么没有城市和工业的萨尔嫩湖，生态就是"好中之好"了。所以这里像我们一样匆匆赶路的旅行团几乎没有，但一人一家悠哉悠哉一住十天半月甚至更久的闲云野鹤们还是不少的。一些画家也喜欢在这里写生，留下了不少传世佳作。英国维多利亚时代景观画大师威廉·特纳的《萨尔嫩湖之夜》就是其中之一。这画家为之流连的美妙夜景，而今轮到我们来实地欣赏了……

骑车神游森林城

第二天早上却遇到个问题：按旅游团的日程，这一天据说应该在卢塞恩"睡到自然醒，然后自由活动，继续领略古城风光"，下午才集体出发前往楚格。换言之即整个上午应该是在卢塞恩"放羊"的。

可是实际上我们并没有住在卢塞恩，导游却在第二天上午安排了个自费项目，要我们去英格堡坐缆车游铁力士山。而由于此行我们已经登了包括少女峰在内的三座"计划内"雪山了，不少团友不想再额外掏钱去登计划外的第四座。而名城如卢塞恩者，昨日半天怎够？于是他们要求按出团日程规定，上午继续领略卢塞恩的风光。既然昨天把我们拉到了这里，今天上午就送我们回卢塞恩吧。但导游说车只能去英格堡，如果想回卢塞恩那就自己再掏钱去。这实际就是违反合约，变相强制我们参加自费项目。其实铁力士山还是有点意思的，但这种做法却令人难以接受。结果部分团友决定即便不去卢塞恩也不参加自费项目，宁可继续在萨尔嫩湖畔自由活动。我们一家也在其中。

这些团友大多昨天并未下山，而我们昨天下午已经逛过了湖畔，今天上午就想逛点别的。女儿发现酒店有供旅客使用的自行车，我一查，这里离湖北端的上瓦尔登州首府萨尔嫩市只有 2.7 公里。于是决定骑车出游萨尔嫩，算是又走了一个瑞士的州府吧。我们此行在瑞士，大车小车、各种缆车、常规列车和齿轨登山列车、湖上游轮都坐过，步行爬山也爬过了，现在再骑骑瑞士的自行车，那就除了没骑马以外，把这里的出行方式都用遍了。

拿到自行车一看，却发现这里的自行车与我们在国内骑惯的不一样。首先，它们都是高档的多级变速运动自行车，且设挡不是太快就是太慢，而我们还不会换挡。其次，西方人本来就高大，又习惯作为体育运动骑快车，经常是撅着屁股俯身骑行以减少风阻，所以车座都非常高。第三，他们的刹把与国内相反，右把刹前轮，左把刹的才是后轮。我们骑着很不习惯。

琢磨一番后，我们学会了调节车座，把它压到最低，我上车完全没问题，金雁与女儿也勉强能上。不会变速，就慢慢适应吧，结果发现瑞士这样的山区还就得这种车才管用：很多上坡路我们在国内骑一般的车根本就蹬不动，只能推着走，但变速车调到低速挡就能轻松地上坡，无非是多蹬几圈罢了。然而，最可怕的还是刹把：这车的重心本来就高，车速一快如果误刹前轮，后轮的冲力很可能就会导致整车向前翻跟斗。我上路没多久就遇到下坡，按习惯想刹后轮却误刹了前轮，结果真就一个跟斗翻下来，半天爬不起，把她们娘俩脸都吓白了。金雁连呼"一把老骨头了怎能冒这个险，还是回去吧"。万幸歇了一阵没事，就又接着骑。

就这样我们一家三口鱼贯而行，很快就看见了萨尔嫩的标志：圣彼得和保罗教区教堂。这座双塔教堂始建于 12 世纪，现存建筑则是1739 年重修的巴洛克风格，两座塔楼据说分别象征圣彼得和圣保罗，属于瑞士"国家级文化资本"之一。再往前骑一段就进入了萨尔嫩的主街。它的市中心叫"乡村广场"，广场不大，仍按古代传统用石块铺就，周围有一圈古色古香的漂亮建筑。而该市最有名的古迹之一兰登堡，看上去似乎就在这些漂亮建筑的头顶——其实是在隔着萨尔嫩河的对岸山上俯瞰着古城。这个广场是小城的心脏，"直接民主"时市民就在这里集会，决定一些大事。广场边上一条小巷叫"市政厅巷"（Rathausgasse），伟大的市长衙门就藏在这里。这是一栋红顶白墙带一个小洋葱头尖顶的新文艺复兴风格小楼，精致、古雅，但似乎并不伟大。

但是，萨尔嫩市上面不是还有个上瓦尔登州吗？萨尔嫩是州首府，那么州政府在哪里？按我们的观念，那可是市长的"上级"，这里的最高权威啊！

州官无衙，百姓有枪

州政府在何处？在小城里我们到处找不到，地图上也没有标记。

街上有座很气派的建筑，额书"上瓦尔登宫"（Obwaldnerhof），楼前还挂着上瓦尔登州"红白钥匙"州旗。我自信地对金雁说：看，这就是上瓦尔登州政府。结果近前一看，原来是一家高档餐馆！

到末了我们也没发现州衙门在哪里。回来一查才知道，原来这上瓦尔登州政府总共只有 5 个人拿工资，他们全部都在广场边上那座"市政厅"里办公，并没有专门的衙门。

这……这也太不成体统了吧？堂堂州牧、知州、州太守、州委书记大人，一州百姓之"父母"，当地最高级别的朝廷命官，竟没有自己的衙门，要在一个下级县衙里找间屋子蹲着？号称世界最富国家的瑞士，就是这么礼崩乐坏、没上没下、尊卑失序、纪纲堕废的吗？

原来，这萨尔嫩市只有刚过 1 万人口，整个上瓦尔登州也才 3 万多人，491 平方公里土地，就土地、人口而言只相当于中国的一个乡镇，在瑞士的 26 个州中也属于最小之一。但话说回来，咱们的乡镇政府也不会只有 5 个人拿工资，而且要到下属村去上班吧？

那么更重要的是：萨尔嫩市在政区地理上虽然是上瓦尔登州的下级行政区（7 个市镇）之一，但在瑞士这种政治制度下，市长与州长（严格说来瑞士各级都是没有"长"的，正如联邦委员会只有每年轮换的召集人一样，市与州也是行政委员会轮充召集人，我们姑且以"长"称之就是了）却没有上下级关系。他们各自由百姓选出，对选民负责，要讲上级的话，他们真正的"上级"就是老百姓。

在这里，市长不是州政府乃至联邦政府任免的，甚至工资也不是联邦与州财政开支——他们有自治的市财政。市长干得好，市民选你干下去就是了，你不会因为干得好被"提拔"为州长——想当州官乃至联邦的官，就要直接参加州和联邦的选举，也不必非经过市长这一"级"。同理，州长干得不好，落选就是了，也不会被"降级"为市长。市、州、联邦各自的权限由宪法划分。该州、联邦管的事，市里无权处理。同样，属于市的权力，州、联邦也不能干涉。

各级的机构设置与人员编制也不是上面统一规定，而是这个地面上的老百姓——纳税人说了算。萨尔嫩市 1 万人口，市政大事"直接民主"，不需要议会，日常小事就由 7 个市政委员分工处理了。上瓦尔登州除各市镇自治的事务及联邦管的事外，归州管的事不多，所以州政府只有 5 人，比市政府还要小，州民也不认为需要给他们盖办公楼。反正"市政厅"那座小楼，市里的 7 个人也用不完，租几间房给"上级领导"办公又何妨？但州里没法"直接民主"，所以设有 55 人的州议会实行代议制民主，议员不领常薪，只有出席议会时发些补贴。不过我并没有查到州议会的所在，不知这 55 个人定期开会是否也在那座不大的"市政厅"里？

乡村广场周围是商业区。就在广场边上，我们看到一家武器店，橱窗里陈列着各种枪支，我们注意到其中没有高射速自动武器，但却有几支长枪管配望远瞄准镜的狙击步枪。我们知道瑞士和美国类似，都以公民可以持有枪支著名。美国是因为早期移民到新大陆，当初危机四伏的生存环境形成了这种传统，瑞士其实也类似。在古代，周边中欧广大德语、法语、意大利语区的"盲流"们不愿受各自语族的领主压迫，"闯关东"逃到这阿尔卑斯深山老林里拓荒谋生，没有自卫能力也是不行的。而且在这方面，瑞士比美国还要典型。美国毕竟现在拥有强大的常备军，瑞士的军队则至今似有似无，连空军都是"业余"的。国家有事就像古代的希腊城邦那样召集持枪公民上阵，打完仗就各回各家，该干啥干啥。如果啥都不想干，或者穷得啥都没法干，就能打仗，那就去当雇佣兵。这样就形成了历史上瑞士人的自治尚武传统。著名的瑞士雇佣兵就不去说了（现代瑞士已经禁止这种"传统"），单说这上瓦尔登本是古代瑞士邦联发源地"三森林州"之一，尚武的山民传统，在瑞士都算得上典型。小小一个萨尔嫩城，几座最著名的古建筑，山上的兰登堡，城北的州历史博物馆，考其历史原来居然都是古代的"军械库"，则现在的枪支商店又何足怪哉？

不过瑞士虽然也是全民持枪，乃至这方面的传统甚于美国，甚至当年马克思、恩格斯都经常把这两个国家并提为"武装公民，废除常备军"的论据。但瑞士却似乎并不像美国那样经常有"枪击案"新闻传出，不像美国那样有明显的涉枪治安问题，也没有美国那样热烈的"控枪"辩论。瑞士是个治安优良、犯罪率低的国家，上瓦尔登州这方面也不例外。这是为什么？因为瑞士人遵纪守法的"国民素质"比美国人强？因为美国人多地广是大国，枪击案的发生率也应当更高？单位人口的案发率，美国是否也高于瑞士？或者甚至像欧美"白右"所宣传的，因为瑞士控制移民比美国严，而枪击案都高发于"素质低下"的某些移民族群？这些问题我没有研究不敢妄言，但确实是我心里的一个谜团。

然而不管怎样，瑞士的这一切确实让人印象深刻。中国古话说：只许州官放火，不许百姓点灯。这里却是另一套规则：州官不得有衙，百姓可以有枪。我并不认为这套规则可以推广，但至少它作为"瑞士特色"，在这块土地上几百年来已经成为"传统"了。

森林州，瑞士魂：阿尔卑斯的绿林逸史

1万人口的萨尔嫩城和3万多人的上瓦尔登州虽然都很小，但在瑞士却有其特殊地位。

首先，这里是现代瑞士的地理中心——如果通俗地讲，把一块质地与厚薄均匀的板材切割成瑞士国土的形状，那么把相当于萨尔嫩的那个点放在针尖上，这块板将不偏不倚地保持平衡。用数学的表述，就是以萨尔嫩为坐标中心，其与瑞士国土边境各点的向量之和恰巧为零。

而比地理位置更重要的是历史。史家公认，瑞士国家起源于1291年的古瑞士邦联。那一年，阿尔卑斯山腹地的三个山民自治体：施维

茨（就是"瑞士"一词的音源）、乌里和翁特瓦尔登在摆脱神圣罗马帝国控制之后，立下"吕特里誓言"形成"永久联盟"。这个"三森林州"的联盟就是瑞士立国之始。后来卢塞恩加入，成为"四森林州"，再后来有了8州、13州、18州乃至今天的26州。

所以，"森林州"就是瑞士之根。而瓦尔登（Walden）就是德语"森林"之意，因此也可以说瑞士就是从这里起源的。今天的上瓦尔登和下瓦尔登两州，就是从"三森林州"中的翁特瓦尔登州一分为二的。这个翁特瓦尔登在中译著述里又叫下瓦尔登，有人往往误以为就是今天的下瓦尔登州。其实翁特（unter）是（雪山）"下面的"之意，而今天下瓦尔登（尼德瓦尔登）州之"下"（nid），则是"下游"之意。此"下"非彼"下"。古代这一大片雪山"下面的"森林（瓦尔登）包括上游、下游两条山谷，分别由两个部落居住。他们联合起来作为一个自治体与另外两个自治体在吕特里草甸"三山聚义"，共同发起建立了最初的三州联盟，但两个部落后来又分开各自建州了。然而瓦尔登——森林却不仅这两个部落用以自名，整个瑞士早期"三森林州""四森林州"，音译也就是三个瓦尔登（Drei Waldstätte）、四个瓦尔登（Vier Waldstätte），瓦尔登（森林）可以说就是早期瑞士的同义词。

森林中的山民能够建国，就是摆脱神圣罗马帝国—哈布斯堡王朝统治的结果。由于年代久远，1291年前后的事如今仍然具有史诗传说的性质。最重要的传说是：哈布斯堡王朝派驻森林地区的总督沃尔芬谢森无恶不作，一天他看见美丽农妇伊塔，就起了坏心，趁伊塔的丈夫、富裕的自由农民鲍姆加滕不在，闯入其家，仗势索取吃喝，又要伊塔烧水给他洗澡，还要伊塔与他共浴，企图非礼。伊塔让仆人与其周旋，自己脱身逃出后找到丈夫。鲍姆加滕怒不可遏，回家抢起斧子一顿乱砍，把总督砍死在浴桶中。他随即号召山民起来反抗暴政。后来，鲍姆加滕代表翁特瓦尔登，和施维茨、乌里两地的代表在卢塞恩湖畔的吕特里草甸立誓，建立了三森林州联盟。

另一个传说更有名：传说的主人是神弩射手、山民英雄威廉·退尔。坏人同样是哈布斯堡王朝总督，只是其名叫盖斯勒。传说盖斯勒在森林区立了根柱子，把哈布斯堡王朝赐予他的"顶戴"（官帽）置于其上，要往来山民向其叩拜，感谢皇恩。谁知这退尔大叔竟不知进退，拒不叩拜。盖斯勒总督就把这大胆刁民逮捕。总督对退尔说：你是神射手？好，小的们，把退尔的孩子也给我抓来！然后总督下令在孩子头上放个苹果，对退尔宣布：罚你在百步之外射苹果，射死了儿子算你倒霉，射不中苹果就治你的罪。结果，威廉·退尔第一箭就把苹果射落，而孩子毫发无伤。第二箭他就对准了总督，骂道：狗官罪有应得！嗖的一箭穿喉，结果了盖斯勒大人。于是他扯旗造反，与乌里、施维茨"三山聚义"，开创了后来瑞士一片江山。

这两个故事，情节、人名不同，但背景一样，都是讲的阿尔卑斯山森林（瓦尔登）中，自由、富裕的农民不甘神圣罗马帝国的欺压，抗争自立，走向联合的事迹。威廉·退尔和鲍姆加滕成了瑞士的史诗英雄，而沃尔芬谢森和盖斯勒则是哈布斯堡邪恶皇权的象征。

席勒的《威廉·退尔》与小英雄瓦尔特的故事

后来，德国 18 世纪启蒙文学大师席勒写了著名历史剧《威廉·退尔》，把两个传说合二为一。据说鲍姆加滕砍死沃尔芬谢森后遭到官府追捕，威廉·退尔赶来把他救出，于是两人共举义旗。结局是两个反抗者携手推翻暴政后，鲍姆加滕代表翁特瓦尔登人参加了建立瑞士的"三山聚义"，而退尔则拒绝应邀去吕特里，他认为"自强者应该保持独立，并对任何共同行动持怀疑态度"。我觉得席勒这样的处理堪称一绝：剧作既以鲍姆加滕为代表，反映了山民联合抗暴、共同捍卫自由的愿望——否则就无法理解这些源出德法意三族、信分新旧两教的人们怎么会克服语族、教派的分歧而建立起稳固的联邦；而另一方面又以退尔为代表，体现了瑞士人珍视自由个性的一面——否则也无法理解瑞士联邦各州的高度自治、市镇、社区乃至个人都保有相当强的独立意志。

而席勒的这部经典名剧，也奠定了瑞士国民中威廉·退尔等人国族英雄的地位。在席勒这部五幕诗剧中，原来比较朴素的史诗传说加入了更为丰富的剧情。传说中威廉·退尔那个被抓来头顶苹果做箭靶的小儿子本无姓名传世，除了显示总督的残暴并无其他情节流传。席勒不仅给他取名瓦尔特，而且安排了许多父子对话。例如在父子俩走到那个挂着总督顶戴的木杆前：

> 小瓦尔特：这里的人们过着没有自由的生活，就像爹爹你，在他们父亲留给他们的土地上？
>
> 退尔：父亲留给的？孩子，这里的土地都属于主教或国王。
>
> 小瓦尔特：但他们可以在树林间自由狩猎吗？
>
> 退尔：那也全都是君主的——飞鸟和野羊。
>
> 小瓦尔特：但他们至少可能会在溪流中捕鱼？
>
> 退尔：那也不行，溪流、湖泊和大海都属于国王。
>
> 小瓦尔特：谁是这位国王，他们如此害怕的国王？
>
> 退尔：据说他是他们的保护人，赐予他们阳光。
>
> 小瓦尔特：他们没有勇气自己保护自己吗？
>
> 退尔：他们邻里间互相猜疑，像一盘散沙那样。
>
> 小瓦尔特：我宁愿被埋在雪崩下面，也不愿生活在这令人窒息的土地上！

这就不仅是一个英雄父亲，而是把父子俩憎恶暴政渴望自由的心情都刻画得活灵活现。由于席勒此剧的影响，威廉·退尔和小瓦尔特父子的各种形象在瓦尔登和瑞士各地随处可见。甚至，席勒塑造的这个争取自由的瑞士小英雄瓦尔特有时比他爹的名气更大，"宁愿死于雪崩，也不愿在地面上被不自由所窒息"成为名言。受德语文化影响的各国抗争者经常以瓦尔特为化名，寓意"自由斗士"。中国人熟悉的前南斯拉夫电影《瓦尔特保卫萨拉热窝》就是一例。由于铁托战时化名瓦尔特，坊间曾传言该片就是展现他的。其实该片主角以抗德战争时期萨拉热窝南共地下党领导人、烈士弗拉迪米尔·佩里奇为原型，而他的化名确实也是瓦尔特。铁托和佩里奇这两个南斯拉夫斗士都以这个源于席勒的瑞士人形象为化名，可见其影响之大了。

席勒、罗西尼与瑞士精神：
超越族群意识的自由

《威廉·退尔》全剧争取自由的主题可以说是贯穿始终，"自由"一词在五幕剧本中就出现达 83 次之多。在剧终时，三个"森林州"的农民击败暴政，为结成同盟而欢呼，森林外的城市女郎贝尔塔（寓意三州之外最早加盟的卢塞恩、苏黎世和伯尔尼等城市）和自由贵族卢顿也来加入：

> 贝尔塔：农民们！盟友们！我要加入你们的联盟，请接受幸运的我，行使我的权利，握住你们的勇敢之手，在自由之地找到保护。你们会保护我作为你们的公民吗？
> 农民们：好啊，我们将保护生命，保护我们的财富！
> 贝尔塔：好啊！我向这个年轻人伸出了手——一个自由的瑞士少女和一个自由的瑞士男人！

卢顿：从现在起，我解放所有农奴，我们都是自由人！

音乐和幕布落下，剧终。

  继席勒之后，19世纪意大利音乐大师罗西尼又把《威廉·退尔》创作为四幕歌剧，其中的《威廉·退尔序曲》尤为成功。这首11分钟的交响曲前半段悠扬、缓慢、低沉，寓意森林的深邃、神秘和暴政下人们的压抑，后半段转向激昂的进行曲，宛如万马奔腾，象征瑞士山民奋起征战，击败了暴君获得自由。这首曲子的影响比歌剧更大。今天各国很多电台、电视台都截取其中旋律作为开播曲，连香港的赛马活动也以此为伴奏音乐。但如此普及之后，各地人们就很少从这熟悉的旋律联想到瑞士先民的建国业绩。而今我们在这苍山翠林与明湖之间听到这一旋律，不禁浮想联翩……

  席勒是德国人，而"三森林州"都是德语区，那里的山民摆脱德意志君主而追求自由，席勒为之欢呼。罗西尼是古罗马后裔的意大利人，而山民们奋起反抗那号称继承了古罗马光荣的"神圣罗马帝国"，罗西尼也和席勒一样热情地赞颂山民的义举。显然，在他们的心目中，自由的价值远远高于"伟大帝国的光荣"，更何论君王的淫威！席勒和罗西尼分别都是德、意两个民族的文化伟人，其不朽作品也是这两个民族后来赖以建立民族国家的重要精神资源，然而他们的伟大何止在于戏剧和音乐，他们的精神又何止限于其所属民族！

  而"瑞士奇迹"背后的这种自由精神，不仅属于瑞士人，难道不也属于席勒、罗西尼各自所属的德意志和意大利民族、属于普世的人类吗？

  当然，在13世纪阿尔卑斯山区的草莽时代，书面文化很不发达。那些传说都是以后几个世纪逐渐定型的。鲍姆加滕、威廉·退尔是否实有其人，真实事迹如何，早期邦联形成的细节，至今都有争议，但是，最早关于上述传说的文字记载大都出自翁特瓦尔登、尤其是今天的上瓦尔登州萨尔嫩附近地区，却是不争的事实。迄今可见关于威廉·退尔的最早记载，就出自珍贵的"萨尔嫩白皮书"，这部羊皮纸古籍记录了 1291 年以前这片山区的许多传说、典故和民间资料，其中就有威廉·退尔射苹果的故事。该书的原本不知何在，现存的传抄本也是 14 世纪的古物，作为瑞士的国宝，如今就保存在萨尔嫩城里最古老的建筑"女巫塔"中。而故事的原型，应该也发生在这一带。说这里是古代瑞士的摇篮，是名副其实的。

古今教堂看州情

星移斗转，如今的瓦尔登——"森林州"，雪山下面的森林已经不那么茂密，农牧场和城镇星罗棋布，使瑞士成为世界"最发达国家"之一。但萨尔嫩古风依然，赖骑车"自由行"之便，我们在这"计划外"的一上午看到了许多跟团不可能看到的东西。

萨尔嫩有古老的和现代式的各种教堂。除了城郊那座列入国家级文化资本的双塔教堂外，我们在进入主街的路上还看到了瑞士最古老的基督教团体之一本笃会的圣安德鲁修道院。这个修道院建于 1120 年，总部原在英格堡，是个男修院和女修院并设的"双修道院"。它很早在萨尔嫩就有分院，1615 年更把女修道院整个迁到了萨尔嫩。我们在临街一面，只觉得它的建筑古老，那个两圣徒木柱斜撑起来的门楣很别致，并没有太深的印象。但若从高处看，它由各种风格建筑围成的两个套院和美丽的后园还是很壮观的。更重要的是，该修道院收藏的古物丰富，其中的木雕圣像"萨尔嫩的耶稣"还被视为瑞士基督教的圣物，引来众多朝圣者。现在它也是国家级文化资本。

与这些古董教堂对照，萨尔嫩还有一座著名的现代化教堂，即圣马丁学院教堂。它建成于 1966 年，据说法国世界级建筑大师勒柯布西耶（1965 年去世）生前也参与了设计。我们在世界各地见到过不少千奇百怪的现代乃至"后现代"教堂，大都不是玻璃幕墙就是几何造型，插上个十字架代表基督教就行。勒柯布西耶也提倡过这种现代风格，但他晚年的建筑思想发生从功能主义到表现主义的转向，"从追求平整光洁转向追求别树一帜，引人注目"。圣马丁学院教堂应该是这种转向的代表，它既不像传统教堂，也不是"插上十字架的现代积木"，而是古代城堡和现代大会堂风格的结合，甚至没有明显的十字架标识，只是从空中俯视的建筑轮廓隐隐有十字内涵。作为教堂这种造型确实别树一帜，至于人们的评价就见仁见智了。

小城小州莫小觑

这些教堂也显示了萨尔嫩人既坚持传统也拥抱现代的特点。今天的萨尔嫩城和她所在的上瓦尔登州就在"小国"瑞士也算是小城、小州，无法与苏黎世、日内瓦、伯尔尼这些地方相比，人口、面积只相当于中国一个乡镇，而且既非工业重镇，也非旅游热点，常被看作一个"农业州""乡村州"。全州人均产值（64253 瑞郎）尽管其实比法国都高，但仍低于瑞士全国平均水平（78619 瑞郎），在瑞士算是一个"穷"地方了。

但是这个州有全国最低的所得税率，最高之一的就业率。其中在萨尔嫩市 2016 年人口仅 10165 人，却有 853 家企业，共雇用 7138 人。由于前述总人口中已包括其中 14.3% 的"外来人"（无瑞士国籍居民），所以这么高的就业率不像我国有些城市的统计那样因总人口不包括"农民工"而失真。换句话说，包括外来人口在内，萨尔嫩 70% 以上的人口都在就业，除去老幼残障等供养人口，应该说是充分就业乃至饱和就业了。而且由于前面说过，这里没有多少"干部"，这些就业者靠纳税人养活的不多，可以说几乎都是狭义的"自食其力"者，瑞士人的勤劳果真名不虚传。有种流行说法称勤劳、积累是"新教伦理"，而天主教、东正教就缺乏这种伦理，所以北欧发达而希腊、意大利就不行。但韦伯倡导的此说至少在这里失证。上瓦尔登这个"天主教堡垒"还是以勤劳著称的。

从上述数字还可知，这些企业平均每个仅有 8 名就业者，显然绝大部分都是我们所说的"小微企业"，其中包括"自我雇佣"的家庭农（牧）场、店铺作坊等。这使我想起过我国曾经根据《资本论》中一个举例，规定雇工 8 人以上就是"资本主义"。如果按这个说法，刚好"踩线"的萨尔嫩是什么"主义"似乎就是个问题。

但无论"姓社姓资"，这里的就业结构还是很现代化的。市里且不说，整个上瓦尔登州虽说是"农业州"，但农业（瑞士的农业主要是养牛生产乳、肉，其实是农牧业）就业人口现在只占总就业人数的 1/15，绝大多数人都在第二、第三产业工作，虽说绝大多数企业很小，但也有像莱特（国内称莱丹）科技这样相当大的尖端企业。这个"微光学与热塑焊接技术之王"的跨国公司总部就在萨尔嫩机场附近，专业生产热塑焊接设备、工艺加热元件、激光焊接系统、气体传感器和微光学器件，其产品销往 120 多个国家，在美日欧和我国上海都有分公司。这个设在山旮旯里瑞士小镇上的公司位于大片牧场和青贮玉米地旁，建筑并不高大上，但从网上看，它的一些高度专业化的产品在中国占有的市场份额还不小。

"保守的"森林州

在历史上，这个瑞士国族起源之地是个"保守传统"的地方。在宗教改革时代，它是天主教徒对抗新教的基地。不仅萨尔嫩与上瓦尔登州，整个"三森林州""四森林州"今天都仍然是天主教堡垒，而与苏黎世、伯尔尼、巴塞尔等大城市的新教优势形成对比。在政治上，近代以来这里也经常是"保守派"政党的票仓。它的选民偏向于基督教传统和低税收低福利的自由政策。

这里的自治意识与地方性认同也很强，一个典型的表现是：近年来，上瓦尔登州一个新兴的、地方性的基督教／自由派政党——上瓦尔登基督教社会党不断壮大，从"保守派"和"自由派"两边都不断吸走选民，2011 年后已经赢得过半数乃至 2/3 选票，使该州成为全瑞士唯一由地方性政党控制的州。但这只是地方性政党与全联邦政党的消长，中（自由派）右（保守派）属性则没有什么改变。此前与此后，左派在这个州都没什么影响，这也与苏黎世、伯尔尼、日内瓦等大城市是左派（社会民主党）的天下大不一样。当然，在民主宪政的基本方面，西方的左派右派是有共同底线的，而如前所述，瑞士这个国家的左右派差距就比一般西方国家更小，联邦一级左中右联合执政已经持续 70 多年，上瓦尔登州政党政治的新趋势似乎也没有成为什么问题。

有趣的是：这里虽然政党属性偏"右"，但同时也是通常认为比代议制民主更"左"的直接民主制流行之地。

众所周知，现代瑞士的政体虽然基本也是代议制民主，但直接民主成分较大，一直是瑞士民主的传统特色之一。不过，现在多数地区通常只是社区、市镇一级有制度化的"民主大会"，联邦和州只是针对某些重要问题进行全民公决的事例比一般宪政国家多些，日常民主还是通过代议制进行的。但一些州却长期保留着古老的例行性的"州民大会"，上瓦尔登州就是一例。

历史上的州民大会就主要流行于乡村地区，像伯尔尼、卢塞恩这些城市州就从未有过州民大会。19 世纪前期瑞士共有 8 个乡村州（包括最初的三森林州）通过州民大会实行直接民主，后来楚格、施维茨和乌里先后改为代议制的州议会，剩余的 5 个州把州级直接民主一直维持到了 20 世纪 90 年代。1996 年下瓦尔登州废除了州民大会，外阿彭策尔州在 1997 年废除，而我们现在考察的上瓦尔登州则是最近一个废除的州——它在 1998 年开了最后一次州民大会，宣布此后不再召开，并通过无记名投票普选成立了州议会。

如今，瑞士只有格拉鲁斯和内阿彭策尔（瑞士最小的州，只有一万多人口）两州还保留了这种古老的制度，而且内阿彭策尔已于 1991 年宣布州民大会只在必要时召开，而不再是例行的。所以实际上，如今还以州民大会来搞州级例行性直接民主的，只有格拉鲁斯一州了。除该州外，州民大会作为例行制度坚持时间最久的，就属上瓦尔登。

古老的"父家长民主"

"保守党""右派"强大的上瓦尔登成为最近才废除"直接民主"的一州，这是怎么回事？

原来"直接民主"根本不像有些中国人想象的那么"左"，也不像有些人想象的那么"真民主"。古代的瑞士乡村其实还是相当传统相当保守的，虽然"森林州"率先摆脱了皇帝，也没有欧洲其他地方那样"体制化"的封建领主，但"自由农民"那时也仍是传统家长制农民，家庭中讲究男尊女卑长幼有序的"礼教"，有权参加州民大会的，其实只是男性父家长，妇女和成年但未立户的儿子是没有资格的。同时，自由后的瑞士虽然没有山外欧洲中世纪那种层层分封的领主和农奴，但有些农民还是比其他人有势力，一些强大家族能够吆五喝六，像前面提到的传说中英雄鲍姆加滕家中还有"仆人"，这些听吆喝的人也不可能有与主人同样的民主权利。所以，"直接民主"并不是"普遍民主"。据学者研究，如今保留州民大会的内阿彭策尔和格拉鲁斯两州，真正出席这种大会的人只占全体公民总数的 20% 左右[1]。

其实，古希腊雅典那种直接民主，同样是妇女、家属、奴隶、"被保护民"和"外邦人"不能参加的，与现代代议制下的普选权不是一回事。而中世纪波兰等地的"贵族民主"，也是众多贵族不通过代议制而直接参政，尽管当时波兰的所谓"贵族"主要是大量的小贵族，甚至包括一些并无附庸的自由农民，人数比例比西欧的贵族大得多，但也不过占总人口的 10% 左右，所以那种"直接民主"也并不是"普遍民主"。

大约二十年前，国内一些号称"新左派"的朋友为了批判现代代议制民主，就曾刻意把代议制民主说成是"精英民主"，而"直接民主"才是"大众民主"，甚至说代议制民主只是虚伪的"选主"，而抓阄当官、人人都有"平等"当官的机会才是"真民主"（其实他们并不真正主张抓阄，只是借此攻击代议制而维护"秦制"而已）。我在《共同的底线》一书中驳斥了这种说法：

> 精英民主与大众民主之别是就民主权利限于少数贵族还是普及于全体公民而言的，而间接民主与直接民主之别则是民主决策程序之别：公民是直接以多数决定方式形成公共选择，还是选民先通过民主选举产生民意代理人（议员、直选总统等），再由这些代理人通过次级民主程序形成公共选择。这是两种完全不同的划分。
>
> 因此，大众民主不仅可以是间接民主，而且除古希腊与今天瑞士的小城邦外，大国的大众民主一般都必须借助间接民主形式，否则难以操作。尽管如下所言，我并不赞

---

[1] Lucardie，Paul.，*Democratic Extremism in Theory and Practice：All Power to the People*. Routledge，2014. P.56

成说大国民主只是纯粹的间接民主。另一方面，精英民主也可以是直接民主。如古代斯巴达和中世纪波兰等地的贵族民主，都是没有代议制的集体执政。实际上，恰恰是精英民主最适宜无代议制的直接公议方式，因为精英人数相对少。……把代议制下的大国民主说成是"精英民主"，应当说是常识性的错误。

"礼教"与民主

今天考察瑞士，我觉得我当年的"例外"之说（"除古希腊与今天瑞士的小城邦外"）都可以省去，因为事实上连古希腊与瑞士小邦的直接民主也并不那么"大众"，倒是现代代议制下的普选权要更为"大众"得多。"森林州"自古传承的"州民大会"，实际上只是州民中的男性父家长集会。今天我们从资料上看到1990年前仍在定期举行的州民大会，宛如回到几百年前：

每年某日，全州"合格公民"盛装来到露天会场，"入场券"是每人身上都有的一把传统瑞士佩剑——既体现山民尚武传统，也是公民权的标志——证明你是允许携带武器的自由男人。当然，这也意味着这只能是男子汉的聚会。仪式乐曲中，前任州务委员宣布议程：一是该年本州要办的若干事项，需要大家同意并决定预算；二是选举下一年的州务委员。表决方式是赞成者举手。有争议的可进行简短的辩论——但如此人头攒动的大会，如此短的时间，不可能是议会讲坛上那种专场舌战，通常是几分钟后即付诸表决。格拉鲁斯的州民大会不仅议事，还要立法（地方法规），所以会期平均约2—4.5小时，而内阿彭策尔的州民大会只议事不立法，因此常在1—2.5小时后结束。

这些传统父家长对于扩大"家属"的公共参与往往并不支持，由他们直接制定的规则更常常体现了压抑"家属"的"礼教"色彩。因此，古代民主如此"早熟"的瑞士，联邦一级妇女获得投票权却迟至1971年，比绝大多数欧洲宪政国家还晚。尤其是保留州民大会的那几个乡村州，州级投票在1971年后仍然排斥妇女。如内阿彭策尔州直到1991年才允许女性参加州民大会，不仅成为瑞士"最后一个妇女获得投票权的州"，就是在全欧洲民主国家的一级行政区中怕也是最晚的了。

此外，州民大会传统上采取现场举手表决的方式实行民主，这与现代无记名投票的方式不同，与会者在公开场合表态容易受会场气氛、人群情绪和"煽动者"的影响，往往难以表达自由意志，有可能出现"多数暴政"对个人自由的损害。而且这种群众大会上难以进行议会辩论，公众在无法"兼听则明"的情况下可能会被误导。

如今的代议制民主强调无记名投票和投票保密权，联合国"公民权和政治权利国际公约"第25条对此有明确规定。但考虑到州民大会的存在，瑞士在批准该公约时明确对这一条作出例外规定，以保护实行直接民主的诸州。出于类似的原因，瑞士至今未能批准"欧洲人权公约"中关于无记名投票的第一议定书。

因此，对直接民主不宜持浪漫的态度。毋宁说这种"瑞士传统"只是一种比较原始、粗放的民主形态，不仅别人不宜盲目效仿，瑞士本身也在向代议制民主的世界潮流靠拢，逐渐减少直接民主的成分。事实上，如今保留了州民大会的两个州，一个是最小的州，另一个是最小之一，分别只有一万多人和四万多人，这种人口规模比一些大州（如近150万人的苏黎世州和过100万人的伯尔尼州）的市镇乃至大型社区都少，亦即这两个"州民大会"其实近似于市镇或社区大会。而且就是这两个州民大会也进行了趋同于代议制民主的改革，例如承认妇女参与权和以投票代替举手表决。所以可以认为，传统的州级例行直接民主制，在今天的瑞士已经基本消失。

从"父家长民主"到现代民主

但是,直接民主也不应该被完全否定。这不仅是因为今天它在瑞士的州以下的基层仍然存在,在州和联邦层面虽然已经基本不采用直接民主进行例行立法,但仍以重大事项经常进行全民公决和民众倡议(而非纯由议会决定)的方式体现直接民主的精神。在理论上和实践中,代议制的一些缺陷(如两次选举间隔较长,公众参与可能不足等)也确实可以用一定范围的直接民主来弥补。

除了这些人们常讲的理由外,我还有一个可能算得上独到的看法:在通往自由之路上,我觉得通过"父家长的民主"首先摆脱皇权,再在民主国家的架构下逐渐摆脱"父权"(小共同体本位的束缚),在逻辑上应该与英、法的民主之路具有平行的典范意义。

这些年在"欧陆与英美"两分法的影响下,很多人突出法国民主道路与英美道路的不同,但如果抛开基本上既无皇权也无贵族传统的移民之地美国不论,英法其实在更大尺度上还是类似的。英法在中世纪都曾诸侯林立、盛行领主—农奴制,"小共同体本位"极为发达,后来一方面市民社会出现个性化要求,一方面王权也逐渐"主权化"(字面意义即"绝对权力",当初其实就是指绝对王权,而且主要是对内而言,后来才逐渐演变成民主国家的对外主权),于是出现一个"市民与王权的联盟"首先打击领主、摆脱小共同体本位束缚的过程,结果是出现一个主权化王权(英王亨利八世、法王路易十四之类)专制下的"民族国家"。此后随着市民社会的壮大,下一个阶段才是市民(公民)与王权的冲突,并以"光荣革命"或"大革命"推翻王权,实现了宪政民主。

瑞士政治现代化的最后结果其实与英法大体类似,也是建立起代议制下的宪政民主,有效捍卫了法治和公民的自由。但是其路径却和英法几乎相反:阿尔卑斯山区古时并无领主—农奴制,来自北方德语区、西方法语区和南方意语区的山民直接面对的是神圣罗马帝国的皇权，而且山里城市发达较晚，早期瑞士建国的主角并非市民，而是威廉·退尔、鲍姆加滕这样的农民。他们的小共同体认同，恰恰是抵御皇权的有效组织资源。在瑞士立国的两大史诗传说中，沃尔芬谢森和盖斯勒都不是领主和诸侯，而是哈布斯堡王朝的官员，而无论是沃尔芬谢森闯入民家调戏鲍姆加滕之妻，还是盖斯勒逼迫威廉·退尔弩射自己的儿子，都是皇权对民众家庭关系的入侵，更不用说如席勒剧中所言，"邻里间互相猜疑，像一盘散沙那样"的状态最便于暴政的统治了。

我们可以设想：如果鲍姆加滕之妻伊塔不是寻求丈夫的保护反抗总督的调戏，而是在那个时代向丈夫玩"女权"、闹离婚、搞"娜拉出走"；如果小瓦尔特不是跟随父亲反抗皇权争取自由，而是首先反抗"父权"，不向朝廷而是向爹爹争"自由"，乃至向总督告发父亲谋反，那最高兴的不就是沃尔芬谢森和盖斯勒这些残暴者吗？如果历史是这样走下去，还能有今天的瑞士吗？

"市民与王权的联盟"，还是市民与父家长农夫的联盟？

换言之，瑞士的民主路径与英法相反，不是在领主制发达的前提下，"市民与王权的联盟"首先摆脱小共同体本位的束缚，接着再反抗王权，实现民主；而是在直接面对皇权压迫的前提下，农民以小共同体认同作为组织资源，首先摆脱皇权的压迫，接着再在民主国家体制下逐渐摆脱小共同体的局限，实现小共同体内的个人平等自由。

当然，最终这两者还是殊途同归，今天瑞士的民主当然有明显的特色，正如英国和法国也各有特色一样，但是宪政民主的基本原则还是一致的。无论是国家层面传统的王权专制，还是小共同体内传统的父权、夫权专制都已不存在，在群己权界清晰的前提下，个人自由、男女平等都已实现。

但是，价值可以普世，路径却不能照搬。几年前一些朋友在评论我的一部作品时对我有个常见的批评，丛日云教授应该说是这种批评的代表，他认为："最初的个人觉醒，主要针对的是家庭和家族，然后，他们会投入到（专制）国家的怀抱。……这是一个正常的发展，是个人解放和成长的第一步"[1]；"现代人最初主要与小共同体发生冲突，从小共同体中独立出来的个人，将其情感投注于作为这个大共同体象征性代表的国王（西欧）、天皇（日本）和领袖（中国），是一个自然的过程"。在丛教授看来，这一"个人的成长与现代化的历史逻辑"[2]是一个普遍的路径，或曰"现代化过程中个体获得独立解放的时序"，"秦先生说个人要独立要解放，首先一定会针对危害他最大的那个共同体，这个说法可能不成立，因为个人独立和解放的过程，不是这样一种理性的算计过程"[3]。

而我却以为，丛教授所讲的普世"时序"完全不成立，原因恰恰就是他讲的："个人独立和解放的过程，不是这样一种理性的算计过程。"人们要理解丛教授所说的"现代化的历史逻辑"——首先要逃离爹娘而委身皇上，然后才能反抗皇上——这不下功夫做"理性的算计"还真不可能。

以中国论，从荀况的"隆君高于隆父"、韩非的"君之直臣，父之暴子"、杨度的"孝子太多、忠臣太少"直到后来的"爹亲娘亲不如领袖亲"，你以为这是靠"初步个性解放"讲得出来的？那些向朝

〔1〕 http://news.ifeng.com/a/20151129/46439342_0.shtml
〔2〕 http://blog.sina.cn/dpool/blog/s/blog_4e93c75d0102xdsg.html?cre=blogpagew&mod=f&loc=1&r=a&rfunc=-1
〔3〕 https://kknews.cc/culture/2xxnkg.html

廷告发爹妈的人没有追求党票官帽的"进步"动机和"理性的算计"？

　　相反，爹比皇上更可亲，家庭比衙门更可靠，或者"虎毒不食子"而"苛政猛于虎"，你以为需要多少"理性的算计"才能明白？小瓦尔特面对父亲的弩箭都知道害他的不是父亲，而是逼迫父亲的暴政，成人反而会不知道吗？近代中国中西接触不久，人们就从内政上的"西国仁义"对比出了秦政的暴虐，但从"西学"中读出反爹反妈的"个人主义"却是几十年后五四前不久受日本人启发才有的事。

　　如果说这还是中国特色，那么西方的瑞士又如何？

　　瑞士在中世纪向近代的转型过程中并没经历所谓"市民与王权的联盟"，相反像苏黎世、伯尔尼和卢塞恩这样的城市，市民却是首先与森林州的"家长制农民"联手摆脱了王权，摆脱后也没有形成王权—主权下的大型"民族国家"，而是先出现了德裔、法裔和意裔等不同族裔的许多小邦结成的松散"邦联"，统一的主权化联邦国家和摆脱家长制色彩的自由个人，都是晚一步的事。

　　那么，瑞士的故事能给人什么启示呢？

　　其实，"人生而自由，但无往不在枷锁中"，人们不可能一下子同时摆脱所有的枷锁。更重要的是摆脱枷锁的斗争也需要联合，需要组织资源，一盘散沙的人是难以争取自由的。而在"前自由"状态下理想的"自由人联合体"并不存在，现实中的组织资源往往不同程度地带有传统的依附性。因此争取自由需要一定的路径："两害相权取其轻"，先利用"次要的枷锁"联合努力，打破主要的枷锁，再发展自由人的联合，打破其余的枷锁。而什么是"主要的枷锁"？在中世纪的英法就是领主—农奴制，而在没有农奴制的瑞士就是哈布斯堡皇权。所以英法走向自由的第一步，是市民与王权的联盟，而瑞士的第一步，却是"父权制家长的民主"。

峥嵘岁月在森林

这些年笔者有个旅行心得，那就是最有趣的东西往往是在"旅游热点"之外。包括那些精于算计的旅行社仅仅是为了省钱而把旅友甩到荒郊野外去过夜，假如你有心，也可以从这些荒郊野外找到惊喜。这次偶宿萨尔嫩就是如此。如今瑞士游的热点，除了雪山就是苏黎世、日内瓦等大城市。但瑞士的建国并不始于城市，建立瑞士并且创造了"瑞士奇迹"、铸就了其国民精神和文化灵魂的，其实是威廉·退尔、鲍姆加滕这些森林中的农民。不了解他们，就没法真正了解这个阿尔卑斯山区的奇异国度。但至少中国似乎没有什么旅行社开发过"三森林州"的旅游，我们这次自行车之旅，也完全是意外收获。

今天我们在森林州—瓦尔登，既可以领略当年父家长农民对抗哈布斯堡皇权的风采，更可以感到延续到不久前的、"父家长民主"向现代普选制和代议制过渡的现场。

在与古镇中心广场隔河相望的一座小山上，半山腰就是著名的萨尔嫩女巫塔。它建于 1285 年，是全城现存最古老的建筑，也是瑞士全国有数的几座"邦联以前"中世纪前期的建筑之一。如前所述，最早记载威廉·退尔"父家长农民对抗皇权"故事的"白皮书"就珍藏于此。"女巫塔"在欧洲很多古城都有，它其实是中世纪宗教神权异端审判的遗物。当时盛行"猎巫"，很多信仰异端者被指为巫而惨遭迫害。而"女巫"之多，更除了仇视异端外还体现了对女性的歧视。在那个时代，森林州尽管摆脱了皇权也没有领主，男权家长制和神权审判却不能免俗，这座塔楼当时就是用来关押"女巫"的，而且这个用途一直延续到 17 世纪。之后它曾用作火药库和监狱，现在它成了上瓦尔登州档案馆的所在。

女巫塔再往上的山顶上，就是著名的兰登堡城堡遗址。当年这是一个很大的城堡，规模为瑞士中部之最，连半山的女巫塔都曾包括在城堡建筑群内。据说这个城堡始建于 11 世纪，当时就叫萨尔嫩城堡，或者就叫萨尔嫩——那时今天山下的城市还不存在，所谓萨尔嫩就是指这个城堡。直到 17 世纪兰登堡之名才用于城堡，而那时萨尔嫩已经指现在的城区了。

这个城堡初建时是神圣罗马帝国的一个据点，由凯尔纳家族进行统治。山民起义后凯尔纳家族逃离森林区，此后这里曾被山民中有势力的兰登堡家族占据——前面说过，"父家长的民主"常常不排除有势力的家族。那时这个家族一面在城堡广场召开州民大会，一面又居高临下，对今天萨尔嫩城区的市民进行控制。但是推翻了皇权的森林州人后来也进而要摆脱"小共同体本位"的束缚，于是在"父家长的民主"演变为近代民主的过程中兰登堡家族的统治也被推翻，城堡就在这一过程中变成废墟，今天它只剩下一些残墙。

1620 年，在城堡废墟上盖起了一座军械库，1646 年起，州民大会就每年固定在军械库前城堡废墟平整出来的广场召开，直到 1998 年"父家长的直接民主"被废除，它目睹了 350 多次全民表决。从最后几次州民大会的照片看，这个广场并不宽大，州民开会十分拥挤。但它高踞山头，能够体现"主权在民"的最高权威，这和一些民主国家"国会山"往往居高临下是一个意思。

在用作州民大会会场期间，1711、1752、1895 年山上相继修建了几座建筑，尤其是 1752 年建造的许岑宫成为今日兰登堡的主建筑，它的三层主堡为巴洛克式，对称的两个翼堡，每个顶部都有一个洋葱圆顶盖塔。在山下的乡村广场看上去就像在那排古屋的头顶，非常醒目。

而登上古堡，山下的古镇、广场、市政厅和女巫塔，乃至穿城而过的萨尔嫩河及远处的萨尔嫩湖都尽收眼底，颇为壮观。回头看那山上城堡广场，逆光中树影斑驳，一片宁静。我们在此，想象古代山民攻堡的刀光剑影、近代州民大会的热烈喧哗，令人感慨万千。

从兰登堡下来，拐到城北的上瓦尔登州历史博物馆，三层古楼据说当年又是一座军械库。从博物馆南返，我们在离开前终于来到了萨尔嫩湖边。昨天在乡村湖滨被私人宅院阻断不能临湖亲水，如今终于可以了。湖水波平如镜，群山倒影，水禽嬉戏，划艇带涟，湖畔回看城堡山，兰登堡和女巫塔参差而立。古镇明湖怡心境，峥嵘岁月忆森林，我们的半日骑行就这样结束了。

图书在版编目（CIP）数据

传统十论：本土社会的制度、文化及其变革 / 秦晖
著 . -- 太原：山西人民出版社，2019.7
ISBN 978-7-203-10999-0

Ⅰ.①传… Ⅱ.①秦… Ⅲ.①社会史—中国—古代—
文集 ②中国经济史—古代—文集 Ⅳ.① K220.7-53 ②
F129.2-53

中国版本图书馆 CIP 数据核字（2019）第 163987 号

传统十论：本土社会的制度、文化及其变革

著　者：秦　晖
责任编辑：张志杰
复　审：吕绘元
终　审：李广洁
出 版 者：山西出版传媒集团·山西人民出版社
地　址：太原市建设南路 21 号
邮　编：030012
发行营销：010-62142290
　　　　　0351-4922220　4955996　4956039
　　　　　0351-4922127（传真）　4956038（邮购）
天猫官网：http://sxrmebs.tmall.com　电话：0351-4922159
E-mail：sxskcb@163.com（发行部）
　　　　　sxskcb@163.com（总编室）
网　址：www.sxskcb.com
经 销 者：山西出版传媒集团·山西新华书店集团有限公司
承 印 厂：鸿博昊天科技有限公司
开　本：635mm×965mm　1/16
印　张：25
字　数：320 千字
版　次：2019 年 10 月　第 1 版
印　次：2024 年 6 月　第 11 次印刷
书　号：ISBN 978-7-203-10999-0
定　价：88.00 元

如有印装质量问题请与本社联系调换